ŒUVRES

DE

P. CORNEILLE

NOUVELLE ÉDITION
REVUE SUR LES PLUS ANCIENNES IMPRESSIONS
ET LES AUTOGRAPHES

ET AUGMENTÉE

de morceaux inédits, des variantes, de notices, de notes, d'un lexique des mots
et locutions remarquables, d'un portrait, d'un fac-simile, etc.

PAR M. CH. MARTY-LAVEAUX

TOME NEUVIÈME

PARIS
LIBRAIRIE DE L. HACHETTE ET Cie
BOULEVARD SAINT-GERMAIN

1862

LES

GRANDS ÉCRIVAINS

DE LA FRANCE

NOUVELLES ÉDITIONS

PUBLIÉES SOUS LA DIRECTION

DE M. AD. REGNIER

Membre de l'Institut

LOUANGES

DE LA

SAINTE VIERGE

COMPOSÉES EN RIMES LATINES PAR SAINT BONAVENTURE

ET MISES EN VERS FRANÇOIS PAR P. CORNEILLE

1665

NOTICE.

Les *Louanges de la sainte Vierge*, dont nous avons reproduit le titre exact sur le feuillet précédent, portent au bas du frontispice : *A Rouen, et se vendent à Paris, chez Gabriel Quinet, au Palais, dans la Gallerie des Prisonniers, à l'Ange Gabriel.* M.DC.LXV. Avec privilege du Roy.

Le privilége, « donné à Paris le 19. jour de Iuillet 1665, » est accordé « au Sieur P. Corneille. » Il est suivi de cette mention :

« Acheué d'imprimer pour la premiere fois le 22. d'Aoust 1665, à Rouen, par L. Maurry, aux dépens de l'Autheur, lequel a traité de la presente impression et du Privilege à l'avenir avec Gabriel Quinet, Marchand Libraire à Paris, pour en joüir suivant l'Accord fait entr'eux. »

Le volume, de format in-12, se compose de quatre feuillets et de quatre-vingt-trois pages.

En regard du titre se trouve une planche gravée, qui représente la Vierge tenant sur ses genoux l'enfant Jésus. On lit sur une banderole, au bas de cette planche, ce passage du *Cantique des cantiques* (chapitre IV, verset 7) : *Tota pulchra es, amica mea, et macula non est in te;* et au-dessous la signature du graveur, *Ludovic. Cossinus* (Louis Cossin).

Bien que Corneille n'hésite pas à désigner, sur le titre du volume, saint Bonaventure comme l'auteur des « rimes latines », dans son avis *Au lecteur* il insinue, avec sa réserve habituelle, que cet ouvrage n'est peut-être pas de celui à qui l'on a coutume de l'attribuer. L'abbé Granet, qui a reproduit la seule édition qui existât de la traduction de Corneille, aux pages 237-295 des *OEuvres diverses* de notre poëte, qu'il a publiées en 1738, dit à ce sujet dans la préface de ce recueil : « Je ne crois pas

ŒUVRES

DE

P. CORNEILLE

TOME IX

PARIS. — IMPRIMERIE DE CH. LAHURE ET Cie
Rue de Fleurus, 9.

que cet ouvrage, attribué à saint Bonaventure, soit de ce saint docteur. Il se seroit exprimé d'une manière plus exacte, et moins barbare. Divers traits tirés de l'*Office du Saint Sacrement* donnent lieu de croire qu'il n'en est pas l'auteur[1]. »

Le texte de cette édition des *Louanges de la sainte Vierge*, publiée dans le recueil de l'abbé Granet, est rempli de fautes involontaires. Le titre même n'est pas correct : par une méprise des plus singulières, il est ainsi conçu : *Louanges de la sainte Vierge composées en rimes par Saint Bonaventure ; et mises en vers latins par Pierre Corneille.* En outre, on lit *vieux*, pour *vieil*, dans l'avis *Au lecteur* et au vers 65 ; *le rouge*, pour *ce rouge*, au vers 165 ; *la*, pour *sa*, au vers 401 ; *sont*, pour *font*, au vers 517 ; *le temps*, pour *les temps*, au vers 554 ; *à la main*, pour *en la main*, au vers 557 ; *repose*, pour *reposa*, au vers 660 ; *beauté*, pour *beautés*, au vers 741 ; *de grâce*, pour *des grâces*, au vers 772 ; et *le nuage*, pour *aucun nuage*, au vers 777.

Corneille, comme nous l'avons dit, n'a fait paraître qu'une seule édition des *Louanges de la Vierge*; nous n'aurons donc pas de variantes à donner. L'édition de Nancy de 1745, dont nous avons parlé au tome VIII, p. xxii, contient, à la suite de l'*Imitation*, les *Louanges de la Vierge*, l'*Office de la Vierge* et tout ce qui l'accompagne dans le volume de 1670 (voyez ci-après, p. 57), à l'exception des *Instructions* et *Prières chrétiennes*. Ce texte de Nancy présente çà et là des corrections dans le genre de celles que nous avons relevées pour le chapitre 1er

---

1. On lit dans la strophe 1 des *Louanges de la sainte Vierge* :

Da robur, fer auxilium;

et dans la strophe 27 :

Verum panem angelorum....
Hic est panis viatorum,
Qui non est dandus canibus.

Ce sont des traits, comme dit Granet, tirés de deux hymnes (*Verbum supernum prodiens*, et *Lauda Sion Salvatorem*) qui font partie de l'*Office du Saint Sacrement*. On sait que l'auteur de cet office est saint Thomas d'Aquin, l'illustre contemporain de saint Bonaventure.

du livre I de l'*Imitation* (voyez tome VIII, p. xxii). — Voici celles de la strophe ii des *Louanges de la Vierge*, qui est un des endroits les plus retouchés (voyez ci-après, p. 8) :

Vers 12 et 13. Te mérita l'honneur de porter Jésus-Christ,
Sitôt que Gabriel t'en fit l'heureuse annonce.
Vers 15. Vierge avant d'accoucher, et vierge après ta couche.
Vers 17 et 18. Qu'aucun refuge au tien ne se peut égaler;
Et comme notre vie, en disgrâce fertile.

AU LECTEUR.

CETTE pièce se trouve imprimée sous le nom de saint Bonaventure, à la fin de ses OEuvres[1]. Plusieurs doutent si elle est de lui, et je ne suis pas assez savant en son caractère pour en juger. Elle n'a pas l'élévation d'un docteur de l'Église[2]; mais elle a la simplicité d'un saint, et sent assez le zèle de son siècle, où, dans les hymnes, proses, et autres compositions pieuses que l'on faisoit en latin, on recherchoit davantage les heureuses cadences de la rime que la justesse de la pensée. L'auteur de celle-ci a voulu trouver l'image de la Vierge en beaucoup de figures du Vieil et Nouveau Testament : les applications qu'il en a faites sont quelquefois un peu forcées; et quelque aide que j'aye tâché de lui prêter, la figure n'a pas toujours un entier rapport à la chose. Je me suis réglé à rendre chacun de ses huitains par un dizain; mais je ne me suis pas assujetti à les faire tous de

---

1. Dans l'édition de saint Bonaventure, en sept volumes in-folio, qui fut publiée à Rome, par ordre de Sixte-Quint (1588-1596), les *Louanges de la Vierge* sont placées à la fin du tome VI, avec divers autres opuscules relatifs à Marie.
2. Voyez ci-dessus la *Notice*, p. 3 et 4.

la même mesure : j'y ai mêlé des vers longs et courts, selon que les expressions en ont eu besoin, pour avoir plus de conformité avec l'original, que j'ai tâché de suivre fidèlement. Vous y en trouverez d'assèz passables, quand l'occasion s'en est offerte; mais elle ne s'est pas offerte si souvent que je l'aurois souhaité pour votre satisfaction. Si ce coup d'essai ne déplaît pas, il m'enhardira à donner de temps en temps au public des ouvrages de cette nature, pour satisfaire en quelque sorte à l'obligation que nous avons tous d'employer à la gloire de Dieu du moins une partie des talents que nous en avons reçus. Il ne faut pas toutefois attendre de moi, dans ces sortes de matières, autre chose que des traductions ou des paraphrases. Je suis si peu versé dans la théologie et dans la dévotion, que je n'ose me fier à moi-même quand il en faut parler : je les regarde comme des routes inconnues, où je m'égarerois aisément, si je ne m'assurois de bons guides; et ce n'est pas sans beaucoup de confusion que je me sens un esprit si fécond pour les choses du monde, et si stérile pour celles de Dieu. Peut-être l'a-t-il ainsi voulu pour me donner d'autant plus de quoi m'humilier devant lui, et rabattre cette vanité si naturelle à ceux qui se mêlent d'écrire, quand ils ont eu quelque succès avantageux. En attendant qu'il lui plaise m'inspirer et m'attirer plus fortement, je vous fais cet aveu sincère de ma foiblesse, et ne me hasarderai à vous rien dire de lui que je n'emprunte de ceux qu'il a mieux éclairés.

LOUANGES
DE LA SAINTE VIERGE.

Accepte notre hommage, et souffre nos louanges,
    Lis tout céleste en pureté,
    Rose d'immortelle beauté,
Vierge, mère de l'humble et maîtresse des anges ;
Tabernacle vivant du Dieu de l'univers,   5
Contre le dur assaut de tant de maux divers
Donne-nous de la force, et prête-nous ton aide ;
    Et jusqu'en ce vallon de pleurs
Fais-en du haut du ciel descendre le remède,
Toi qui sais excuser les fautes des pécheurs.   10

LAUS BEATÆ VIRGINIS[1].

    Ave cœleste lilium,
      Ave rosa speciosa,
      Ave mater humilium,
      Superis imperiosa;
      Deitatis triclinium,
      In hac valle lacrymarum,
      Da robur, fer auxilium,
      O excusatrix culparum.

---

1. Ce petit poëme latin se compose de quatre-vingt-trois huitains dont les lettres initiales, placées les unes à la suite des autres, forment la salutation angélique : *Ave, Maria, gracia plena*, etc. L'opuscule, après une salutation préliminaire de neuf strophes, se divise, dans les *OEuvres* de saint Bonaventure, en dix-neuf sections, ayant chacune pour titre l'indication d'une des figures bibliques dont il est parlé dans l'avis *Au lecteur*. — Nous avons reproduit le texte latin tel que l'a donné Corneille; il diffère par de nombreuses et parfois assez notables variantes de celui des éditions complètes de saint Bonaventure que nous avons pu voir, et nous a paru généralement meilleur et plus correct.

O vierge sans pareille, et de qui la réponse
Mérita de porter et conçut Jésus-Christ,
Sitôt que Gabriel t'eut fait l'heureuse annonce
Qu'en un souffle sacré suivit le Saint-Esprit ;
Vierge devant ta couche, et vierge après ta couche,   15
Montre en notre faveur que la pitié te touche,
Qu'aucun refuge à toi ne se peut égaler ;
Et comme notre vie, en disgrâces fertile,
Durant son triste cours incessamment vacille,
Incessamment aussi daigne nous consoler.   20

L'esprit humain se trouble au nom de vierge mère,
L'orgueil de la raison en demeure ébloui :
De la vertu d'en haut ce chef-d'œuvre inouï
Pour leurs vaines clartés est toujours un mystère.
La foi, dont l'humble vol perce au delà des cieux,   25
Pour cette vérité trouve seule des yeux,
Seule, en dépit des sens, la connoît, la confesse ;
Et le cœur, éclairé par cette aveugle foi,
Voit avec certitude et soutient sans foiblesse

> Virgo pia sine pare,
> Gabriele nuntiante
> Quæ meruisti portare
> Christum, flatu sacro flante,
> Virgo partum post et ante,
> Refugium singulare,
> In hac vita vacillante
> Tuos servos consolare.

> Ecce stupet humanitas
> Quod sis virgo puerpera ;
> Scire nequit fragilitas
> Tantæ virtutis opera.
> Fides transcendens æthera
> Confitetur et veritas :
> Ex te, mater Christifera,

Qu'un Dieu pour nous sauver voulut naître de toi.   30

Prodige qui renverse et confond la nature !
Le père de sa fille est le fils à son tour ;
Une étoile ici-bas met le soleil au jour ;
Le créateur de tout naît d'une créature :
La source part ainsi de son propre ruisseau ;   35
L'ouvrier est produit par le même vaisseau
  Que sa main a formé de terre ;
Et toujours vierge et mère, un accord éternel
De ces deux noms en toi, qui partout sont en guerre,
Fait grâce et rend la vie à l'homme criminel.   40

  Que pures étoient les entrailles
Où s'enferma ce fils qui tient tout en sa main,
Et que de sainteté régnoit au chaste sein
  Que suça ce dieu des batailles !
Que ce lait qu'il en prit fut doux et savoureux,   45
  Et que seroit heureux
Un cœur qui s'en verroit arrosé d'une goutte !

   Carnem sumpsit divinitas.

  Mater natum, patrem nata,
   Stella solem genuisti,
   Increatum res creata ;
  Fontem rivus emisisti ;
  Vas figulum perperisti,
   Virgo manens illibata ;
  Per te nobis, mater Christi,
  Est perdita vita data.

  Almissima sunt viscera
   Quæ Domini sunt conclave ;
  Sanctissima sunt ubera
   Quæ suxit, et lac suave
   Quo lactatur. Mater ave,

O mère qui peux tout, prends soin de notre sort,
Guide nos pas tremblants jusqu'au bout de leur route,
Et sauve-nous des maux de l'éternelle mort. 50

 Rose sans flétrissure et sans aucune épine,
  Rose incomparable en fraîcheur,
  Rose salutaire au pécheur,
Rose enfin toute belle, et tout à fait divine,
La grâce, dont jadis la prodigalité 55
Versa tous ses trésors sur ta fécondité,
N'a fait et ne fera jamais rien de semblable :
Par elle on te voit reine et des cieux et des saints;
Par elle sers ici de remède au coupable,
Et seconde l'effort de nos meilleurs desseins. 60

  Que d'énigmes en l'Écriture
  T'offrent sous un voile à nos yeux!
L'esprit qui la dicta s'y plut en mille lieux
A nous tracer lui-même et cacher ta peinture.

  Quæ regnas super sidera,
  Perpetuæ mortis a væ
  Nos et a malo libera.

 Rosa decens, rosa munda,
 Rosa recens sine spina,
 Rosa florens et fecunda,
 Rosa gratia divina
 Facta cœlorum regina,
 Non est nec erit secunda
 Tibi, rei medicina,
 Nostris cœptis obsecunda.

 In Scripturis figurata
  Multis locis ostenderis,
 Ænigmatibus monstrata,
  Sacris ut patet litteris;

  Le Vieil et Nouveau Testament
Tous deux, comme à l'envi, te nomment hautement
  La première d'entre les femmes;
Et cette préférence acquise à tes vertus,
Comme elle a mis ton âme au-dessus de nos âmes,
De nos périls aussi t'a su mettre au-dessus.

Avant que du Seigneur la sagesse profonde
Sur la terre et les cieux daignât se déployer,
Avant que du néant sa voix tirât le monde,
Qu'à ce même néant sa voix doit renvoyer,
De toute éternité sa prudence adorable
Te destina pour mère à son Verbe ineffable,
A ses anges pour reine, aux hommes pour appui;
Et sa bonté dès lors élut ton ministère
Pour nous tirer du gouffre où notre premier père
Nous a d'un seul péché plongés tous avec lui.

Ouvre donc, mère vierge, ouvre l'âme à la joie
D'avoir remis en grâce et nous et nos aïeux :

    Testamentorum Veteris
    Et Novi jure, prælata,
    Mulieribus cæteris,
    Super omnes elevata.

    Ante mundi originem
    Te Dominus ordinavit,
    Dum cœli latitudinem
    Sapienter fabricavit :
    Ex tunc sancta mente cavit
    Per te, matrem et virginem,
    Protoplasti, qui peccavit,
    Expiare voraginem.

    Gaude virgo, mater gaude,
    Per te mundus restauratur;

Toi-même applaudis-toi d'avoir ouvert les cieux,
D'en avoir aplani, d'en avoir fait la voie.
Les hôtes bienheureux de ces brillants palais   85
T'offrent et t'offriront tous ensemble à jamais
Des hymnes d'allégresse et de reconnoissance;
Et nous, que tu défends des ruses de l'enfer,
Nous y joindrons l'effort de l'humaine impuissance,
Pour obtenir comme eux le don d'en triompher.   90

Telle que s'élevoit du milieu des abîmes,
Au point de la naissance et du monde et du temps,
Cette source abondante en flots toujours montants,
Qui des plus hauts rochers arrosèrent les cimes,
Telle en toi, du milieu de notre impureté,   95
D'un saint enfantement l'heureuse nouveauté
Élève de la grâce une source féconde :
Son cours s'enfle avec gloire, et ses flots, qu'en tout lieu
Répand la charité dont regorge son onde,
Font en se débordant croître l'amour de Dieu.   100

        Cum civibus cœli plaude,
        A queis honor tibi datur;
        Decus decenter solvatur
        Tibi majus omni laude,
        Quia per te liberatur
        Omnis homo facta fraude.

1. *Figurata fuit per fontem qui ascendebat de terra, irrigans universam superficiem*[1] *terræ.* (Genesis cap. II.)

Rigans mundum novo rore,
Novæ prolis novitate,
Nova facis novo more,
Cuncta mira claritate :
Ex divina bonitate
Fons ascendens in honore,
Rigans terram charitate,
Dei crescens in amore.

1. Il y a *superfinem*, pour *superficiem*, dans l'édition de 1665.

Durant ces premiers jours qu'admiroit la nature,
La vie avoit son arbre ; et ses fruits précieux,
Remplissant tout l'Éden d'un air délicieux,
A nos premiers parents s'offroient pour nourriture.
Ainsi le digne fruit que tes flancs ont porté   105
Remplit tout l'univers de sainte volupté,
Et s'offre chaque jour pour nourriture aux âmes :
Il n'est point d'arbre égal, et jamais il n'en fut,
Et jamais ne sera de plantes ni de femmes
Qui portent de tels fruits pour le commun salut.   110

Un fleuve qui sortoit du séjour des délices
Arrosoit de plaisirs ce Paradis naissant,
    Et sur l'homme encore innocent
Rouloit avec ses flots l'ignorance des vices :
Vierge, ce même fleuve en ton cœur s'épandit,   115
Quand pour nous affranchir de ce qui nous perdit,
Ton corps du fils de Dieu fut l'auguste demeure ;
La terre au grand auteur en rendit plus de fruit,
La nature en reçut une face meilleure,

II. *Figurata fuit per lignum vitæ plantatum in medio Paradisi.* (Genesis cap. II.)

Arbor et lignum vitale
  In Paradisi medio
  Plantaris spirituale,
  Cujus fructus fruitio
  Replet omnia gaudio :
  Numquam fuit, nec est tale,
  Nec erit procul dubio
  Lignum ita commodale.

III.° *Figurata fuit per Paradisum irrigatum a fluvio qui egrediebatur de loco voluptatis.* (Genesis cap. II.)

Casta virgo, te fluvius
  Voluptatis irrigavit
  Paradisi, dum filius
  Dei corpus habitavit
  Tuum. Terra tunc donavit
  Nostra fructum uberius,
  Et naturam reformavit

Et triompha dès lors du vieux péché détruit. 120

Ce fils, comme son père, arbitre du tonnerre,
Ce maître, comme lui, des hommes et des Dieux,
Ayant pour son palais un Paradis aux cieux,
Voulut pour sa demeure un Paradis en terre;
Ce père tout-puissant l'y forma de ton corps, 125
Qu'il commit à garder ce trésor des trésors,
Dès qu'il te vit de l'ange agréer la visite :
Ainsi se commença notre rédemption;
Ainsi tu donnas place au souverain mérite
Qui nous dégage tous de la corruption. 130

Noé bâtit une arche avant que le déluge
Fît de toute la terre un vaste lit des eaux :
Il fait d'un bois poli ce premier des vaisseaux
Où sa famille trouve un assuré refuge.
Cette arche est ton portrait : son bois poli nous peint
Des parents dont tu sors le choix heureux et saint;
Dieu s'en fait un vaisseau comme ce patriarche;

Nostram Deus in melius.

In Paradiso posuit
Deus hominem filium
Suum, custodem voluit
Tuum corpus egregium,
Per Gabrielem nuncium
Dum visitare placuit;
Redemptorem eximium
Nobis eum exhibuit.

IV. *Figurata* Arcam Noë fabricavit,
fuit per arcam Sed de lignis lævigatis;
Noë. (Genesis Fabricatam subintravit)
cap. VI et VII.) Cum uxore et cum natis.
De parentibus beatis

Mais on voit un autre ordre au mystère caché :
Pour se sauver des eaux Noé monte en son arche,
Dieu pour descendre en toi te sauve du péché.

L'onde enfin se retire en ses vastes abîmes,
La terre se revêt des plus vives couleurs,
Et la pitié du ciel s'épand sur nos malheurs,
Ainsi que sa colère avoit fait sur nos crimes.
Si la tempête encore ose nous menacer,
Sa fureur a sa borne, et ne la peut forcer ;
Un grand arc sur la nue en marque l'assurance,
Et Dieu l'y fait briller pour signal qu'à jamais
Sa bonté maintiendra l'amoureuse alliance
Qui du côté des eaux nous a promis la paix.

Que se crève à grand bruit le plus épais nuage,
Qu'il verse à gros torrents ce qu'il a de plus noir,
L'arc témoin de ce pacte à peine se fait voir,
Qu'il dissipe la crainte et nous rend le courage :
La joie avec l'espoir rentre au cœur des pécheurs

   Sibi matrem te formavit
   Dominus, et a peccatis
   Te subintrans conservavit.

v. *Figurata fuit* Pactum suum antiquitus
per arcum quem   Deus promisit patribus,
Dominus dedit   Arcum suum divinitus
Noë in signum   Ostendendum in nubibus,
fœderis. (Gene-   Qui fœderis est omnibus
sis cap. ix.)   Signum promissum cœlitus ;
   A Deo pax hominibus
   Datur in eo penitus.

   Labor et timor fugiunt
   Arcu monstrato fœderis,
   Spes et gaudium veniunt

Qui l'œil battu de pleurs,
Avec sincérité détestent leurs foiblesses;
Et quoi que sur leur tête ils entendent rouler,
Le souvenir d'un Dieu fidèle en ses promesses
Leur donne, à cet aspect, de quoi se consoler. 160

Vois, ô reine du ciel, vois comme il te figure,
Comme de tes vertus ses couleurs sont les traits :
Son azur, dont l'éclat n'a que de purs attraits,
De ta virginité fait l'aimable peinture;
Par le feu, dont ce rouge est si bien animé, 165
Ton zèle ardent pour Dieu voit le sien exprimé;
Ta charité vers nous y trouve son image;
Et de l'humilité, qui par un prompt effet
Du choix du Tout-Puissant mérita l'avantage,
Ce blanc tout lumineux est le tableau parfait. 170

Telle donc que cet arc la terre te contemple :
Tu fais pleuvoir du ciel cent lumières sur nous;

Peccatoribus miseris :
Qui de reatu sceleris
Flentes, arcum conspiciunt,
Per promissum de superis
Se consolatos sentiunt.

Est in arcu cœruleus
Color, qui virginitatis
Typum gerit, et rubeus
Etiam, qui charitatis
Formam notat; puritatis
Tuæ demonstrat aqueus
Notam, et humilitatis,
Quam elegit in te Deus.

Nubibus cœli cerneris
Arcus, quæ nos illuminas;

Ta brillante splendeur sème de là pour tous
Des plus parfaites mœurs un glorieux exemple.
Par toi chaque hérésie a son cours terminé : 175
En vain de ses enfants le courage obstiné
De ses fausses clartés s'attache aux impostures;
Il suffit de te voir unir en Jésus-Christ
Par ta submission deux contraires natures;
Pour briser tout l'orgueil dont s'enfle leur esprit. 180

  Arc invincible, arc tout aimable,
  Qui guéris en blessant au cœur,
  Arc en pouvoir comme en douceur
  Également incomparable,
  Arc qui fais la porte des cieux, 185
  Vierge sainte enfin, qu'en tous lieux
   Un respect sincère doit suivre,
Quand de notre destin l'inévitable loi
  Nous aura fait cesser de vivre,
Fais-nous part de ta gloire et revivre avec toi. 190

  Refulgens morum miseris
  Exempla cunctis seminas,
  Hæreses omnes terminas,
  Et hæreticos conteris,
  In Christo quando geminas
  Naturas simul congeris.

  Arcus insuperabilis
   Arcus potens, arcus fortis,
   Arcus dulcis, amabilis,
   Arcus patens cœli portis,
   Post præsentis metam mortis,
   Nobis inevitabilis,
   Fac consortes tuæ sortis
   Nos, virgo venerabilis.

Le sommeil de Jacob lui fait voir des miracles :
L'échelle, qu'il lui montre en lui fermant les yeux,
  De la terre atteint jusqu'aux cieux ;
Dieu s'appuie au-dessus pour rendre ses oracles ;
Les anges, dont soudain un luisant escadron   195
De célestes clartés couvre chaque échelon,
S'en servent sans relâche à monter et descendre ;
Et d'un songe si beau les claires visions
L'assurent de la terre où son sang doit prétendre,
Et de ce qu'a le ciel de bénédictions.   200

Marie est cette échelle ; elle l'est, et la passe ;
Par elle on reçoit plus que Dieu n'avoit promis :
Aussi pour lui parler l'ange qu'il a commis
La nomme dès l'abord toute pleine de grâce.
Elle nous donne un fils, mais un fils Homme-Dieu ;   205
Et quand son corps sacré quitte ce triste lieu,
Pour le porter au ciel elle a des milliers d'anges :
De ce brillant séjour elle rompt tous nos fers,
De tous nos maux en biens elle fait des échanges,

vi. *Figurata fuit per scalam quam Jacob in somnis vidit.* (Genesis cap. xxviii.)

Dormiens Jacob somnio
  Scalam vidit contingentem
  Cœlum, cujus confinio
  Deum vidit innitentem ;
  Angelorum descendentem
  Cœtum vidit ; promissio
  Terræ sanctæ per potentem
  Datur, et benedictio.

  O Maria, figuraris
    Scala, sed scalam superas ;
    Ab angelo salutaris ;
    Deum hominem generas ;
    Super virtutes superas
    Per angelos collocaris ;
    Genus humanum liberas,

Et nous prête son nom pour braver les enfers. 210

Moïse est tout surpris quand pour lui toucher l'âme
    Dieu se revêt de flamme :
Celle que sur l'Oreb il voit étinceler
Pare un buisson ardent, au lieu de le brûler,
Et s'en fait comme un trône où plus elle s'allume, 215
    Et moins elle consume.
    Ton adorable intégrité,
O vierge mère, ainsi ne souffre aucune atteinte,
Lorsqu'en tes chastes flancs se fait l'union sainte
De l'essence divine à notre humanité. 220

Que la manne au désert est d'étrange nature !
Son goût, le premier jour, se conforme au souhait ;
Et quand pour d'autres jours la réserve s'en fait,
Elle souille le vase et tourne en pourriture ;
Ce peu seul qui dans l'arche en tient le souvenir 225
S'y garde incorruptible aux siècles à venir,
Sans que souillure aucune à son vaisseau s'attache :
    Ainsi tu conçois Jésus-Christ,

    Ergo longe plus bearis.

VII. *Figurata* Mater, tua virginitas
fuit per rubum qui Rubo montis ostenditur
ardebat nec com- Oreb, cujus viriditas
burebatur. (Exo- Per ardorem non uritur :
di cap. III.) Sic nec tua corrumpitur
    Virginalis integritas,
    Dum ventre tuo jungitur
    Humanitati deitas.

VIII. *Figurata* In vase manna positum
fuit per vas in Ut conservetur, legitur,
quo servatum fuit Israëlitis traditum,
manna. (Exodi Nec vas manna polluitur :
cap. XVI.) In te Christus concipitur,

Et ta virginité demeure ainsi sans tache
En nous donnant ce fils conçu du Saint-Esprit. 230

Comme tomboit du ciel cette manne mystique
Qui du peuple de Dieu faisoit tout le soutien,
Ainsi du sein du Père est descendue au tien
Celle qui des enfants est le seul viatique.
La manne merveilleuse, et que nous figuroit 235
Celle qu'en la cueillant tout ce peuple admiroit,
Par une autre merveille ainsi nous est donnée :
Ainsi nous pouvons prendre, ainsi nous est offert
Plus que ne recevoit cette troupe étonnée
Qui durant quarante ans s'en nourrit au désert. 240

Ta grâce par l'effet avilit la figure,
Elle en ternit l'éclat, elle en sème l'oubli ;
Et par sa nouveauté l'univers ennobli
N'a plus d'amour ni d'yeux pour la vieille peinture :
Les nouvelles clartés de la nouvelle loi, 245

   Virgo, per sanctum Spiritum,
    Neque tuæ minuitur
   Virginitatis meritum.

  Nobis manna mirificum
   Servasti mirabiliter,
  Manna terminans typicum,
   Figuratum veraciter,
   In se misericorditer,
  Per illud manna cœlicum
   Quod dabatur communiter
   Israël in viaticum.

  Vetustum manna novitas
   Tuæ gratiæ terminat ;
   Figurarum antiquitas
   Fugit, et lux illuminat
   Nova, quos lex discriminat

Que Dieu fait commencer par toi,
Ne laissent rien d'obscur pour ces nouveaux fidèles;
 Et ce qui jadis éblouit,
Sitôt que tu répands ces lumières nouvelles,
 Ou s'épure ou s'évanouit.   250

 Ce grand auteur de toutes choses,
Ce Dieu qui fait d'un mot quoi qu'il ait résolu,
Te regarda toujours comme un vase impollu
 Où ses grâces seroient encloses :
Vase noble, admirable, et charmant à l'aspect,   255
Digne d'un saint hommage et d'un sacré respect,
Digne enfin du trésor qu'en toi sa main enferme :
C'est par toi qu'il voulut qu'on goûtât en ces lieux,
Pour arrhes d'un bonheur et sans borne et sans terme,
 Ce pain des habitants des cieux.   260

 Tu nous donnes ce pain des anges,
 Que tes entrailles ont produit,
Ce pain des voyageurs, ce pain qui nous conduit

   Nova; cessat obscuritas;
   Purgat, mundat, eliminat
   Antiqua nova claritas.

  Summus artifex omnium
   Te providit, vas nobile,
   Vas dignum, vas egregium,
   Vas gratum, vas laudabile,
   Vas cunctis venerabile,
   Famulis ut edulium
   Ministres delectabile,
   Panemque cœli civium.

  Tu ministras hominibus
   Verum panem angelorum,
   Tuis natum visceribus

Jusqu'où ces purs esprits entonnent ses louanges :
C'est ce pain des enfants, ce comble de tous biens, 265
  Qu'il ne faut pas donner aux chiens,
A ces hommes charnels qui ne vivent qu'en brutes;
Il n'est que pour les cœurs d'un saint amour épris;
Et comme il les guérit des plus mortelles chutes,
Sur tous les autres pains ils lui doivent le prix. 270

  C'est en lui que sont renfermées
  Les plus salutaires douceurs
  Que puissent aimer de tels cœurs,
  Et les plus dignes d'être aimées :
  Il est plein d'un suc ravissant, 275
D'un suc si gracieux, d'un suc si nourrissant,
Qu'il fait seul un banquet où toute chose abonde;
Il est pain, il est viande, il est tout autre mets;
Il rend seul une table en délices féconde,
Et doit être pour nous le banquet des banquets. 280

Ce mets nous rétablit, ce mets nous régénère;

  Pro salute peccatorum.
  Hic est panis viatorum,
  Qui non est dandus canibus,
  Qui est salus miserorum,
  Præstans omnibus panibus.

  Ecce panis dulcissimus,
   Ecce panis amplectendus,
   Ecce panis pinguissimus,
   Ecce panis diligendus,
   Ecce panis recolendus,
   Ecce panis præoptimus,
   Cibus cunctis præferendus,
   Et præ cunctis gratissimus.

  Cibus iste nos reficit,

Il ramène la joie et fait cesser l'ennui;
Ton fils, qui par ce mets attire l'âme à lui,
La guide par ce mets, et l'allie à son Père.
Ce mets de tous les biens est l'accomplissement; 285
Il est de tous les maux l'anéantissement :
Pour nous il vainc, il règne, il étend son empire;
Il soutient, il fait croître en sainte ambition;
Et pour dire en un mot tout ce qu'on en peut dire,
Il élève tout l'homme à sa perfection. 290

Il est le pain vivant et qui seul vivifie,
Il est ensemble et vie, et voie, et vérité;
Lui-même il nous départ son immortelle vie
Par les épanchements d'une immense bonté.
L'Église avec ce pain reçoit tant de lumière, 295
Que la nouvelle épouse efface la première
Par les vives splendeurs qui font briller sa foi :
La synagogue tombe, et périt auprès d'elle,
  Et l'ombre de la vieille loi
  Fait place au jour de la nouvelle. 300

    Recreat et regenerat,
    Et sibi mentem allicit,
    Dirigit et confœderat;
    Omne bonum exaggerat,
    Et omne malum abjicit;
    Vincit, regnat et imperat;
    Auget, alit et perficit.

    Vivus panis, et vitalis,
    Via, veritas et vita,
    Est hic panis immortalis,
    Et bonitas infinita,
    Quo refulget præmunita
    Nova sponsa spiritalis.
    Synagoga definita
    Perit, et umbra legalis.

La manne a donc tari, le ciel n'en verse plus :
 La figure cède à la chose,
 Et le pain que Dieu nous propose,
D'un ciel encor plus haut descend pour ses élus
 Si la manne eut cet avantage   305
Que des fils d'Israël elle fut le partage,
 Ce pain est celui du chrétien.
O chrétien, pour qui seul est fait ce pain mystique,
Viens, mange, et puisqu'enfin c'est un pain angélique,
Fais comme un ange, et montre un zèle égal au sien.

 Passons de miracle en miracle :
Moïse met, au nom des tribus d'Israël,
 Pour faire un prêtre à l'Éternel,
 Douze verges au tabernacle ;
Aaron y joint la sienne ; elle seule y produit   315
 Des feuilles, des fleurs et du fruit ;
Par là du sacerdoce il emporte le titre :

    Manna cessat, et cœlicus
     Nobis panis proponitur ;
     Panis verus vivificus
     Nobis de cœlo mittitur ;
     Christianis comeditur [1]
     Solis panis hic mysticus,
     Quibus communis traditur
     Verus panis angelicus.

IX. *Figurata fuit*   Beatus tabernaculo
per virgam Aaron   Moïses virgam posuit
quæ habuit fruc-   Aaron, sed pro titulo
tum præter opus   Sacerdotis : quæ fronduit,
naturæ. (Numero-   Floruit, fructum habuit,
rum cap. XVII.)   Evidenti miraculo ;

---

1. *Comeditur* pourrait bien être une faute d'impression, pour *conceditur*, qui se lit dans les éditions de saint Bonaventure.

Tout ce peuple n'a qu'une voix,
Et de ce même Dieu qu'il en a fait l'arbitre
Il accepte à grands cris et bénit l'heureux choix. 320

    Quelle nouveauté surprenante!
      La fleur sort de l'aridité;
      Le fruit, de la stérilité;
Un bois sec reverdit; il germe, éclôt, enfante.
Où sont tes lois, nature, et que devient ton cours 325
    Dans ces miraculeux retours
Qui rendent, malgré toi, l'impuissance fertile?
Et quel est le pouvoir qui ne prend qu'une nuit
Pour tirer d'une branche et séchée et stérile
    Ces feuilles, ces fleurs, et ce fruit? 330

    Ce fruit, et ces fleurs, et ces feuilles,
Pour étaler aux yeux un si nouvel effet,
    N'attendent point que tu le veuilles:
Dieu le veut, il suffit, le miracle se fait;
Il est son pur ouvrage, et comme ce grand maître 335

    Sacerdotis obtinuit
    Jus Aaron in populo.

   Ecce valde mirabilis
    Res, et miranda novitas,
    Floret siccitas sterilis,
    Gignit sicca sterilitas :
    Parturit virgæ siccitas,
    Fructum profert, et fertilis
    Efficitur ariditas;
    Non fuit ante similis.

   Notat virga florigera,
    Quæ naturæ non opere
    Efficitur fructifera,
    Sed puro Dei munere,

Sans prendre ton avis toi-même t'a fait naître,
Sans prendre ton avis il renverse tes lois :
Un bois sec rend du fruit par son ordre suprême ;
Par son ordre suprême, ô Vierge, tu conçois,
Et ta virginité dans ta couche est la même.   340

Elle est toujours la même, et ce grand souverain
En conserve les fleurs toujours immaculées,
Alors qu'il fait germer dans ton pudique sein
La fleur de la campagne, et le lis des vallées.
Ta prompte obéissance attire sa faveur   345
Qui te fait de la terre enfanter le sauveur,
Sans que ta pureté demeure moins entière ;
Et cette obéissance, enflant ta charité,
D'un amour tout divin fait comme une rivière
Qui s'épanche à grands flots sur notre aridité.   350

Un prophète promet une nouvelle étoile,
Du milieu de Jacob cet astre doit sortir ;
Une verge nouvelle en doit aussi partir :

    Quod debebas concipere,
    Virgo nova puerpera,
    Et novum fructum parere,
    Post partum virgo libera.

    Ergo, virgo vere parens,
    Germinasti campi florem ;
    Dei patris verbo parens
    Mundi paris salvatorem,
    Puritatisque decorem
    Non amittis, sorde carens,
    Charitatis fundens rorem,
    Quo rigatur mundus arens.

x. *Figurata fuit*   De Jacob exoritura
per stellam et per   Nova stella prædicitur ;
virgam de quibus   Ex Israël nascitura

L'une et l'autre a paru, l'une et l'autre est ton voile.
La verge d'Israël dont Moab est battu 355
  Est un portrait de ta vertu,
Qui de tous ennemis t'assure la défaite ;
Et la fleur qu'elle porte est ton fils Jésus-Christ,
En qui d'étonnement la nature muette
Voit ce qu'elle attendoit et jamais ne comprit. 360

L'étoile garde encor sa chaleur tout entière,
Bien qu'un rayon en sorte et brille sans égal ;
  La pureté de sa lumière
Fait toujours même honte à celle du cristal :
Ce rayon qui la laisse ainsi brillante et pure 365
De ton fils et de toi nous offre la figure ;
De ce fils qui conserve en toi la pureté,
De toi qui le conçois sans souillure et sans tache,
Et qui gardes encor la même intégrité
Quand même de tes flancs pour naître il se détache. 370

  Verge mystique d'Israël,

prophetavit Balaam. (Numerorum cap. xxiv.)
  Virga nobis ostenditur,
  Per quam Moab percutitur :
  Te præsignat hæc figura,
   De qua virga producitur
  Christus, mirante natura.

   Ista stella clarissima,
    Quam non violat radius,
   Luce nitens purissima,
   Crystallo fulgens clarius,
   Te significat verius,
   Virgo semper castissima,
    Quam non violat filius,
   Ex te nascens, mundissima.

  Consurgens virga florida [1]

---

1. Il y a *mystica* dans l'édition de 1665. Nous rétablissons, d'après le texte des éditions complètes de saint Bonaventure, *florida*, que veut la rime.

Par les prophètes tant promise,
Verge que le Père éternel
Sur toutes autres favorise,
De la racine de Jessé, 375
Comme ils nous l'avoient annoncé,
Nous te voyons sortir exempte de foiblesse :
Tu conçois par miracle, et ton merveilleux fruit
Rend pour toi compatible avecque la grossesse
Cette virginité que tout autre détruit. 380

N'es-tu pas cette étoile ensemble et cette verge,
Verge que de la grâce arrose un clair ruisseau,
Étoile en qui Dieu fait un paradis nouveau,
Vierge et mère à la fois, et mère toujours vierge?
L'étoile a son rayon, et la verge a sa fleur : 385
Ton fils est l'un et l'autre, et de ce cher sauveur
La fleur et le rayon nous présentent l'image :
Fleur céleste qui porte un miel tombé des cieux,
Et rayon dont l'éclat dissipe tout l'orage
Qui fit trembler la terre et gémir nos aïeux. 390

   Ex Israël prophetice,
    Promissa virgo nitida,
   Diceris virga mystice;
    Egrediens de radice
   Jesse, potens et valida,
   Florem profers mirifice,
   Virgo materque gravida.

   Tu es virga, tu es stella,
    Tu es gratiæ fluvius,
   Deitatis munda cella,
    Genitrix cujus filius
   Flos dicitur et radius,
   Charitatis fundens mella
   Cœlo, luctus superius
    Mundum servans a procella.

O verge dont aucune plante
N'égale la fertilité,
Étoile de qui la clarté
Sur toutes autres est brillante,
Tes paroles, tes actions 395
Ont toutes des perfections
Au-dessus de la créature ;
Et l'homme accablé de malheurs
Ne sauroit où choisir protection plus sûre,
Ni se faire un repos moins troublé de douleurs. 400

Gédéon voit couvrir sa toison de rosée,
En presse les flocons, et remplit un vaisseau
De cette miraculeuse eau
Qu'au reste de son champ le ciel a refusée.
O Marie, ô vaisseau plein des grâces d'en haut, 405
Que Dieu pour te former sans tache et sans défaut
Réserva pour toi seule et fit inépuisables,
Daigne, pour consoler notre calamité,
En verser quelque goutte aux pécheurs misérables

   Ave virga fertilior
    Universis arboribus,
    Ave stella fulgidior
   Universis sideribus ;
    Factis, dictis, virtutibus,
    Universis præstantior
    Creaturis, hominibus
   Custos et quies tutior.

XI. *Figurata fuit per concham quam Gedeon implevit rore.* (Judicum cap. VI.)

 Tu Gedeonis rorida
Concha cœlestis diceris,
Rore manans et fluida
Lana compressa velleris ;
Divini dono muneris,
Tu semper manes madida ;
Solatium das miseris,

Que tu vois ici-bas languir d'aridité. 410

Oh ! que cette rosée étoit vraiment céleste
　　Qui tomba dans ton chaste sein,
Lorsque de nous sauver un Dieu prit le dessein,
　Et que la grâce en toi devint si manifeste !
Le soleil de justice alors qui te remplit 415
　　Fit qu'en toi s'accomplit
Le mystère où ce Dieu devoit s'unir à l'homme :
Il est homme, il est Dieu dans ton flanc virginal ;
Et commençant dès là ce que sa croix consomme,
Il t'honore à jamais d'un titre sans égal. 420

Sa grâce te remplit sitôt qu'à son message
Ton humble obéissance eut donné son aveu,
Et que son messager y vit un digne feu
Te consacrer entière à ce divin ouvrage.
Telle, dès le moment qu'acheva Salomon 425
De consacrer un temple aux grandeurs de son nom,
La gloire du Seigneur en remplit tout l'espace :

　　　　Sed terra manet arida.

　　　Verus cœlestis fluminis
　　　　Tuam concham munditiæ
　　　　Ros replevit, dum numinis
　　　　Sacri munere gratiæ,
　　　　Plena solis justitiæ,
　　　　Mater Dei et hominis
　　　　Fis, flore pudicitiæ
　　　Vernans matris et virginis.

XII. *Figurata*　Implevit domum Domini
fuit per domum　Superni regis gloria,
Domini quam ædi-　Suo sacratam nomini
ficavit Salomon et　Salomonis industria :
gloria Domini eam　Dum te superna gratia,
implevit. (Lib. III　Gabrielis affamini
Regum cap. VI.)　Parentem, Virgo Maria,

D'un miracle pareil il couronne ta foi,
Et joint dès ici-bas tant de gloire à ta grâce,
Que la grâce et la gloire est même chose en toi.   430

    Salomon, ce roi pacifique,
Éleva dans ce temple un trône au Dieu des Dieux ;
Et le Dieu de la paix, le monarque des cieux,
    S'en fait un dans ton sein pudique.
Il vient y prendre place et finir notre ennui :   435
Un messager céleste envoyé devant lui
En ce pudique sein lui prépare la voie ;
Mais bien que de tout temps ce Dieu l'eût résolu,
Bien que l'ange à toi-même en eût porté la joie,
Ce Dieu n'auroit rien fait si tu n'avois voulu.   440

    Mère vierge, mère de grâce,
    Palais de la divinité,
    Torrent d'amour et de bonté
    Dont le cours jamais ne se lasse,
Illustre original de tant d'heureux crayons ;   445
    Mère du soleil de justice,

    Replet dicatam numini.

    Notat hic Dei filium
      Salomon rex pacificus,
      Qui fecit thronum regium :
      Ut hic artifex cœlicus,
      Et nuncius angelicus
      Præparavit hospitium,
      Nostræ salutis pisticus,
      Verum deferens gaudium.

    Maria, mater gratiæ,
      Mater et fons bonitatis,
      Mater misericordiæ,
      Fons et fomes pietatis,
      Triclinium deitatis,

Fais-en jusque sur nous descendre les rayons,
Porte-lui jusqu'au ciel nos vœux en sacrifice,
Et prête à nos besoins un secours si propice,
Que nous puissions enfin voir ce que nous croyons. 450

   Créatures inanimées,
Qui formez jusqu'ici ce merveilleux portrait,
Souffrez que le beau sexe en rehausse le trait,
Et montre ses vertus encor mieux exprimées.
Laissez-nous admirer l'illustre Abigaïl[1], 455
Laissez-nous voir sa grâce et son discours civil
Arrêter un torrent de fureurs légitimes :
Elle n'épargne dons, ni prières, ni pleurs,
Et force ainsi David à pardonner des crimes
Qui s'attiroient déjà le dernier des malheurs. 460

Son arrogant époux, en festins si prodigue
Pour tous ceux qu'il assemble à tondre ses troupeaux,
Qui de ces jours d'excès fait ses jours les plus beaux,

   Mater solis justitiæ,
   Perpetuæ claritatis
   Confer lumen et gloriæ.

xiii. *Figurata* Uxor Nabal cum Davide
fuit per Abigail. Pacem, datis muneribus,
(Lib. I Regum Nabal reformat solide
cap. xxv.)   Benignissimis precibus,
     Licet Nabal sermonibus,
     Dictis, factisque stolide,
     Meruisset doloribus
     Vitam finire turbide.

   Larga Nabal convivia
    Suo faciens tonsori,

---

1. Abigaïl, femme de Nabal, sauva, par les sages paroles qu'elle adressa à David irrité, son mari et sa maison. Nabal étant mort peu de temps après, David la prit pour femme.

Et pour de vains honneurs lâchement se fatigue,
Ce Nabal, dont l'orgueil, enflé de tant de biens, 465
Passe jusqu'au mépris de David et des siens,
Du pécheur insolent est une affreuse image :
Il brave comme lui le maître de son sort,
A ses vrais serviteurs comme lui fait outrage,
Et comme lui s'attire une infaillible mort. 470

 D'ailleurs ce David tout aimable,
  Qu'à se venger on voit si prompt,
Flexible à la prière, et sensible à l'affront,
En clémence, en rigueur à nul autre semblable,
Ce guerrier si bénin, qui devient sans pitié 475
Au mépris et des siens et de son amitié,
Forme de Jésus-Christ l'adorable peinture :
Bien qu'il soit Dieu de paix, le foudre est en ses mains ;
Et tout bon qu'il veut être, il sait venger l'injure
Et qu'on fait à sa gloire et qu'on fait à ses saints. 480

A force de présents, à force de prières,

  Quærendo temporalia,
  Gulæ vacans et honori,
  Comparatur peccatori,
  Dei danti convicia
  Servis, unde morte mori
  Debet propter hæc vitia.

 Iste desiderabilis
  Vultu David gratiosus,
  Rex nulli comparabilis,
  Manu fortis, bellicosus,
  Clemens, pius, amorosus,
  Christus est immutabilis,
  Qui semper est gloriosus
  In sanctis, et mirabilis.

  Es tu Abigaïl sapiens,

La belle Abigaïl arrête ce grand cœur,
Et désarme elle seule une juste fureur,
Qu'allumoient de Nabal les réponses trop fières ;
Elle fait alliance entre David et lui. 485
  O Vierge, notre unique appui,
Pour nous près de ton fils tu fais la même chose,
Et ce lait virginal de quoi tu le nourris,
Sitôt que ta prière à sa fureur s'oppose,
D'infâmes criminels nous rend ses favoris. 490

De ce même David race vraiment royale,
  Digne sang des plus dignes rois,
Mère et fille d'un Dieu qui te laisse à ton choix
Dispenser les trésors de sa main libérale,
Ce Dieu, qui près de lui te donne un si haut rang, 495
Par la nouvelle loi, qu'il scella de son sang,
Nous a tous faits[1] tes fils : montre-toi notre mère ;
Sois de cette loi même et la joie et l'honneur,
Et contre tous les traits d'une juste colère

  David referens munera,
  Nabal et David faciens
  Precibus tuis fœdera,
  Dum pia lactis ubera
  Christo dedisti nutriens,
  Hinc peccatoris scelera
  Tuis meritis leniens.

 Regina, virgo regia
  De genere David regis,
  Dei mater et filia,
  Christum paris, Christum regis,
  Nostra mater, nostræ legis
  Gaudium et lætitia,
  Peccatoris fortis ægis,

1. Il y a *fait*, sans accord, dans l'édition originale.

Sers-nous de bouclier, et fais notre bonheur. 500

En toi seule aujourd'hui se fonde l'espérance
    De tout le genre humain ;
    Toi seule as dans ta main
De quoi du vieil Adam purger toute l'offense ;
Par toi le port de vie aux pécheurs est ouvert, 505
    Par toi le salut est offert
A qui te peut offrir tout son cœur en victime ;
Et quoi que les enfers osent nous suggérer,
    Quiconque te sait honorer
Ne sait plus ce que c'est que crime. 510

Il fait donc bon te rendre un sincère respect,
    En faire sa plus noble étude,
Se tenir en tous lieux comme à ton saint aspect
Mettre toute sa gloire à cette servitude ;
Car enfin les sentiers que tu laisses battus 515
    Sont partout semés de vertus
Qui de tes serviteurs font l'entière assurance :

    Decus, honor et gloria.

    In te sola spes figitur
      Omnis humani generis ;
      Per te solam destruitur
      Adæ peccatum veteris.
      Vitæ portus es miseris,
      Per te salus acquiritur :
      Nescit reatum sceleris
      Qui te devote sequitur.

    Bonum est ergo subdere
      Sese tuæ servituti,
      Secundum te se regere,
      Disponendo se virtuti ;
      Namque tui servi tuti

Ils guident sans péril à l'éternelle paix,
Et ce qu'on a pour toi de sainte déférence
Avec toi dans le ciel fait revivre à jamais. 520

Après Abigaïl, aussi sage que belle,
Judith montre un courage égal à sa beauté,
Quand des Assyriens le monarque irrité
  Traite Béthulie en rebelle :
Pour venger le mépris qu'on y fait de ses lois, 525
Ce roi, qui voit sous lui trembler tant d'autres rois,
Envoie à l'assiéger une effroyable armée ;
Holoferne préside à ce barbare effort,
Et de la multitude en ses murs enfermée
Aucun ne sauroit fuir ou les fers ou la mort. 530

Que résous-tu, Judith ? qu'oppose pour remède
L'amour de ta patrie à de si grands malheurs ?
Et que doit ce grand peuple accablé de douleurs
Contre tant d'ennemis espérer de ton aide ?
Tu portes dans leur camp le doux art de charmer, 535

   Per te possunt ascendere
   Cœlum, vitam assecuti,
   Tecum semper et vivere.

xiv. *Figurata* Volens mundum sævitia
fuit per Judith, Principis Assyriorum
quæ Holofernem Subjicere, nefaria
peremit et popu- Manu collecta virorum,
lum liberavit. (Ju- Magnam plebem Judæorum
dith cap. xiii.) Obsedit in Bethulia,
   In mortem mœstam eorum
   Mente debacchans impia.

   Sancta Judith pro populo
   Salvando se præparavit,
   Nocte surgens de lectulo,
   Vocans Abram properavit,

Tu vois leur Holoferne, et tu t'en fais aimer :
Sa joie est sans pareille, et son amour extrême;
Il croit par un festin te le témoigner mieux,
Il s'enivre, il s'endort; et de son poignard même
Tu lui perces le cœur qu'avoient percé tes yeux.   540

  Cette Béthulie assiégée
  Des bataillons assyriens,
  Et prête à s'en voir saccagée
  Par la division des siens,
   C'est, ô Vierge qu'un Dieu révère,   545
L'épouse de ton fils, l'Église, notre mère,
Qu'assiége l'hérésie et qu'attaque l'enfer :
Forte de ton secours, elle en brave l'audace;
Et tant que pour appui ses murs auront ta grâce,
  Elle est sûre d'en triompher.   550

Belle et forte Judith, qui sauves d'Holoferne
Ta chère Béthulie et tous ses habitants,
Puisque par ton esprit l'Église se gouverne,

  Holoferni præsentavit
  Se, pro gentis periculo,
  Necans eum, liberavit
  Cives a mortis jaculo.

 Est civitas Bethulia
  Quam obsidet dissensio,
  Dæmonisque perfidia,
  Et hæresis deceptio,
  Conjuncta tuo filio
  Nostra mater Ecclesia,
  Tuo tuta subsidio,
  Munita tua gratia.

 Tu es Judith pulcherrima,
  Quæ liberas Ecclesiam
  Holofernis acerrima,

Ses triomphes iront aussi loin que les temps :
Tu combats, tu convaincs, tu confonds l'hérésie ; 555
    Et quoi qu'ose sa frénésie,
Elle tremble à te voir les armes en la main,
Tandis que les rayons dont ta couronne brille,
    Sur nous, qui sommes ta famille,
Répandent du salut l'espoir le plus certain. 560

Ils n'y répandent pas cette seule espérance,
Ils y joignent l'esprit qui mène à son effet :
Un esprit de douceur, qu'en Dieu tout satisfait,
Un esprit de clarté, de conseil, de science ;
La sagesse à la force en nous s'unit par eux, 565
La crainte filiale au respect amoureux,
Qui donne un vol sublime aux âmes les plus basses :
Tous ces trésors sur nous par toi sont épanchés,
Et Dieu t'a départi toute sorte de grâces
Pour faire en ta faveur grâce à tous nos péchés. 570

    La charmante Esther vient ensuite ;

    Ut per divinam gratiam ;
    Hæresisque perfidiam
    Confutas, beatissima,
    Fundens super familiam
    Spem quæ manet certissima.

    Benignus sapientiæ
      Spiritus, et dulcedinis,
      Consilii, scientiæ,
      Timoris, fortitudinis,
      Lumen divini numinis,
      Omni genere gratiæ
      Te replevit, ut hominis
      Causa sis indulgentiæ.

xv. *Figurata* Edissa per connubium

Assuérus l'épouse et la fait couronner,
Et la part qu'en son lit on le voit lui donner
Montre l'heureux succès d'une sage conduite ;
La superbe Vasthi, que son orgueil déçoit, 575
Rejette avec mépris l'ordre qu'elle en reçoit,
Et son propre festin par sa perte s'achève.
Quelle vicissitude en ce grand changement !
L'arrogance fait choir, l'humilité relève :
L'une y trouve son prix, l'autre son châtiment. 580

Oh ! que ces deux beautés ont peu de ressemblance !
En l'une on voit un cœur à la vertu formé,
Un cœur humble, un cœur doux, et digne d'être aimé,
Mais qui ne sait aimer qu'avec obéissance ;
En l'autre, une fierté qui ne veut point de loi, 585
Qui croit faire la reine en dédaignant son roi,
Et que l'orgueil du trône a rendue indocile ;
Cet orgueil obstiné ne sert qu'à la trahir,
Et prépare à sa chute une pente facile
Par l'horreur que lui fait la honte d'obéir. 590

fuit per Esther,   Assuero conjungitur,
quæ populum suum   Thalamum subit regium,
liberavit. (Esther   Coronatur, præficitur
cap. VII.)   Cunctis ; Vasthi deponitur,
      Amittit regni solium ;
      Superba Vasthi tollitur,
      Esther habet dominium.

   Notat Esther cor humile,
    Cor contritum humiliter,
    Cor dulce, cor amabile,
    Cor diligens veraciter,
    Cor contemplans sublimiter :
    Vasthi notat cor fragile,
    Exaltans se perniciter,
    Superbum et indocile.

Sainte Vierge, est-il rien au monde
Ou plus humble, ou plus doux, ou plus charmant que toi ?
Est-il rien sous les cieux qui fasse mieux la loi
    Aux schismes dont la terre abonde ?
      Non, il n'est rien si gracieux,   595
      Rien si beau, rien si précieux,
      Si nous en croyons l'Écriture ;
      Et même sous l'obscurité
L'énigme y fait trop voir qu'aucune créature
      N'approche de ta pureté.   600

Tu veux donc bien qu'Esther ait place en ton image,
Que ses traits les plus beaux servent d'ombres aux tiens,
Toi dont les actions, toi dont les entretiens
Ont tant d'humilité, tant d'amour en partage.
Parmi tout ce qu'envoie aux siècles à venir   605
    La lecture ou le souvenir,
Ta bonté, ta douceur ne trouvent point d'égales :
Elles charment Dieu même aussi bien que nos yeux,
    Et plus ici tu te ravales,

          Et te quid est humilius
            Per cuncta mundi climata,
            Dulcius, amabilius,
            Destruens cuncta schismata?
            Te sacra probant dogmata
            Nil esse gratiosius,
            Sacra probant ænigmata
            Te nihil esse mundius.

          Designat Esther igitur
            Te, qua nunquam humilior
            In creaturis legitur
            Fuisse, nec suavior,
            Pulchrior, amabilior;
            Dulcior nulla dicitur,
            Et propter hoc sublimior

Plus il t'élève haut dans l'empire des cieux. 610

Mêmes vertus en elle ébauchoient ton mérite,
Et son pouvoir au tien n'a pas moins de rapport :
Aman en fait l'épreuve, et son perfide effort
Voit retomber sur lui l'orage qu'il excite.
Un Juif voit tant d'orgueil sans fléchir les genoux ; 615
Pour ce mépris d'un seul il veut les perdre tous,
Il en fait même au Roi signer l'ordre barbare :
L'affligé Mardochée à sa nièce en écrit.
Ne tremblez plus, ô Juifs : une beauté si rare
Veut périr, ou sauver son peuple qu'on proscrit. 620

Esther, tendre et sensible au mal qui le menace,
Y hasarde sa vie, et se présente au Roi ;
Le Roi, pour l'affranchir des rigueurs de sa loi,
Vers des appas si doux tend le signal de grâce ;
Esther avec respect le convie au festin, 625
Lui peint d'elle et des siens le malheureux destin,
Et de son favori l'insolence et les crimes :

   Esse nulla te noscitur.

  In Judæos invidia
   Sævit Aman perversitas,
   Damnat eos perfidia,
   Crudelisque dolositas.
   Mardochæi benignitas
   Esther scribit euprepia,
   Mutetur ut crudelitas
   Decreti Regis impia.

  Condolet Esther fratribus
   Totius sui generis ;
   His auditis rumoribus,
   Regem adit, qui fœderis
   Signum dedit ; pestiferis
   Morti datis complicibus,

Ce lâche tout surpris demeure sans parler;
Et les siens avec lui sont livrés pour victimes
A ce peuple innocent qu'il vouloit s'immoler. 630

  Ce que fait Esther pour ses frères,
   Tu le fais pour tes serviteurs :
   Tu fais retomber nos misères
   Sur la tête de leurs auteurs;
   Quoi qu'attente leur perfidie, 635
La grâce, qui te donne un Dieu pour ton époux,
   En un moment y remédie;
   Et pour rudes que soient leurs coups,
   Ta pitié, par elle enhardie,
   Ose tout et peut tout pour nous. 640

  L'implacable ennemi de l'homme
  Sous l'orgueilleux Aman dépeint,
C'est l'ange en qui jamais cet orgueil ne s'éteint,
Le serpent déguisé qui fit mordre la pomme :
Chassé du paradis, il nous le veut fermer; 645

   Damnatur Aman sceleris,
   Ejus notis criminibus.

   Tu es Esther, perfidiam
    Aman reprimens graviter,
   Famulorum miseriam
    Exterminans benigniter.
   Regi summo feliciter
    Desponsata per gratiam,
   Coronata perenniter
    Regis tenes potentiam.

   Vere notat inimicum
    Aman humani generis,
   Dirum serpentem lubricum,
    Jure pulsum de superis,

Banni dans les enfers, il y veut abîmer
Ceux dont sa place au ciel doit être la conquête ;
Mais quoi qu'ose sa haine à toute heure, en tout lieu,
Vierge, ton pied l'écrase ; et lui brisant la tête,
Tu fais d'un seul regard notre paix avec Dieu. 650

Tu te plais à garder tes serviteurs fidèles
    Comme la prunelle des yeux ;
    Ta main pour avant-goût des cieux
Leur fait un nouveau siècle et des douceurs nouvelles.
Tu leur sers de refuge, et pour les consoler 655
    Sur eux tu laisses découler
Mille et mille faveurs du monarque suprême :
Tu puises comme épouse en ses divins trésors,
Vrai livre de la loi que fait sa bonté même,
Et sacré tabernacle où reposa son corps. 660

Vive fleur du printemps, candeur que rien n'efface,
    Honneur des vierges, fleur des fleurs,
Fontaine de secours, dont les saintes liqueurs

    Condemnatum in inferis,
    Accusatorem iniquum,
    Quem tu calcas et conteris,
    Deum reddens pacificum.

Sicut pupillam oculi,
  Servos servas, servos regis ;
Tu solamen es sæculi,
  Refugium tui gregis ;
Summa sponsa summi Regis,
Caput conteris Zabuli.
Tu es verus liber legis,
Tu arca tabernaculi.

Flos vernalis, flos lilii,
  Flos florum, decus virginum

    Conservent toute notre race,
L'odeur de ton mérite ici-bas sans pareil   665
    Attire l'ange du conseil,
Le souverain des rois, le seigneur des armées ;
    Et tu fais que du firmament
    Les portes si longtemps fermées
S'ouvrent pour terminer notre bannissement.   670

Noé flottoit encor sur les eaux du déluge,
Et troublé qu'il étoit d'avoir vu tout périr,
Il doutoit si lui-même auroit où recourir,
S'il auroit hors de l'arche enfin quelque refuge :
Il lâche la colombe, et les monts découverts   675
    Lui présentent des rameaux verts,
Que jusque dans cette arche en son bec elle apporte.
Ce retour le ravit, et ses enfants et lui
Reprennent une joie aussi pleine, aussi forte,
Que l'étoient jusque-là leur trouble et leur ennui.   680

        Diceris, et auxilii
        Fons plenus, custos hominum :
        Cujus attraxit Dominum,
        Et angelum consilii
        Dulcis odor, ut terminum
        Nobis daret exilii.

XVI. *Figurata fuit per columbam quæ attulit ramum olivæ Noë et filiis suis in arcam.* (Genesis cap. VIII.)

    Ramum ferens viventibus[1]
    Ore columba proprio
    Foliis, fluctuantibus
    Generali diluvio,
    Quos turbarat undatio,
    Noë, natis, conjugibus,
    Refovit eos gaudio,
    Salutis intuitibus.

1. Il faut, suivant toute apparence, substituer à *viventibus*, qui se lit dans l'édition de Corneille, *virentibus*, leçon des OEuvres de saint Bonaventure, adoptée par Granet.

Les Hébreux au désert, par l'ordre de Moïse,
　　Élèvent un serpent d'airain ;
Sa vue est un remède et facile et soudain
　　Qui leur rend la santé promise :
　　　Les vipères et les serpents　　　　　685
Qu'en ce vaste désert ce peuple voit rampants
　　N'ont plus de morsures funestes ;
Cet aspect salutaire en fait la guérison,
Et contre eux leur figure a des vertus célestes
　　Plus fortes que tout leur poison.　　　690

　　Plus simple que n'est la colombe,
Tu nous rends plus de joie et plus de sûreté,
Et protéges si bien la vraie humilité
　　Que jamais elle ne succombe.
Un Dieu qui sort de toi te laisse des vertus　695
A relever nos cœurs sous le vice abattus ;
Quel qu'en soit le poison, ta force le surmonte.
Et cet heureux remède à nos péchés offert
　　Passe le serpent du désert,

xvii. *Figurata fuit per perticam quæ tulit serpentem æneum in deserto.* (Numerorum cap. xxi.)

　　Una serpentem pertica
　　　Deserto tulit æneum,
　　Ut si intus vis toxica
　　　Quemquam læserat Hebræum,
　　Sanaretur videns eum,
　　　Ope Dei mirifica,
　　Propellente vipereum
　　　Virus virtute mystica.

　　　Columba tu simplicior
　　　　Omni, tutrix humilium,
　　　Salus hominum tutior,
　　　　Mundo tulisti gaudium,
　　　Enixa Dei filium,
　　　　Omni veneno fortior,
　　　Medicina peccantium,

Et fait la guérison plus prompte. 700

Cette porte fermée, et qui n'ouvroit jamais,
Que vit Ézéchiel à l'orient tournée,
Par ce même orient de ses splendeurs ornée,
  Est encore un de tes portraits :
   Aucun n'entre ni sort par elle, 705
   Que cette sagesse éternelle
Qui doit de notre chair un jour se revêtir;
Mais soit qu'elle entre ou sorte, on voit même clôture,
   Et Dieu n'y fait point d'ouverture
   Ni pour entrer ni pour sortir. 710

Ta virginité sainte est la porte sacrée
   Dont ce Dieu fit le digne choix
   Pour faire au monde son entrée,
Comme pour en sortir il le fit de la croix.
Il entre dans tes flancs, il en sort sans brisure : 715
Avec ce privilége il y descend des cieux :
Sans que ta pureté souffre de flétrissure,

   Signo serpentis promptior.

xviii. *Figurata*   Tu es porta quæ clauditur,
fuit per portam   Apertionis nescia,
clausam per quam   De qua propheta loquitur,
vir non transivit.   Hominum nulli pervia,
(Ezechielis cap.   Qua Dei sapientia
xliv.)   Ingreditur, egreditur;
      Semota violentia,
      Per egressum non frangitur.

   Virginitas est janua
    Qua cœlis fulgens altius,
    Cœli non linquens ardua,
    Messias Dei filius
    Conceptus est, exterius
    Carne tectus exigua,

Il prend un corps en toi pour se montrer aux yeux,
Et n'est pas moins assis au-dessus du tonnerre,
Bien qu'en ce corps fragile il marche sur la terre.   720

   Tel qu'au travers d'un astre on voit que le soleil
      Trouve une impénétrable voie,
Sa lumière en descend avec éclat pareil,
Et ne brise ni rompt l'astre qui nous l'envoie ;
Ce canal transparent, toujours en son entier,   725
      Peint l'inviolable sentier
Par où le vrai soleil passe sans ouverture :
Telle en ta pureté, Vierge, tu le conçois ;
Mais l'astre suit ainsi l'ordre de la nature,
Et tu conçois ton fils en dépit de ses lois.   730

   Son bien-aimé disciple, à qui ce digne maître
      Te donna pour mère en mourant,
Lui que le tendre amour de ce fils expirant
Fit ton fils en sa place, et qui se plut à l'être ;
Cet apôtre prophète, à Pathmos exilé,   735

      Corpus sumens perfectius
      Ex te, virgo præcipua.

     Sicut sidus perluitur
      Infuso solis lumine,
      Et eo lux emittitur
      Sine sideris fragmine,
      Sic sine carnis crimine
      Christus in te concipitur,
      Ex te manente virgine
      Super naturam oritur.

XIX. *Figurata fuit per mulierem quam vidit Johannes.* (Apocalypsis cap. XII.)

    Vidit Johannes mysticum
    Signum quoddam mirabile,
    Quod in cœlo propheticum
    Apparuit notabile.
    Nunquam fuerat simile

Y voit plus que n'a révélé
D'aucun de ses pareils l'énigmatique histoire :
Il voit un signe au ciel si merveilleux en soi,
Il y voit un crayon si parfait de ta gloire,
Qu'il doute s'il y voit ou ta figure ou toi. 740

Il y voit une femme en beautés singulière :
Le soleil la revêt de ses propres rayons ;
La lune est sous ses pieds avec même lumière
Qu'en son plus grand éclat d'ici nous lui voyons ;
  Douze astres forment sa couronne ; 745
Et si tant de splendeur au dehors l'environne,
Ce que le dedans cache est encor plus exquis :
Elle est pleine d'un fils qu'à peine l'on voit naître,
  Qu'aussitôt le souverain maître
Lui fait place en son trône, et le reçoit pour fils. 750

Est-elle autre que toi, cette femme admirable ?
  Et son lumineux appareil
  D'astres, de lune et de soleil,

   Prophetis ænigmaticum
   Signum datum, quod utile,
   Præcedens ut mirificum.

   Erat patens cœlestibus
    Amicta solis lumine
    Mulier, lunam pedibus
   Supponens, cujus culmine,
    Capitis pro tegimine,
    Duodecim sideribus
    Sertum fulgebat, numine
    Suis plenis visceribus.

   Nihil te magis proprie
    Per istam intelligitur
    Mulierem, quæ serie

N'est-il pas de ta couche un apprêt adorable ?
Est-ce une autre que toi que de tous ses trésors   755
Et remplit au dedans et revêt au dehors
  Le brillant soleil de justice ?
Et fait-il commencer par une autre en ces lieux
Ce royaume de Dieu, si doux et si propice,
  Qui réunit la terre aux cieux ?   760

La milice du ciel, qui sous tes lois se range,
  Comme la lune sous tes pieds,
Y fait incessamment résonner ta louange,
Et sert d'illustre base au trône où tu te sieds ;
De tes plus saints aïeux la troupe glorieuse   765
  Fait la couronne précieuse
  Des astres qui ceignent ton front ;
Le nombre en est égal à celui des apôtres,
Et nous donne l'exemple et des uns et des autres,
Pour être un jour par toi près de Dieu ce qu'ils sont.   770

 Cette plénitude étonnante

   Prophetæ nobis panditur ;
   In te namque concipitur
   Et oritur justitiæ
   Verus sol, unde oritur
   Regnum cœlestis curiæ.

   Tuis luna supponitur
   Pedibus, et militia
   Cœli, quæ per te regitur ;
   Caput duodenaria
   Patriarcharum gloria,
   Quæ per te benedicitur,
   Et bissena victoria
   Apostolorum tegitur.

   Repleris plenitudine

Des grâces que sa main sur toi seule épandit
Joint à tant de vertus, joint à tant de crédit
La gloire de la voir toujours surabondante.
Vierge par excellence, et mère du Très-Haut,   775
    Toujours sans tache et sans défaut,
Lumière que jamais n'offusque aucun nuage,
De tant de plénitude épands quelque ruisseau,
Et de tant de splendeurs dont brille ton visage,
Laisse jusque sur nous tomber un jour nouveau.   780

    En toi toutes les prophéties
    Qui de toi jamais ont parlé,
    Par le plein effet éclaircies,
Font voir ce que leur ombre a si longtemps voilé :
    Les énigmes de l'Écriture,   785
    Dont s'enveloppe ta figure,
    Ont perdu leur obscurité,
    Et ce que t'annoncent les anges,
    Ce qu'ils te donnent de louanges
    Est rempli par la vérité.   790

    Generis omnis gratiæ,
    Totaque multitudine
    Virtutum et potentiæ :
    Tu decus excellentiæ,
    Tu lux carens fuligine
    Culpæ, tu splendor gloriæ,
    Mundum decorans lumine.

    In te totum perficitur
    Quidquid verbis propheticis
    De te, Virgo, prædicitur,
    Et legis ænigmaticis;
    Sive quidquid angelicis
    Tibi verbis exprimitur,
    Finitis verbis typicis,
    Res manifesta cernitur.

Refuge tout-puissant de la foiblesse humaine,
Incomparable vierge, étoile de la mer,
Calme-nous-en les flots prêts à nous abîmer;
De nos vieux ennemis dompte pour nous la haine;
Purge en nous tout l'impur, tout le terrestre amour, 795
Toi qui conçois ton Dieu, toi qui le mets au jour
  Sans en être un moment moins pure ;
Toi, la pierre angulaire en qui l'on voit s'unir
  Les vérités à la figure,
Ou plutôt la figure en vérités finir. 800

Les figures ont peint l'excès de ta puissance;
  Fais-nous-en ressentir l'effet :
  Parle, prie; et Dieu satisfait
Laissera désarmer sa plus juste vengeance.
Tu te sieds à sa dextre[1], à côté de ton fils; 805
La tienne, de ce trône où lui-même est assis,
Peut aux plus lâches cœurs rendre une sainte audace
De là de tous les tiens tu secours les besoins;

  Salve, solamen hominum,
  Salve, munda stella maris,
  Salve, purgatrix criminum,
  Salve, virgo singularis;
  Consortio carens maris,
  Concipis, paris Dominum.
  Tu lapis es angularis,
  Quæ das figuris terminum.

  Tu supra cœli solium
  Ad dextram Dei resides,
  Juxta proprium filium
  Cœli regina præsides,
  Confirmans mentes desides,
  Præstans eis auxilium,

1. *A sa dextre*, à sa droite. Voyez le *Lexique*.

Et comme ta prière obtient pour eux sa grâce,
L'œuvre de leur salut est l'œuvre de tes soins.   810

Cette adorable chair qu'il forma de la tienne,
　　Ce sang qu'il tira de ton sang,
Quelque haut rang au ciel que l'un et l'autre tienne,
　　T'ont cru devoir le même rang :
　　Comme sans cesse il considère   815
Qu'il prit et l'un et l'autre en ton pudique flanc,
Sans cesse il te chérit, sans cesse il te révère ;
Et comme il est ton fils aussi bien que ton Dieu,
L'amour et le respect qu'il garde au nom de mère
Ne t'auroient pu jamais souffrir en plus bas lieu.   820

Ce fils t'élève ainsi sur toute créature,
Te fait ainsi jouir de la société
　　De cette immense Trinité

>　　Et tuis servis provides
>　　　Impetrando subsidium.
>
>　　Ubi namque sanctissima
>　　　Caro, quam Dei filius
>　　　Sumpsit ex te mundissima,
>　　　Inthronisatur celsius,
>　　　Creatis gloriosius,
>　　　Ratio vult certissima
>　　　Esse te non inferius,
>　　　Vel sede magis infima.
>
>　　Ibi [1] mater cum filio
>　　　Gaudes in cœli patria
>　　　Trinitatis consortio,

1. Il y a *ubi* dans le texte latin de l'édition originale de Corneille. Le dernier mot de la prière étant *tui*, il faut que la dernière strophe commence par un *i* (voyez ci-dessus, p. 7, note 1). *Ibi* est en effet la leçon des éditions complètes de saint Bonaventure.

Qui donne à tes vertus un pouvoir sans mesure.
Fais-nous-en quelque part pour monter jusqu'à toi ; 825
Donne-nous cet amour, cet espoir, cette foi,
    Qui doivent y servir d'échelle ;
    Et d'un séjour si dangereux
Tire-nous à celui de la gloire éternelle
    Qui fait le prix des bienheureux. 830

    Creata super omnia.
    Tua benigna gratia
    Felicitatis gaudio
    Nos coronet, et gloria
    Beatorumque præmio.

AMEN.

L'OFFICE

DE LA

SAINTE VIERGE

TRADUIT EN FRANÇOIS, TANT EN VERS QU'EN PROSE
AVEC LES SEPT PSAUMES PÉNITENTIAUX, LES VÊPRES
ET COMPLIES DU DIMANCHE
ET TOUS LES HYMNES DU BRÉVIAIRE ROMAIN
PAR P. CORNEILLE

1670

NOTICE.

Corneille a publié en 1670 un volume contenant le texte latin et la traduction en prose et en vers : 1° de l'*Office de la sainte Vierge*, 2° des sept *Psaumes pénitentiaux*, 3° des *Vêpres et complies du dimanche*, 4° deux séries d'extraits de sa version de l'*Imitation*, intitulées *Instructions chrétiennes* et *Prières chrétiennes*, 5° la traduction de tous les *Hymnes du Bréviaire romain*. Ce volume a paru avec le titre que nous venons de reproduire exactement sur le feuillet qui précède. Les exemplaires que nous avons vus ont pour adresse : *A Paris, chez Robert Ballard, seul Imprimeur du Roy, pour la Musique, ruë S. Iean de Beauvais, au Mont Parnasse*. On doit en rencontrer aussi qui portent les noms des autres libraires qui ont eu part à la cession que Corneille fit de son privilége, ainsi que nous le verrons tout à l'heure. Après l'adresse vient la date M.DC.LXX, et la mention : « Avec Approbation des Docteurs, et Privilege du Roy. » On lit dans ce privilége : « Nostre cher et bien amé Pierre Corneille, nous a fait remontrer qu'il a traduit en vers François un livre qu'il desireroit faire imprimer et donner au public, sous le titre de l'*Office de la sainte Vierge, les sept Pseaumes, et les Hymnes de l'Eglise traduits en Vers François*. » On peut, d'après ces paroles, être tenté de croire que la traduction en vers est seule de Corneille; mais on voit en lisant les approbations des docteurs, que la version en prose lui est également attribuée. La *Permission et Approbation de Monsieur le Grand Vicaire* est ainsi conçue : « On peut imprimer et donner au Public l'Office de la sainte Vierge, les sept Pseaumes de la Pénitence, Vespres et Complies du Dimanche, et les Hymnes du Breviaire Romain, traduits et mis en Vers François par Monsieur Corneille; toutes Versions et Poësies susdites ne contenant rien qui ne soit conforme au Texte, qui ne soit digne de la grandeur du sujet, et capable d'augmenter la dévotion des Fidelles. Fait à Paris ce 25. jour d'Octobre 1669.

« G. De la Brunetiere, Vic. Général. »

L'*Approbation de Monsieur Loisel.... Curé de S. Iean en Gréve* est encore plus significative : « Vous trouverez, dit-il, dans cette production de Pieté, une lettre qui ne tuë point, mais qui vivifie. Les paroles de l'Escriture et de l'Eglise, qui y sont traduites mot à mot, y conservent toute leur force, et la Poësie qui les accompagne pas à pas, ne leur fait perdre, ny le prix ny le poids de leurs matiéres, ny de leurs mystéres. » La troisième approbation, qui est donnée par le curé de Saint-Laurens, et qui rend d'ailleurs un éclatant témoignage « à l'excellence de cet ouvrage et au mérite de cet Autheur si célébre, » est moins explicite au sujet de la question qui nous occupe en ce moment; mais les passages qui précèdent suffisent pour montrer qu'on regardait Corneille comme l'auteur des deux traductions. Une seule chose pourrait faire hésiter à les attribuer l'une et l'autre à la même plume : ce sont quelques différences, du reste fort rares, qu'on peut remarquer entre le sens adopté dans la prose et celui que rendent les vers (voyez, par exemple, ci-après, p. 178 et 179, le verset 3 du psaume CXIX).

Le privilége est suivi de la cession de Corneille « au Sieur Ballard, les Sieurs Ioly, de Luyne, et Billaine, Marchands Libraires à Paris, pour cette impression seulement, suivant l'accord fait entr'eux. »

Enfin vient cette mention : « Achevé d'imprimer pour la prémiére fois le 15. jour de Ianvier mil six cens septante. »

Il faut remarquer, en lisant cette date, qu'un temps assez considérable s'était écoulé entre la composition de l'ouvrage et l'achèvement de l'impression. En effet, l'approbation du grand vicaire que nous avons reproduite est du 25 octobre 1669, ce qui fait supposer que Corneille avait achevé son travail dès la fin de septembre.

Le volume, de format in-12, se compose de sept feuillets non chiffrés, de cinq cent vingt-huit pages et de deux feuillets contenant le privilége. Il renferme douze gravures, dont plusieurs n'ont pas été faites pour l'ouvrage[1]; chacune d'elles néanmoins porte le chiffre de la page à la suite de laquelle elle doit être placée.

Les planches des pages 1, 224, 364, 406 et 498 sont signées du nom de Mariette, et celle de la page 326 montre qu'il s'agit de Pierre Mariette le fils[2], qui vivait au moment où l'*Office de la sainte Vierge* fut publié. Les planches des pages 4, 170 et 460 sont sans signature, mais appartiennent à la même époque que les précédentes.

Quand on sait avec quel soin Corneille a choisi les sentences qui accompagnent l'*Imitation*, on peut d'abord penser qu'il a eu quelque part aux inscriptions de celles de l'*Office de la Vierge*; mais lorsqu'on remarque qu'il y a des planches qui n'en portent aucune, d'autres qui n'ont que l'indication du sujet, et surtout qu'on s'aperçoit que trois d'entre elles ont été gravées bien avant la publication du livre, on écarte naturellement cette supposition[3].

1. Voyez ci-après, p. 60, la fin de la note 3.
2. Fils de Claude-Augustin, et père de Pierre-Jean.
3. Nous croyons devoir donner ici la description de toutes ces planches, en commençant par celles qui peuvent être considérées comme ayant été faites pour le livre de Corneille, ou du moins comme contemporaines de ce livre :

Page 1 (en regard du titre de la première subdivision du volume, c'est-à-dire du titre de l'*Office de la sainte Vierge*) : La vierge marchant au milieu des lis. LÉGENDE : *Ego mater pulchræ dilectionis et timoris.* Eccl. 24.

Page 4 (Matines de l'office de la sainte Vierge) : L'Annonciation, sans titre ni légende.

Page 170 (Psaumes pénitentiaux) : David assis, feuilletant un livre et ayant sa harpe près de lui. Ni titre ni légende.

Page 224 (Vêpres des dimanches) : La Résurrection. LÉGENDE : *Christus resurgens ex mortuis jam non moritur; mors illi ultra non dominabitur.* Ad Rom. 6.

Page 326 (Prières chrétiennes) : Jésus-Christ en croix. LÉGENDE : *Jesus Christus crucifixus pro nobis.*

Page 364 (Hymnes pour chaque jour de la semaine) : Le saint sacrement. LÉGENDE : *O Charitas! Caro mea vere est cibus.* Joan. 6.

Page 406 (Hymnes propres du temps) : L'Ascension. LÉGENDE : *Ascensio Domini glorificatio nostra est.* S. Augustinus.

Page 460 (Hymnes propres des saints) : Saint Jean l'évangéliste. Lé-

Lefèvre dit en parlant de l'*Office de la sainte Vierge*, dans l'*Avis*[1] placé en tête de sa dernière édition de Corneille : « Ce volume ne se trouve dans aucune collection de ses œuvres. » En effet, après l'édition unique donnée par Corneille en 1670, la traduction de l'*Office* et des pièces placées à la suite n'avait jamais été reproduite intégralement ; mais il eût été juste de remarquer que l'abbé Granet a placé dans les *OEuvres diverses*

GENDE : *S. Joannes evangelista.* (Dans un de nos deux exemplaires, cette planche n'est pas chiffrée ; dans l'autre, elle porte le chiffre 447 et est placée, assez mal à propos, à cette page, c'est-à-dire dans les *Hymnes* de la Pentecôte.)

Page 498 (Hymnes du commun des saints) : Dieu le père et Jésus-Christ assis dans une gloire au-dessus de laquelle plane le Saint-Esprit. LÉGENDE : *Te unum in substantia, Trinitatem in Personis confitemur.*

Voici maintenant une planche de date antérieure :

Page 132 (Vêpres de l'office de la sainte Vierge) : La présentation au temple. LÉGENDE :

Sancte senex, velut agnum
Virgo mater Deum magnum
Offert in sacrario.
Necdum puer immolatur,
Redde pignus, commutatur
Turturum donario.

On lit au bas de cette planche : *Matheus fecit. Jean Messager excudit.* Or Matheus est un graveur des premières années du dix-septième siècle.

Les deux planches dont il nous reste à parler sont encore plus anciennes ; le monogramme IGT qu'elles portent est celui de Jacques Granthomme, qui est né vers 1560, et elles sont accompagnées chacune d'un distique français qu'il est par bonheur impossible d'attribuer à Corneille.

Page 88 (Prime de l'office de la sainte Vierge) : Jésus-Christ dans la crèche. LÉGENDE :

Ton Createur te faict voir sa naissance,
Daignant souffrir pour toy des son enfance.

Page 266 (Instructions chrétiennes) : Le sermon de la montagne. LÉGENDE :

Iesus apprend à ceste multitude
Quels sont les fruicts de sa beatitude.

1. Voyez au tome I, p. IV, de l'édition de 1854.

de Pierre Corneille, sous le titre de *Traduction de plusieurs psaumes*[1], non-seulement tous les psaumes proprement dits qu'on trouve dans l'*Office*, mais aussi les cantiques qui en font partie; il ne manquait donc plus que les *Hymnes*, les *Instructions* et *Prières chrétiennes*, et la traduction en prose. Il est vrai que Granet a eu le tort de ne pas même indiquer d'où il tirait ces psaumes, et qu'il les a publiés tout simplement suivant leur numéro[2]. Ce classement présente du reste un avantage : il permet de comparer facilement la traduction de Corneille à celles des autres interprètes du psalmiste. C'est ce qui nous a engagé à placer à la fin de ce volume une table des psaumes, disposée suivant leur ordre numérique. Quant aux hymnes du Bréviaire romain, elles sont disposées dans l'ordre où les donne ce bréviaire, et il est facile par conséquent d'en conférer les différentes versions. Il sera curieux, par exemple, de rapprocher de celle de Corneille, la traduction partielle de Racine, qui a été insérée dans le *Bréviaire romain en latin et en français*, publié en 1688 par le Tourneux; mais cette comparaison, au lieu de révéler des emprunts et des ressemblances, ne servira qu'à faire ressortir la différence de manière et de style des deux poëtes.

Lefèvre, après avoir reproduit complétement, et sans craindre les répétitions, le texte latin de l'*Office de la Vierge*, supprime, bien qu'il soit moins connu et beaucoup moins sous la main de tous, celui des *Hymnes du Bréviaire romain*, et cela sans donner de motifs, sans même prévenir le lecteur, et uniquement, suivant toute apparence, pour diminuer un peu la grosseur du volume, déjà plus épais que les autres de la même édition. Quant à nous, nous avons réimprimé le texte latin de ces hymnes, mais nous nous sommes contenté de donner une seule fois, tant en français qu'en latin, les psaumes et autres morceaux que les usages liturgiques ramènent forcément, mais

1. Aux pages 304-408 des *OEuvres diverses*.
2. Cette publication, dont nous ne relèverons pas les fautes, comme nous l'avons fait pour les *Louanges de la sainte Vierge* (voyez ci-dessus, p. 4), est d'ailleurs si inexacte, que dans le psaume XCIX Granet a passé le vers 11 (voyez ci-après, p. 35), et dans le psaume CXXV une strophe entière (vers 21-24 ; voyez ci-après, p. 203).

qu'il est inutile, ce semble, de répéter dans une édition toute littéraire; nous ne manquons jamais d'ailleurs, lorsque nous supprimons un morceau de ce genre, d'indiquer l'endroit où il est imprimé tout au long. Enfin nous avons cru trouver un moyen légitime de gagner encore de la place en faisant imprimer en plus petits caractères les *Instructions chrétiennes* et les *Prières chrétiennes*, qui ne sont que des extraits, généralement à peu près textuels, de divers chapitres de la traduction de l'*Imitation de Jésus-Christ*[1]. Nous espérons être ainsi parvenu à donner une édition fidèle de l'*Office de la sainte Vierge*, etc., tout en évitant les doubles emplois et les redites inutiles.

Pour l'*Office de la sainte Vierge* nous n'avons pas non plus de variantes à relever, Corneille n'en ayant donné, comme des divers opuscules contenus dans notre tome IX, qu'une seule édition. Voici un échantillon des changements introduits dans le texte de Nancy (1745); ce sont ceux qui portent sur le psaume xciv et sur l'hymne qui le suit (voyez ci-après, p. 81 et 83) :

Psaume. Vers 25. Écoutez tous sa voix qui répond à vos larmes.

Vers 27. Comme quand au désert contre vos conducteurs.

Vers 38. Ne vouloient plus savoir le chemin de me plaire.

Hymne. Vers 2. Adore et loue à pleine voix.

Vers 15. Par lequel l'Esprit saint forme en toi ce cher gage.

1. Voyez ce qui est dit dans la *Notice* (tome VIII, p. xxi, note 3), et au même tome les variantes de l'*Imitation* qui portent la marque 1670 O; voyez aussi, dans ce tome IX, la première note qui accompagne chacun des extraits de l'*Imitation*, et qui indique à quels vers de la traduction de cet ouvrage l'extrait correspond.

A LA REINE[1].

Madame,

Ce n'est pas sans quelque sorte de confiance que j'ose présenter cet Office de la Reine du ciel à la première reine de la terre; et si mes forces avoient pu répondre à la dignité de la matière et au zèle de Votre Majesté, je me tiendrois très-assuré de lui faire un présent tout à fait selon son cœur. Cette infatigable piété qui ajoute à sa couronne un brillant si extraordinaire, lui fait prendre une joie bien plus sensible à rendre ses devoirs à Dieu qu'à recevoir ceux des hommes; et comme elle a sans cesse devant les yeux qu'il est infiniment plus au-dessus d'elle qu'elle n'est au-dessus du moindre de ses sujets, dans la hauteur de ce rang qui a mérité les adorations des peuples elle trouve une gloire plus solide à se regarder comme sa servante que comme reine. En attendant les récompenses éternelles qu'il lui en réserve en l'autre vie, il en fait éclater d'illustres et d'étonnantes dès celle-ci dans les prospérités continuelles qu'il prodigue au Roi, et dans les belles naissances des princes qu'il donne par elle à la France[2]. Il ne lui suffit pas de cette florissante et inébranlable tranquillité dont il nous fait jouir sous les ordres

---

1. Marie-Thérèse d'Autriche, mariée à Louis XIV en 1660, morte en 1683.
2. Marie-Thérèse avait alors trois enfants : Louis, dauphin de France, né le 1er novembre 1661; Marie-Thérèse de France, née le 2 janvier 1667; et Philippe de France, duc d'Anjou, né le 2 août 1668. Deux autres filles : Anne-Élisabeth de France, née le 10 novembre 1662, et Marie-Anne de France, née le 16 novembre 1664, étaient mortes dans l'année même de leur naissance.

de cet invincible monarque; ce ne lui est pas assez de faire trembler au seul nom de cet illustre conquérant tous les ennemis de son État : il promet les mêmes avantages à ceux qui naîtront après nous, par les rares qualités qu'il fait admirer de jour en jour en Monseigneur le Dauphin[1]. Il ne s'arrêtera pas là, MADAME; et pour comble de bénédictions et de grâces, il fera de tous vos exemples autant d'inépuisables sources, qui répandront sur tout le royaume les vertus qui font leur asile de votre cabinet. Nous avons droit d'en espérer ces pleins effets, après les puissantes impressions que nous leur voyons faire sur les âmes de ces généreuses filles qui ont l'honneur d'être nourries auprès de V. M. et attachées au service de sa personne : elles n'en sortent que pour se consacrer à celui de Dieu; votre balustre[2] leur inspire le mépris des vanités et le dégoût du monde; elles y apprennent à renoncer à leurs volontés, à dompter leurs sentiments, à triompher de tout l'amour-propre; elles y conçoivent ces courageuses résolutions de s'enfermer dans les cloîtres les plus austères[3], pour s'appliquer incessamment,

1. Le Dauphin n'avait que huit ans et deux mois environ quand Corneille le louait ainsi. Voyez la note 2 de la page précédente.

2. On nomme *balustre* les petits piliers qui se mettaient autour ou au devant du lit des princes.

3. Nous voyons dans la *Gazette* que la Reine va au couvent des Carmélites de la rue du Bouloy assister, le 28 juin 1665, à la vêture, et le 29 septembre 1666 à la profession de Mlle d'Ardenne, l'une de ses filles d'honneur, mentionnée, dans l'*État de la France* de 1665, sous le nom de Mlle d'Ille d'Ardennes. Le témoignage suivant du confesseur de Marie-Thérèse confirme par un autre fait, mais sans nous donner de nom propre, ce qui est dit ici par Corneille : « Combien de filles de qualité n'ayant pas de quoi s'établir selon leur naissance, ou dans le mariage, ou dans le cloître, ont trouvé dans sa charité des ressources favorables à leur indigence! Une demoiselle qui la servoit à la chambre, qu'elle aimoit beaucoup, et qui étoit fort adroite à l'habiller, lui ayant déclaré le desir que Dieu lui inspiroit d'être religieuse, et d'entrer au monastère des Capucines, elle y consentit en

dans le bienheureux calme de ces retraites toutes saintes, à ce qu'elles ont vu pratiquer à V. M. parmi les tumultes des grandeurs. Dieu ne laisse point ses ouvrages imparfaits : il achèvera celui-ci, MADAME, et portera la force de ces miraculeux exemples aussi loin que les bornes de cet empire, pour qui V. M. en a obtenu ce prodigieux enchaînement de félicités. Ce sont les vœux de tous les véritables François, et ceux que fait avec le plus de passion,

 MADAME,

  De Votre Majesté

   Le très-humble, très-obéissant et très-fidèle serviteur et sujet,

       P. Corneille.

même temps, sacrifiant avec joie sa commodité à Dieu; et pour faciliter sa réception, elle promit de faire donner tous les mois pour huit pistoles de pain à ce monastère durant la vie de cette fille, ce qu'elle a exécuté. » (*Abrégé de la vie de*.... *Marie-Thérèse d'Autriche*.... par le R. P. Bonaventure de Soria, son confesseur. — *Paris, L. Roulland*, 1683, in-12, p. 83 et 84.) — Fléchier, dans son *Oraison funèbre* (fin de la 1re partie), nous dit que « la Reine sanctifia sa cour en se sanctifiant elle-même; » que « pour être appelée auprès d'elle..., il falloit l'imiter dans ses pratiques de piété; » et nous lisons dans celle que prononça l'abbé Anselme : « La Reine a toujours fait de son palais une église.... Elle a fait de la cour un monastère. »

PRECATIO PRO REGE[1].

PSALMUS XIX.

Que le Seigneur vous exauce au jour de la tribulation; que le nom du Dieu de Jacob vous protége.

Que de sa sainte demeure il vous envoie du secours, et que du haut de Sion il vous défende.

Qu'il se souvienne de tous vos sacrifices, et rende votre holocauste digne d'être accepté par lui.

Qu'il vous donne des succès selon votre cœur; qu'il approuve et seconde tous vos desseins.

Nous ferons de hautes réjouissances de ce qu'il vous aura conservé, et nous nous tiendrons comblés de gloire au nom de notre Dieu de ce qu'il aura fait pour vous.

Exaudiat te Dominus in die tribulationis : protegat te nomen Dei Jacob.

Mittat tibi auxilium de sancto, et de Sion tueatur te.

Memor sit omnis sacrificii tui, et holocaustum tuum pingue fiat.

Tribuat tibi secundum cor tuum, et omne consilium tuum confirmet.

Lætabimur in salutari tuo, et in nomine Dei nostri magnificabimur.

---

1. Nous n'avons pas besoin d'avertir que ce psaume, intitulé *Prière pour le Roi*, et les trois oraisons qui le suivent ne font pas partie de l'*Office de la sainte Vierge*. Corneille les place en tête comme une sorte de pieux hommage au Roi et à sa famille.

PRIÈRE POUR LE ROI.

PSAUME XIX.

En ces jours dont l'issue est souvent si fatale,
Daigne ouïr le Seigneur les vœux que tu lui fais,
Et du Dieu de Jacob la vertu sans égale
Par sa protection répondre à tes souhaits !

Des célestes lambris de sa sainte demeure
Daigne son bras puissant t'envoyer du secours,
Et du haut de Sion renverser à toute heure
Sur l'orgueil ennemi les périls que tu cours !

Puisse ton cœur soumis, puisse ton sacrifice,
S'offrir à sa mémoire en tous temps, en tous lieux !
Puisse ton holocauste offert à sa justice
Élever une flamme agréable à ses yeux !

Qu'un bonheur surprenant, une faveur solide,
Porte plus loin ton nom que n'ose ton desir ;
Que dans tous tes conseils son Esprit saint préside,
Et leur donne l'effet que tu voudras choisir.

De tes prospérités nous aurons pleine joie,
Nous bénirons ce Dieu qui t'en fait l'heureux don,
Nous vanterons partout son bras qui les déploie,
Nous nous glorifierons nous-mêmes en son nom.

Qu'il remplisse toutes vos demandes : je vois dès maintenant qu'il a sauvé de tous périls le roi qu'il a consacré par son onction.

Impleat Dominus omnes petitiones tuas : nunc cognovi quoniam salvum fecit Dominus christum suum.

Il l'exaucera de ce lieu saint qu'il habite dans le ciel, et fera voir qu'il n'appartient qu'à sa droite d'être la sauvegarde des potentats.

Exaudiet illum de cœlo sancto suo : in potentatibus salus dexteræ ejus.

Les uns s'assurent en leurs chariots, les autres en leur cavalerie ; mais pour nous, nous ne prenons aucune confiance qu'au nom de notre Dieu que nous invoquons.

Hi in curribus et in equis ; nos autem in nomine Dei[1] nostri invocabimus.

Aussi se sont-ils embarrassés tous, et ont trébuché, cependant que nous nous sommes élevés ; ou si par quelque malheur nous avons penché vers la chute, ce n'a été que pour nous redresser plus fortement.

Ipsi obligati sunt et ceciderunt ; nos autem surreximus et erecti sumus.

Seigneur, ayez la bonté de sauver le Roi, et de nous exaucer toutes les fois que nous vous invoquerons pour son salut.

Domine salvum fac Regem ; et exaudi nos in die qua invocaverimus te.

Gloire soit au Père, etc.
Telle qu'elle a été, etc.

Gloria Patri, etc.
Sicut erat, etc.

1. Devant *Dei* il y a de plus *Domini* dans la *Vulgate.* Voyez ci-après, p. 77, note 1.

PRIÈRE POUR LE ROI.

Qu'il ne se lasse point de remplir tes demandes,
Lui qui t'a couronné pour régner sous sa loi,
Et que par des bontés de jour en jour plus grandes
Il fasse encor mieux voir l'amour qu'il a pour toi.

Des lumineux palais de sa demeure sainte
Il entendra tes vœux, défendra tes États,
Montrera qu'il est digne et d'amour et de crainte,
Et qu'il tient en sa main le sort des potentats.

Ceux qui nous attaquoient ont mis leur confiance,
Les uns en leurs chevaux, les autres en leurs chars :
Nous autres, mieux instruits par notre expérience,
Nous l'avons mise au Dieu qui règle les hasards.

Ceux-là sont demeurés ou morts, ou dans nos chaînes,
Leurs chars et leurs chevaux les ont embarrassés ;
Et ceux qui nous voyoient trébucher sous leurs haines,
Nous ont vus par leur chute aussitôt redressés.

Sauvez notre grand roi, bénissez-en la race.
Embrasez-le, Seigneur, de vos célestes feux :
Nous demandons pour lui chaque jour votre grâce ;
Donnez un plein effet à de si justes vœux.

Gloire au Père éternel, la première des causes !
Gloire au Verbe incarné ! gloire à l'Esprit divin !
Et telle qu'elle étoit avant toutes les choses,
Telle soit-elle encor maintenant et sans fin !

ORATIO PRO REGE.

Quæsumus, omnipotens Deus, ut famulus tuus, Ludovicus, rex noster, qui tua miseratione suscepit regni gubernacula, virtutum etiam omnium percipiat incrementa, quibus decenter ornatus et vitiorum monstra devitare, hostes superare, et ad te qui via, veritas, et vita es, gratiosus valeat pervenire. Per Christum Dominum nostrum. Amen.

ORATIO PRO REGINA.

Deus, omnium regnorum auctor et rector, prætende, quæsumus, super famulam tuam, Mariam Teresam, reginam, spiritum gratiæ salutaris, et ut in veritate tibi complaceat, perpetuam ei benedictionem infunde. Per Christum Dominum nostrum. Amen.

ORATIO PRO DELPHINO.

Omnipotens sempiterne Deus, miserere famulo tuo, Ludovico, Delphino Franciæ, et dirige eum secundum tuam clementiam in viam salutis æternæ, ut, te donante, tibi placita cupiat, et tota virtute perficiat. Per Christum Dominum nostrum. Amen.

ORAISON POUR LE ROI.

Nous vous supplions, Dieu tout-puissant, de faire que Louis, votre serviteur et notre roi, qui par votre grâce a pris en sa main le gouvernail de ce royaume, augmente incessamment en vertus, par le moyen desquelles il puisse éviter les monstres des vices, triompher de ses ennemis, et arriver heureusement à vous, qui êtes la voie, la vérité, et la vie. Nous vous en conjurons par Jésus-Christ notre Seigneur. Ainsi soit-il.

ORAISON POUR LA REINE.

Dieu, qui avez fait tous les royaumes et les régissez, nous vous prions de répandre sur notre reine, votre servante, Marie-Thérèse, l'esprit de votre grâce salutaire, et de la favoriser d'une bénédiction perpétuelle, afin que toutes ses actions et ses pensées n'aient rien qui ne soit véritablement conforme à votre bon plaisir. Nous vous en conjurons par Jésus-Christ notre Seigneur. Ainsi soit-il.

ORAISON POUR MONSEIGNEUR LE DAUPHIN.

Dieu éternel et tout-puissant, regardez avec une amoureuse miséricorde votre serviteur, Louis, Dauphin de France, et conduisez-le par votre clémence en la voie du salut éternel, afin que par votre grâce il ne souhaite que ce qui vous est agréable, et se porte de tout son cœur à le pratiquer en sa perfection. Nous vous en conjurons par Jésus-Christ notre Seigneur. Ainsi soit-il [1].

---

1. Ici se trouve, dans l'édition originale (1670), un feuillet portant les Approbations dont nous avons donné des extraits : voyez ci-dessus, p. 57 et 58.

L'OFFICE

DE LA

SAINTE VIERGE

TRADUIT EN FRANÇOIS

ORATIO DOMINICA[1].

Pater noster qui es in cœlis, sanctificetur nomen tuum. Adveniat regnum tuum. Fiat voluntas tua, sicut in cœlo et in terra. Panem nostrum quotidianum da nobis hodie; et dimitte nobis debita nostra, sicut et nos dimittimus debitoribus nostris; et ne nos inducas in tentationem, sed libera nos a malo. Amen.

SALUTATIO ANGELICA.

Ave, Maria, gratia plena : Dominus tecum. Benedicta tu in mulieribus, et benedictus fructus ventris tui, Jesus.

Sancta Maria, mater Dei, ora pro nobis peccatoribus, nunc et in hora mortis nostræ. Amen.

SYMBOLUM APOSTOLORUM.

Credo in Deum, patrem omnipotentem, creatorem cœli et terræ; et in Jesum Christum, filium ejus unicum, Dominum nostrum, qui conceptus est de Spiritu sancto, natus ex Maria virgine, passus sub Pontio Pilato, crucifixus, mortuus et sepultus ; descendit ad inferos, tertia die resurrexit a mortuis, ascendit ad cœlos, sedet ad dexteram Dei, patris omnipotentis : inde venturus est judicare vivos et mortuos. Credo in Spiritum sanctum, sanctam Ecclesiam catholicam, sanctorum communionem, remissionem peccatorum, carnis resurrectionem, vitam æternam. Amen.

---

1. Corneille donne ici le texte et la traduction du *Pater*, de l'*Ave* et du *Credo*, parce que ces trois prières se récitent tout bas, est-il dit dans le *Bréviaire*, avant les Matines et avant toutes les heures, excepté à Complies.

L'ORAISON DOMINICALE.

Notre Père qui êtes aux cieux, que votre nom soit sanctifié. Que votre règne arrive. Que votre volonté se fasse en la terre, comme elle se fait au ciel. Donnez-nous aujourd'hui notre pain quotidien; et nous remettez nos dettes, comme nous les remettons à nos débiteurs; et ne nous laissez pas tomber dans la tentation, mais délivrez-nous du mal. Ainsi soit-il.

LA SALUTATION ANGÉLIQUE.

Je vous salue, Marie, pleine de grâce: le Seigneur est avec vous. Vous êtes bénie entre les femmes, et Jésus, le fruit de votre ventre, est béni.

Sainte Marie, mère de Dieu, priez pour nous autres pauvres pécheurs, maintenant et à l'heure de notre mort. Ainsi soit-il.

LE SYMBOLE DES APÔTRES.

Je crois en Dieu, le père tout-puissant, créateur du ciel et de la terre; et en Jésus-Christ, son fils unique, notre Seigneur, qui a été conçu du Saint-Esprit, et est né de la vierge Marie; qui a enduré sous Ponce Pilate, a été crucifié, est mort, et a été enseveli; qui est descendu aux enfers, et est ressuscité d'entre les morts le troisième jour; qui est monté aux cieux, et y est assis à la dextre[1] de Dieu, le père tout-puissant, d'où il viendra juger les vivants et les morts. Je crois au Saint-Esprit, la sainte Église catholique, la communion des saints, la rémission des péchés, la résurrection de la chair, et la vie éternelle. Ainsi soit-il.

---

1. Voyez ci-dessus, p. 51, note 1.

OFFICIUM
BEATÆ VIRGINIS.

AD MATUTINUM.
Ave, Maria, etc.

Seigneur, vous ouvrirez mes lèvres;
Et ma bouche annoncera vos louanges.

Mon Dieu, venez à mon aide.
Seigneur, hâtez-vous de me secourir.

Gloire soit au Père, et au Fils, et au Saint-Esprit!
Telle qu'elle a été au commencement, telle soit-elle encore maintenant, et toujours, et dans les siècles des siècles! Ainsi soit-il.

Domine, labia mea aperies;
Et os meum annuntiabit laudem tuam.

Deus, in adjutorium meum intende.
Domine, ad adjuvandum me festina.

Gloria Patri, et Filio, et Spiritui sancto!
Sicut erat in principio, et nunc, et semper, et in sæcula sæculorum! Amen.

Alleluia.

INVITATORIUM. *Ave, Maria, gratia plena : Dominus tecum. Ave, Maria, gratia plena : Dominus tecum.*

L'OFFICE
DE LA SAINTE VIERGE[1].

A MATINES.

Je vous salue, Marie, etc.

Ouvrez mes lèvres, roi des anges,
Que je réponde à leurs concerts,
Et ma bouche de vos louanges
Fera retentir l'univers.

O grand Dieu, de qui tout procède, 5
Qui faites et vivre et mourir,
Ne me refusez pas votre aide,
Hâtez-vous de me secourir.

Gloire au Père, souverain maître!
Gloire au Fils, à l'Esprit divin! 10
Et telle qu'elle étoit quand tout commença d'être,
Telle soit-elle encor maintenant et sans fin!

Louez le Seigneur.

INVITATOIRE. *Je vous salue, Marie, pleine de grâce : le Seigneur est avec vous. Je vous salue, Marie, pleine de grâce : le Seigneur est avec vous.*

---

1. *L'Office de la sainte Vierge* traduit par Corneille est l'*Officium parvum beatæ virginis* du *Bréviaire romain*. Du reste, dans tout ce volume, dédié à la Reine, notre poëte s'est conformé à la liturgie romaine, suivie par l'aumônerie royale, qui dépendait immédiatement du souverain pontife. — Il y a çà et là de légères différences entre le texte latin de l'édition de 1670 et celui du *Bréviaire romain*, aussi bien que de la *Vulgate* (voyez, par exemple, au psaume XLV, verset 6, p. 104; au psaume XCVII, verset 8, p. 120, etc.) : ce sont probablement de pures inadvertances.

PSALMUS XCIV[1].

Venez, réjouissons-nous au Seigneur, chantons des cantiques de joie à Dieu, notre salutaire : préoccupons sa face avec des louanges, et chantons-lui des psaumes, pour marque d'allégresse.

Venite, exultemus Domino, jubilemus Deo salutari nostro : præoccupemus faciem ejus in confessione, et in psalmis jubilemus ei.

Ave, Maria, gratia plena : Dominus tecum.

Car le Seigneur est un grand Dieu, et un grand roi par-dessus tous les dieux : le Seigneur ne rejettera point la prière de son peuple; il a dans sa main tous les bouts de la terre, et quelques[2] hautes que soient les montagnes, il les voit encore de plus haut.

Quoniam Deus magnus Dominus, et rex magnus super omnes deos; quoniam non repellet Dominus plebem suam, quia in manu ejus sunt omnes fines terræ, et altitudines montium ipse conspicit.

Dominus tecum.

La mer est à lui, et c'est lui qui l'a faite, et ses mains ont jeté les fondements de la terre. Venez, que nous l'adorions : prosternons-nous devant Dieu, pleurons en la présence du Seigneur, qui nous a faits ; car il est le Seigneur notre Dieu, et nous ne sommes que son peuple, et les brebis de ses pâturages.

Quoniam ipsius est mare, et ipse fecit illud, et aridam fundaverunt manus ejus. Venite, adoremus, et procidamus ante Deum; ploremus coram Domino, qui fecit nos : quia ipse est Dominus Deus noster, nos autem populus ejus, et oves pascuæ ejus.

1. Le texte de ce psaume et sa division en versets ne sont pas les mêmes dans la *Vulgate* et dans le *Bréviaire romain*. C'est au bréviaire que Corneille s'est conformé.
2. Voyez tome I, p. 205, note 3.

PSAUME XCIV.

Venez, peuple, venez; il est honteux de taire
    Les merveilles du roi des rois ;
Élevons avec joie et nos cœurs et nos voix
    Au vrai Dieu, notre salutaire :
    Que la louange de son nom
Puisse en notre faveur préoccuper sa face,
    Nos concerts mériter sa grâce,
    Nos larmes obtenir pardon !

Je vous salue, Marie, pleine de grâce : le Seigneur est avec vous.

Il est le Dieu des dieux, il en est le grand maître,
    Aussi fort, aussi bon que grand;
Il ne dédaigne point l'hommage qu'on lui rend,
    Il conserve ce qu'il fait naître;
    Il est de tout l'unique auteur,
Il enferme en sa main les deux bouts de la terre,
    Des monts plus hauts que le tonnerre
    D'un coup d'œil il voit la hauteur.

Le Seigneur est avec vous.

Du vaste sein des mers les eaux les plus profondes
    Sont à lui, prennent loi de lui ;
Il est seul de la terre et l'auteur et l'appui,
    Il la soutient contre tant d'ondes.
    Venez, pleurons à ses genoux :
Il nous a faits son peuple, il aime ses ouvrages,
    Et dans ses heureux pâturages
    Il n'admet de troupeaux que nous.

Ave, Maria, gratia plena : Dominus tecum.

Si vous entendez aujourd'hui sa voix, gardez-vous d'endurcir vos cœurs, comme il arriva dans le soulèvement qui se fit au désert, le jour de la tentation, où vos pères me tentèrent : ils y éprouvèrent et virent mes œuvres.

Hodie si vocem ejus audieritis, nolite obdurare corda vestra, sicut in exacerbatione secundum diem tentationis in deserto, ubi tentaverunt me patres vestri, probaverunt et viderunt opera mea.

Dominus tecum.

Je me suis attaché quarante ans à ce peuple, et j'ai toujours dit : « Le cœur de ces gens-là s'égare; » mais pour eux, ils ne connurent point mes voies : aussi je leur jurai en ma colère qu'ils n'entreroient point dans mon repos.

Quadraginta annis proximus fui generationi huic, et dixi semper : « Hi errant corde; » ipsi vero non cognoverunt vias meas : quibus juravi in ira mea, si introibunt in requiem meam.

Ave, Maria, gratia plena : Dominus tecum.

Gloire soit au Père, et au Fils, et au Saint-Esprit! Telle qu'elle a été au commencement, telle soit-elle encore maintenant, et toujours, et dans les siècles des siècles! Ainsi soit-il.

Gloria Patri, et Filio, et Spiritui sancto! Sicut erat in principio, et nunc, et semper, et in sæcula sæculorum! Amen.

Dominus tecum.

Ave, Maria, gratia plena : Dominus tecum.

Je vous salue, Marie, pleine de grâce : le Seigneur est avec vous.

Oyez, oyez sa voix qui répond à vos larmes ; 25
 Mais n'endurcissez pas vos cœurs,
Comme alors qu'au désert contre vos conducteurs
 Il s'élevoit tant de vacarmes.
 Vos pères y voulurent voir
Jusques où s'étendoit le pouvoir d'un tel maître, 30
 Et l'épreuve leur fit connoître
 Par leurs yeux même ce pouvoir.

 Le Seigneur est avec vous.

« Quarante ans, vous dit-il, j'ai conduit cette race,
 Quarante ans j'ai sondé leurs cœurs,
Sans y voir que murmure, et qu'orgueil, et qu'erreurs,
 Sans y trouver pour moi que glace :
 Ces vieux ingrats à tous propos
Ne vouloient plus savoir les chemins de me plaire,
 Et je jurai dans ma colère
 De leur refuser mon repos. » 40

Je vous salue, Marie, pleine de grâce : le Seigneur est avec vous.

Gloire au Père éternel, la première des causes !
 Gloire au Fils, à l'Esprit divin !
Telle encor maintenant, et telle encor sans fin,
 Qu'elle étoit avant toutes choses !

 Le Seigneur est avec vous.

Je vous salue, Marie, pleine de grâce : le Seigneur est avec vous.

HYMNUS.

Quem terra, pontus, æthera
Colunt, adorant, prædicant,
Trinam regentem machinam,
Claustrum Mariæ bajulat.

Cui luna, sol, et omnia 5
Deserviunt per tempora,
Perfusa cœli gratia,
Gestant puellæ viscera.

Beata mater, munere
Cujus supernus artifex, 10
Mundum pugillò continens,
Ventris sub arca clausus est.

Beata cœli nuntio,
Fecunda sancto Spiritu,
Desideratus gentibus 15
Cujus per alvum fusus est.

Gloria tibi, Domine,
Qui natus es de Virgine,
Cum Patre et sancto Spiritu,
In sempiterna sæcula! Amen. 20

AD I. NOCTURNUM.

(Tres psalmi sequentes dicuntur die Dominica, feria 2 et 5.)

ANTIPHONA. *Benedicta tu.*

PSALMUS VIII.

O Dieu, notre souverain   Domine Dominus noster,

A MATINES.

HYMNE.

Celui que la machine ronde
   Adore et loue à pleines voix,
Qui gouverne et remplit le ciel, la terre, et l'onde,
Marie en soi l'enferme, et l'y porte neuf mois.

   Ce grand roi, que de la nature
   Servent l'un et l'autre flambeau,
D'un flanc que de la grâce un doux torrent épure
Devient l'enflure sainte et le sacré fardeau.

   O mère en bonheur sans égale,
   De qui l'artisan souverain
Daigne souffrir neuf mois la prison virginale,
Lui qui tient l'univers tout entier en sa main ;

   Qu'heureuse te rend ce message
   Que suivent tes soumissions,
Par qui le Saint-Esprit forme en toi ce cher gage,
Ce Fils, ce désiré de tant de nations !

   Gloire à toi, merveille suprême,
   Dieu par une vierge enfanté !
Même gloire à ton Père, au Saint-Esprit la même,
Et durant tous les temps et dans l'éternité !

POUR LE I. NOCTURNE.

(Ces trois psaumes se disent le dimanche, le lundi et le jeudi.)

Antienne. *Vous êtes bénie.*

PSAUME VIII.

Dieu, notre souverain, tout-puissant et tout bon,

Seigneur, que votre nom est admirable en toute la terre!

Votre magnificence est élevée au-dessus des cieux.

Vous avez fait éclater votre louange la plus parfaite par la bouche des enfants à la mamelle, à cause de vos ennemis, afin de détruire l'esprit d'inimitié et de vengeance.

Vos cieux que je vois sont les ouvrages de vos doigts, et c'est vous qui avez formé la lune et les étoiles.

Qu'est-ce que l'homme, pour être digne de votre souvenir? et qu'est-ce que le fils de l'homme, pour mériter que vous le visitiez?

Vous ne l'avez fait qu'un peu moindre que les anges : vous l'avez couronné de gloire et d'honneur, et vous l'avez établi sur les ouvrages de vos mains.

Vous avez tout mis sous ses pieds : toutes les brebis, tous

quam admirabile est nomen tuum in universa terra !

Quoniam elevata est magnificentia tua super cœlos.

Ex ore infantium et lactentium perfecisti laudem, propter inimicos tuos, ut destruas inimicum et ultorem.

Quoniam videbo cœlos tuos, opera digitorum tuorum; lunam et stellas quæ tu fundasti.

Quid est homo, quod memor es ejus? aut filius hominis, quoniam visitas eum?

Minuisti eum paulo minus ab angelis : gloria et honore coronasti eum, et constituisti eum super opera manuum tuarum.

Omnia subjecisti sub pedibus ejus : oves et boves

A MATINES.

Auteur de la nature, et maître du tonnerre,
    Que la gloire de ton saint nom
S'est rendue admirable aux deux bouts de la terre!

L'œil qui d'un saint regard contemple ces bas lieux
Voit ta magnificence aux plus bas lieux gravée;
    Et sitôt qu'il s'élève aux cieux,
Par-dessus tous les cieux il la voit élevée.

Ton plus parfait éloge, exprès tu l'as commis
Aux accents imparfaits que hasarde l'enfance,
    Pour confondre tes ennemis,
Et détruire l'esprit de haine et de vengeance.

Lorsque je vois des cieux le brillant appareil,
De ta savante main je ne vois que l'ouvrage,
    Et lune, étoiles, ni soleil
N'ont aucunes splendeurs qu'elle ne leur partage.

Parmi ces grands effets qui te font admirer,
Seigneur, qu'est-ce que l'homme, et quel est son mérite?
    Et qui t'oblige à l'honorer
D'un tendre souvenir, d'une douce visite?

Un peu moindre que l'ange il t'a plu le former :
De gloire et de grandeurs tu comblas sa naissance,
    Et ce qu'il te plut animer
Fut aussitôt par toi soumis à sa puissance.

A peine la nature avoit rempli ta voix,
Que ta voix sous nos pieds rangea ces nouveaux êtres :

les bœufs, et toutes les bêtes de la campagne;	universas, insuper et pecora campi;
Les oiseaux du ciel, et les poissons de la mer, qui se promènent dans les routes de la mer.	Volucres cœli, et pisces maris, qui perambulant semitas maris.
O Dieu, notre souverain Seigneur, que votre nom est admirable en toute la terre!	Domine, Dominus noster, quam admirabile est nomen tuum in universa terra!
Gloire soit au Père, et au Fils, etc.	Gloria Patri, et Filio, etc.
Telle qu'elle a été au commencement, etc.	Sicut erat in principio, etc.

ANTIPHONA. *Benedicta tu in mulieribus, et benedictus fructus ventris tui.*

ANTIPHONA. *Sicut myrrha.*

PSALMUS XVIII.

Les cieux racontent la gloire de Dieu, et le firmament annonce les ouvrages de ses mains.	Cœli enarrant gloriam Dei, et opera manuum ejus annuntiat firmamentum.
Le jour en parle au jour suivant, et la nuit en montre la science à la nuit.	Dies diei eructat verbum, et nox nocti indicat scientiam.
Il n'est point de langages, ni de manières de s'exprimer,	Non sunt loquelæ, neque sermones quorum

A MATINES.

  Les hôtes des champs et des bois,
Tout nous sert aujourd'hui, tout servit nos ancêtres.

Les oiseaux dans les airs, les poissons dans les eaux;
De ton image en nous reconnoissent l'empire, 30
  Et sous ces liquides tombeaux
Tout ce qui nage ou vit, c'est pour nous qu'il respire.

Dieu, notre souverain, tout-puissant et tout bon,
Auteur de la nature, et maître du tonnerre,
  Que la gloire de ton saint nom 35
S'est rendue admirable aux deux bouts de la terre !

Gloire au Père éternel ! gloire au Verbe incarné !
Gloire à l'Esprit divin, ainsi qu'eux ineffable !
  Telle qu'avant que tout fût né,
Telle soit-elle encore à jamais perdurable ! 40

  ANTIENNE. *Vous êtes bénie entre les femmes, et le fruit de votre ventre est béni.*

  ANTIENNE. *Ainsi que la myrrhe.*

PSAUME XVIII.

Des célestes lambris la pompeuse étendue
  Fait l'éloge du Souverain,
Et tout le firmament ne présente à la vue
  Que des ouvrages de sa main.

Le jour prend soin d'apprendre au jour qui lui succède
  Ce que sa parole a produit,
Et la nuit qui l'a su de la nuit qui lui cède
  L'enseigne à celle qui la suit.

Aux quatre coins du monde ils parlent un langage
  Qu'entendent toutes nations, 10

dont leurs voix ne soient entendues.

Leur son est allé par toute la terre, et leurs paroles ont pénétré jusqu'aux bouts du monde.

Il a mis son tabernacle dans le soleil, et lui-même est comme un époux qui sort de sa chambre nuptiale.

Il part avec une joie pareille à celle d'un géant qui va commencer sa course : sa sortie est du plus haut du ciel ;

Et son retour remonte jusqu'au plus haut du même ciel, sans que personne se cache à sa chaleur.

La loi du Seigneur est immaculée, elle convertit les âmes : le témoignage du Seigneur est fidèle, et départ la sagesse aux plus petits.

Les justices du Seigneur sont droites, elles remplissent les cœurs de joie ; le commandement du Seigneur est clair, il illumine les yeux.

La crainte du Seigneur est

non audiantur voces eorum.

In omnem terram exivit sonus eorum, et in fines orbis terræ verba eorum.

In sole posuit tabernaculum suum, et ipse tanquam sponsus procedens de thalamo suo.

Exultavit ut gigas ad currendam viam : a summo cœlo egressio ejus ;

Et occursus ejus usque ad summum ejus ; nec est qui se abscondat a calore ejus.

Lex Domini immaculata, convertens animas : testimonium Domini fidele, sapientiam præstans parvulis.

Justitiæ Domini rectæ, lætificantes corda ; præceptum Domini lucidum, illuminans oculos.

Timor Domini sanctus,

A MATINES.

Et des plus noirs climats l'hôte le plus sauvage
    En comprend les instructions.

Ils servent de tableaux ainsi que de trompettes,
    Ce qu'ils disent ils le font voir;
Et des grandeurs de Dieu s'ils sont les interprètes,   15
    Ils en sont aussi le miroir.

Le soleil, qui lui sert d'un trône incorruptible,
    Les étale aux regards de tous,
Et ce visible agent d'un monarque invisible
    En est paré comme un époux.   20

Il part tel qu'un géant armé d'une lumière,
    Ceint d'un feu qui nous enrichit;
Et du sommet des cieux il s'ouvre une carrière
    Dont jamais il ne s'affranchit.

Chaque jour, pour finir et reprendre sa course,   25
    Il remonte au même sommet,
Et sa chaleur partout verse l'heureuse source
    Des biens que son maître promet.

La loi du même Dieu n'est pas moins salutaire,
    Elle touche, elle convertit;   30
Et pour les yeux du corps que le soleil éclaire,
    Elle éclaire ceux de l'esprit.

Sa parole est fidèle, et répand la sagesse
    Dans les cœurs les plus ravalés;
Sa justice est exacte, et répand l'allégresse   35
    Dans les cœurs les plus désolés.

C'est la sainte frayeur de ses ordres suprêmes

sainte, et permanente au siècle du siècle; les jugements du Seigneur sont véritables et justifiés en eux-mêmes :

Ils sont plus desirables que l'or et la pierre précieuse, et plus doux que le miel et que le rayon de miel.

Aussi votre serviteur les garde : il y a une grande rétribution à les garder.

Qui est celui qui connoît bien tous ses péchés? purifiez-moi de ceux qui sont cachés à ma connoissance, et pardonnez ceux d'autrui à votre serviteur.

S'ils ne dominent point en moi, je me trouverai sans souillure, et je serai purgé du plus grand des crimes.

Toutes les paroles de ma bouche auront alors de quoi vous plaire; et mon cœur dans sa méditation se tiendra toujours en votre présence.

Seigneur, vous êtes mon aide, et mon rédempteur.

permanens in sæculum sæculi; judicia Domini vera, justificata in semetipsa :

Desiderabilia super aurum et lapidem pretiosum multum, et dulciora super mel et favum.

Etenim servus tuus custodit ea : in custodiendis illis retributio multa.

Delicta quis intelligit? ab occultis meis munda me, et ab alienis parce servo tuo.

Si mei non fuerint dominati, tunc immaculatus ero, et emundabor a delicto maximo;

Et erunt ut complaceant eloquia oris mei; et meditatio cordis mei in conspectu tuo semper.

Domine, adjutor meus, et redemptor meus.

Qui fait vivre à l'éternité :
Ils sont tous en tous lieux justifiés d'eux-mêmes,
Tous sont la même vérité.

L'or, la perle, et l'éclat des pierres précieuses,
Sont beaucoup moins à souhaiter;
Et les douceurs du miel les plus délicieuses
Sont bien moins douces à goûter.

Aussi ton serviteur avec soin les observe :
Tu le sais, ô Dieu, tu le vois.
Oh! que grand est le prix que ta bonté réserve
Aux âmes qui gardent tes lois!

Mais qui connoît, Seigneur, les péchés d'ignorance?
Épure-m'en dès aujourd'hui :
Pardonne ceux d'orgueil, de propre suffisance,
Et défends-moi de ceux d'autrui.

Si je pouvois sur moi leur ôter tout empire,
Si je m'en voyois bien purgé,
Des crimes les plus grands que tout l'enfer inspire
Je m'estimerois dégagé.

Il ne sortiroit lors aucun mot de ma bouche
Qui ne plût au grand roi des cieux :
Je ne m'entretiendrois que de ce qui le touche,
Je l'aurois seul devant les yeux.

Seigneur, qui de tous maux êtes le seul remède,
Et de tous biens l'unique auteur,
En ces pressants besoins prodiguez-moi votre aide,
Et soyez mon libérateur.

Gloire au Père, et au Fils, et au Saint-Esprit !
Telle qu'elle étoit[1], etc.

Gloria Patri, et Filio, et Spiritui sancto!
Sicut erat, etc.

ANTIPHONA. *Sicut myrrha electa, odorem dedisti suavitatis, sancta Dei genitrix.*

ANTIPHONA. *Ante torum.*

PSALMUS XXIII.

La terre appartient au Seigneur, et toute sa plénitude ; le globe de la terre, et tous ses habitants ;

Domini est terra, et plenitudo ejus ; orbis terrarum, et universi qui habitant in eo ;

Car c'est lui-même qui l'a fondée au-dessus des mers, et qui l'a préparée au-dessus des fleuves.

Quia ipse super maria fundavit eum, et super flumina præparavit eum.

Qui montera sur la montagne du Seigneur? ou qui demeurera en son lieu saint?

Quis ascendet in montem Domini aut quis stabit in loco sancto ejus?

Celui qui a les mains innocentes et le cœur net, qui n'a point reçu son âme en vain, et n'a point juré en fraude à son prochain.

Innocens manibus et mundo corde, qui non accepit in vano animam suam, nec juravit in dolo proximo suo.

Celui-là recevra bénédiction du Seigneur, et miséricorde de Dieu, son salutaire.

Hic accipiet benedictionem a Domino, et misericordiam a Deo, salutari suo.

Telle est la génération de

Hæc est generatio quæ-

---

1. Ici seulement l'édition originale traduit *Sicut erat* par : « Telle qu'elle étoit ; » partout ailleurs, quand *erat* est rendu, c'est par : « a été. »

Gloire au Père éternel, la première des causes ! 65
 Gloire au Fils, à l'Esprit divin !
Et telle qu'elle étoit avant toutes les choses,
 Telle soit-elle encor sans fin !

 ANTIENNE. *Ainsi que la myrrhe choisie, ô sainte mère de Dieu, vous avez rendu une odeur de suavité.*

  ANTIENNE. *Devant la couche.*

  PSAUME XXIII.

La terre est au Seigneur, et toute son enceinte :
Il la forma lui-même en commençant les temps,
Et son globe appartient à sa majesté sainte,
 Ainsi que tous ses habitants.

Tout à l'entour des mers c'est lui qui l'a posée, 5
C'est lui qui l'affermit au-dessus de tant d'eaux,
C'est lui qui des courants dont elle est arrosée
 L'élève sur tous les ruisseaux.

Mais comment s'élever, et quel chemin se faire
A la sainte montagne où brille son palais ? 10
Et qui s'établira dans son grand sanctuaire,
 Pour y demeurer à jamais ?

L'homme au cœur pur et droit, à l'innocente vie,
Qui n'a point de son Dieu reçu son âme en vain,
Qui par aucun serment, fourbe, ni calomnie, 15
 N'a fait injure à son prochain.

Le Seigneur à jamais bénira sa conduite,
Le Seigneur, dont il prend la gloire pour seul but :
Oui, Dieu lui fera grâce, et ses bontés ensuite
 L'admettront au port de salut. 20

C'est là ce qu'il réserve à cette heureuse race,

ceux qui le cherchent, de ceux qui cherchent la face du Dieu de Jacob.

rentium eum, quærentium faciem Dei Jacob.

Princes, ouvrez vos portes; et vous, portes éternelles, élevez-vous; et le roi de gloire entrera.

Attollite portas, principes, vestras; et elevamini, portæ æternales; et introïbit rex gloriæ.

Qui est ce roi de gloire? C'est un seigneur fort et puissant, c'est un seigneur puissant aux combats.

Quis est iste rex gloriæ? Dominus fortis et potens, dominus potens in prælio.

Princes, ouvrez vos portes; et vous, portes éternelles, élevez-vous; et le roi de gloire entrera.

Attollite portas, principes, vestras; et elevamini, portæ æternales; et introïbit rex gloriæ.

Mais enfin qui est ce roi de gloire? C'est le Seigneur des vertus qui est lui-même ce roi de gloire.

Quis est iste rex gloriæ? Dominus virtutum ipse est rex gloriæ.

Gloire soit au Père, et au Fils, et au Saint-Esprit! Telle qu'elle a été, etc.

Gloria Patri, et Filio, et Spiritui sancto! Sicut erat, etc.

ANTIPHONA. *Ante torum hujus virginis frequentate nobis dulcia cantica dramatis.*

℣. *Diffusa est gratia in labiis tuis.*
℟. *Propterea benedixit te Deus in æternum.*

Pater noster, *etc.* (Secreto.)

(Absolutio et lectiones habentur post tertium nocturnum.)

Qui ne cherche ici-bas que le maître du ciel,
Et qui marche en tous lieux comme devant la face
  De l'unique Dieu d'Israël.

Ouvrez, princes, ouvrez vos portes éternelles, 25
Portes du grand palais, laissez-vous pénétrer :
Laissez-en l'accès libre aux escadrons fidèles,
  Le roi de gloire y veut entrer.

Quel est ce roi de gloire? à quoi peut-on connoître
Où s'étend son empire, et ce que peut son bras? 30
C'est un roi le plus fort qu'on ait encor vu naître,
  C'est un roi puissant aux combats.

Ouvrez encore un coup, princes, ouvrez vos portes;
Portes du grand palais, laissez-vous pénétrer :
Laissez-en l'accès libre aux fidèles cohortes, 35
  Le roi de gloire y veut entrer.

Dites-nous donc enfin quel est ce roi de gloire,
Quels peuples, quels climats sont rangés sous sa loi :
C'est le roi des vertus, le roi de la victoire,
  C'est Dieu qui lui-même est ce roi. 40

Gloire au Père éternel, la première des causes!
Gloire au Verbe incarné! gloire à l'Esprit divin!
Et telle qu'elle étoit avant toutes les choses,
  Telle soit-elle encor sans fin!

ANTIENNE. *Devant la couche de cette vierge, chantez-nous souvent de doux cantiques.*

℣. *La grâce est répandue en vos lèvres.*
℟. *C'est pourquoi Dieu vous a bénie à toute éternité.*
  Notre Père, etc. (Tout bas.)

(L'absolution et les trois leçons sont après le III. nocturne [1].)

1. Voyez ci-après, p. 120-125.

AD II. NOCTURNUM.

(Tres psalmi sequentes dicuntur feria 3. et 6.)

Antiphona. *Specie tua.*

PSALMUS XLIV.

Mon cœur a poussé au dehors une bonne parole : je dédie mes œuvres au Roi.

Eructavit cor meum verbum bonum : dico ego opera mea Regi.

Ma langue est comme la plume d'un écrivain qui écrit très-vite.

Lingua mea calamus scribæ velociter scribentis.

Vous êtes beau par-dessus les fils des hommes ; la grâce est répandue en vos lèvres : c'est pourquoi Dieu vous a béni à toute éternité.

Speciosus forma præ filiis hominum ; diffusa est gratia in labiis tuis : propterea benedixit te Deus in æternum.

Ceignez votre glaive sur votre cuisse, très-puissant monarque.

Accingere gladio tuo super femur tuum, potentissime.

Avec votre grâce et votre beauté, formez des desseins, avancez en prospérité, et régnez,

Specie tua et pulchritudine tua, intende, prospere procede, et regna,

A cause de votre vérité, et de votre mansuétude, et de votre justice ; votre droite vous conduira partout avec des miracles.

Propter veritatem, et mansuetudinem, et justitiam ; et deducet te mirabiliter dextera tua.

Vos flèches sont pointues,

Sagittæ tuæ acutæ, po-

POUR LE II. NOCTURNE.
(Les trois psaumes suivants se disent le mardi et le vendredi.)

ANTIENNE. *Avec votre grâce.*

PSAUME XLIV.

Je me sens tout le cœur plein de grandes idées,
Je les sens à l'envi s'en échapper sans moi,
Je les sens vers le Roi d'elles-mêmes guidées :
    Dédions-les toutes au Roi.

Ma langue, qui s'empresse à chanter son mérite, 5
Suit plus rapidement l'effort de mon esprit,
Que ne court une plume en la main la plus vite
    Qui puisse tracer un écrit.

Sa beauté, sans égale entre les fils des hommes,
Mêle une grâce infuse à ses moindres discours, 10
Et Dieu, qui l'a béni sur tous tant que nous sommes,
    L'appuie, et l'appuiera toujours.

Grand monarque, dont l'âme est sans cesse occupée
A bien remplir ce rang où le ciel vous a mis,
Vous n'avez qu'à paroître et ceindre votre épée, 15
    Pour confondre vos ennemis.

Vos attraits sont si forts, vos actions si belles,
Tant de gloire et d'amour les sait accompagner,
Que chacun se déclare et pour eux et pour elles ;
    Et vous faire voir, c'est régner. 20

La justice en votre âme et la mansuétude
Avec la vérité font un accord si doux,
Que de tant de vertus la sainte plénitude
    Fait partout miracle pour vous.

D'un acier pénétrant la pointe de vos flèches 25

les peuples tomberont sous vous, et elles iront dans les cœurs des ennemis du Roi.

puli sub te cadent, in corda inimicorum Regis.

Votre siége, ô Dieu, durera au siècle du siècle : le sceptre avec lequel vous régnez est un sceptre de droiture.

Sedes tua, Deus, in sæculum sæculi : virga directionis, virga regni tui.

Vous avez aimé la justice et haï l'iniquité : à cause de cela Dieu vous a oint d'une huile d'allégresse, par-dessus tous ceux de votre sorte.

Dilexisti justitiam, et odisti iniquitatem : propterea unxit te Deus, Deus tuus, oleo lætitiæ, præ consortibus tuis.

Une odeur de myrrhe, d'aloès et de casse aromatique s'exhale de vos vêtements, qu'on a tirés des maisons d'ivoire, desquelles les filles des rois sont sorties en votre honneur, et vous ont agréé.

Myrrha, et gutta, et casia a vestimentis tuis, a domibus eburneis, ex quibus delectaverunt te filiæ regum in honore tuo.

La Reine a paru à votre droite, en habit d'or, environnée de variété.

Adstitit Regina a dextris tuis, in vestitu deaurato, circumdata varietate.

Écoute, ma fille, et regarde, et penche ton oreille; et oublie ton peuple, et la maison de ton père;

Audi, filia, et vide, et inclina aurem tuam; et obliviscere populum tuum, et domum patris tui;

Et le Roi deviendra épris de ta beauté; mais n'oublie pas

Et concupiscet Rex decorem tuum, quoniam ipse

Percera tous les cœurs rebelles à leur roi ;
En voyant ruisseler leur sang par tant de brèches,
Les peuples tomberont d'effroi.

Comme votre grandeur s'est toujours mesurée
Sur la droiture même et la même équité, 30
Votre règne n'aura pour borne à sa durée
Que celle de l'éternité.

La haine des forfaits, l'amour de la justice,
Font de tous vos desseins les sacrés appareils ;
Et Dieu répand sur vous une onction propice, 35
Plus qu'il ne fait sur vos pareils.

De riches vêtements au jour de votre gloire,
D'ambre, aloès et myrrhe embaumés à la fois,
Seront tirés pour vous des cabinets d'ivoire
Par les filles des plus grands rois. 40

La reine votre épouse, à votre droite assise,
Brillera d'une auguste et douce majesté :
Ses habits feront voir dans leur dorure exquise
Une exquise diversité.

Mais écoute, ma fille, écoute, et considère 45
Combien en sa personne éclatent de trésors :
Oublie auprès de lui la maison de ton père,
Et ce cher peuple d'où tu sors.

Plus son amour pour toi se fera voir extrême,
Plus tes soumissions le doivent honorer ; 50

aussi qu'il est ton maître et ton Dieu, et que les peuples l'adoreront;

Et les filles de Tyr viendront avec des présents : tous les riches du peuple demanderont instamment à voir ton visage.

Toute la gloire de cette fille du Roi vient du dedans, bien que ses vêtements soient frangés d'or, et qu'elle soit environnée de variétés.

On amènera au Roi des vierges à sa suite : ses plus proches vous seront apportées.

Elles seront apportées avec joie et exultation; elles seront amenées dans le temple du Roi.

Il t'est né des enfants au lieu de tes pères : tu les établiras princes par toute la terre.

Ils conserveront de race en race la mémoire de ton nom.

A cause de cela les peuples

est Dominus Deus tuus, et adorabunt eum;

Et filiæ Tyri in muneribus : vultum tuum deprecabuntur omnes divites plebis.

Omnis gloria ejus filiæ Regis ab intus : in fimbriis aureis circumamicta varietatibus.

Adducentur Regi virgines post eam : proximæ ejus afferentur tibi.

Afferentur in lætitia et exultatione; adducentur in templum Regis.

Pro patribus tuis nati sunt tibi filii : constitues eos principes super omnem terram.

Memores erunt nominis tui in omni generatione et generationem.

Propterea confitebuntur

Car enfin c'est ton roi, ton seigneur, ton dieu même,
    Qu'on fera gloire d'adorer.

Les princesses de Tyr te rendront leur hommage,
Avec même respect qu'on t'aura vu pour lui :
Le riche avec ses dons briguera ton suffrage, 55
    Et réclamera ton appui.

Mais si l'âme au dedans n'est encor mieux ornée,
Reine, ce sera peu que l'ornement du corps,
Bien que la frange d'or en fleuron contournée
    Y borde cent divers trésors. 60

De cent filles d'honneur tu te verras suivie,
Quand il faudra paroître aux yeux d'un si grand roi ;
Et tes plus proches même y verront sans envie
    Qu'on les y présente après toi.

Toutes en montreront une allégresse entière, 65
Toutes y borneront leurs plus ardents souhaits,
Toutes estimeront à faveur singulière
    Le droit d'entrer en son palais.

Pour récompense enfin d'avoir quitté tes pères,
Il te naîtra des fils plus grands, plus braves qu'eux, 70
Qui feront recevoir tes lois les plus sévères
    Aux peuples les plus belliqueux.

La terre qu'on verra trembler devant leur face
Conservera sous eux ton digne souvenir ;
Et l'on respectera ton nom de race en race, 75
    Dans tous les siècles à venir.

Toutes les nations en ta faveur unies

te loueront à toute éternité, et jusqu'au siècle du siècle.

tibi in æternum, et in sæculum sæculi.

Gloire soit au Père, et au Fils, et au Saint-Esprit ! Telle qu'elle a été, etc.

Gloria Patri, et Filio, et Spiritui sancto ! Sicut erat, etc.

ANTIPHONA. *Specie tua et pulchritudine tua, intende, prospere procede, et regna.*

ANTIPHONA. *Adjuvabit eam.*

PSALMUS XLV.

Notre Dieu est notre refuge et notre vertu : il est notre secours dans les tribulations qui ne nous ont trouvés que trop souvent.

Deus noster refugium et virtus : adjutor in tribulationibus quæ invenerunt nos nimis.

C'est à cause de cela que nous ne tremblerons point, quand la terre sera en trouble, et quand les montagnes seront transportées au cœur de la mer.

Propterea non timebimus, dum turbabitur terra, et transferentur montes in cor maris.

Leurs eaux ont résonné avec grand bruit et en ont été troublées ; les montagnes ne l'ont pas moins été, quand il a montré sa force.

Sonuerunt et turbatæ sunt aquæ eorum ; conturbati sunt montes in fortitudine ejus.

L'impétuosité du fleuve donne de la joie à la cité de

Fluminis impetus lætificat civitatem Dei ; sancti-

De ce nom à l'envi publieront la grandeur;
Et les temps, jusqu'au bout de leurs courses finies,
   En verront briller la splendeur. 80

Gloire au Père éternel, la première des causes!
Gloire au Verbe incarné! gloire à l'Esprit divin!
Et telle qu'elle étoit avant toutes les choses,
   Telle soit-elle encor sans fin!

ANTIENNE. *Avec votre grâce et votre beauté, formez des desseins, avancez en prospérité, et régnez.*

ANTIENNE. *Dieu l'assistera.*

PSAUME XLV.

   Que Dieu nous est propice à tous!
Il est seul notre force, il est notre refuge,
Il est notre soutien contre le noir déluge
   Des malheurs qui fondent sur nous.

   La terre aura beau se troubler : 5
Quand nous verrions partout les roches ébranlées,
Et jusqu'au fond des mers les montagnes croulées,
   Nous n'aurions point lieu de trembler.

   Que les eaux roulent à grand bruit,
Que leur fureur éclate à l'égal du tonnerre, 10
Que les champs soient noyés, les montagnes par terre,
   Que l'univers en soit détruit :

   Leur fière impétuosité,
Qui comble tout d'horreurs, comble Sion de joie,

Dieu; le Très-Haut a sanctifié son tabernacle.

Dieu est au milieu d'elle, elle ne s'ébranlera point: Dieu la secourra au matin, dès le point du jour.

Les nations se sont troublées, et les royaumes ont été sur leur penchant : il a fait entendre sa voix, et la terre s'est émue.

Le Seigneur des vertus est avec nous; le Dieu de Jacob est notre protecteur.

Venez, et voyez les œuvres du Seigneur, quels prodiges il a faits sur la terre, en exterminant la guerre jusqu'à ses extrémités.

Il brisera l'arc, et rompra les armes, et brûlera les boucliers avec du feu.

Quittez vos travaux, et voyez que je suis Dieu : je serai exalté parmi les gentils, et serai exalté par toute la terre.

Le Seigneur des vertus est

ficavit tabernaculum suum Altissimus.

Deus in medio ejus, non commovebitur : adjuvabit eam Deus mane, diluculo.

Conturbatæ sunt gentes, et inclinata sunt regna : dedit vocem suam, et mota est terra.

Dominus virtutum nobiscum; susceptor noster Deus Jacob.

Venite, et videte opera Domini, quæ posuit prodigia super terram, auferens bella usque ad finem terræ.

Arcum conteret, et confringet arma, et scuta comburet igni.

Vacate, et videte quoniam ego sum Deus : exaltabor in gentibus, et exaltabor in terra.

Dominus virtutum no-

Et ne fait qu'arroser, alors que tout se noie,   15
     Les murs de la sainte cité.

     Dieu fait sa demeure au milieu,
Dieu lui donne un plein calme en dépit des orages ;
Et dès le point du jour, contre tous leurs ravages
     Elle a le secours de son Dieu.   20

     On a vu les peuples troublés,
Les trônes chancelants pencher vers leur ruine :
Dieu n'a fait que parler, et de sa voix divine
     Ils ont paru tous accablés.

     Invincible Dieu des vertus,   25
Que ta protection est un grand privilége !
Quels que soient les malheurs dont l'amas nous assiége,
     Nous n'en serons point abattus.

     Venez, peuples, venez bénir
Les prodiges qu'il fait sur la terre et sur l'onde :   30
La guerre désoloit les quatre coins du monde,
     Et ce Dieu l'en vient de bannir.

     Il a brisé les arcs d'acier,
Tous les dards, tous les traits, tous les chars des gendarmes[1],
Et jeté dans le feu, pour finir vos alarmes,   35
     Et l'épée et le bouclier.

     Calmez vos appréhensions,
Voyez bien qu'il est Dieu, qu'il est l'unique maître,
Et que malgré l'enfer sa gloire va paroître
     Parmi toutes les nations.   40

     Encore un coup, Dieu des vertus,

---

1. Telle est ici l'orthographe de ce mot ; nous avons vu ailleurs *gensdarmes*. Voyez le *Lexique*.

avec nous; le Dieu de Jacob est notre protecteur.

biscum; susceptor noster Deus Jacob.

Gloire soit au Père, et au Fils, et au Saint-Esprit!
Telle qu'elle a été, etc.

Gloria Patri, et Filio, et Spiritui sancto!
Sicut erat, etc.

ANTIPHONA. *Adjuvabit eam Deus vultu suo : Deus in medio ejus, non commovebitur.*

ANTIPHONA. *Sicut lætantium.*

PSALMUS LXXXVI.

Ses fondements sont dans les saintes montagnes : Dieu chérit les portes de Sion par-dessus tous les tabernacles de Jacob.

Fundamenta ejus in montibus sanctis : diligit Dominus portas Sion super omnia tabernacula Jacob.

On a dit des choses glorieuses de toi, cité de Dieu.

Gloriosa dicta sunt de te, civitas Dei.

Je me souviendrai de Rahab et de Babylone, qui me connoissent.

Memor ero Rahab et Babylonis, scientium me.

Voici les étrangers, et Tyr, et les peuples d'Éthiopie : tous ces gens ont été là.

Ecce alienigenæ, et Tyrus, et populus Æthiopum : hi fuerunt illic.

Sion ne dira-t-elle pas qu'un homme, et un homme est né en elle, et que le Très-Haut l'a fondée?

Numquid Sion dicet : « Homo, et homo natus est in ea, et ipse fundavit eam Altissimus? »

Que ta protection est un grand privilége !
Quels que soient les malheurs dont l'amas nous assiége,
  Nous n'en serons point abattus.

  Gloire aux Trois dont l'être est divin !
Gloire soit en tous lieux à leur unique essence !
Et telle qu'elle étoit lorsque tout prit naissance,
  Telle soit-elle encor sans fin !

Antienne. *Dieu l'assistera par ses regards : Dieu est au milieu d'elle, elle ne s'ébranlera point.*

  Antienne. *Tels que sont des gens.*

PSAUME LXXXVI.

Le Seigneur a fondé sur les saintes montagnes
Ce temple et ce palais qui s'élèvent aux cieux,
Et tout ce qu'Israël a peuplé de campagnes
  N'a rien de si cher à ses yeux.

Cité du Dieu vivant, cité pleine de gloire,
Sion, où l'Éternel daigne dicter sa loi,
Que pour faire à jamais honorer ta mémoire
  On dit partout de bien de toi !

On y vient de Rahab, on vient de Babylone,
Apprendre dans tes murs quelles sont ses bontés,
Et les rois quitteront les douceurs de leur trône,
  Pour mieux y voir ses vérités.

Elles y sont aussi toutes comme en leur source ;
Et des bords étrangers, et du milieu de Tyr,
Et de l'Éthiopie, où le Nil prend sa course,
  Ils y viennent se convertir.

Sion, qui les voit tous s'habituer chez elle,
Et comme nés chez elle aime à les regarder,
Fait de son peuple et d'eux une cité fidèle,
  Qu'au Très-Haut il plaît de fonder.

Le Seigneur, dans les registres qu'il tient des peuples et des rois, parlera de ceux qui ont été chez elle.	Dominus narrabit in scripturis populorum et principum, horum qui fuerunt in ea.
Tous ceux qui demeurent en toi sont comme des gens comblés de joie.	Sicut lætantium omnium habitatio est in te.
Gloire soit au Père, et au Fils, et au Saint-Esprit ! Telle qu'elle a été, etc.	Gloria Patri, et Filio, et Spiritui sancto ! Sicut erat, etc.

ANTIPHONA. *Sicut lætantium omnium habitatio est in te, sancta Dei genitrix.*

℣. *Diffusa est gratia in labiis tuis.*
℟. *Propterea benedixit te Deus in æternum.*

Pater noster, etc. (Secreto.)

(Absolutio et lectiones habentur post tertium nocturnum.)

AD III. NOCTURNUM.

(Tres psalmi sequentes dicuntur feria 4. et sabbato.)

ANTIPHONA. *Gaude, Maria virgo.*

PSALMUS XCV.

Chantez un nouveau cantique au Seigneur : que toute la terre chante à la gloire du Seigneur.	Cantate Domino canticum novum : cantate Domino, omnis terra.

Dieu les écrira tous en son livre de vie :
Ils ne mourront ici que pour revivre mieux ;
Et cette heureuse loi qu'en terre ils ont suivie
  Les réunira dans les cieux.

Du Seigneur cependant attachés à la voie,   25
Dans les glorieux murs de la sainte cité,
Tous marquent à l'envi par l'excès de leur joie
  Celui de leur félicité.

Gloire au Père éternel, la première des causes !
Gloire au Verbe incarné ! gloire à l'Esprit divin !   30
Et telle qu'elle étoit avant toutes les choses,
  Telle soit-elle encor sans fin !

ANTIENNE. *Tels que des gens tous comblés de joie, tels sont ceux qui demeurent en vous, sainte mère de Dieu.*

℣. *La grâce est répandue en vos lèvres.*
℟. *C'est pourquoi Dieu vous a bénie à l'éternité.*

Notre Père, etc. (Tout bas.)

(L'absolution et les trois leçons sont après le troisième nocturne[1].)

POUR LE III. NOCTURNE.

(Les trois psaumes suivants se disent le mercredi et le samedi.)

ANTIENNE. *Réjouissez-vous, vierge Marie.*

PSAUME XCV.

Qu'on fasse résonner dans un nouveau cantique
  Les éloges du roi des rois :
Formez, terre, à sa gloire un concert magnifique,
  Unissez-y toutes vos voix.

---

1. Voyez ci-après, p. 120-125.

Chantez au Seigneur, et bénissez son nom : annoncez de jour en jour son salutaire.

Annoncez sa gloire parmi les nations, et ses merveilles parmi tous les peuples.

Car le Seigneur est grand et digne d'une louange infinie ; il est à craindre par-dessus tous les dieux :

Parce que tous ces dieux des gentils ne sont que démons ; mais c'est le Seigneur qui a fait les cieux :

La louange et la beauté se trouvent toujours en sa présence ; la sainteté et la magnificence sont les ornements de son sanctuaire.

Apportez, provinces des gentils, apportez de l'honneur et de la gloire au Seigneur : apportez au Seigneur de la gloire pour son nom.

Prenez des hosties et entrez en son temple : adorez le Seigneur dans son saint parvis.

Cantate Domino, et benedicite nomini ejus : annuntiate de die in diem salutare ejus.

Annuntiate inter gentes gloriam ejus, in omnibus populis mirabilia ejus.

Quoniam magnus Dominus, et laudabilis nimis ; terribilis est super omnes deos :

Quoniam omnes dii gentium dæmonia ; Dominus autem cœlos fecit.

Confessio et pulchritudo in conspectu ejus ; sanctimonia et magnificentia in sanctificatione ejus.

Afferte Domino, patriæ gentium, afferte Domino gloriam et honorem : afferte Domino gloriam nomini ejus.

Tollite hostias, et introite in atria ejus : adorate Dominum in atrio sancto ejus.

Exaltez son grand nom, vantez ce qu'il opère, 5
    Faites-le bénir hautement :
Annoncez chaque jour son digne salutaire,
    Annoncez-le chaque moment.

Que toutes nations apprennent de vos bouches
    Ses merveilles et ses grandeurs ; 10
Qu'il ne soit cœurs si durs, ni peuples si farouches
    Qui n'en admirent les splendeurs.

A sa juste louange aucun ne peut atteindre,
    Aucun la porter assez haut :
Par-dessus tous les dieux il est lui seul à craindre, 15
    Seul tout-puissant, seul sans défaut.

Ce ne sont que démons, que les gentils adorent
    Sous un titre usurpé de dieux ;
Et c'est l'unique Dieu que nos besoins implorent,
    Qui d'un mot a fait tous les cieux. 20

La gloire et la beauté qui suivent sa présence
    Couronnent ses perfections ;
La sainteté suprême et la magnificence
    Parent toutes ses actions.

Portez donc au Seigneur, gentils, portez vous-mêmes 25
    De quoi lui rendre un plein honneur :
Exaltez son grand nom par des respects suprêmes,
    Portez-y la bouche et le cœur.

Entrez dedans son temple, et prenez des victimes,
    Pour les immoler au vrai Dieu : 30
Adorez avec nous de ses grandeurs sublimes
    Le saint éclat en ce saint lieu.

Que toute la terre s'émeuve devant sa face : dites par toutes les nations que le Seigneur a régné ;

Commoveatur a facie ejus universa terra : dicite in gentibus quia Dominus regnavit ;

Car c'est lui qui a corrigé l'instabilité du globe de la terre, qui ne s'ébranlera plus : il jugera les peuples en équité.

Etenim correxit orbem terræ, qui non commovebitur : judicabit populos in æquitate.

Que les cieux s'en réjouissent, et que la terre en montre entière allégresse ; que la mer en fasse voir des émotions de joie en toute sa plénitude ; les campagnes et tout ce qui les habite en auront même ravissement.

Lætentur cœli, et exultet terra ; commoveatur mare et plenitudo ejus ; gaudebunt campi, et omnia quæ in eis sunt.

Tous les arbres des forêts feront éclater leur allégresse à la face du Seigneur, parce qu'il vient, et surtout parce qu'il vient juger la terre.

Tunc exultabunt omnia ligna silvarum a facie Domini, quia venit, quoniam venit judicare terram.

Il jugera toute la terre en équité, et les peuples en sa vérité.

Judicabit orbem terræ in æquitate, et populos in veritate sua.

Gloire au Père, etc.
Telle qu'elle a été, etc.

Gloria Patri, etc.
Sicut erat, etc.

ANTIPHONA. *Gaude, Maria virgo : cunctas hæreses sola interemisti in universo mundo.*

Que la terre s'émeuve à l'aspect de sa face,
  De l'un jusques à l'autre bout ;
Et qu'elle fasse dire à toute votre race   35
  Que le Seigneur règne partout.

Le monde qu'il corrige et remet dans la voie
  N'aura plus d'instabilité ;
Et quelques jugements que sur tous il déploie,
  Ils n'auront que de l'équité.   40

Qu'une allégresse entière en tous lieux épandue
  Remplisse la terre et les mers ;
Que tout le ciel l'étale en sa vaste étendue ;
  Que tous les champs en soient couverts.

Des bois même, des bois l'écorce et les feuillages   45
  Marqueront leurs ravissements,
Comme s'ils avoient part à ces hauts avantages
  Qui naissent de ses jugements.

Aussi jugera-t-il les vertus et les vices
  Selon la suprême équité,   50
Et pas un ne doit craindre aucunes injustices
  Des règles de sa vérité.

Gloire au Père éternel, la première des causes !
  Gloire au Fils, à l'Esprit divin !
Et telle qu'elle étoit avant toutes les choses,   55
  Telle soit-elle encor sans fin !

A͟n͟t͟i͟e͟n͟n͟e͟. *Réjouissez-vous, ô vierge Marie, vous avez détruit vous seule toutes les hérésies dans tout le monde.*

ANTIPHONA. *Dignare me.*

PSALMUS XCVI.

Le Seigneur a régné : que la terre en ait du ravissement ; et que toutes les îles s'en réjouissent.

Dominus regnavit : exultet terra ; lætentur insulæ multæ.

Il a des nuages et de l'obscurité tout à l'entour de lui ; la justice et le jugement sont les règles du trône où il se sied.

Nubes et caligo in circuitu ejus ; justitia et judicium correctio sedis ejus.

Le feu marchera devant lui, et embrasera ses ennemis tout alentour.

Ignis ante ipsum præcedet, et inflammabit in circuitu inimicos ejus.

Ses éclairs ont brillé par toute la terre : la terre les a vus, et en a frémi.

Illuxerunt fulgura ejus orbi terræ : vidit, et commota est terra.

Les montagnes ont fondu devant sa face comme la cire : toute la terre a fondu devant sa face.

Montes sicut cera fluxerunt a facie Domini : a facie Domini omnis terra.

Les cieux ont annoncé sa justice, et tous les peuples ont vu sa gloire.

Annuntiaverunt cœli justitiam ejus, et viderunt omnes populi gloriam ejus.

Que tous ceux qui adorent les idoles soient confondus, et tous ceux qui se glorifient en leurs simulacres.

Confundantur omnes qui adorant sculptilia, et qui gloriantur in simulacris suis.

A MATINES.

ANTIENNE. *Ayez agréable.*

PSAUME XCVI.

Enfin le Seigneur règne, enfin il a fait voir
    Son absolu pouvoir :
Terre, fais voir ta joie en tes cantons fertiles,
    Et toi, mer, en tes îles.

Quelque nuage épais qui de sa majesté
    Couvre l'immensité,
L'heureux prix des vertus et la peine du vice
    Font briller sa justice.

Le feu qui le précède et partout lui fait jour
    Se répand tout autour,
Et de ses ennemis qu'enveloppe sa flamme
    Il brûle jusqu'à l'âme.

Ses foudres éclatants ont semé l'univers
    De prodiges divers :
On les vit sur la terre, on en vit ébranlées
    Montagnes et vallées.

Les rochers les plus hauts fondirent devant Dieu,
    Comme la cire au feu,
Et virent sous le bras qui lançoit le tonnerre
    Trembler toute la terre.

Le ciel annonça lors à tous les éléments
    Ses justes jugements;
Et les peuples voyant ce qu'ils n'auroient pu croire,
    Reconnurent sa gloire.

Soient confus à jamais les vains adorateurs
    Du travail des sculpteurs,
Et cet impie orgueil qui rend de vrais hommages
    A de fausses images!

Anges du Seigneur, adorez-le tous : Sion l'a entendu, et s'en est réjouie ;	Adorate eum, omnes angeli ejus : audivit, et lætata est Sion ;
Et les filles de Juda en ont été toutes ravies, et ç'a été, Seigneur, à cause de vos jugements ;	Et exultaverunt filiæ Judæ, propter judicia tua, Domine ;
Parce que vous êtes le Très-Haut sur toute la terre, et que vous êtes infiniment élevé par-dessus tous les dieux.	Quoniam tu Dominus altissimus super omnem terram : nimis exaltatus es super omnes deos.
Vous qui aimez le Seigneur, haïssez le mal : le Seigneur garde les âmes de ses saints ; il les délivrera de la main du pécheur.	Qui diligitis Dominum, odite malum : custodit Dominus animas sanctorum suorum ; de manu peccatoris liberabit eos.
La lumière s'est levée pour le juste, et la joie s'est répandue sur les hommes droits de cœur.	Lux orta est justo, et rectis corde lætitia.
Justes, réjouissez-vous au Seigneur ; et donnez des louanges à la mémoire de sa sanctification.	Lætamini, justi, in Domino ; et confitemini memoriæ sanctificationis ejus.
Gloire soit au Père, et au Fils, et au Saint-Esprit ! Telle qu'elle a été, etc.	Gloria Patri, et Filio, et Spiritui sancto ! Sicut erat, etc.

ANTIPHONA. *Dignare me laudare te, Virgo sacrata : da mihi virtutem contra hostes tuos.*

Anges, que dans le ciel vous vous faites d'honneur
    D'adorer le Seigneur!
Sion, que de douceurs, sitôt que ses merveilles
    Frappèrent tes oreilles!

Les filles de Juda dans toutes leurs cités
    Bénirent ses bontés;
Et tous ses jugements à leurs âmes ravies
    Semblèrent d'autres vies.

Aussi, Seigneur, aussi vous êtes le Très-Haut,
    Et le seul sans défaut :
Tous les dieux près de vous sont dieux aussi frivoles
    Que leurs froides idoles.

Vous qui de son amour portez un cœur touché,
    Haïssez le péché :
Dieu, qui hait les pécheurs, garantit l'âme sainte
    De leur plus rude atteinte.

Sa bonté pour le juste aime à se déclarer,
    Elle aime à l'éclairer;
Et sur l'homme au cœur droit les grâces qu'il déploie
    Ne répandent que joie.

Justes, prenez en lui, prenez incessamment
    Un plein ravissement;
Et de sa sainteté consacrez la mémoire
    Par des chants à sa gloire.

Gloire au Père éternel, au Fils, à l'Esprit saint,
    Que tout adore et craint!
Et telle qu'elle étoit avant l'ange rebelle,
    Telle à jamais soit-elle!

ANTIENNE. *Ayez agréable, Vierge sacrée, que je publie vos louanges : donnez-moi de la vertu contre vos ennemis.*

Antiphona. *Post partum.*

PSALMUS XCVII.

Chantez au Seigneur un cantique nouveau, car il a fait des choses merveilleuses.

Cantate Domino canticum novum, quia mirabilia fecit.

Sa dextre nous a sauvés pour lui, et son bras saint nous a défendus.

Salvavit sibi dextera ejus, et brachium sanctum ejus.

Le Seigneur a fait connoître son salutaire : il a révélé sa justice à la vue des nations.

Notum fecit Dominus salutare suum : in conspectu gentium revelavit justitiam suam.

Il s'est souvenu de sa miséricorde et de sa vérité, en faveur de la maison d'Israël.

Recordatus est misericordiæ suæ, et veritatis suæ, domui Israël.

Tous les cantons de la terre ont vu le salutaire de notre Dieu.

Viderunt omnes termini terræ salutare Dei nostri.

Que toute la terre applaudisse à Dieu par des cris de joie : qu'elle chante, qu'elle psalmodie, et fasse éclater ses ravissements.

Jubilate Deo, omnis terra : cantate, et exultate, et psallite.

Psalmodiez à la gloire du Seigneur avec la harpe : joignez à la harpe les voix de la

Psallite Domino in cithara : in cithara, et voce psalmi, in tubis ducti-

A MATINES.

Antienne. *Après l'enfantement.*

PSAUME XCVII.

Sion, encore un coup, par un nouveau cantique
Des bontés du Seigneur bénis les hauts effets :
Fais régner en tes murs l'allégresse publique,
    Pour les miracles qu'il a faits.

Rien n'a pu te sauver que sa dextre adorable,
Qui t'a fait un triomphe après tant de combats ;
Et tu n'en dois enfin l'ouvrage incomparable
    Qu'à la sainteté de son bras.

Son divin salutaire a paru dans le monde,
Et dégagé la foi des révélations :
Lui-même a dévoilé sa justice profonde
    A la face des nations.

Il n'a point oublié quelle miséricorde
Aux enfants d'Israël promit sa vérité :
L'effet à la promesse heureusement s'accorde,
    On voit ce qu'on a souhaité.

Oui, tout ce qu'a de bords l'un et l'autre hémisphère,
Ceux où règne le jour, ceux où règne la nuit,
Tout a vu du grand Dieu le sacré salutaire,
    Et les merveilles qu'il produit.

Chantez, peuples, chantez, et par toute la terre
Exaltez la vertu de son bras tout-puissant :
Montrez par votre joie au maître du tonnerre
    L'effort d'un cœur reconnoissant.

N'épargnez point les luths à votre psalmodie ;
De la plus douce harpe ajustez-y les tons ;

psalmodie ; accordez-y les trompettes d'airain et le son des cornets.

libus, et voce tubæ corneæ.

Montrez une pleine allégresse en la présence du Seigneur : que la mer s'en émeuve, et toute sa plénitude ; le globe de la terre, et tous ceux qui l'habitent.

Jubilate in conspectu regis Domini : moveatur mare, et plenitudo ejus; orbis terrarum, et universi qui habitant in eo.

Les fleuves battront des mains ; et en même temps les montagnes feront éclater leur joie en la présence du Seigneur, parce qu'il vient juger la terre.

Flumina plaudent manu; simul montes exultabunt a conspectu Domini, quoniam venit judicare terram.

Il jugera tout le tour de la terre avec justice, et les peuples avec équité.

Judicabit orbem terrarum in justitia, et populos in æquitate.

Gloire au Père, et au Fils, et au Saint-Esprit !
Telle qu'elle a été, etc.

Gloria Patri, et Filio, et Spiritui sancto!
Sicut erat, etc.

ANTIPHONA. *Post partum virgo inviolata permansisti : Dei genitrix, intercede pro nobis.*

℣. *Diffusa est gratia in labiis tuis.*
℟. *Propterea benedixit te Deus in æternum.*

Pater noster, etc. (Secreto.)

ABSOLUTIO.

Precibus et meritis beatæ Mariæ semper virginis, et om-

A MATINES.

Joignez-y l'éclatante et forte mélodie
    Des trompettes et des clairons.

A l'aspect du Seigneur éclatez d'allégresse :
Que la mer en résonne en tout son vaste enclos ;
Et que la terre entière avec chaleur s'empresse
    A mieux retentir que ses flots.

Les fleuves suspendront leurs courses vagabondes,
Pour applaudir au roi qui nous vient protéger ;
Les montagnes suivront l'exemple de tant d'ondes,
    Voyant comme il vient tout juger.

Aussi jugera-t-il les vertus et le vice
Sur la justice même et la même équité,
Sans faire soupçonner de la moindre injustice
    Sa plus haute sévérité.

Gloire au Père éternel, la première des causes !
Gloire au Verbe incarné ! gloire à l'Esprit divin !
Et telle qu'elle étoit avant toutes les choses,
    Telle soit-elle encor sans fin !

ANTIENNE. *Après l'enfantement vous êtes demeurée vierge sans tache : mère de Dieu, intercédez pour nous.*

℣. *La grâce est répandue en vos lèvres.*
℟. *C'est pourquoi Dieu vous a bénie à toute éternité.*

    Notre Père, etc. (Tout bas.)

ABSOLUTION.

Que par les prières et les mérites de la bienheureuse

nium sanctorum, perducat nos Dominus ad regna cœlorum.
℟. *Amen.*

℣. *Jube, Domne, benedicere.*
Benedictio. *Nos cum prole pia benedicat virgo Maria.* ℟. *Amen.*

LECTIO I. (Ecclesiastici XXIV.)

In omnibus requiem quæsivi, et in hæreditate Domini morabor. Tunc præcepit et dixit mihi creator omnium, et qui creavit me requievit in tabernaculo meo, et dixit mihi : « In Jacob inhabita, et in Israël hæreditare, et in electis meis mitte radices. » Tu autem, Domine, miserere nobis. ℟. Deo gratias.

℟. *Sancta et immaculata virginitas, quibus te laudibus efferam nescio : Quia quem cœli capere non poterant, tuo gremio contulisti.*

℣. *Benedicta tu in mulieribus, et benedictus fructus ventris tui : Quia quem cœli capere non poterant, tuo gremio contulisti.*

℣. *Jube, Domne, benedicere.*
Benedictio. *Ipsa virgo virginum intercedat pro nobis ad Dominum.* ℟. *Amen.*

LECTIO II.

Et sic in Sion firmata sum, et in civitate sanctificata similiter requievi, et in Jerusalem potestas mea; et radicavi in populo honorificato; et in parte Dei mei hæreditas illius, et in

Marie toujours vierge, et de tous les saints, le Seigneur nous fasse parvenir au royaume des cieux. ℟. Ainsi soit-il.

℣. Donnez-moi votre bénédiction.

Bénédiction. *Que la vierge Marie avec son fils tout débonnaire nous bénisse.* ℟. *Ainsi soit-il.*

LEÇON I. (En l'Ecclésiastique, xxiv.)

J'ai cherché le repos partout, et résolu d'arrêter ma demeure en l'héritage du Seigneur. Alors le créateur de tous m'a honorée de ses commandements et de son entretien, et celui-là même qui m'a créée s'est reposé en mon tabernacle, et m'a dit : « Habitez au dedans de Jacob, prenez votre partage héréditaire en Israël, et enracinez-vous parmi ceux que j'ai choisis. » Quant à vous, Seigneur, ayez pitié de nous. ℟. Rendons grâces à Dieu.

℟. *Sainte et immaculée virginité, je ne sais point de louanges assez hautes pour vous honorer : Car vous avez porté dans votre sein celui que les cieux ne pouvoient contenir.*

℣. *Vous êtes bénie entre toutes les femmes, et le fruit de votre ventre est béni : Car vous avez porté en votre sein celui que les cieux ne pouvoient contenir.*

℣. *Donnez-moi votre bénédiction.*

Bénédiction. *Que la vierge des vierges intercède elle-même pour nous.* ℟. *Ainsi soit-il.*

LEÇON II.

C'est ainsi que je me suis affermie en Sion, et c'est en cette manière que j'ai pris mon repos en la ville sanctifiée, que ma puissance est en Jérusalem, et que j'ai pris

plenitudine sanctorum detentio mea. Tu autem, Domine, miserere nobis. ℟. Deo gratias.

℟. *Beata es, virgo Maria, quæ Dominum portasti creatorem mundi : Genuisti qui te fecit, et in æternum permanes virgo.*

℣. *Ave, Maria, gratia plena, Dominus tecum! Genuisti qui te fecit, et in æternum permanes virgo.*

Gloria Patri, et Filio, et Spiritui sancto! Genuisti qui te fecit, et in æternum permanes virgo.

℣. Jube, Domne, benedicere.
BENEDICTIO. *Per virginem matrem concedat nobis Dominus salutem et pacem.* ℟. *Amen.*

LECTIO III.

Quasi cedrus exaltata sum in Libano, et quasi cypressus in monte Sion. Quasi palma exaltata sum in Cades, et quasi plantatio rosæ in Hiericho. Quasi oliva speciosa in campis, et quasi platanus exaltata sum juxta aquas. In plateis sicut cinnamomum et balsamum aromatizans odorem dedi. Quasi myrrha electa dedi suavitatem odoris. Tu autem, Domine, miserere nobis. ℟. Deo gratias.

racine chez un peuple comblé d'honneur ; son héritage est du partage de mon Dieu, et ma demeure est en la plénitude des saints. Quant à vous, Seigneur, ayez pitié de nous. ℟. Rendons grâces à Dieu.

℟. *Vous êtes bienheureuse, vierge Marie, qui avez porté le Seigneur qui a créé le monde : Vous avez engendré celui qui vous a faite, et demeurez vierge à toute éternité.*

℣. *Je vous salue, Marie, pleine de grâce, le Seigneur est avec vous : Vous avez engendré celui qui vous a faite, et demeurez vierge à toute éternité.*

Gloire soit au Père, et au Fils, et au Saint-Esprit! Vous avez engendré celui qui vous a faite, et demeurez vierge à toute éternité.

℣. *Donnez-moi votre bénédiction.*

Bénédiction. *Que le Seigneur nous donne le salut et la paix par la vierge mère.* ℟. *Ainsi soit-il.*

LEÇON III.

J'ai crû aussi haut qu'un cèdre au Liban, et qu'un cyprès en la montagne de Sion. J'ai crû comme un palmier en Cadès, et comme un plant de roses en Hiérico. J'ai crû comme les plus beaux oliviers en la campagne, et comme un plane[1] sur le bord des eaux. Dans les places publiques j'ai rendu une odeur pareille à celle de la cannelle et du baume aromatique, et répandu une senteur aussi agréable que celle de la myrrhe choisie. Quant à vous, Seigneur, ayez pitié de nous. ℟. Rendons grâces à Dieu.

---

1. *Plane*, platane.

HYMNUS SANCTORUM AMBROSII ET AUGUSTINI.

Te Deum laudamus : te Dominum confitemur.
Te æternum Patrem omnis terra veneratur.

Tibi omnes angeli, tibi cœli, et universæ Potestates,
Tibi Cherubin et Seraphin incessabili voce proclamant :
« Sanctus, sanctus, sanctus Dominus, Deus Sabaoth! »

Pleni sunt cœli et terra majestatis gloriæ tuæ.
Te gloriosus apostolorum chorus,
Te prophetarum laudabilis numerus,
Te martyrum candidatus laudat exercitus.

Te per orbem terrarum sancta confitetur Ecclesia,
Patrem immensæ majestatis,
Venerandum tuum verum et unicum Filium,
Sanctum quoque Paraclitum Spiritum.

Tu rex gloriæ, Christe,
Tu Patris sempiternus es filius,
Tu ad liberandum suscepturus hominem, non horruisti virginis uterum ;

Tu devicto mortis aculeo, aperuisti credentibus regna cœlorum.
Tu ad dexteram Dei sedes in gloria Patris.
Judex crederis esse venturus.

Te ergo quæsumus, famulis tuis subveni, quos pretioso sanguine redemisti ;

A MATINES.

HYMNE DE SAINT-AMBROISE ET DE SAINT AUGUSTIN.

Nous te louons, Seigneur, nous t'avouons pour maître ;
La terre en fait autant de l'un à l'autre bout,
T'adore comme auteur et soutien de son être,
Comme père éternel, et créateur de tout.

Les amoureux concerts de la troupe angélique, 5
Les Puissances des cieux ne chantent que ce mot,
Chérubins, Séraphins n'ont que cette musique :
« Saint, saint, et trois fois saint le Dieu de Sabaoth ! »

Ta gloire ainsi sur terre et dans le ciel résonne.
Apôtres et martyrs, qu'en revêt un rayon, 10
Prophètes, confesseurs, que ta main en couronne,
Tout bénit à l'envi, tout exalte ton nom.

Ton Église ici-bas, une, sainte, infaillible,
Et du Père, et du Fils, et de l'Esprit divin
Vante l'immensité, l'essence indivisible, 15
Le pouvoir sans limite, et le règne sans fin.

O Jésus, roi de gloire et rédempteur du monde,
Fils avant tous les temps de ce Père éternel,
Qui t'enfermas au sein d'une vierge féconde,
Pour rendre l'innocence à l'homme criminel ; 20

L'aiguillon de la mort brisé par ta victoire
T'a laissé nous ouvrir les royaumes des cieux.
A la dextre du Père on t'y voit dans ta gloire,
D'où tu viendras un jour juger tous ces bas lieux.

Daigne donc secourir ces foibles créatures, 25
Qu'il t'a plu sur la croix racheter de ton sang ;

Æterna fac cum sanctis tuis gloria munerari.

Salvum fac populum tuum, Domine, et benedic hæreditati tuæ;
Et rege eos, et extolle illos usque in æternum.

Per singulos dies benedicimus te ;
Et laudamus nomen tuum in sæculum, et in sæculum sæculi.

Dignare, Domine, die isto, sine peccato nos custodire.
Miserere nostri, Domine, miserere nostri.

Fiat misericordia tua, Domine, super nos, quemadmodum speravimus in te.
In te, Domine, speravi : non confundar in æternum.

Et dans le clair séjour de tes lumières pures
Fais-leur parmi tes saints mériter quelque rang.

Sauveur, sauve ton peuple, et sur ton héritage
Verse à larges torrents tes bénédictions ; 30
Gouverne, guide, élève à l'éternel partage
Nos pensers, nos discours, nos vœux, nos actions.

Chaque jour nous t'offrons un tribut de louanges :
C'est pour les entonner qu'on nous voit nous unir,
C'est pour bénir ton nom : souffre qu'avec tes anges 35
A toute éternité nous puissions le bénir.

Surtout, durant le cours de toute la journée,
Préserve-nous de tache, et tiens-nous sans péché.
Prends pitié des malheurs dont notre âme est gênée,
Prends pitié des périls où l'homme est attaché. 40

Fais que cette pitié réponde à l'espérance
Qu'a mise en tes bontés notre esprit éperdu :
Seigneur, j'y mets encor toute mon assurance,
Et quiconque l'y met n'est jamais confondu.

AD LAUDES.

Mon Dieu, venez à mon aide, etc.[1].	Deus, in adjutorium meum intende, etc.
Gloire soit au Père, et au Fils, et au Saint-Esprit ! etc.	Gloria Patri, et Filio, et Spiritui sancto ! etc.

Alleluia.

ANTIPHONA. *Assumpta est Maria.*

PSALMUS XCII.

Le Seigneur a régné, il s'est vêtu de beauté : le Seigneur s'est vêtu de force, il s'en est ceint et environné.	Dominus regnavit, decorem indutus est : indutus est Dominus fortitudinem, et præcinxit se ;
Il a affermi le globe de la terre, qui ne sera point ébranlé.	Etenim firmavit orbem terræ, qui non commovebitur.
Votre siége a été préparé dès lors : vous êtes de toute éternité.	Parata sedes tua, Deus, ex tunc : a sæculo tu es.

---

1. Voyez ci-dessus, p. 76.

A LAUDES.

O grand Dieu, de qui tout procède, etc.[1].

Gloire au Père, souverain maître, etc.

Louez le Seigneur.

ANTIENNE. *Marie est élevée.*

PSAUME XCII.

Le Seigneur pour régner s'est voulu rendre aimable;
    Il s'est revêtu de beauté :
Il s'est armé de force en prince redoutable,
    Ceint de gloire et de majesté.

Ses ordres sur un point ont affermi la terre, 5
    Pour y répandre son pouvoir ;
Et s'il veut qu'elle tremble à l'éclat du tonnerre,
    Il lui défend de se mouvoir.

Il prépara pour siége à sa grandeur suprême
    Dès lors ces globes éclatants ; 10
D'où, comme avant les temps il régnoit en lui-même,
    Il voulut régner dans les temps.

---

1. Voyez ci-dessus, p. 77.

Les fleuves ont élevé, Seigneur, les fleuves ont élevé leurs voix.

Elevaverunt flumina, Domine, elevaverunt flumina vocem suam.

Les fleuves ont élevé leurs vagues, avec les voix de quantité d'eaux.

Elevaverunt flumina fluctus suos, a vocibus aquarum multarum.

Les élévations de la mer sont merveilleuses : le Seigneur est admirable dans tout ce qu'il y a de haut.

Mirabiles elationes maris : mirabilis in altis Dominus.

Vos témoignages sont devenus trop croyables : votre maison doit être ornée de sainteté dans toute la longueur des jours.

Testimonia tua credibilia facta sunt nimis : domum tuam decet sanctitudo, Domine, in longitudinem dierum.

Gloire soit au Père, et au Fils, et au Saint-Esprit!
Telle qu'elle a été, etc.

Gloria Patri, et Filio, et Spiritui sancto!
Sicut erat, etc.

Antiphona. *Assumpta est Maria; in cœlum gaudent angeli, laudantes benedicunt Dominum.*

Antiphona. *Maria virgo.*

PSALMUS XCIX.

Que toute la terre applaudisse à Dieu par des chants de joie : servez le Seigneur avec allégresse.

Jubilate Deo, omnis terra : servite Domino in lætitia.

Tous les fleuves dès lors lui rendirent hommage,
    Ils élevèrent tous la voix :
Tous les fleuves dès lors par un commun suffrage   15
    Acceptèrent toutes ses lois.

Pour le voir de plus près, de leurs grottes profondes
    Tous surent élever leurs flots :
Tous surent applaudir par le bruit de leurs ondes
    A qui les tiroit du chaos.   20

Les enflures des mers sont autant de miracles
    Qu'enfante leur sein orgueilleux ;
Et ce maître de tout dans ses hauts tabernacles
    Se montre encor plus merveilleux.

Tes paroles, Seigneur, n'en sont que trop croyables ;   25
    Et tant que dureront les jours,
La sainteté doit luire en ces lieux vénérables
    Où nous implorons ton secours.

Gloire au Père éternel, la première des causes !
    Gloire au Fils, à l'Esprit divin !   30
Et telle qu'elle étoit avant toutes les choses,
    Telle soit-elle encor sans fin !

    Antienne. *Marie est élevée dans le ciel ; les anges s'en réjouissent, ils en louent et en bénissent le Seigneur.*

    Antienne. *La vierge Marie.*

    PSAUME XCIX.

Terre, que ton enclos tout entier retentisse
    Des louanges de ton Seigneur :
    Ne songe à lui rendre service
Que l'hymne dans la bouche, et l'allégresse au cœur.

Entrez en sa présence, avec des transports de contentement.	Introite in conspectu ejus, in exultatione.
Sachez que le Seigneur est le vrai Dieu : c'est lui-même qui nous a faits, et non pas nous-mêmes.	Scitote quoniam Dominus ipse est Deus : ipse fecit nos, et non ipsi nos.
Nous sommes son peuple, et les brebis de ses pâturages; entrez dans ses portes en le louant, entonnez des hymnes en entrant dans son temple, et chantez sa gloire.	Populus ejus, et oves pascuæ ejus, introite portas ejus in confessione, atria ejus in hymnis : confitemini illi.
Louez son nom, parce qu'il est la douceur même : sa miséricorde durera à l'éternité, et sa vérité subsistera de génération en génération.	Laudate nomen ejus, quoniam suavis est Dominus : in æternum misericordia ejus, et usque in generationem et generationem veritas ejus.
Gloire soit au Père, et au Fils, et au Saint-Esprit! Telle qu'elle a été, etc.	Gloria Patri, et Filio, et Spiritui sancto! Sicut erat, etc.

ANTIPHONA. *Maria virgo assumpta est ad æthereum thalamum, in quo rex regum stellato sedet solio.*

ANTIPHONA. *In odorem.*

PSALMUS LXII.

O Dieu qui êtes mon Dieu, je m'éveille pour penser à vous dès le point du jour.	Deus, Deus meus, ad te de luce vigilo.

Paroître en le servant chagrin devant sa face, 5
    C'est ne le servir qu'à regret :
    Entrons, et que la joie efface
Ce qu'attire d'ennuis le mal le plus secret.

Vous, son peuple, apprenez qu'il est roi, qu'il est maître,
    Que tout empire est sous le sien ; 10
    Qu'à tous il nous a donné l'être,
Et que sa main sans nous nous a formés de rien.

Nous sommes ses brebis, à qui ses pâturages
    En tous lieux sont toujours ouverts :
    Portons chez lui de saints hommages, 15
Et courons dans son temple entonner nos concerts.

Adorons tous son nom : sa douceur adorée
    Fait revivre à l'éternité ;
    Et telle sera la durée
De sa miséricorde et de sa vérité. 20

Gloire au Père éternel ! gloire au Verbe ineffable !
    Gloire à l'Esprit leur pur amour !
    Telle à tout jamais perdurable
Qu'elle étoit en tous trois avant le premier jour !

A<small>NTIENNE</small>. *La vierge Marie est élevée à un céleste appartement, où le roi des rois est assis en un trône étoilé.*

A<small>NTIENNE</small>. *C'est après l'odeur.*

PSAUME LXII.

Dieu, que je reconnois pour l'auteur de mon être,
    De qui dépend mon avenir,
Sitôt que la lumière a commencé de naître,
    Je m'éveille pour te bénir.

Mon âme sent une ardente soif de vous posséder ; et ma chair est pressée de cette même soif en bien des manières.

En cette terre déserte, sans voie et sans eau, je me suis présenté devant vous comme en un lieu saint, pour y voir votre vertu et votre gloire.

Parce que votre miséricorde vaut mieux que toutes les vies, mes lèvres chanteront vos louanges.

Ainsi je vous bénirai toute ma vie, et je lèverai mes mains en votre nom.

Que mon âme se remplisse comme de graisse et d'embonpoint, et ma bouche vous louera avec des lèvres d'exultation.

Si je me suis souvenu de vous sur mon lit durant les ténèbres, je ne penserai pas moins à vous dès le matin, parce que vous avez été mon aide.

Et j'aurai des ravissements

Sitivit in te anima mea ; quam multipliciter tibi caro mea !

In terra deserta, et invia, et inaquosa, sic in sancto apparui tibi, ut viderem virtutem tuam et gloriam tuam.

Quoniam melior est misericordia tua super vitas, labia mea laudabunt te.

Sic benedicam te in vita mea, et in nomine tuo levabo manus meas.

Sicut adipe et pinguedine repleatur anima mea, et labiis exultationis laudabit os meum.

Si memor fui tui super stratum meum, in matutinis meditabor in te, quia fuisti adjutor meus.

Et in velamento alarum

Pour apaiser l'ardeur qui dessèche mon âme,
    Sa soif n'a de recours qu'à toi ;
Et ma chair, que dévore une pareille flamme,
    Se fait une pareille loi.

Dans un climat sans eaux, sans habitants, sans voie,
    Devant toi je me suis offert,
Pour mieux voir les vertus que ta bonté déploie,
    Et ta gloire dans ce désert.

Cette bonté, Seigneur, vaut mieux que mille vies,
    Que mille empires à la fois :
Nous t'en devons louer, et nos âmes ravies
    Y vont unir toutes nos voix.

Puissé-je de mes jours n'employer ce qui reste
    Qu'aux éloges d'un Dieu si bon,
Et n'élever les mains vers la voûte céleste
    Que pour en exalter le nom !

Se puisse ainsi mon âme enivrer de ta grâce
    Et s'enrichir de tes présents,
Que ma joie à ma langue en confiera l'audace
    Jusques à la fin de mes ans !

Au milieu de la nuit, dans le fond de ma couche,
    J'en veux prendre un soin amoureux,
Et dès le point du jour mon esprit et ma bouche
    Béniront ton secours heureux.

En l'appui de ton bras, sous l'ombre de tes ailes,

de joie sous le voile de vos ailes : mon âme s'est attachée à courir après vous ; et votre dextre m'a reçu.

Mais quant à mes ennemis, ils ont cherché mon âme en vain ; ils entreront au plus bas de la terre : ils seront livrés en la main du glaive ; ils seront le partage des renards.

Cependant le Roi se réjouira en Dieu ; tous ceux qui jurent en lui recevront des louanges, parce que ceux qui ne parlent qu'iniquité ont la bouche fermée.

tuarum exultabo : adhæsit anima mea post te ; me suscepit dextera tua.

Ipsi vero in vanum quæsierunt animam meam ; introibunt in inferiora terræ : tradentur in manus gladii ; partes vulpium erunt.

Rex vero lætabitur in Deo ; laudabuntur omnes qui jurant in eo, quia obstructum est os loquentium iniqua.

PSALMUS LXVI.

Que Dieu prenne pitié de nous, et nous bénisse ; qu'il fasse resplendir son visage sur nous, et en prenne pitié :

Afin que nous connoissions votre voie en terre, et votre salutaire parmi toutes les nations.

Que les peuples vous louent, ô Dieu : que tous les peuples vous louent.

Que les nations se réjouis-

Deus misereatur nostri, et benedicat nobis ; illuminet vultum suum super nos, et misereatur nostri :

Ut cognoscamus in terra viam tuam, in omnibus gentibus salutare tuum.

Confiteantur tibi populi, Deus : confiteantur tibi populi omnes.

Lætentur et exultent

J'ai mis mon bonheur souverain ; 30
Et mon âme attachée à tes lois éternelles
    A reçu l'aide de ta main.

Mes ennemis ont vu dissiper leur poursuite :
    Leur sang coulera sous l'acier ;
Dans le sein de la terre ils cacheront leur fuite, 35
    Ainsi que renards au terrier.

Mon trône est raffermi, ma joie est ranimée,
    Et tes humbles adorateurs
Feront gloire de voir la bouche ainsi fermée
    Aux lâches calomniateurs. 40

PSAUME LXVI.

Jette un œil de pitié sur toute notre race ;
Seigneur, pour la bénir désarme ton courroux ;
Laisse briller sur elle un rayon de ta face,
    Et fais-nous grâce à tous :

Afin que nous puissions connoître ici ta voie, 5
Qu'elle y puisse régler nos pas, nos actions,
Et que ton salutaire y répande la joie
    En toutes nations.

Que des peuples unis l'humble reconnoissance
Fasse voir en tous lieux ton saint nom applaudi : 10
Du levant au couchant qu'aucun ne s'en dispense,
    Ni du nord au midi.

Qu'en ces peuples divers règne même allégresse,

sent, et soient ravies de ce que vous jugez les peuples dans l'équité, et dirigez les nations sur la terre.

gentes, quoniam judicas populos in æquitate, et gentes in terra dirigis.

Que les peuples vous louent, ô Dieu; que tous les peuples vous louent : la terre a donné son fruit.

Confiteantur tibi populi, Deus; confiteantur tibi populi omnes : terra dedit fructum suum.

Que Dieu, que notre Dieu nous bénisse : que Dieu nous bénisse, et que toutes les extrémités de la terre le craignent.

Benedicat nos Deus, Deus noster : benedicat nos Deus, et metuant eum omnes fines terræ.

Gloire soit au Père, et au Fils, et au Saint-Esprit!
Telle qu'elle a été, etc.

Gloria Patri, et Filio, et Spiritui sancto!
Sicut erat, etc.

ANTIPHONA. *In odorem unguentorum tuorum currimus : adolescentulæ dilexerunt te nimis.*

ANTIPHONA. *Benedicta, filia.*

CANTICUM TRIUM PUERORUM. (Danielis III.)

Que tous les ouvrages du Seigneur bénissent le Seigneur; qu'ils le louent et le surexaltent en tous les siècles.

Benedicite, omnia opera Domini, Domino; laudate et superexaltate eum in sæcula.

Anges du Seigneur, bénissez le Seigneur; cieux, bénissez le Seigneur.

Benedicite, angeli Domini, Domino; benedicite, cœli, Domino.

Que toutes les eaux qui sont

Benedicite, aquæ omnes

Qu'à l'envi sous tes lois ils courent se ranger,
Tes lois dont l'équité les juge avec tendresse,
 Et les sait diriger.

Une seconde fois, que leur reconnoissance
Fasse éclater ta gloire, en tous lieux, à grand bruit :
Une terre stérile a produit l'abondance,
 Et nous donne son fruit.

Qu'en tous lieux à jamais ce grand Dieu nous bénisse,
Qu'en tous lieux à jamais il nous protége en Dieu :
Qu'en tous lieux à jamais sa gloire retentisse,
 Qu'on le craigne en tout lieu.

Gloire au Père éternel, la première des causes !
Gloire au Verbe incarné ! gloire à l'Esprit divin !
Et telle qu'elle étoit avant toutes les choses,
 Telle soit-elle encor sans fin !

 Antienne. *C'est après l'odeur de vos parfums que nous courons : les jeunes filles vous ont extraordinairement aimée.*

 Antienne. *Fille, vous êtes bénie.*

CANTIQUE DES TROIS ENFANTS. (En Daniel, iii.)

Ouvrages du Très-Haut, effets de sa parole,
 Bénissez le Seigneur ;
Et jusqu'au bout des temps, de l'un à l'autre pôle,
 Exaltez sa grandeur.

Anges, qui le voyez dans sa splendeur entière,
 Bénissez le Seigneur ;
Cieux, qu'il a peints d'azur et revêt de lumière,
 Exaltez sa grandeur.

Eaux sur le firmament par sa main suspendues,

sur les cieux bénissent le Seigneur ; que toutes les vertus du Seigneur bénissent le Seigneur.

Soleil et lune, bénissez le Seigneur ; étoiles du ciel, bénissez le Seigneur.

Que toute pluie et rosée bénisse le Seigneur ; que tous les esprits de Dieu bénissent le Seigneur.

Feu et chaleurs étouffantes, bénissez le Seigneur ; froids perçants, bénissez le Seigneur.

Rosées et bruines, bénissez le Seigneur ; gelée et froidures, bénissez le Seigneur.

Glaces et neiges, bénissez le Seigneur ; nuits et jours, bénissez le Seigneur.

Lumière et ténèbres, bénissez le Seigneur ; éclairs et nuées, bénissez le Seigneur.

Que la terre bénisse le Seigneur ; qu'elle le loue et le surexalte en tous les siècles.

quæ super cœlos sunt, Domino ; benedicite, omnes virtutes Domini, Domino.

Benedicite, sol et luna, Domino ; benedicite, stellæ cœli, Domino.

Benedicite, omnis imber et ros, Domino ; benedicite, omnes spiritus Dei, Domino.

Benedicite, ignis et æstus, Domino ; benedicite, frigus et æstus, Domino.

Benedicite, rores et pruina, Domino ; benedicite, gelu et frigus, Domino.

Benedicite, glacies et nives, Domino ; benedicite, noctes et dies, Domino.

Benedicite, lux et tenebræ, Domino ; benedicite, fulgura et nubes, Domino.

Benedicat terra Dominum ; laudet et superexaltet eum in sæcula.

Bénissez le Seigneur ;
Vertus par sa clémence en tous lieux répandues,
Exaltez sa grandeur.

Soleil, qui fais le jour, lune, qui perces l'ombre,
Bénissez le Seigneur ;
Étoiles, dont mortel n'a jamais su le nombre,
Exaltez sa grandeur.

Féconds épanchements de pluie et de rosée,
Bénissez le Seigneur ;
Vents, à qui la nature est sans cesse exposée,
Exaltez sa grandeur.

Feux, dont la douce ardeur ouvre et pare la terre,
Bénissez le Seigneur ;
Froids, dont l'âpre rigueur la ravage et resserre,
Exaltez sa grandeur.

Incommodes brouillards, importunes bruines,
Bénissez le Seigneur ;
Frimas, triste gelée, effroyables ravines,
Exaltez sa grandeur.

Admirables trésors de neiges et de glaces,
Bénissez le Seigneur ;
Jour, qui fais la couleur, et toi, nuit, qui l'effaces,
Exaltez sa grandeur.

Ténèbres et clarté, leurs éternels partages,
Bénissez le Seigneur ;
Armes de sa colère, éclairs, foudres, orages,
Exaltez sa grandeur.

Terre, que son vouloir enrichit ou désole,
Bénissez le Seigneur ;
Et jusqu'au bout des temps, de l'un à l'autre pôle,
Exaltez sa grandeur.

Montagnes et collines, bénissez le Seigneur ; que tout ce qui germe en la terre bénisse le Seigneur.

Fontaines, bénissez le Seigneur ; mers et fleuves, bénissez le Seigneur.

Baleines, et tout ce qui se meut en la mer, bénissez le Seigneur ; oiseaux du ciel, bénissez tous le Seigneur.

Que toutes les bêtes et les troupeaux bénissent le Seigneur ; fils des hommes, bénissez le Seigneur.

Qu'Israël bénisse le Seigneur ; qu'il le loue et le surexalte en tous les siècles.

Prêtres du Seigneur, bénissez le Seigneur ; serviteurs du Seigneur, bénissez le Seigneur.

Esprits et âmes des justes, bénissez le Seigneur ; saints et humbles de cœur, bénissez le Seigneur.

Benedicite, montes et colles, Domino ; benedicite, universa germinantia in terra, Domino.

Benedicite, fontes, Domino ; benedicite, maria et flumina, Domino.

Benedicite, cete et omnia quæ moventur in aquis, Domino ; benedicite, omnes volucres cœli, Domino.

Benedicite, omnes bestiæ et pecora, Domino ; benedicite, filii hominum, Domino.

Benedicat Israël Dominum ; laudet et superexaltet eum in sæcula.

Benedicite, sacerdotes Domini, Domino ; benedicite, servi Domini, Domino.

Benedicite, spiritus et animæ justorum, Domino ; benedicite, sancti et humiles corde, Domino.

A LAUDES.

Monts sourcilleux et fiers, agréables collines,
  Bénissez le Seigneur ;
Doux présents de la terre, herbes, fruits et racines,
  Exaltez sa grandeur.

Délicieux ruisseaux, inépuisables sources, 45
  Bénissez le Seigneur ;
Fleuves, et vastes mers qui terminez leurs courses,
  Exaltez sa grandeur.

Poissons, qui sillonnez la campagne liquide,
  Bénissez le Seigneur ; 50
Hôtes vagues des airs, qui découpez leur vide,
  Exaltez sa grandeur.

Animaux, que son ordre a mis sous notre empire,
  Bénissez le Seigneur ;
Hommes, qu'il a faits[1] rois de tout ce qui respire, 55
  Exaltez sa grandeur.

Israël, qu'il choisit pour unique héritage,
  Bénissez le Seigneur ;
Et d'un climat à l'autre, ainsi que d'âge en âge,
  Exaltez sa grandeur. 60

Prêtres, de ses secrets sacrés dépositaires,
  Bénissez le Seigneur ;
Du monarque éternel serviteurs exemplaires,
  Exaltez sa grandeur.

Ames justes, esprits en qui la grâce abonde, 65
  Bénissez le Seigneur ;
Humbles, qu'un saint orgueil fait dédaigner le monde,
  Exaltez sa grandeur.

---

1. L'édition originale porte : *qu'il a fait.*

Ananie, Azarie, et Misaël, bénissez le Seigneur : louez-le et le surexaltez en tous les siècles.

Benedicite, Anania, Azaria, Misaël, Domino : laudate et superexaltate eum in sæcula.

Bénissons le Père, et le Fils, et le Saint-Esprit : louons-le et le surexaltons en tous les siècles.

Benedicamus Patrem et Filium, cum sancto Spiritu : laudemus et superexaltemus eum in sæcula.

Seigneur, vous êtes béni dans le firmament du ciel : vous êtes louable et plein de gloire, et surexalté dans tous les siècles.

Benedictus es, Domine, in firmamento cœli, et laudabilis, et gloriosus, et superexaltatus in sæcula.

ANTIPHONA. *Benedicta, filia, tu a Domino, quia per te fructum vitæ communicavimus.*

ANTIPHONA. *Pulchra es.*

PSALMUS CXLVIII.

Louez du milieu des cieux le Seigneur : louez-le dans le plus haut du firmament.

Laudate Dominum de cœlis : laudate eum in excelsis.

Que tous ses anges le louent : que toutes ses vertus le glorifient.

Laudate eum, omnes angeli ejus : laudate eum, omnes virtutes ejus.

Louez-le, soleil et lune ;

Laudate eum, sol et

A LAUDES.

Mais sur tous, Misaël, Ananie, Azarie,
  Bénissez le Seigneur ;   70
Et tant qu'il lui plaira vous conserver la vie,
  Exaltez sa grandeur.

Bénissons tous le Père, et le Fils ineffable,
  Avec l'Esprit divin :
Rendons honneur et gloire à leur être immuable,   75
  Exaltons-les sans fin.

On te bénit au ciel, Dieu, qui nous fis l'image
  De ton être divin :
On te doit en tous lieux[1] louange, gloire, hommage,
  On te les doit sans fin.   80

ANTIENNE. *Fille, vous êtes bénie du Seigneur, parce que nous avons participé au fruit de vie par votre moyen.*

ANTIENNE. *Vous êtes belle.*

PSAUME CXLVIII.

 Louez, pures intelligences,
Le Dieu qui vous commet à gouverner les cieux ;
Et du plus haut séjour de ses magnificences,
  Donnez l'exemple à ces bas lieux.

  Louez-le tous, esprits célestes,   5
Ministres éternels de ses commandements :
Puissances qui rendez ses vertus manifestes,
  N'y refusez aucuns moments.

  Soleil, à toi seul comparable,

---

1. L'édition de 1670 a ici une faute qui pourrait faire hésiter sur la vraie leçon ; elle donne : « en tout lieux, » l'adjectif au singulier et le nom au pluriel.

que toutes les étoiles et la lumière le louent.

luna; laudate eum, omnes stellæ et lumen.

Louez-le, cieux des cieux; et que toutes les eaux qui sont sur les cieux louent le nom du Seigneur :

Laudate eum, cœli cœlorum; et aquæ omnes quæ super cœlos sunt laudent nomen Domini :

Parce qu'il n'a fait que parler, et ils ont été faits; il n'a fait que commander, et ils ont été créés.

Quia ipse dixit, et facta sunt; ipse mandavit, et creata sunt.

Il les a établis pour durer à l'éternité, et dans le siècle du siècle : il leur a donné un ordre qui ne passera point.

Statuit ea in æternum, et in sæculum sæculi : præceptum posuit, et non præteribit.

De tous les cantons de la terre louez le Seigneur, dragons, et toutes sortes d'abîmes.

Laudate Dominum de terra, dracones, et omnes abyssi.

Que le feu, la grêle, la neige, la glace, les esprits d'orages, qui font sa parole;

Ignis, grando, nix, glacies, spiritus procellarum, quæ faciunt verbum ejus;

Que les montagnes et toutes les collines; les arbres fruitiers, et tous les cèdres;

Montes et omnes colles; ligna fructifera, et omnes cedri;

Que les bêtes et tous les troupeaux; les serpents et les oiseaux ailés;

Bestiæ et universa pecora; serpentes et volucres pennatæ;

Lune, à qui chaque nuit fait changer de splendeur, 10
Astres étincelants, lumière inépuisable,
  Louez à l'envi sa grandeur.

  Vastes cieux, prisons éclatantes,
Qui renfermez les airs, et la terre, et les eaux,
Réservoirs suspendus, mers sur le ciel flottantes, 15
  Imitez ces brillants flambeaux.

  Quand il lui plut vous donner l'être,
Le rien fut sa matière, et l'ouvrier sa voix :
Il ne fit que parler, et ce grand tout pour naître
  N'en attendit point d'autres lois. 20

  Il égala votre durée
A celle que dès lors il choisit pour les temps :
Il prescrivit à tous une borne assurée,
  Il vous fit des ordres constants.

  Louez-le du fond de la terre, 25
Abîmes dans son centre à jamais enfoncés :
Exaltez ainsi qu'eux ce maître du tonnerre,
  Fiers dragons, et le bénissez.

  Bénissez-le, foudres, orages,
Frimas, neiges, glaçons, grêles, vents indomptés, 30
Qui ne mutinez l'air et n'ouvrez les nuages
  Que pour faire ses volontés.

  Vous, montagnes inaccessibles,
Vous, gracieux coteaux qui parez les vallons;
Arbres qui portez fruit, cèdres incorruptibles, 35
  Qui bravez tous les aquilons;

  Vous, monstres, vous, bêtes sauvages,
Serpents qui vous cachez aux lieux les plus couverts;
Animaux qui peuplez nos champs et nos bocages,
  Volages habitants des airs; 40

Que les rois de la terre et tous les peuples ; les princes et tous les juges de la terre ;	Reges terræ, et omnes populi; principes, et omnes judices terræ;
Que les jeunes garçons et les filles, les vieillards et les enfants, louent le Seigneur ; car il n'y a que lui seul dont le nom doive être exalté.	Juvenes et virgines, senes cum junioribus laudent nomen Domini : quia exaltatum est nomen ejus solius.
Que sa louange vole sur le ciel et sur la terre : il a élevé la force et la gloire de son peuple.	Confessio ejus super cœlum et terram ; et exaltavit cornu populi sui.
Qu'un hymne éclate dans la bouche de tous ses saints, et surtout des fils d'Israël, de ce peuple qu'il tient proche de lui.	Hymnus omnibus sanctis ejus, filiis Israël, populo appropinquanti sibi.

PSALMUS CXLIX.

Chantez au Seigneur un nouveau cantique : que sa louange retentisse dans l'assemblée des saints.	Cantate Domino canticum novum : laus ejus in ecclesia sanctorum.
Qu'Israël se réjouisse en celui qui l'a fait, et les enfants de Sion en leur roi.	Lætetur Israël in eo qui fecit eum, et filii Sion exultent in rege suo.
Qu'ils louent son nom en des chœurs de musique ; qu'ils chantent à sa louange, sur le tambour et sur le psaltérion ;	Laudent nomen ejus in choro ; in tympano et psalterio psallant ei :

Peuples et rois, soldats et princes,
Citadins, gouverneurs, souverains et sujets;
Juges qui maintenez les lois dans vos provinces,
    Louez Dieu dans tous ses projets.

    Louez, tous sexes et tous âges,   45
Louez ce Dieu vivant, réclamez son appui;
Et sachez qu'aucun Dieu ne mérite d'hommages,
    Ni de vœux, ni d'encens, que lui.

    Suppléez aux bouches muettes;
L'air, la terre, les eaux, les cieux même en sont pleins :
Soyez, fils de Jacob, soyez les interprètes
    De tant d'ouvrages de ses mains.

    Il vous a donné la victoire,
Vos tyrans sont défaits, et vos malheurs finis :
Il a pris soin de vous, prenez soin de sa gloire,   55
    Vous qu'à sa gloire il tient unis.

PSAUME CXLIX.

    Ames des dons du ciel comblées,
Par un nouveau cantique exaltez le Seigneur :
Que de son peuple aimé les saintes assemblées
    Y portent la voix et le cœur.

    Que tous les cœurs s'épanouissent,   5
Qu'au Dieu qui les a faits ils fassent d'humbles vœux;
Que les fils de Sion en lui se réjouissent
    Du roi qu'il a choisi pour eux.

    Que le plein chœur de leur musique
Exalte son grand nom, adore son secours,   10
Et marie aux accords de ce nouveau cantique
    Ceux des harpes et des tambours.

Car le Seigneur se plaît en son peuple ; et il a exalté les débonnaires pour les sauver.

Quia beneplacitum est Domino in populo suo ; et exaltabit mansuetos in salutem.

Les saints se réjouiront dans la gloire : ils chanteront avec allégresse sur leurs lits.

Exultabunt sancti in gloria : lætabuntur in cubilibus suis.

Les hautes louanges de Dieu seront dans leur bouche ; et ils auront en leurs mains des glaives à deux tranchants,

Exaltationes Dei in gutture eorum ; et gladii ancipites in manibus eorum,

Pour prendre vengeance des nations, et faire de sanglants reproches aux peuples ;

Ad faciendam vindictam in nationibus, increpationes in populis ;

Pour attacher et lier leurs rois avec des entraves, et les plus nobles d'entre eux avec des manottes[1] de fer ;

Ad alligandos reges eorum in compedibus, et nobiles eorum in manicis ferreis ;

Afin d'exécuter en eux le jugement écrit de la main de Dieu : c'est là la gloire qui est réservée à tous ses saints.

Ut faciant in eis judicium conscriptum : gloria hæc est omnibus sanctis ejus.

PSALMUS CL.

Louez le Seigneur en ses saints ; louez-le dans le firmament de sa vertu.

Laudate Dominum in sanctis ejus ; laudate eum in firmamento virtutis ejus.

1. On écrivait autrefois *manottes* ou *menottes*. Voyez le *Thrésor* de Nicot et le *Dictionnaire* de Furetière.

A LAUDES.

  Sur le penchant de la ruine
Il aime à relever son peuple favori :
Plus il le voit soumis, plus sa bonté divine   15
  Protége ce qu'il a chéri.

  Elle appuie, elle glorifie
Ceux qui font pour sa gloire un ferme et saint propos ;
Et qu'il soit jour ou nuit, l'homme qui s'y confie
  Veille en joie, ou dort en repos.   20

  Ses saints n'ont que lui dans la bouche,
Sa louange est l'objet qui remplit tous leurs chants ;
Et leurs mains, pour dompter l'orgueil le plus farouche,
  Auront un glaive à deux tranchants.

  C'est ainsi qu'ils prendront vengeance   25
De tant de nations qui les ont opprimés,
Et leur reprocheront la barbare insolence
  Dont les peuples se sont armés.

  Nous verrons leurs rois dans nos chaînes,
Ces rois dont la fureur étonnoit l'univers ;   30
Et tout ce qui sous eux servit le mieux leurs haines
  Tombera comme eux dans nos fers.

  Telle est l'éclatante justice
Qu'a résolu ce Dieu d'en faire par nos mains,
Et le triomphe heureux que sa bonté propice   35
  Dès ici prépare à ses saints.

PSAUME CL.

  Louez l'inconcevable essence,
La majesté d'un maître admirable en ses saints ;
Louez l'auguste éclat de sa magnificence,
  Louez-le dans tous ses desseins.

Louez-le en ses vertus; louez-le selon la multitude de ses grandeurs.

Laudate eum in virtutibus ejus; laudate eum secundum multitudinem magnitudinis ejus.

Louez-le avec le son de la trompette; louez-le sur le psaltérion et sur la harpe.

Laudate eum in sono tubæ; laudate eum in psalterio et cithara.

Louez-le avec des tambours et des chœurs de musique; louez-le avec des instruments à cordes et à organes.

Laudate eum in tympano et choro; laudate eum in chordis et organo.

Louez-le avec des cymbales harmonieuses; louez-le avec des cymbales de jubilation : que tout esprit loue le Seigneur.

Laudate eum in cymbalis bene sonantibus; laudate eum in cymbalis jubilationis : omnis spiritus laudet Dominum.

Gloire soit au Père, et au Fils, et au Saint-Esprit!
Telle qu'elle a été, etc.

Gloria Patri, et Filio, et Spiritui sancto!
Sicut erat, etc.

ANTIPHONA. *Pulchra es et decora, filia Jerusalem; terribilis ut castrorum acies ordinata.*

CAPITULUM. (Cantici canticorum VI.)

Viderunt eam filiæ Sion, et beatissimam prædicaverunt, et reginæ laudaverunt eam. ℟. *Deo gratias.*

Louez-le de tant de merveilles
Qu'en faveur des mortels prodigue sa bonté ;
Louez incessamment ses grandeurs sans pareilles,
Louez leur vaste immensité.

N'épargnez hautbois[1], ni trompettes,
Pour lui faire à l'envi des concerts plus charmants ;
Employez-y clairons, harpes, luths, épinettes ;
N'oubliez aucuns instruments.

Unissez en votre musique
La flûte à la viole, et la lyre aux tambours ;
Que l'orgue à tant de sons mêle un son magnifique,
Prête un harmonieux secours.

Joignez-y celui des cymbales,
Et de ces tons divers formez un tel accord,
Que pour vanter son nom leurs forces inégales
Ne semblent qu'un égal effort.

Gloire au Père, cause des causes !
Gloire au Verbe incarné ! gloire à l'Esprit divin !
Et telle qu'elle étoit avant toutes les choses,
Telle soit-elle encor sans fin !

ANTIENNE. *Vous êtes belle et bien parée, fille de Jérusalem, et terrible comme une armée rangée en bataille.*

CHAPITRE. (Cantique des cantiques, VI.)

Les filles de Sion l'ont vue, et ont publié à haute voix qu'elle étoit bienheureuse, et les reines lui ont donné des louanges. ℟. *Rendons-en grâces à Dieu.*

---

1. Dans l'édition de 1670 ce mot est écrit *hauts-bois*.

HYMNUS.

O gloriosa Domina,
Excelsa super sidera,
Qui te creavit provide
Lactasti sacro ubere.

Quod Eva tristis abstulit 5
Tu reddis almo germine;
Intrent ut astra flebiles,
Cœli fenestra facta es.

Tu Regis alti janua,
Et porta lucis fulgida. 10
Vitam datam per Virginem,
Gentes redemptæ, plaudite.

Gloria tibi, Domine,
Qui natus es de Virgine,
Cum Patre et sancto Spiritu, 15
In sempiterna sæcula! Amen.

℣. *Benedicta tu in mulieribus.*
℟. *Et benedictus fructus ventris tui.*

ANTIPHONA. *Beata Dei genitrix.*

CANTICUM ZACHARIÆ. (Lucæ I.)

Béni soit le Seigneur Dieu d'Israël, de ce qu'il a visité son peuple, et en a fait le rachat;	Benedictus Dominus Deus Israël, quia visitavit, et fecit redemptionem plebis suæ;
Et a élevé pour nous une	Et erexit cornu salutis

HYMNE.

Reine glorieuse et sacrée,
Qui te sieds au-dessus des cieux,
Et pour nourrir sur terre un Dieu qui t'a créée,
Lui donnas de ton sein le nectar précieux;

Ce qu'Ève fit perdre à sa race, 5
Par ta race tu nous le rends :
Par toi notre foiblesse au ciel trouve enfin place ;
Par toi sa porte s'ouvre aux fidèles mourants.

Porte du monarque céleste,
Porte des immenses clartés, 10
C'est par toi que la vie éteint la mort funeste :
Applaudissez en foule, ô peuples rachetés.

Gloire à toi, merveille suprême,
Dieu par une vierge enfanté !
Même gloire à ton Père, au Saint-Esprit la même, 15
Et durant tous les temps et dans l'éternité !

℣. *Vous êtes bénie entre les femmes.*
℟. *Et le fruit de votre ventre est béni.*

ANTIENNE. *Bienheureuse mère de Dieu.*

CANTIQUE DE ZACHARIE. (En saint Luc, I.)

Qu'à jamais soit béni le maître du tonnerre,
Le souverain des rois, le grand Dieu de Sion,
Qui pour nous visiter descend du ciel en terre,
Et commence à nos yeux notre rédemption.

Pour relever nos cœurs d'une chute mortelle, 5

corne de salut, en la maison de David son serviteur :

Ainsi qu'il l'a dit par la bouche de ses saints, de ses prophètes qui ont été depuis le commencement du siècle,

Qu'il nous sauveroit de nos ennemis, et de la main de tous ceux qui nous haïssent,

Afin de faire miséricorde envers nos pères, et montrer qu'il se souvient de son saint testament.

C'est le jurement qu'il a juré à Abraham notre père, qu'il nous donneroit son assistance,

Afin qu'étant délivrés de la main de nos ennemis nous puissions le servir sans aucune crainte,

Et que nous nous tenions en sa présence dans la sainteté et dans la justice, tous les jours de notre vie.

Et toi, enfant, tu seras appelé le prophète du Très-Haut ;

nobis in domo David pueri sui :

Sicut locutus est per os sanctorum, qui a sæculo sunt, prophetarum ejus,

Salutem ex inimicis nostris, et de manu omnium qui oderunt nos,

Ad faciendam misericordiam cum patribus nostris, et memorari testamenti sui sancti :

Jusjurandum quod juravit ad Abraham patrem nostrum, daturum se nobis,

Ut sine timore, de manu inimicorum nostrorum liberati, serviamus illi,

In sanctitate et justitia coram ipso, omnibus diebus nostris.

Et tu, puer, propheta Altissimi vocaberis ; præ-

Avec notre bassesse il unit sa hauteur ;
Et du sang de David, son serviteur fidèle,
Du salut tant promis il a formé l'auteur.

Ainsi l'avoient prédit les célestes oracles
Qu'on vit de siècle en siècle illuminer les temps ; 10
Il en vient dégager la foi par ses miracles,
Et changer la promesse en effets éclatants.

Ils nous ont de sa part laissé pleine assurance
Que tous nos ennemis par lui seroient domptés,
Qu'il réduiroit pour nous leur haine à l'impuissance, 15
Et guériroit les coups qu'ils nous auroient portés.

Ils avoient répondu de sa grâce à nos pères,
Qu'il en seroit prodigue et pour eux et pour nous,
Et qu'il se souviendroit au fort de nos misères
Du pacte qu'il posa pour borne à son courroux. 20

Tout ce qu'ils en ont dit, il l'a juré lui-même :
Abraham en reçut un solennel serment,
Que la haute faveur de sa bonté suprême
Pour descendre sur nous choisiroit son moment.

Il promit de nous mettre au-dessus de l'atteinte 25
De la fureur jalouse et des fers ennemis,
De nous mettre en état de le servir sans crainte,
Et vient de nous donner ce qu'il avoit promis.

Nous lui rendrons hommage avec cette justice,
Avec la sainteté qui le sait épurer ; 30
Et nous ferons durer ce zèle à son service,
Autant qu'auront nos jours ici-bas à durer.

Et toi qu'ont vu nos yeux en tressaillir de joie,
Enfant, qui l'as connu du ventre maternel,

car tu marcheras devant la face du Seigneur, pour préparer ses voies,	ibis enim ante faciem Domini parare vias ejus,
Pour donner une science de salut à son peuple, qui lui apprenne à obtenir la rémission de ses péchés,	Ad dandam scientiam salutis plebi ejus, in remissionem peccatorum eorum,
Par les entrailles de la miséricorde de notre Dieu, d'où ce soleil levant nous est venu visiter d'en haut,	Per viscera misericordiæ Dei nostri, in quibus visitavit nos oriens ex alto,
Pour illuminer ceux qui sont assis dans les ténèbres et dans l'ombre de la mort, et conduire nos pieds dans la voie de paix.	Illuminare his qui in tenebris et in umbra mortis sedent, ad dirigendos pedes nostros in viam pacis.
Gloire au Père, et au Fils, et au Saint-Esprit ! Telle qu'elle a été, etc.	Gloria Patri, et Filio, et Spiritui sancto ! Sicut erat, etc.

ANTIPHONA. *Beata Dei genitrix, Maria, virgo perpetua, templum Domini, sacrarium Spiritus sancti, sola sine exemplo placuisti Domino nostro Jesu Christo : ora pro populo, interveni pro clero, intercede pro devoto femineo sexu.*

Kyrie, eleison. Christe, eleison. Kyrie, eleison.

℣. *Domine, exaudi orationem meam.*
℟. *Et clamor meus ad te veniat.*

Tu seras son prophète à préparer sa voie, 35
Et l'annoncer à tous pour monarque éternel.

Son peuple aura par toi l'heureuse connoissance
Qu'il lui vient aplanir les routes du salut,
Remettre ses péchés, et rendre l'espérance
A ceux qui choisiront sa gloire pour seul but. 40

C'est par cette pitié qui règne en ses entrailles
Que va le Saint des saints sanctifier ces lieux;
C'est avec ces bontés que le Dieu des batailles
Pour nous rendre visite est descendu des cieux.

Ceux qu'arrête la mort dans ses fatales ombres 45
Se verront par lui-même éclairés à jamais :
Leurs pas démêleront les détours les plus sombres,
Et l'auront pour leur guide aux sentiers de la paix.

Gloire au Père éternel, la première des causes!
Gloire au Verbe incarné! gloire à l'Esprit divin! 50
Et telle qu'elle étoit avant toutes les choses,
Telle soit-elle encor maintenant et sans fin!

ANTIENNE. *Bienheureuse mère de Dieu, Marie, vierge perpétuelle, temple du Seigneur, sacré trésor du Saint-Esprit, vous seule avez plu sans exemple à Jésus-Christ notre Seigneur : priez pour le peuple, intervenez pour le clergé, intercédez pour le dévot sexe des femmes.*

Seigneur, ayez pitié de nous. Jésus-Christ, ayez pitié de nous. Seigneur, ayez pitié de nous.

℣. *Seigneur, écoutez ma prière.*
℟. *Et que mes clameurs aillent jusqu'à vous.*

OREMUS

Deus, qui de beatæ Mariæ virginis utero Verbum tuum, angelo nunciante, carnem suscipere voluisti, præsta supplicibus tuis ut qui vere eam genitricem Dei credimus, ejus apud te intercessionibus adjuvemur. Per eumdem Christum Dominum nostrum. ℟. *Amen.*

ANTIPHONA PRO SANCTIS.

Sancti Dei omnes, intercedere dignemini pro nostra omniumque salute.

℣. *Lætamini in Domino, et exultate, justi.*
℟. *Et gloriamini, omnes recti corde.*

OREMUS.

Protege, Domine, populum tuum, et apostolorum tuorum Petri et Pauli, et aliorum apostolorum tuorum patrocinio confidentem, perpetua defensione conserva.

Omnes sancti tui, quæsumus, Domine, nos ubique adjuvent, ut dum eorum merita recolimus, patrocinia sentiamus; et pacem tuam nostris concede temporibus, et ab Ecclesia tua cunctam repelle nequitiam : iter, actus et voluntates nostras, et omnium famulorum tuorum, in salutis tuæ prosperitate dispone; benefactoribus nostris sempiterna bona retribue; et omnibus fidelibus defunctis requiem æternam concede. Per Christum Dominum nostrum. ℟. *Amen.*

A LAUDES.

ORAISON.

O Dieu, qui avez voulu que votre Verbe prît chair des entrailles de la bienheureuse vierge Marie, suivant que l'ange le venoit d'annoncer, accordez à nos humbles supplications que nous qui la croyons véritablement mère de Dieu, nous soyons aidés auprès de vous par son intercession. Nous vous en conjurons par le même Jésus-Christ notre Seigneur. ℟. *Ainsi soit-il.*

ANTIENNE POUR LES SAINTS.

Saints de Dieu, daignez tous intercéder pour notre salut et pour celui de tous.

℣. *Justes, réjouissez-vous au Seigneur, et montrez-vous remplis d'allégresse.*

℟. *Et que tous ceux qui ont le cœur droit se glorifient en lui.*

ORAISON.

Seigneur, protégez votre peuple, qui se confie en l'intercession de saint Pierre et de saint Paul, et de vos autres apôtres, et conservez-le par une défense perpétuelle.

Nous vous supplions, Seigneur, que tous vos saints nous assistent partout, afin que cependant que nous renouvelons ici-bas la mémoire de leurs mérites, nous ressentions les effets de leur protection auprès de vous. Accordez la paix à nos jours, repoussez de votre Église toute sorte de méchanceté : disposez notre démarche, nos actions, nos volontés, et celle de tous vos serviteurs, dans la prospérité du salut qui vient de vous; donnez des biens éternels pour rétribution à nos bienfaiteurs; et accordez le repos éternel à tous les fidèles défunts. Nous vous en conjurons par Jésus-Christ notre Seigneur. ℟. *Ainsi soit-il.*

℣. Domine, exaudi orationem meam.
℟. Et clamor meus ad te veniat.
℣. Benedicamus Domino.
℟. Deo gratias.
℣. Fidelium animæ, per misericordiam Dei, requiescant in pace.
℟. Amen.

℣. *Seigneur, écoutez ma prière.*
℟. *Et que mes clameurs aillent jusqu'à vous.*
℣. *Bénissons le Seigneur.*
℟. *Rendons grâces à Dieu.*
℣. *Que les âmes des fidèles reposent en paix par la miséricorde de Dieu.*
℟. *Ainsi soit-il.*

AD PRIMAM.

Ave, Maria, etc.

Mon Dieu, venez à mon aide, etc.[1].

Deus, in adjutorium meum intende, etc.

Alleluia.

HYMNUS.

Memento, salutis auctor,
Quod nostri quondam corporis
Ex illibata virgine
Nascendo formam sumpseris.

Maria, mater gratiæ, 5
Mater misericordiæ,
Tu nos ab hoste protege,
Et hora mortis suscipe.

Gloria tibi, Domine,
Qui natus es de Virgine, 10
Cum Patre et sancto Spiritu,
In sempiterna sæcula !

ANTIPHONA. *Assumpta est Maria.*

PSALMUS LIII.

O Dieu, sauvez-moi en votre nom, et jugez-moi en votre vertu.

Deus, in nomine tuo salvum me fac, et in virtute tua judica me.

1. Voyez ci-dessus, p. 76 et 130.

A PRIME.

Je vous salue, Marie, etc.

O grand Dieu, de qui tout procède, etc.[1].

Louez le Seigneur.

HYMNE.

Bénin sauveur de la nature[2],
Souviens-toi que d'un criminel
Tu pris la forme au sein d'une vierge très-pure,
Et daignas comme nous naître enfant et mortel.

O mère de grâce, ô Marie, 5
Qui n'es que douceur et qu'amour,
Contre nos ennemis protége notre vie,
Et rends-toi notre asile au grand et dernier jour.

Gloire à toi, merveille suprême,
Dieu, par une vierge enfanté! 10
Même gloire à ton Père, au Saint-Esprit la même,
Et durant tous les temps et dans l'éternité!

ANTIENNE. *Marie est élevée.*

PSAUME LIII.

Si vous ne voulez pas, Seigneur, que je périsse,
En votre nom faites ma sûreté :
Montrez votre puissance à me rendre justice,
Et déployez votre bonté.

---

1. Voyez ci-dessus, p. 77 et 131.
2. Ce premier vers de l'hymne des petites heures est le 1789ᵉ du livre III de la traduction de l'*Imitation*. Voyez tome VIII, p. 346, et ci-après, p. 414.

O Dieu, exaucez ma prière : écoutez les paroles de ma bouche.

Des étrangers se sont élevés contre moi, et des gens puissants ont cherché mon âme, et ne se sont point proposé Dieu devant les yeux.

Mais voici que Dieu me secourt ; et le Seigneur reçoit mon âme en sa protection.

Détournez mes maux sur mes ennemis ; et dissipez-les en votre vérité.

Je vous offrirai des sacrifices volontairement ; et je louerai votre nom, parce qu'il est la bonté même ;

Parce que vous m'avez délivré de toutes mes tribulations ; et mon œil a regardé mes ennemis de haut en bas.

Gloire soit au Père, et au Fils, et au Saint-Esprit !
Telle qu'elle a été, etc.

Deus, exaudi orationem meam : auribus percipe verba oris mei ;

Quoniam alieni insurrexerunt adversum me, et fortes quæsierunt animam meam, et non proposuerunt Deum ante conspectum suum.

Ecce enim Deus adjuvat me ; et Dominus susceptor est animæ meæ.

Averte mala inimicis meis ; et in veritate tua disperde illos.

Voluntarie sacrificabo tibi ; et confitebor nomini tuo, Domine, quoniam bonum est ;

Quoniam ex omni tribulatione eripuisti me ; et super inimicos meos despexit oculus meus.

Gloria Patri, et Filio, et Spiritui sancto !
Sicut erat, etc.

Il m'en faut, roi des rois, une assistance entière :
    Daignez ouïr la voix d'un malheureux ;
Il ose jusqu'à vous élever sa prière,
    Ne rejetez pas d'humbles vœux.

D'un perfide étranger l'impitoyable envie
    Me va réduire à périr en ces lieux :
Un puissant ennemi cherche à m'ôter la vie,
    Sans vous avoir devant les yeux.

Mais le cœur me le dit, leur rage forcenée
    Succombera sous de plus justes coups ;
Et cette âme, Seigneur, que vous m'avez donnée
    Verra son défenseur en vous.

Renversez leurs fureurs sur leurs coupables têtes,
    Exterminez ces lâches ennemis ;
Écrasez leur orgueil sous leurs propres tempêtes,
    Suivant que vous l'avez promis.

J'oserai vous offrir alors un sacrifice,
    Et ferai voir à tout notre avenir
Combien sert votre nom à qui lui rend service,
    Et combien on le doit bénir.

Je dirai hautement : « De toutes mes misères
    Le Tout-Puissant m'a si bien garanti,
Que j'ai vu trébucher les haines les plus fières
    De tout le contraire parti. »

Gloire au Père éternel, la première des causes !
    Gloire à son Fils ! gloire à l'Esprit divin !
Et telle qu'elle étoit avant toutes les choses,
    Telle soit-elle encor sans fin !

PSALMUS LXXXIV.

Seigneur, vous avez béni votre terre : vous avez détourné la captivité de Jacob.

Benedixisti, Domine, terram tuam : avertisti captivitatem Jacob.

Vous avez remis à votre peuple son iniquité : vous avez couvert tous ses péchés.

Remisisti iniquitatem plebis tuæ : operuisti omnia peccata eorum.

Vous avez adouci tout votre courroux : vous nous avez retirés de devant la colère de votre indignation.

Mitigasti omnem iram tuam : avertisti ab ira indignationis tuæ.

Convertissez-nous, ô mon Dieu, qui êtes notre salutaire; et détournez votre colère de nous.

Converte nos, Deus, salutaris noster ; et averte iram tuam a nobis.

Serez-vous éternellement irrité contre nous; et étendrez-vous votre colère de génération en génération ?

Numquid in æternum irasceris nobis? aut extendes iram tuam a generatione in generationem?

Non, non, vous vous tournerez vers nous, et nous vivifierez; et votre peuple se réjouira en vous.

Deus, tu conversus vivificabis nos; et plebs tua lætabitur in te.

Seigneur, montrez-nous votre miséricorde, et donnez-nous votre salutaire.

Ostende nobis, Domine, misericordiam tuam, et salutare tuum da nobis.

J'écouterai ce que dira en

Audiam quid loquatur

PSAUME LXXXIV.

Il vous a plu, Seigneur, bénir votre contrée,
Ce cher et doux climat choisi sur l'univers;
Et par tant de soupirs votre âme pénétrée
    A tiré Jacob de ses fers.

Vous avez répandu les bontés d'un vrai père
Sur ce que votre peuple a commis de péchés;
Et pour ne les plus voir d'un regard de colère,
    Votre amour vous les a cachés.

Toute cette colère enfin s'est adoucie :
Vous avez détourné les traits de sa fureur,
Et de tous les excès dont nous l'avons grossie
    Vous avez pardonné l'erreur.

Changez si bien nos cœurs qu'elle se puisse éteindre,
Qu'elle n'y trouve plus de quoi se rallumer :
Sa plus foible étincelle est toujours trop à craindre
    A qui ne veut que vous aimer.

Pourriez-vous, Dieu tout bon, pourriez-vous sur nos têtes
Tenir le bras levé durant tout l'avenir;
Et ne quitter jamais ces foudres toujours prêtes
    A vous venger et nous punir?

Non, non, ce vieux courroux fait place à la clémence;
Il s'est évanoui pour lui laisser son tour :
Vous allez rendre à tous la joie et l'assurance
    De voir régner tout votre amour.

Hâtez-vous de montrer en prince débonnaire
Cet effet de pitié si longtemps attendu :
Faites-nous le grand don de votre salutaire;
    Vous l'avez promis, il est dû.

Peuple, faites silence à cette voix secrète

moi le Seigneur mon Dieu ; car il ne parlera que de paix sur son peuple ;

Il ne parlera que de paix sur ses saints, et sur ceux qui rentrent dans leur cœur pour l'épurer.

Certainement son salutaire est proche de ceux qui le craignent, afin que sa gloire habite en notre terre.

La miséricorde et la vérité se sont rencontrées : la justice et la paix se sont baisées.

La vérité est sortie de la terre, et la justice a regardé du haut du ciel ;

Le Seigneur répandra sa bénignité ; et notre terre donnera son fruit.

La justice marchera devant lui, et mettra ses pas en la voie.

in me Dominus Deus; quoniam loquetur pacem in plebem suam ;

Et super sanctos suos, et in eos qui convertuntur ad cor.

Verumtamen prope timentes eum salutare ipsius, ut inhabitet gloria in terra nostra.

Misericordia et veritas obviaverunt sibi : justitia et pax osculatæ sunt.

Veritas de terra orta est, et justitia de cœlo prospexit ;

Etenim Dominus dabit benignitatem ; et terra nostra dabit fructum suum.

Justitia ante eum ambulabit, et ponet in via gressus suos.

Par qui le Tout-Puissant s'en explique avec moi ; 30
Et je vais vous apprendre en fidèle interprète
 Quelle paix suivra votre foi.

Ce sera cette paix dont sa bonté suprême
De ses vrais serviteurs remplit la sainteté,
Et que possède un cœur qui rentrant en soi-même 35
 En chasse toute vanité.

Ce divin salutaire est bien près de paroître,
De se rendre visible aux yeux de qui le craint :
Oui, sa gloire est bien près de se faire connoître
 A ce que la terre a de saint. 40

La rencontre s'est faite, après tant de colère,
De la miséricorde avec la vérité :
La justice et la paix par un baiser sincère
 Marquent notre félicité.

Je vois naître déjà d'une terre sans vice 45
La même vérité pour qui nous soupirons,
Et du plus haut du ciel cette même justice
 Descendre sur nos environs.

Je ne m'en dédis point : le grand maître du monde
Fait briller tout l'éclat de sa bénignité ; 50
La terre, par lui seul et pour lui seul féconde[1],
 Va donner le fruit souhaité.

La justice en tous lieux lui servira de guide,
Elle lui tracera ses routes ici-bas,
Et mettra dans la voie où le vrai bien réside 55
 Quiconque s'attache à ses pas.

---

1. L'édition originale porte :
 La terre *pour* lui seul, et pour lui seul féconde,
ce qui n'offre aucun sens. Granet a fait la correction indispensable, que nous adoptons dans notre texte.

Gloire soit au Père, et au Fils, et au Saint-Esprit ! Telle qu'elle a été, etc.

Gloria Patri, et Filio, et Spiritui sancto ! Sicut erat, etc.

PSALMUS CXVI.

Nations, louez toutes le Seigneur : peuples, louez-le tous ;

Laudate Dominum, omnes gentes : laudate eum, omnes populi ;

Parce que sa miséricorde s'est affermie sur nous, et que la vérité du Seigneur demeure à l'éternité.

Quoniam confirmata est super nos misericordia ejus, et veritas Domini manet in æternum.

Gloire soit au Père, et au Fils, et au Saint-Esprit ! Telle qu'elle a été, etc.

Gloria Patri, et Filio, et Spiritui sancto ! Sicut erat, etc.

ANTIPHONA. *Assumpta est Maria in cœlum : gaudent angeli, laudantes benedicunt Dominum.*

CAPITULUM. (Cantici canticorum VI.)

Quæ est ista quæ progreditur quasi aurora consurgens, pulchra ut luna, electa ut sol, terribilis ut castrorum acies ordinata ?
℟. *Deo gratias.*

℣. *Dignare me laudare te, Virgo sacrata.*
℟. *Da mihi virtutem contra hostes tuos.*

Gloire au Père éternel, la première des causes !
Gloire au Verbe incarné ! gloire à l'Esprit divin !
Et telle qu'elle étoit avant toutes les choses,
 Telle soit-elle encor sans fin !   60

PSAUME CXVI.

Nations, qui peuplez le reste de la terre,
 Bénissez toutes le Seigneur :
Peuples, que la Judée en ses cantons resserre,
 Louez comme elles sa grandeur.

Vous voyez, nations, sa grâce descendue,   5
 Et vous, peuples, sa vérité :
Toutes deux sont pour vous d'une égale étendue,
 Et durent à l'éternité.

Gloire au Père éternel, la première des causes !
 Gloire au Fils, à l'Esprit divin !   10
Et telle qu'elle étoit avant toutes les choses,
 Telle soit-elle encor sans fin !

A<small>NTIENNE</small>. *Marie est élevée dans le ciel : les anges s'en réjouissent, ils en louent et bénissent le Seigneur.*

CHAPITRE. (Cantique des cantiques, VI.)

Qui est celle qui s'avance comme une aurore qui se lève, belle comme le soleil, terrible comme une armée rangée en bataille ? ℟. *Rendons grâces[1] à Dieu.*

℣. *Ayez agréable, Vierge sacrée, que je publie vos louanges.*

℟. *Donnez-moi de la vertu contre vos ennemis.*

---

1. Nous nous conformons à l'édition originale, qui, après les *chapitres*, donne tantôt : *Rendons-en grâces*, et tantôt : *Rendons grâces*.

Kyrie, eleison. Christe, eleison. Kyrie, eleison.

℣. *Domine, exaudi orationem meam.*

℟. *Et clamor meus ad te veniat.*

OREMUS.

Deus, qui virginalem aulam beatæ Mariæ virginis, in qua habitares, eligere dignatus es, da, quæsumus, ut sua nos defensione munitos, jucundos facias suæ interesse commemorationi : Qui vivis et regnas, Deus, per omnia sæcula sæculorum. ℟. *Amen.*

℣. *Domine, exaudi orationem meam.*

℟. *Et clamor meus ad te veniat.*

℣. *Benedicamus Domino.*

℟. *Deo gratias.*

℣. *Fidelium animæ, per misericordiam Dei, requiescant in pace.*

℟. *Amen.*

Seigneur, ayez pitié de nous. Jésus Christ, ayez pitié de nous. Seigneur, ayez pitié de nous.

℣. Seigneur, écoutez ma prière.

℟. Et que mes clameurs aillent jusqu'à vous.

ORAISON.

Seigneur, qui avez daigné choisir le paluis virginal de la bienheureuse vierge Marie, pour y faire votre demeure, nous vous supplions de faire qu'étant fortifiés par sa défense, nous puissions assister avec joie à la solennité qui se fait en sa mémoire : nous vous en conjurons, véritable Dieu, qui vivez et régnez dans tous les siècles des siècles.

℟. Ainsi soit-il.

℣. Seigneur, écoutez ma prière.

℟. Et que mes clameurs aillent jusqu'à vous.

℣. Bénissons le Seigneur.

℟. Rendons grâces à Dieu.

℣. Que les âmes des fidèles reposent en paix par la miséricorde de Dieu.

℟. Ainsi soit-il.

AD TERTIAM.

Ave, Maria, etc.

Mon Dieu, venez à mon aide, etc.[1].

Deus, in adjutorium meum intende, etc.

Alleluia.

HYMNUS.

Memento, salutis auctor, etc.[2].

ANTIPHONA. *Maria virgo.*

PSALMUS CXIX.

J'ai élevé mes cris au Seigneur, quand j'ai été dans la tribulation; et il m'a exaucé.

Ad Dominum, cum tribularer, clamavi; et exaudivit me.

Seigneur, délivrez-moi des lèvres injustes, et de la langue pleine de fraude.

O Domine, libera animam meam a labiis iniquis, et a lingua dolosa.

Que peut-on donner, ou que peut-on mettre auprès de vous, de comparable à une langue pleine de fraude?

Quid detur tibi, aut quid apponatur tibi, ad linguam dolosam?

Elle ressemble à des flèches

Sagittæ potentis acutæ,

---

1. Voyez ci-dessus, p. 76 et 130. — 2. Voyez ci-dessus, p. 166.

A TIERCE.

Je vous salue, Marie, etc.

O grand Dieu, de qui tout procède, etc.[1].

Louez le Seigneur.

HYMNE.

Bénin sauveur de la nature, etc.[2].

ANTIENNE. *La vierge Marie.*

PSAUME CXIX.

Dans les ennuis qui m'ont pressé,
J'ai toujours au Seigneur élevé ma prière;
Et n'ai point réclamé son aide en ma misère,
  Qu'il ne m'ait exaucé.

De lâches calomniateurs
Font que tout de nouveau, Seigneur, je la réclame :
Daigne m'en garantir, et délivre mon âme
  Des perfides flatteurs.

Il n'est point de contre-poisons
Contre le noir venin des langues médisantes,
Et ce sont tout autant de blessures cuisantes,
  Que toutes leurs raisons.

Les traits que lance un bras puissant
Portent bien moins de morts que ceux de leur parole;

---

1. Voyez ci-dessus, p. 77 et 131. — 2. Voyez ci-dessus, p. 167.

aiguës, décochées par un puissant bras, et à des charbons qui désolent tout.

cum carbonibus desolatoriis.

Que je suis malheureux de ce que mon exil est encore prolongé! j'ai demeuré avec des habitants de Cédar ; et mon âme a été longtemps exilée.

Heu mihi, quia incolatus meus prolongatus est! Habitavi cum habitantibus Cedar ; multum incola fuit anima mea.

J'étois pacifique avec ces gens qui haïssent la paix : quand je leur parlois, ils m'attaquoient de gaieté de cœur.

Cum his qui oderunt pacem eram pacificus : cum loquebar illis, impugnabant me gratis.

Gloire au Père, et au Fils, et au Saint-Esprit!
Telle qu'elle a été, etc.

Gloria Patri, et Filio, et Spiritui sancto!
Sicut erat, etc.

PSALMUS CXX.

J'ai levé mes yeux aux montagnes, d'où me doit venir du secours.

Levavi oculos meos in montes, unde veniet auxilium mihi.

Le secours me viendra du Seigneur, qui a fait le ciel et la terre.

Auxilium meum a Domino, qui fecit cœlum et terram.

Qu'il ne souffre point que ton pied trébuche, et que celui qui te garde ne s'assoupisse point.

Non det in commotionem pedem tuum, neque dormitet qui custodit te.

Et les pointes d'un feu qui ravage et désole 15
  N'ont rien de si perçant.

  Que mon exil me fait d'horreur !
J'y vis comme en Cédar je vivois sous des tentes,
Et ne vois que brutaux, dont les mœurs insolentes
  N'étalent que fureur. 20

  Plus j'ose leur parler de paix,
Plus j'aigris contre moi leur haine et leur colère ;
Et la vaine douceur de nuire et de mal faire
  Forme tous leurs souhaits.

  Gloire aux Trois dont l'être est divin ! 25
Gloire soit en tous lieux à leur unique essence !
Telle comme elle étoit lorsque tout prit naissance,
  Et telle encor sans fin !

PSAUME CXX.

  Près d'être accablé de misère,
Jusqu'au plus haut des cieux j'ai levé mes regards,
  Et recherché de toutes parts
D'où pourroit me venir le secours nécessaire.

  Mais dans une si rude guerre 5
Je n'ai vu que mon Dieu qui pût me secourir :
  C'est à lui qu'il faut recourir,
A ce Dieu qui de rien fit le ciel et la terre.

  Ne craignons ni faux pas, ni chute,
Puisque ce Dieu des Dieux s'abaisse à nous garder : 10
  C'est un crime d'appréhender
Qu'un œil si vigilant se ferme ou se rebute.

Non, il ne s'assoupira point et ne s'endormira point, celui qui garde Israël.

Le Seigneur te garde : le Seigneur te protége, beaucoup mieux que ta main droite ne le peut.

Le soleil ne te brûlera point durant le jour, ni la lune durant la nuit.

Le Seigneur te garde de tout mal : le Seigneur veuille garder ton âme !

Le Seigneur veuille garder ton entrée et ta sortie, de cette heure jusqu'à tout jamais !

Gloire soit au Père, et au Fils, et au Saint-Esprit !
Telle qu'elle a été, etc.

Ecce non dormitabit neque dormiet, qui custodit Israël.

Dominus custodit te : Dominus protectio tua, super manum dexteram tuam.

Per diem sol non uret te, neque luna per noctem.

Dominus custodit te ab omni malo : custodiat animam tuam Dominus !

Dominus custodiat introitum tuum et exitum tuum, ex hoc nunc, et usque in sæculum !

Gloria Patri, et Filio, et Spiritui sancto !
Sicut erat, etc.

PSALMUS CXXI.

Je me suis réjoui de ce

Lætatus sum in his quæ

A TIERCE.

Il veille, Israël, il te veille;
Il voit tous les périls qui s'ouvrent sous tes pas :
    Marche sans trouble, et ne crains pas
Que jamais il s'endorme, ou même qu'il sommeille.

    Il est ta garde en tes alarmes,
Il te guide et protége en ta calamité;
    Et puisqu'il marche à ton côté,
Ta main pour te couvrir n'a point à chercher d'armes.

    Le soleil qui commence à luire
Ne te brûlera point dans la chaleur du jour;
    Et quand la lune aura son tour,
Ses rais[1] les plus malins ne pourront plus te nuire.

    Contre le fer, contre la flamme,
Contre tous les assauts du malheur qui te suit,
    Il te gardera jour et nuit;
Il fera plus encore, il gardera ton âme.

    Daigne en la mort comme en la vie
L'excès de sa bonté répondre à tes souhaits,
    Et de tes desseins à jamais
Favoriser l'entrée, et bénir la sortie!

    Gloire au Père, cause des causes!
Gloire au Verbe incarné! gloire à l'Esprit divin!
    Telle maintenant et sans fin
Qu'elle étoit en tous trois avant toutes les choses!

PSAUME CXXI.

O l'heureuse nouvelle!

---

1. *Ses rais*, ses rayons. Voyez le *Lexique*.

qu'on m'a dit : nous irons en la maison du Seigneur.

dicta sunt mihi : in domum Domini ibimus.

Nous nous tiendrons de pied ferme, comme autrefois, dans la demeure de Jérusalem :

Stantes erant pedes nostri in atriis tuis, Jerusalem :

Jérusalem qu'on bâtit comme une ville, aux avantages de laquelle tous ses habitants participent par leur union ;

Jerusalem quæ ædificatur ut civitas, cujus participatio ejus in idipsum ;

Car c'est là que sont montées les tribus, les tribus choisies du Seigneur, qu'Israël y envoie en témoignage de sa foi, pour y chanter les louanges du Seigneur.

Illuc enim ascenderunt tribus, tribus Domini, testimonium Israël, ad confitendum nomini Domini ;

C'est là que sont établis les siéges de la justice, les siéges où on la rend à la maison de David.

Quia illic sederunt sedes in judicio, sedes super domum David.

Demandez à Dieu ce qui concerne la paix de Jérusalem ; et que l'abondance arrive à ceux qui l'aiment[1].

Rogate quæ ad pacem sunt Jerusalem ; et abundantia diligentibus te.

Que la paix se fasse en ta vertu, et que l'abondance soit en tes tours.

Fiat pax in virtute tua, et abundantia in turribus tuis.

---

1. L'édition originale, quoique au verset suivant elle ait la seconde personne en français, comme en latin, porte bien ici *l'aiment*, qui, en effet, va mieux que *t'aiment* avec le commencement du verset.

A TIERCE.

Le grand mot qu'on m'a dit! Nous irons, peuple aimé,
　Nous rentrerons, troupe fidèle,
Dans la maison du Dieu qui seul a tout formé.

　　Nous reverrons encore
　Les murs, les sacrés murs de la sainte Sion,
　　Où le Dieu qu'Israël adore
Fait briller tant d'effets de sa protection.

　　Cette reine des villes,
Qu'il doit faire durer même au delà des temps,
　　Ne craint point de guerres civiles,
Tant l'union est forte entre ses habitants.

　　Ces nombreuses lignées,
Qui du sang d'Israël portent si haut l'honneur,
　　Des terres les plus éloignées
Y viennent rendre hommage au grand nom du Seigneur.

　　Dans ses tours les plus fortes
La pudeur, l'équité, le saint amour revit;
　　Et la justice entre ses portes
Tient le haut tribunal des enfants de David.

　　Montrez-lui votre zèle,
Peuple, à vœux redoublés souhaitez-lui la paix :
　　Ce que vous obtiendrez pour elle
Entretiendra chez vous l'abondance à jamais.

　　Qu'à jamais ta puissance,
Sion, à cette paix force tes ennemis,
　　Et qu'à jamais cette abondance
Du sommet de tes tours coule chez tes amis.

A cause de mes frères et de mes proches, je parlois sans cesse de paix pour toi.

Propter fratres meos et proximos meos, loquebar pacem de te.

A cause de la maison du Seigneur notre Dieu, j'ai cherché à te procurer du bien.

Propter domum Domini Dei nostri, quæsivi bona tibi.

Gloire soit au Père, et au Fils, et au Saint-Esprit!
Telle qu'elle a été, etc.

Gloria Patri, et Filio, et Spiritui sancto!
Sicut erat, etc.

ANTIPHONA. *Maria virgo assumpta est ad æthereum thalamum, in quo rex regum stellato sedet solio.*

CAPITULUM. (Ecclesiastici xxiv.)

Et sic in Sion firmata sum, et in civitate sanctificata similiter requievi, et in Jerusalem potestas mea. ℟. *Deo gratias*

℣. *Diffusa est gratia in labiis tuis.*
℟. *Propterea benedixit te Deus in æternum.*
Kyrie, eleison. Christe, eleison. Kyrie, eleison.
℣. *Domine, exaudi orationem meam.*
℟. *Et clamor meus ad te veniat.*

OREMUS.

Deus, qui salutis æternæ, beatæ Mariæ virginitate fecunda, humano generi præmia præstitisti, tribue, quæsumus, ut ipsam pro nobis intercedere sentiamus, per quam meruimus auctorem

A TIERCE.

J'ai chez toi tant de frères,
Mes proches avec toi m'ont fait de si doux nœuds, 30
Que tant de liaisons si chères
Pour ce bienheureux calme unissent tous mes vœux.

Ce temple, où Dieu lui-même
Fait éclater souvent toute sa majesté,
Surtout oblige un cœur qui t'aime 35
A des vœux assidus pour ta prospérité.

Père, cause des causes,
Gloire à ton Fils et toi! gloire à l'Esprit divin!
Telle qu'avant toutes les choses,
Telle soit-elle encor maintenant et sans fin! 40

ANTIENNE. *La vierge Marie est élevée à un céleste appartement, où le roi des rois est assis en un trône étoilé.*

CHAPITRE. (Ecclésiastique, XXIV.)

C'est ainsi que je me suis affermie en Sion, et c'est en cette manière que j'ai pris mon repos en la ville sanctifiée, et que ma puissance est en Jérusalem. ℟. Rendons-en grâces à Dieu.

℣. *La grâce est répandue en vos lèvres.*
℟. *C'est pourquoi le Seigneur vous a bénie à l'éternité. Seigneur, ayez pitié de nous. Jésus-Christ, ayez pitié de nous. Seigneur, ayez pitié de nous.*
℣. *Seigneur, écoutez ma prière.*
℟. *Et que mes clameurs aillent jusqu'à vous.*

ORAISON.

O Dieu, qui par la féconde virginité de la bienheureuse Marie avez accordé au genre humain les prix du salut éternel, nous vous supplions de nous faire ressentir

vitæ suscipere, Dominum nostrum Jesum Christum Filium tuum.
℟. *Amen.*

℣. *Domine, exaudi orationem meam.*
℟. *Et clamor meus ad te veniat.*
℣. *Benedicamus Domino.*
℟. *Deo gratias.*
℣. *Fidelium animæ, per misericordiam Dei, requiescant in pace.*
℟. *Amen.*

les effets de l'intercession de cette même vierge, par laquelle nous avons mérité de recevoir l'auteur de la vie, notre Seigneur Jésus-Christ. ℟. Ainsi soit-il.

℣. Seigneur, écoutez ma prière.

℟. Et que mes clameurs aillent jusqu'à vous.

℣. Bénissons le Seigneur.

℟. Rendons grâces à Dieu.

℣. Que les âmes des fidèles reposent en paix par la miséricorde de Dieu.

℟. Ainsi soit-il.

AD SEXTAM.

Ave, Maria, etc.

Mon Dieu, venez à mon aide, etc.[1].

Deus, in adjutorium meum intende, etc.

Alleluia.

HYMNUS.

Memento, salutis auctor, etc.[2].

ANTIPHONA. *In odorem.*

PSALMUS CXXII.

J'ai élevé mes yeux vers vous, Seigneur, qui habitez dans les cieux.

Ad te levavi oculos meos, qui habitas in cœlis.

Comme les yeux des serviteurs s'attachent sur les mains de leurs maîtres ;

Ecce sicut oculi servorum in manibus dominorum suorum ;

Comme les yeux d'une servante s'attachent sur les mains de sa maîtresse, ainsi font nos yeux sur le Seigneur notre Dieu, jusqu'à ce qu'il prenne pitié de nous.

Sicut oculi ancillæ in manibus dominæ suæ, ita oculi nostri ad Dominum Deum nostrum, donec misereatur nostri.

Prenez pitié de nous, Sei-

Miserere nostri, Do-

---

1. Voyez ci-dessus, p. 76 et 130. — 2. Voyez ci-dessus, p. 166.

A SEXTE.

Je vous salue, Marie, etc.

O grand Dieu, de qui tout procède, etc.[1].

Louez le Seigneur.

HYMNE.

Bénin sauveur de la nature, etc.[2].

ANTIENNE. *C'est après l'odeur.*

PSAUME CXXII.

Auteur de l'univers, qui choisis pour demeure
    Les immenses palais des cieux,
    A toute rencontre, à toute heure,
Jusque-là, jusqu'à toi j'ose élever mes yeux.

Ainsi le serviteur sur la main de son maître
    A tous moments porte les siens,
    Lorsqu'il tremble et veut reconnoître
Ce qu'il doit en attendre ou de maux ou de biens.

La servante inquiète aux mains de sa maîtresse
    N'attache pas mieux ses regards,
    Que ma douloureuse tendresse
Ramène à toi, Seigneur, les miens de toutes parts.

Jette un œil de pitié sur mon âme accablée

---

1. Voyez ci-dessus, p. 77 et 131. — 2. Voyez ci-dessus, p. 167.

gneur, prenez pitié de nous; car nous sommes accablés de mépris.

Notre âme en est toute accablée : elle est devenue l'opprobre des riches et le mépris des superbes.

Gloire soit au Père, et au Fils, et au Saint-Esprit!
Telle qu'elle a été, etc.

mine, miserere nostri, quia multum repleti sumus despectione;

Quia multum repleta est anima nostra: opprobrium abundantibus, et despectio superbis.

Gloria Patri, et Filio, et Spiritui sancto!
Sicut erat, etc.

PSALMUS CXXIII.

Si le Seigneur n'eût été avec nous, qu'Israël dise maintenant, si le Seigneur n'eût été avec nous,

Quand les hommes s'élevoient contre nous, peut-être nous eussent-ils dévorés tous vivants.

Quand leur fureur s'allumoit contre nous, peut-être l'eau nous auroit engloutis.

Notre âme a passé au travers d'un torrent : peut-être lui auroit-il fallu passer au travers d'une eau insupportable.

Nisi quia Dominus erat in nobis, dicat nunc Israël, nisi quia Dominus erat in nobis,

Cum exsurgerent homines in nos, forte vivos deglutissent nos.

Cum irasceretur furor eorum in nos, forsitan aqua absorbuisset nos.

Torrentem pertransivit anima nostra : forsitan pertransisset anima nostra aquam intolerabilem.

A SEXTE.

Et d'opprobres et de mépris :
  La honte dont elle est comblée
De ses plus durs travaux chaque jour est le prix.

Le riche me dédaigne, et l'orgueilleux m'affronte;
  Mais enfin jette ce coup d'œil,
  Le riche recevra la honte,
Et tu renverseras l'opprobre sur l'orgueil.

Gloire au Père éternel, la première des causes!
  Gloire au Fils, à l'Esprit divin!
  Et telle qu'avant toutes choses,
Telle soit-elle encor maintenant et sans fin!

PSAUME CXXIII.

Si le Dieu d'Israël ne m'avoit garanti
De l'insolente audace et de la perfidie,
  Qu'Israël lui-même le die,
Si le Seigneur n'eût pris notre parti,

Des ennemis couverts les piéges décevants,
Des ennemis connus le bras fait au carnage,
  Auroient si bien uni leur rage,
Qu'elle nous eût engloutis tous vivants.

Le barbare complot de tant de conjurés
Qui s'enivrent de sang, et se gorgent de crimes,
  Nous eût plongés en des abîmes
Où leur fureur nous auroit dévorés.

De leurs plus fiers torrents les orgueilleux ruisseaux
N'ont fait en dépit d'eux que bondir sur nos têtes,
  Où sans lui mille autres tempêtes
Auroient roulé d'insupportables eaux.

Béni soit le Seigneur, qui ne nous a pas donnés en proie à leurs dents !	Benedictus Dominus, qui non dedit nos in captionem dentibus eorum !
Notre âme en a été délivrée, comme un passereau qui s'échappe des lacs des chasseurs.	Anima nostra, sicut passer, erepta est de laqueo venantium.
Les lacs ont été rompus, et nous avons été délivrés.	Laqueus contritus est, et nos liberati sumus.
Nous n'avons point d'autre secours que le nom du Seigneur, qui a fait le ciel et la terre.	Adjutorium nostrum in nomine Domini, qui fecit cœlum et terram.
Gloire soit au Père, et au Fils, et au Saint-Esprit ! Telle qu'elle a été, etc.	Gloria Patri, et Filio, et Spiritui sancto ! Sicut erat, etc.

PSALMUS CXXIV.

Ceux qui se confient au Seigneur sont comme la montagne de Sion : celui qui habite en Jérusalem ne sera jamais ébranlé.	Qui confidunt in Domino, sicut mons Sion : non commovebitur in æternum qui habitat in Jerusalem.

Béni soit le Seigneur, béni soit le secours
Que sa faveur départ, que sa bonté déploie!
  Il leur vient d'arracher leur proie,
 Et de leurs dents il a sauvé nos jours.   20

Ils nous avoient poussés sur les bords du tombeau,
Ils y tenoient déjà notre âme enveloppée;
  Mais elle s'en est échappée,
 A l'oiseleur comme échappe un oiseau.

On a brisé les lacs[1] qu'ils nous avoient tendus,   25
De notre liberté nous recouvrons l'usage,
  Et nous triomphons de leur rage
 Dans le moment qu'on nous croyoit perdus.

Peuple, n'en doute point, c'est le Seigneur, c'est lui,
Dont le bras invincible a pris notre défense;   30
  Et son adorable puissance
 A qui le sert aime à servir d'appui.

Gloire au Père éternel! gloire au Verbe incarné!
Gloire à l'Esprit divin, ainsi qu'eux adorable!
  Telle à tout jamais perdurable,   35
 Qu'elle éclatoit avant que tout fût né!

PSAUME CXXIV.

Quiconque met en Dieu toute sa confiance
A même fermeté que le mont de Sion :
Rien ne peut l'ébranler, et dans sa patience
Il est assez armé contre l'oppression.

---

1. Ici et dans la prose le mot est écrit *laqs* dans l'édition originale. Voyez au tome VIII, p. 292, note 1.

Les montagnes sont à l'entour d'elle; et le Seigneur est à l'entour de son peuple, de ce moment jusqu'à tout jamais ;

Montes in circuitu ejus; et Dominus in circuitu populi sui, ex hoc nunc, et usque in sæculum;

Car le Seigneur ne laissera point la verge du pécheur sur le partage des justes, de peur que les justes n'étendent leurs mains vers l'iniquité.

Quia non relinquet Dominus virgam peccatorum super sortem justorum, ut non extendant justi ad iniquitatem manus suas.

Seigneur, faites du bien aux bons et aux droits de cœur.

Benefac, Domine, bonis et rectis corde.

Mais ceux qui se détournent dans des voies obliques, le Seigneur les rangera avec ceux qui commettent l'iniquité, et la paix sera sur Israël.

Declinantes autem in obligationes adducet Dominus cum operantibus iniquitatem : pax super Israël.

Gloire soit au Père, et au Fils, et au Saint-Esprit !
Telle qu'elle a été, etc.

Gloria Patri, et Filio, et Spiritui sancto !
Sicut erat, etc.

ANTIPHONA. *In odorem unguentorum tuorum currimus : adolescentulæ dilexerunt te nimis.*

CAPITULUM. (Ecclesiastici XXIV.)

Et radicavi in populo honorificato, et in parte Dei mei hæreditas illius, et in plenitudine sanctorum detentio mea. ℟. *Deo gratias.*

℣. *Benedicta tu in mulieribus.*
℟. *Et benedictus fructus ventris tui.*

A SEXTE.

Si pour Jérusalem l'enceinte des montagnes 5
Forme des bastions qu'on a peine à forcer,
Ce Dieu qui d'un coup d'œil les réduit en campagnes,
Sert aux siens d'un rempart qu'on ne peut renverser.

Non, il ne souffre point aux méchants un empire
Sous qui l'homme de bien soit longtemps abattu, 10
De peur qu'à cette amorce une âme qui soupire
Ne prenne goût au crime, et quitte la vertu.

Hâtez-vous donc, Seigneur, hâtez-vous de répandre
Sur qui s'attache à vous quelques prospérités :
Versez-y des faveurs qui nous fassent comprendre 15
Quels biens suivent un cœur qui suit vos vérités.

Quant à ceux qui ne sont que détours et que ruses,
Rangez-les avec ceux qui ne sont que forfaits :
Ne faites point de grâce à leurs folles excuses,
Et par là d'Israël établissez la paix. 20

Gloire au Père éternel, la première des causes !
Gloire au Verbe incarné ! gloire à l'Esprit divin !
Et telle qu'elle étoit avant toutes les choses,
Telle soit-elle encor maintenant et sans fin !

ANTIENNE. *C'est après l'odeur de vos parfums que nous courons : les jeunes filles vous ont extraordinairement aimée.*

CHAPITRE. (Ecclésiastique, xxiv.)

J'ai pris racine chez un peuple comblé d'honneur, et son héritage est du partage de mon Dieu, et ma demeure est en la plénitude des saints. ℟. *Rendons-en grâces à Dieu.*

℣. *Vous êtes bénie entre les femmes.*
℟. *Et le fruit de votre ventre est béni.*

Kyrie, eleison. Christe, eleison. Kyrie, eleison.
℣. *Domine, exaudi orationem meam.*
℟. *Et clamor meus ad te veniat.*

OREMUS.

Concede, misericors Deus, fragilitati nostræ præsidium, ut qui sanctæ Dei genitricis memoriam agimus, intercessionis ejus auxilio a nostris iniquitatibus resurgamus. Per Dominum nostrum Jesum Christum. ℟. *Amen.*

℣. *Domine, exaudi orationem meam.*
℟. *Et clamor meus ad te veniat.*
℣. *Benedicamus Domino.*
℟. *Deo gratias.*
℣. *Fidelium animæ, per misericordiam Dei, requiescant in pace.*
℟. *Amen.*

A SEXTE.

Seigneur, ayez pitié de nous. Jésus-Christ, ayez pitié de nous. Seigneur, ayez pitié de nous.

℣. *Seigneur, écoutez ma prière.*
℟. *Et que mes clameurs aillent jusqu'à vous.*

ORAISON.

Dieu tout miséricordieux, accordez un appui à notre fragilité, afin que nous qui célébrons la mémoire de la sainte mère de Dieu, nous nous relevions de nos iniquités par son intercession. Nous vous en conjurons par le même Jésus-Christ notre Seigneur. ℟. *Ainsi soit-il.*

℣. *Seigneur, écoutez ma prière.*
℟. *Et que mes clameurs aillent jusqu'à vous.*
℣. *Bénissons le Seigneur.*
℟. *Rendons grâces à Dieu.*
℣. *Que les âmes des fidèles reposent en paix par la miséricorde de Dieu.*
℟. *Ainsi soit-il.*

AD NONAM.

Ave, Maria, etc.

Mon Dieu, venez à mon aide, etc.[1].

Deus, in adjutorium meum intende, etc.

Alleluia.

HYMNUS.

Memento, salutis auctor, etc.[2].

ANTIPHONA. *Pulchra es.*

PSALMUS CXXV.

Quand le Seigneur changea la captivité de Sion en liberté, nous devînmes comme des gens tous consolés.

In convertendo Dominus captivitatem Sion, facti sumus sicut consolati.

Notre bouche fut alors remplie de joie, et notre langue d'exultation.

Tunc repletum est gaudio os nostrum, et lingua nostra exultatione.

On dira parmi les nations : « Le Seigneur a fait pour eux des choses magnifiques. »

Tunc dicent inter gentes : « Magnificavit Dominus facere cum eis. »

« Oui, le Seigneur a fait

« Magnificavit Dominus

---

1. Voyez ci-dessus, p. 76 et 130. — 2. Voyez ci-dessus, p. 166.

A NONE.

Je vous salue, Marie, etc.

O grand Dieu, de qui tout procède, etc.[1].

Louez le Seigneur.

HYMNE.

Bénin sauveur de la nature, etc.[2].

ANTIENNE. *Vous êtes belle.*

PSAUME CXXV.

Dès qu'il plut au Seigneur mettre fin à nos peines,
    Sitôt qu'il eut brisé nos fers,
Nous traitâmes de songe et de chimères vaines
    Les maux que nous avions soufferts.

Un plein ravissement de tout notre visage 5
    Bannit les marques du passé ;
Et jusqu'au souvenir d'un si dur esclavage,
    Tout cessa, tout fut effacé.

Toutes les nations qui voyoient notre joie
    Se disoient d'un air sourcilleux : 10
« Il faut que le bonheur où leur Dieu les renvoie
    Soit bien grand et bien merveilleux. »

« Oui, leur répondions-nous, c'est le Dieu des merveilles,

---

1. Voyez ci-dessus, p. 77 et 131. — 2. Voyez ci-dessus, p. 167.

des choses magnifiques pour nous; et c'est ce qui nous rend si ravis. »

facere nobiscum : facti sumus lætantes. »

Achevez, Seigneur, de rompre notre captivité, comme un torrent au midi.

Converte, Domine, captivitatem nostram, sicut torrens in austro.

Ceux qui sèment en larmes recueilliront[1] en exultation.

Qui seminant in lacrymis in exultatione metent.

Ils ne marchoient qu'en pleurant, lorsqu'ils semoient leurs grains;

Euntes ibant et flebant, mittentes semina sua;

Mais ils reviendront avec pleine exultation, portant les gerbes qu'ils auront recueillies.

Venientes autem venient cum exultatione, portantes manipulos suos.

Gloire soit au Père, et au Fils, et au Saint-Esprit!
Telle qu'elle a été, etc.

Gloria Patri, et Filio, et Spiritui sancto!
Sicut erat, etc.

PSALMUS CXXVI.

Si le Seigneur ne bâtit la maison, c'est en vain qu'ont travaillé ceux qui la bâtissent.

Nisi Dominus ædificaverit domum, in vanum laboraverunt qui ædificant eam.

1. Voyez le *Lexique*.

C'est lui qui nous tire d'ici ;
Et comme ses bontés sont pour nous sans pareilles, 15
Notre allégresse l'est aussi. »

Favorisez, Seigneur, des mêmes priviléges
    Ces restes pour qui nous tremblons :
Comme un vent du midi, faites fondre des neiges,
    Qui fertilisent leurs sablons. 20

Finissez leur exil ainsi que nos alarmes,
    Exaucez leur juste desir,
Vous qui nous avez dit que qui semoit en larmes
    Moissonneroit avec plaisir.

Ils ont semé leurs blés, mais sous des lois sévères 25
    Que leur imposoient leurs malheurs ;
Leur douleur égaloit l'excès de leurs misères :
    Autant de pas, autant de pleurs ;

Mais s'ils les ont semés avec pleine tristesse,
    Accablés d'ennuis et de maux, 30
Ils reviendront, Seigneur, avec pleine allégresse,
    Chargés du fruit de leurs travaux.

Gloire au Père éternel, la première des causes !
    Gloire au Fils, à l'Esprit divin !
Et telle qu'elle étoit avant toutes les choses, 35
    Telle soit-elle encor sans fin !

PSAUME CXXVI.

Que sert tout le pouvoir humain ?
A bâtir un palais qu'en sert tout l'artifice ?
    Hommes, vous travaillez en vain,
A moins que le Seigneur avec vous le bâtisse.

Si le Seigneur ne garde la ville, c'est inutilement que veille celui qui la garde.

C'est en vain que vous vous levez avant le jour : ne vous levez qu'après vous être reposés, vous qui mangez du pain de douleur,

Quand il aura donné le sommeil à ses bien-aimés. Vous verrez que vos fils sont l'héritage du Seigneur, et que la fécondité du ventre est une récompense.

Comme des flèches en la main d'un puissant homme, ainsi seront les fils des persécutés.

Heureux l'homme qui a rempli son desir par eux : il n'aura point de confusion, quand il parlera à ses ennemis en la porte.
Gloire soit au Père, et au Fils, et au Saint-Esprit!
Telle qu'elle a été, etc.

Nisi Dominus custodierit civitatem, frustra vigilat qui custodit eam.

Vanum est vobis ante lucem surgere : surgite postquam sederitis, qui manducatis panem doloris,

Cum dederit dilectis suis somnum. Ecce hæreditas Domini filii; merces fructus ventris.

Sicut sagittæ in manu potentis, ita filii excussorum.

Beatus vir qui implevit desiderium suum ex ipsis : non confundetur, cum loquetur inimicis suis in porta.
Gloria Patri, et Filio, et Spiritui sancto!
Sicut erat, etc.

PSALMUS CXXVII.

Heureux sont tous ceux qui craignent le Seigneur, et qui marchent dans ses voies.

Beati omnes qui timent Dominum, qui ambulant in viis ejus.

Des soldats les plus courageux
Qui veillent jour et nuit à garder une ville,
 Si Dieu ne la garde avec eux,
Toute la vigilance est pour elle inutile.

 C'est en vain que pour amasser
Un avare inquiet se lève avant l'aurore :
 Il ne fait que se harasser,
Pour du pain de douleur qu'à regret il dévore.

 Dieu joint pour ses enfants chéris
Un paisible sommeil à la sainte abondance ;
 Pour siens il adopte leurs fils,
Et leurs moindres travaux portent leur récompense.

 Tels que des guerriers généreux
Qui s'arment en faveur d'un pouvoir légitime,
 Ces fils qu'il donne aux moins heureux
Soutiennent puissamment un père qu'on opprime.

 Heureux qui les voit bien agir,
Qui trouve en leur secours un assuré refuge :
 Il n'a jamais lieu de rougir
Quand il lui faut répondre au tribunal d'un juge.

 Gloire au Père, au Verbe incarné !
Gloire à l'Esprit divin, ainsi qu'eux adorable !
 Telle qu'avant que tout fût né,
Telle soit-elle encore à jamais perdurable !

PSAUME CXXVII.

O que votre bonheur vous doit remplir de joie,
 Vous tous qui craignez le Seigneur,
  Qui ne marchez que dans sa voie,
 Et lui donnez tout votre cœur !

Les travaux de vos mains vous fourniront de quoi manger : vous êtes heureux, et il ne vous arrivera que du bien.	Labores manuum tuarum quia manducabis, beatus es, et bene tibi erit.
Votre femme sera comme une vigne abondante, dans les côtés de votre maison.	Uxor tua sicut vitis abundans, in lateribus domus tuæ.
Vos enfants seront comme de jeunes plantes d'oliviers, tout autour de votre table.	Filii tui sicut novellæ olivarum, in circuitu mensæ tuæ.
C'est ainsi que sera béni l'homme qui craint le Seigneur.	Ecce sic benedicetur homo qui timet Dominum.
Que le Seigneur vous bénisse de Sion ! puissiez-vous voir le bonheur de Jérusalem tous les jours de votre vie !	Benedicat tibi Dominus ex Sion, et videas bona Jerusalem omnibus diebus vitæ tuæ !
Puissiez-vous voir les enfants de vos enfants, et la paix sur Israël !	Et videas filios filiorum tuorum, pacem super Israël !
Gloire au Père, et au Fils, et au Saint-Esprit !	Gloria Patri, et Filio, et Spiritui sancto !
Telle qu'elle a été, etc.	Sicut erat, etc.

ANTIPHONA. *Pulchra es et decora, filia Jerusalem; terribilis ut castrorum acies ordinata.*

Des travaux de vos mains il fait la nourriture
    Nécessaire à votre soutien :
    Point pour vous de bien qui ne dure,
    Point de mal qui ne tourne en bien.

Vos femmes, tout ainsi que ces fécondes vignes
    Qui des maisons parent le tour,
    Vous rendront les fruits les plus dignes
    Que promette un parfait amour.

Vos fils se rangeront autour de votre table
    Comme de jeunes oliviers,
    Et leur concorde inviolable
    Suivra vos plus heureux sentiers.

Voilà comme ce Dieu bénira par avance
    Un cœur pour lui vraiment atteint,
    Et ce qu'aura pour récompense
    Dès ici l'homme qui le craint.

Que du haut de Sion ses bontés vous bénissent,
    Et n'étalent dans sa cité,
    Jusqu'à ce que vos jours finissent,
    A vos yeux que félicité !

Qu'elles vous fassent voir prospérer votre race
    Dans les enfants de vos enfants,
    Israël toujours sans disgrâce,
    Et tous ses peuples triomphants !

Gloire au Père éternel, la première des causes !
    Gloire au Fils, à l'Esprit divin !
    Et telle qu'avant toutes choses,
    Telle soit-elle encor sans fin !

ANTIENNE. *Vous êtes belle et bien parée, fille de Jérusalem, et terrible comme une armée rangée en bataille.*

CAPITULUM. (Ecclesiastici xxiv.)

In plateis, sicut cinnamomum et balsamum aromatizans odorem dedi; quasi myrrha electa dedi suavitatem odoris. ℟. *Deo gratias.*

℣. *Post partum virgo inviolata permansisti.*

℟. *Dei genitrix, intercede pro nobis.*

Kyrie, eleison. Christe, eleison. Kyrie, eleison.

℣. *Domine, exaudi orationem meam.*

℟. *Et clamor meus ad te veniat.*

OREMUS.

Famulorum tuorum, quæsumus, Domine, delictis ignosce, ut qui tibi placere de actibus nostris non valemus, genitricis filii tui Domini nostri intercessione salvemur. Per Dominum nostrum Jesum Christum filium tuum. ℟. *Amen.*

℣. *Domine, exaudi orationem meam.*

℟. *Et clamor meus ad te veniat.*

℣. *Benedicamus Domino.*

℟. *Deo gratias.*

℣. *Fidelium animæ, per misericordiam Dei, requiescant in pace.*

℟. *Amen.*

A NONE.

CHAPITRE. (Ecclésiastique, xxiv.)

Dans les places, j'ai rendu une odeur pareille à celle de la cannelle et du baume aromatique, et répandu une senteur aussi agréable que celle de la myrrhe choisie.
℟. *Rendons grâces à Dieu.*

℣. *Vous êtes demeurée vierge sans tache après l'enfantement.*
℟. *Mère de Dieu, intercédez pour nous.*
Seigneur, ayez pitié de nous. Jésus-Christ, ayez pitié de nous. Seigneur, ayez pitié de nous.
℣. *Seigneur, écoutez ma prière.*
℟. *Et que mes clameurs aillent jusqu'à vous.*

ORAISON.

Nous vous supplions, Seigneur, de faire grâce aux péchés de vos serviteurs, afin que nous qui n'avons pas de quoi vous plaire par nos actions, nous puissions être sauvés par l'intercession de la mère de votre Fils, notre Seigneur. Nous vous en conjurons par le même Jésus-Christ notre Seigneur. ℟. *Ainsi soit-il.*

℣. *Seigneur, écoutez ma prière.*
℟. *Et que mes clameurs aillent jusqu'à vous.*
℣. *Bénissons le Seigneur.*
℟. *Rendons grâces à Dieu.*
℣. *Que les âmes des fidèles reposent en paix par la miséricorde de Dieu.*
℟. *Ainsi soit-il.*

AD VESPERAS.

Ave, Maria, etc.

Mon Dieu, venez à mon aide, etc.[1].

Deus, in adjutorium meum intende, etc.

Alleluia.

ANTIPHONA. *Dum esset Rex.*

PSALMUS CIX.

Le Seigneur a dit à mon Seigneur : « Seyez-vous à ma dextre,

Dixit Dominus Domino meo : « Sede a dextris meis,

« Jusqu'à ce que j'aye réduit vos ennemis à être l'escabeau de vos pieds.

« Donec ponam inimicos tuos scabellum pedum tuorum.

« Le Seigneur fera partir de Sion la verge de votre vertu : dominez au milieu de vos ennemis.

« Virgam virtutis tuæ emittet Dominus ex Sion : dominare in medio inimicorum tuorum.

« Le principe étoit avec vous au jour de votre vertu, dans les splendeurs des saints : je vous ai engendré de mes entrailles avant le point du jour. »

« Tecum principium in die virtutis tuæ, in splendoribus sanctorum : ex utero ante luciferum genui te. »

Le Seigneur l'a juré, et il

Juravit Dominus, et non

---

1. Voyez ci-dessus, p. 76 et 130.

A VÊPRES.

Je vous salue, Marie, etc.

O grand Dieu, de qui tout procède, etc.[1].

Louez le Seigneur.

ANTIENNE. *Lorsque le Roi.*

PSAUME CIX.

Le Seigneur vient de dire à son Verbe ineffable,
Qui n'est pas moins que lui mon souverain Seigneur :
« Viens te seoir à ma dextre, et rends-toi redoutable
　　Par ce dernier comble d'honneur.

« Cependant mon courroux aura soin de descendre　5
Sur ceux qui t'accabloient de leurs inimitiés ;
J'en confondrai l'audace, et je saurai les rendre
　　Tels qu'un escabeau sous tes pieds.

« Je ferai de Sion partir l'éclat suprême
Du sceptre universel qu'à tes mains j'ai promis :　10
Comme je règne au ciel, tu régneras de même
　　Au milieu de tes ennemis.

« Au jour de ta vertu tu leur feras connoître,
Par les saintes splendeurs de tes droits éclatants,
Que mes regards féconds de mon sein t'ont fait naître　15
　　Avant la naissance des temps.

« Je te l'ai trop juré pour m'en vouloir dédire :

---

1. Voyez ci-dessus, p. 77 et 131.

ne s'en repentira point : vous êtes prêtre pour toute l'éternité selon l'ordre de Melchisédech.

pœnitebit eum : tu es sacerdos in æternum secundum ordinem Melchisedech.

Le Seigneur est à votre droite; il a rompu et brisé les rois au jour de sa colère.

Dominus a dextris tuis; confregit in die iræ suæ reges.

Il jugera parmi les nations, il fera des ruines entières; il écrasera sur la terre les têtes de beaucoup de gens.

Judicabit in nationibus, implebit ruinas; conquassabit capita in terra multorum.

Il boira de l'eau du torrent en son chemin, et c'est ce qui lui fera élever sa tête.

De torrente in via bibet, propterea exaltabit caput.

Gloire soit au Père, et au Fils, et au Saint-Esprit !
Telle qu'elle a été, etc.

Gloria Patri, et Filio, et Spiritui sancto !
Sicut erat, etc.

ANTIPHONA. *Dum esset Rex in accubitu suo, nardus mea dedit odorem suavitatis.*

ANTIPHONA. *Læva ejus.*

PSALMUS CXII.

Enfants, louez le Seigneur; louez le nom du Seigneur.

Laudate, pueri, Dominum; laudate nomen Domini.

Que le nom du Seigneur

Sit nomen Domini be-

Selon Melchisédech tu seras prêtre et roi,
Et je joindrai moi-même un éternel empire
  Au sacrifice offert par toi. » 20

Oui, Seigneur, oui, grand Dieu, ce divin salutaire,
Qui se sied à ta dextre et nous donne tes lois,
Viendra briser lui-même, au jour de sa colère,
  Les plus fermes trônes des rois.

Parmi les nations ces lois autorisées 25
Feront tant de ruine et de tels châtiments,
Qu'en mille et mille lieux les têtes écrasées
  Publieront ses ressentiments.

L'eau trouble du torrent lui servit de breuvage,
Tant qu'il lui plut traîner son exil ici-bas, 30
Et sa gloire en reçoit d'autant plus d'avantage,
  Que rudes furent ses combats.

Gloire au Père éternel, la première des causes !
Gloire au Verbe incarné ! gloire à l'Esprit divin !
Et telle qu'elle étoit avant toutes les choses, 35
  Telle soit-elle encor sans fin !

ANTIENNE. *Lorsque le Roi étoit assis sur son lit, ma boîte de nard a répandu une odeur de suavité.*

ANTIENNE. *Sa gauche.*

PSAUME CXII.

Enfants, de qui les voix à peine encor formées
  Ne font que bégayer,
C'est à louer le nom du Seigneur des armées
  Qu'il les faut essayer.

Que ce nom soit béni dans toute l'étendue 5

soit béni, de ce moment jusqu'à l'éternité.

Du levant au couchant, le nom du Seigneur doit être loué.

Le Seigneur est élevé sur toutes les nations, et sa gloire va au-dessus des cieux.

Qui est comme le Seigneur notre Dieu, qui habite aux lieux les plus hauts, et ne dédaigne pas de jeter l'œil sur les choses les plus basses qui soient au ciel et en la terre?

Il élève de terre le plus chétif, et tire le pauvre de dessus le fumier.

Il les place avec les princes, avec les princes de son peuple.

Il fait habiter la femme stérile avec joie dans sa maison, en la rendant mère de plusieurs enfants.

Gloire soit au Père, et au Fils, et au Saint-Esprit!

nedictum, ex hoc nunc, et usque in sæculum.

A solis ortu usque ad occasum, laudabile nomen Domini.

Excelsus super omnes gentes Dominus, et super cœlos gloria ejus.

Quis sicut Dominus Deus noster, qui in altis habitat, et humilia respicit in cœlo et in terra?

Suscitans a terra inopem, et de stercore erigens pauperem,

Ut collocet eum cum principibus, cum principibus populi sui :

Qui habitare facit sterilem in domo, matrem filiorum lætantem.

Gloria Patri, et Filio, et Spiritui sancto!

A VÊPRES.

Que les siècles auront ;
Que la gloire en soit même au delà répandue
De ce qu'ils dureront.

De climat en climat, ainsi que d'âge en âge,
Il est à respecter;
Et du nord au midi, de l'Inde jusqu'au Tage,
Il le faut exalter.

Sa gloire, qui s'élève au-dessus des monarques,
Est seule sans défaut :
Bien qu'on en voie au ciel éclater mille marques,
Elle est encor plus haut.

Quel roi fait sa demeure au-dessus du tonnerre,
Comme ce Dieu des Dieux,
Qui voit de haut en bas et tout ce qu'a la terre,
Et tout ce qu'ont les cieux?

Il dégage le pauvre, et la pauvreté même,
Du plus épais bourbier;
Et tire le plus vil, par son pouvoir suprême,
Du plus sale fumier.

Il les place lui-même à côté de leurs princes,
Parmi les potentats;
Il leur donne lui-même à régir leurs provinces,
Et régler leurs États.

Il fait plus, il répand sur la femme stérile
La joie et le bonheur,
Et faisant de sa couche une terre fertile,
Il la met en honneur.

Gloire à ton Fils et toi, Père, cause des causes !
Gloire à l'Esprit divin !

Telle qu'elle a été, etc. Sicut erat, etc.

ANTIPHONA. *Læva ejus sub capite meo, et dextera illius amplexabitur me.*

ANTIPHONA. *Nigra sum.*

PSALMUS CXXI.

Je me suis réjoui de ce qu'on m'a dit : nous irons en la maison du Seigneur, etc.[1].

Lætatus sum in his quæ dicta sunt mihi : in domum Domini ibimus, etc.

ANTIPHONA. *Nigra sum, sed formosa, filiæ Jerusalem : ideo dilexit me Rex, et introduxit me in cubiculum suum.*

ANTIPHONA. *Jam hiems transiit.*

PSALMUS CXXVI.

Si le Seigneur ne bâtit la maison, c'est en vain qu'ont travaillé ceux qui la bâtissent, etc.[2].

Nisi Dominus ædificaverit domum, in vanum laboraverunt qui ædificant eam, etc.

ANTIPHONA. *Jam hiems transiit, imber abiit et recessit : surge, amica mea, et veni.*

ANTIPHONA. *Speciosa facta es.*

PSALMUS CXLVII.

Jérusalem, louez le Seigneur; Sion, louez votre Dieu.

Lauda, Jerusalem, Dominum; lauda Deum tuum, Sion;

Il a renforcé les serrures de vos portes, il a béni vos enfants en vous.

Quoniam confortavit seras portarum tuarum, benedixit filiis tuis in te;

---

1. Voyez ci-dessus, p. 182. — 2. Voyez ci-dessus, p. 202.

Telle encor maintenant qu'avant toutes les choses, 35
  Et telle encor sans fin !

Antienne. *Sa gauche passera sous ma tête, et sa droite m'embrassera.*

Antienne. *Je suis noire.*

PSAUME CXXI.

O l'heureuse nouvelle! etc.¹.

Antienne. *Je suis noire, mais je suis belle, filles de Jérusalem : c'est pourquoi le Roi m'a aimée, et m'a fait entrer dans sa chambre.*

Antienne. *L'hiver est déjà passé.*

PSAUME CXXVI.

Que sert tout le pouvoir humain? etc.².

Antienne. *L'hiver est déjà passé, la pluie s'est écoulée et retirée : levez-vous, ma bien-aimée, et venez.*

Antienne. *Vous êtes devenue belle.*

PSAUME CXLVII.

Louez, Jérusalem, louez votre Seigneur;
Montagne de Sion, exaltez votre maître,
Honorez-le de bouche, adorez-le de cœur :
  C'est de lui que vous tenez l'être.

De vos portes c'est lui qui soutient les verrous, 5
C'est lui qui dans vos murs tient tout en assurance;
Il y bénit vos fils, il les y comble tous
  De richesses et d'abondance.

1. Voyez ci-dessus, p. 183.
2. Voyez ci-dessus, p. 203. — En répétant à vêpres ce psaume qui est déjà à none, Corneille a ainsi modifié le vers 6 :
  Qui veillent nuit et jour à garder une ville.

C'est lui qui a mis la paix dans tous vos confins : il vous rassasie du froment le mieux nourri ;	Qui posuit fines tuos pacem ; et adipe frumenti satiat te ;
C'est lui qui envoie sa parole à la terre, et sa parole court avec vitesse ;	Qui emittit eloquium suum terræ, velociter currit sermo ejus ;
C'est lui qui donne la neige en forme de laine ; il épart la bruine aussi menu que la cendre.	Qui dat nivem sicut lanam, nebulam sicut cinerem spargit.
Il envoie sa glace comme des petits morceaux de cristal : qui pourra subsister devant la face de sa froidure ?	Mittit crystallum suam sicut buccellas : ante faciem frigoris ejus quis sustinebit ?
Il ne fera qu'envoyer sa parole pour rendre tout cela liquide : son esprit soufflera, et tout cela s'écoulera en eaux.	Emittet verbum suum, et liquefaciet ea : flabit spiritus ejus, et fluent aquæ ;
C'est lui qui annonce sa parole à Jacob, ses justices et ses jugements à Israël.	Qui annuntiat verbum suum Jacob, justitias et judicia sua Israël.
Il n'a pas fait ainsi à toutes nations, et il ne leur a pas manifesté ses jugements.	Non fecit taliter omni nationi, et judicia sua non manifestavit eis.
Gloire soit au Père, et au Fils, et au Saint-Esprit !	Gloria Patri, et Filio, et Spiritui sancto !

Par lui de tant de vœux la paix est le doux fruit,
Par lui de vos confins elle s'est ressaisie ; 10
Du blé le mieux nourri que la terre ait produit
C'est lui seul qui vous rassasie.

Pour le faire obéir dans les plus grands États,
Il n'a du haut des cieux qu'à dire une parole :
Ses ordres sont portés aux plus lointains climats 15
Plus vite qu'un oiseau ne vole.

C'est lui seul qui répand la neige à pleines mains,
Comme flocons de laine il l'oblige à descendre ;
La bruine à son choix s'épart sur les humains,
Comme s'épartiroit la cendre. 20

En perles de cristal que lui-même endurcit,
Il sème la froidure et laisse choir la glace ;
Et quand cette froidure une fois s'épaissit,
Qui peut tenir devant sa face ?

D'un seul mot qu'il prononce il la résout en eaux : 25
A peine il a parlé qu'elle devient liquide,
Et d'un souffle il la fait couler à gros ruisseaux
A travers la campagne humide.

Il choisit Israël pour lui donner sa loi,
Il lui daigne lui-même annoncer ses justices : 30
C'est de lui qu'il se plaît à se dire le roi,
Et recevoir les sacrifices.

Il n'en fait pas de même à toutes nations :
Non, ce n'est pas ainsi qu'avec tous il en use ;
Et de ses jugements les saintes notions 35
Sont des grâces qu'il leur refuse.

Gloire au Père, à son Verbe, à l'Esprit tout divin !
Gloire soit en tous lieux à leur unique essence !

Telle qu'elle a été, etc.   Sicut erat, etc.

Antiphona. *Speciosa facta es et suavis in deliciis tuis, sancta Dei genitrix.*

CAPITULUM. (Ecclesiastici xxiv.)

Ab initio et ante sæcula creata sum, et usque ad futurum sæculum non desinam; et in habitatione sancta coram ipso ministravi. ℟. *Deo gratias.*

HYMNUS.

Ave, maris stella,
Dei mater alma,
Atque semper virgo,
Felix cœli porta.

Sumens illud ave   5.
Gabrielis ore,
Funda nos in pace,
Mutans Evæ nomen.

Solve vincla reis,
Profer lumen cæcis,   10.
Mala nostra pelle,
Bona cuncta posce.

Monstra te esse matrem :
Sumat per te preces
Qui, pro nobis natus,   15.
Tulit esse tuus.

Virgo singularis,
Inter omnes mitis,

Telle encor maintenant, et telle encor sans fin,
    Qu'avant que tout eût pris naissance !   40

ANTIENNE. *Vous êtes devenue belle, et pleine d'une admirable douceur dans vos délices, ô sainte mère de Dieu.*

CHAPITRE. (Ecclésiastique, xxiv.)

J'ai été formée dès le commencement et avant les siècles, et je ne cesserai jamais d'être ; et j'ai servi en sa présence dans la demeure sainte. ℟. *Rendons-en grâces à Dieu.*

HYMNE.

Étoile de la mer, mère du Tout-Puissant,
Toujours vierge, toujours étoile sans nuage,
Porte du ciel ouverte au pécheur gémissant,
    Reçois notre humble hommage.

De nous, comme de l'ange, accepte ce salut ;   5
Et dans une paix sainte affermissant notre âme,
Change l'impression que notre sang reçut
    De la première femme.

Des captifs du péché romps les tristes liens,
Aux esprits aveuglés rends de vives lumières,   10
Chasse loin tous les maux, obtiens-nous tous les biens,
    Vierge, par tes prières.

Montre de pleins effets du pouvoir maternel :
Fais qu'à remplir nos vœux cet Homme-Dieu s'applique,
Qui pour rendre la vie à l'homme criminel   15
    Naquit ton fils unique.

O Vierge sans pareille en clémence, en bonté,
Fais-lui de tous nos cœurs d'agréables victimes ;

Nos culpis solutos,
Mites fac et castos.   20

Vitam præsta puram,
Iter para tutum,
Ut videntes Jesum,
Semper collætemur.

Sit laus Deo Patri,   25
Summo Christo decus,
Spiritui sancto,
Tribus honor unus !
℟. Amen.

℣. *Diffusa est gratia in labiis tuis.*
℟. *Propterea benedixit te Deus in æternum.*

Antiphona. *Beata Mater.*

CANTICUM BEATÆ MARIÆ. (Lucæ 1.)

Mon âme magnifie le Seigneur,	Magnificat anima mea Dominum,
Et mon esprit a tressailli de joie en Dieu, mon salutaire.	Et exultavit spiritus meus in Deo, salutari meo,
Il a regardé la bassesse de sa servante ; et à cause de cela toutes les générations me nommeront bienheureuse,	Quia respexit humilitatem ancillæ suæ ; ecce enim ex hoc beatam me dicent omnes generationes,
Parce que le Tout-Puissant	Quia fecit mihi magna

A VÊPRES.

Verses-y ta douceur, joins-y ta chasteté,
    Et lave tous nos crimes.

Épure notre vie, enflamme notre esprit ;
Du ciel par ton suffrage assure-nous la voie,
Et fais-nous-y goûter près de ton Jésus-Christ
    Une éternelle joie.

Gloire, louange, honneur et puissance au Très-Haut !
Gloire, honneur et louange à sa parfaite image !
Gloire à l'Esprit divin, ainsi qu'eux sans défaut !
    A tous trois même hommage !

℣. *La grâce est répandue en vos lèvres.*
℟. *C'est pourquoi Dieu vous a bénie à l'éternité.*

ANTIENNE. *Mère bienheureuse.*

CANTIQUE DE LA SAINTE VIERGE. (En saint Luc, 1.)

    Après un si haut privilége
Dont il plaît au Seigneur de me gratifier,
Je me dois toute entière à le magnifier,
Et mon silence ingrat seroit un sacrilége.

    Quand même je voudrois me taire,
Un doux emportement parleroit malgré moi ;
Et cet excès d'honneur m'est une forte loi
D'épanouir mon âme en Dieu, mon salutaire.

    Il a regardé ma bassesse,
Il a du haut des cieux daigné s'en souvenir ;
Et depuis ce moment tout le siècle à venir
Publiera mon bonheur par des chants d'allégresse.

    La merveille tant attendue

a fait en moi de grandes choses, et a montré la vertu de son saint nom;

Et sa miséricorde passe de race en race à ceux qui le craignent.

Il a déployé la puissance de son bras, et mis les superbes bien loin de la pensée de leur cœur.

Il a déposé de leur siége les plus puissants, et a exalté les plus ravalés.

Il a rempli de biens ceux qui étoient pressés de la faim, et renvoyé vides les opulents.

Il a pris en sa protection Israël son serviteur, en rappelant le souvenir de sa miséricorde,

Ainsi qu'il l'avoit promis à nos pères, à Abraham et à sa postérité pour tout jamais.

Gloire soit au Père, et au Fils, et au Saint-Esprit!

qui potens est, et sanctum nomen ejus;

Et misericordia ejus a progenie in progenies timentibus eum.

Fecit potentiam in brachio suo; dispersit superbos mente cordis sui.

Deposuit potentes de sede, et exaltavit humiles.

Esurientes implevit bonis, et divites dimisit inanes.

Suscepit Israël puerum suum, recordatus misericordiæ suæ,

Sicut locutus est ad patres nostros, Abraham et semini ejus in sæcula.

Gloria Patri, et Filio, et Spiritui sancto!

De son pouvoir en moi fait voir l'immensité;
Et je dois de son nom bénir la sainteté,
Dont la vive splendeur sur moi s'est répandue.

    De sa miséricorde sainte
L'effort de race en race enfin tombe sur nous :
Il en fait part à ceux qui craignent son courroux,
Et je porte le prix d'une si digne crainte.

    Son bras a montré sa puissance :
Les projets les plus vains, il les a dispersés;
Les desseins les plus fiers, il les a renversés,
Et du plus haut orgueil abattu l'insolence.

    Les plus invincibles monarques
Se sont vus par sa main de leur trône arrachés;
Et ceux que la poussière avoit tenus cachés
Ont reçu de son choix les glorieuses marques.

    Par des faveurs vraiment solides
Il a rempli de biens ceux que pressoit la faim;
Et ceux qui puisoient l'or chez eux à pleine main,
Sa juste défaveur les a renvoyés vides.

    C'est ce qui nous donne assurance
Qu'il a pris Israël en sa protection,
Et n'a point oublié la grâce dont Sion
Avoit droit de flatter son illustre espérance.

    Il la promit avec tendresse;
Abraham et ses fils en eurent son serment :
Tout ce qu'il leur jura paroît en ce moment,
Et ce miracle enfin dégage sa promesse.

    Gloire au Père, cause des causes!
Gloire au Verbe incarné! gloire à l'Esprit divin!

Telle qu'elle a été, etc.   Sicut erat, etc.

ANTIPHONA. *Beata mater, et intacta virgo, gloriosa regina mundi, intercede pro nobis ad Dominum.*

℣. *Domine, exaudi orationem meam.*
℟. *Et clamor meus ad te veniat.*

OREMUS.

Concede nos famulos tuos, quæsumus, Domine Deus, perpetua mentis et corporis sanitate gaudere, et gloriosa beatæ Mariæ semper virginis intercessione, a præsenti liberari tristitia, et æterna perfrui lætitia. Per Christum Dominum nostrum.
℟. *Amen.*

ANTIPHONA PRO SANCTIS.

Sancti Dei omnes, intercedere dignemini pro nostra omniumque salute.

℣. *Lætamini in Domino, et exultate, justi.*
℟. *Et gloriamini, omnes recti corde.*

OREMUS.

Protege, Domine, populum tuum, et apostolorum tuorum Petri et Pauli, et aliorum apostolorum tuorum, patrocinio confidentem, perpetua defensione conserva.

Omnes sancti tui, quæsumus, Domine, nos ubique adjuvent, ut dum eorum merita recolimus, patrocinia sentiamus; et pacem

Telle encor maintenant, et telle encor sans fin,
Qu'elle étoit en tous trois avant toutes les choses!

A*ntienne.* Mère bienheureuse, et vierge immaculée, glo*-*
rieuse reine du monde, intercédez pour nous envers le
Seigneur.

℣. *Seigneur, écoutez ma prière.*

℟. *Et que mes clameurs aillent jusqu'à vous.*

ORAISON.

*Seigneur, nous vous prions d'accorder à vos serviteurs
une santé perpétuelle de l'esprit et du corps, et que par
la glorieuse intercession de la bienheureuse Marie toujours vierge, ils soient délivrés de la tristesse présente,
et jouissent un jour de l'allégresse éternelle. Par Jésus-
Christ notre Seigneur.* ℟. *Ainsi soit-il.*

ANTIENNE POUR LES SAINTS.

*Saints de Dieu, daignez tous intercéder pour notre
salut et pour celui de tous.*

℣. *Justes, réjouissez-vous au Seigneur, et montrez-
vous remplis d'allégresse.*

℟. *Et que tous ceux*[1] *qui ont le cœur droit se glorifient en lui.*

ORAISON.

*Seigneur, protégez votre peuple, qui se confie en l'in-
tercession de saint Pierre et de saint Paul, et de vos autres apôtres, et conservez-le par une défense perpétuelle.*

*Nous vous supplions, Seigneur, que tous vos saints
nous assistent partout, afin que cependant que nous re-*

---

1. *Ceux* est omis dans l'édition de 1670. C'est évidemment une faute :
voyez plus haut, p. 163.

tuam nostris concede temporibus, et ab Ecclesia tua cunctam repelle nequitiam : iter, actus et voluntates nostras, et omnium famulorum tuorum, in salutis tuæ prosperitate dispone; benefactoribus nostris sempiterna bona retribue; et omnibus fidelibus defunctis requiem æternam concede. Per Christum Dominum nostrum, etc. ℟. *Amen.*

℣. *Domine, exaudi orationem meam.*

℟. *Et clamor meus ad te veniat.*

℣. *Benedicamus Domino.*

℟. *Deo gratias.*

℣. *Fidelium animæ, per misericordiam Dei, requiescant in pace.*

℟. *Amen.*

nouvelons ici-bas la mémoire de leurs mérites, nous ressentions les effets de leur protection auprès de vous. Accordez la paix à nos jours, repoussez de votre Église toute sorte de méchanceté : disposez notre démarche, nos actions, nos volontés, et celle[1] de tous vos serviteurs, dans la prospérité du salut qui vient de vous ; donnez des biens éternels pour rétribution à nos bienfaiteurs ; et accordez le repos éternel à tous les fidèles défunts. Nous vous en conjurons par Jésus-Christ notre Seigneur. ℟. Ainsi soit-il.

℣. *Seigneur, écoutez ma prière.*

℟. *Et que mes clameurs aillent jusqu'à vous.*

℣. *Bénissons le Seigneur.*

℟. *Rendons grâces à Dieu.*

℣. *Que les âmes des fidèles reposent en paix par la miséricorde de Dieu.*

℟. *Ainsi soit-il.*

---

1. Dans l'édition originale il y a *celle*, au singulier, de même que plus haut, p. 163.

AD COMPLETORIUM.

Ave, Maria, etc.

Convertissez-nous, ô Dieu, qui êtes notre salutaire ; Et détournez votre colère de nous.

Converte nos, Deus salutaris noster ; Et averte iram tuam a nobis.

Mon Dieu, venez à mon aide, etc.[1].

Deus, in adjutorium meum intende, etc.

Alleluia.

PSALMUS CXXVIII.

Ils m'ont attaqué souvent depuis ma jeunesse : qu'Israël le dise maintenant.

Sæpe expugnaverunt me a juventute mea : dicat nunc Israël.

Ils m'ont attaqué souvent depuis ma jeunesse ; mais ils n'ont pu rien faire contre moi.

Sæpe expugnaverunt me a juventute mea ; etenim non potuerunt mihi.

Les pécheurs ont fabriqué sur mon dos, et n'ont fait que prolonger leur iniquité.

Supra dorsum meum fabricaverunt peccatores : prolongaverumt iniquitatem suam.

Le Seigneur, comme juste qu'il est, a haché la tête des pécheurs : que tous ceux qui haïssent Sion soient confus et renversés en arrière.

Dominus justus concìdit cervices peccatorum : confundantur et convertantur retrorsum omnes qui oderunt Sion.

---

1. Voyez ci-dessus, p. 76.

A COMPLIES.

Je vous salue, Marie, etc.

Seigneur, de tous les cœurs qui cherchent à vous plaire
    L'unique salutaire,
Convertissez notre âme, et détournez de nous
    Votre juste courroux.

    O grand Dieu, de qui tout procède, etc.[1].
    Louez le Seigneur.

PSAUME CXXVIII.

Dès mes plus jeunes ans les pécheurs ont sans cesse
Par d'injustes complots attaqué ma foiblesse.
Jacob, qu'ils ont poussé longtemps si vivement,
    A droit de dire hautement :

Dès mes plus jeunes ans les pécheurs ont sans cesse   5
Par d'injustes complots attaqué ma foiblesse :
Ils ont voulu me perdre et me faire la loi,
    Mais ils n'ont rien pu contre moi.

Ces méchants ont forgé sur mon dos plus de crimes
Qu'au désert tous les ans n'en portent nos victimes,   10
Et n'ont fait, pour tout fruit de leur méchanceté,
    Qu'augmenter leur iniquité.

Le Seigneur a sur eux renversé leurs tempêtes;
Son bras, juste vengeur, a foudroyé leurs têtes :
Ainsi soient terrassés, à leur confusion,   15
    Tous les ennemis de Sion !

---

1. Voyez ci-dessus, p. 77.

Qu'ils deviennent comme le foin qui croît sur les toits, lequel est séché avant qu'on l'arrache ;

Fiant sicut fœnum tectorum, quod priusquam evellatur exaruit ;

Dont le moissonneur ne remplit point sa main ; et dont ne daigne remplir son sein celui qui ramasse des poignées d'épis sur le champ moissonné.

De quo non implevit manum suam, qui metit ; et sinum suum, qui manipulos colligit.

Et les passants n'ont point dit : « La bénédiction du Seigneur soit sur vous ! nous vous bénissons au nom du Seigneur. »

Et non dixerunt qui præteribant : « Benedictio Domini super vos ! benedicimus vobis in nomine Domini. »

Gloire au Père, et au Fils, et au Saint-Esprit !
Telle qu'elle a été, etc.

Gloria Patri, et Filio, et Spiritui sancto !
Sicut erat, etc.

PSALMUS CXXIX.

Seigneur, je me suis écrié vers vous des lieux profonds ; Seigneur, exaucez mon oraison.

De profundis clamavi ad te, Domine ; Domine, exaudi vocem meam.

Que vos oreilles se rendent attentives à la voix de ma supplication.

Fiant aures tuæ intendentes in vocem deprecationis meæ.

Seigneur, si vous prenez

Si iniquitates observave-

Qu'ils deviennent pareils à ce foin inutile
Qui sur le haut des toits pousse un tuyau débile,
Et ne s'y montre aux yeux que pour le voir sécher
    Avant qu'on l'en puisse arracher.

Qu'ils deviennent pareils à ces méchantes herbes,
Dont jamais moissonneur n'a ramassé de gerbes;
Que tient le glaneur même indignes de sa main,
    Et n'en daigne remplir son sein.

Les passants, qui sauront quelle est leur injustice,
Ne leur diront jamais : « Le Seigneur vous bénisse,
Le Seigneur vous appuie, ainsi que notre cœur
    Vous bénit au nom du Seigneur! »

Gloire au Père éternel! gloire au Verbe ineffable!
Gloire à leur Esprit saint, ainsi qu'eux adorable!
Et telle qu'elle étoit avant les premiers jours,
    Telle soit-elle encor toujours!

PSAUME CXXIX.

Des abîmes profonds où mon péché me plonge,
    Jusqu'à toi j'ai poussé mes cris;
Tu vois mon repentir et l'ennui qui me ronge :
Seigneur, ne reçois pas mes vœux avec mépris.

Prête à mes longs soupirs cette oreille attentive
    Qui n'entend point sans secourir :
Jette sur les élans d'une douleur si vive
Cet œil qui ne peut voir de maux sans les guérir.

Pour grands que soient les miens, je le dis à ma honte,
    Seigneur, je les ai mérités;

garde à toutes les iniquités, qui osera vous attendre ?

ris, Domine, Domine, quis sustinebit?

Vous avez un fonds inépuisable de clémence ; et à cause de votre loi, Seigneur, je vous ai attendu.

Quia apud te propitiatio est, et propter legem tuam sustinui te, Domine.

Mon âme a attendu le Seigneur sur sa parole : mon âme a espéré au Seigneur.

Sustinuit anima mea in verbo ejus : speravit anima mea in Domino.

Depuis la garde du matin jusqu'à la nuit, Israël doit espérer au Seigneur ;

A custodia matutina usque ad noctem, speret Israël in Domino ;

Parce qu'il y a miséricorde chez le Seigneur, et pleine abondance de rédemption ;

Quia apud Dominum misericordia, et copiosa apud eum redemptio ;

Et il rachètera lui-même Israël de toutes ses iniquités.

Et ipse redimet Israël ex omnibus iniquitatibus ejus.

Gloire soit au Père, et au Fils, et au Saint-Esprit
Telle qu'elle a été, etc.

Gloria Patri, et Filio, et Spiritui sancto !
Sicut erat, etc.

Mais qui subsistera, si tu demandes conte[1]
De tout l'emportement de nos iniquités?

Auprès de ta justice il est une clémence
    Que souvent tu choisis pour loi :
Elle est inépuisable, et c'est son indulgence
Qui m'a fait jusqu'ici subsister devant toi.

Je me suis soutenu, Seigneur, sur ta parole,
    Dans ce que je n'ai su parer.
Un Dieu n'afflige point qu'ensuite il ne console :
C'est ce que tes bontés m'ordonnent d'espérer.

Espère ainsi que moi, peuple de la Judée :
    Fils de Jacob, espérez tous.
Et du matin au soir, gardez la sainte idée
D'espérer en sa grâce en craignant son courroux.

A sa miséricorde il n'est point de limites :
    Il en a des trésors cachés,
Et prépare lui-même un excès de mérites
A racheter bientôt l'excès de nos péchés.

Attends donc, Israël, attends avec courage
    L'effet de ce qu'il a promis :
Il paîra ta rançon, rompra ton esclavage,
Et brisera les fers où ton péché t'a mis.

Gloire au Père éternel, la première des causes!
    Gloire au Fils, à l'Esprit divin!
Et telle qu'elle étoit avant toutes les choses,
Telle soit-elle encor maintenant et sans fin!

---

1. Voyez tome I, p. 150, note 1-*a*.

PSALMUS CXXX.

Seigneur, mon cœur ne s'est point exalté, et mes yeux ne se sont point élevés.

Domine, non est exaltatum cor meum, neque elati sunt oculi mei;

Je n'ai point porté mes pas aux grandeurs, ni aux choses merveilleuses au delà de ma portée.

Neque ambulavi in magnis, neque in mirabilibus super me.

Si je n'ai point eu d'humbles sentiments de moi-même, et si j'ai exalté mon âme :

Si non humiliter sentiebam, sed exaltavi animam meam :

Tel qu'est le déplaisir d'un enfant nouveau sevré entre les bras de sa mère qui lui refuse son lait, telle soit en mon âme la rétribution de mon orgueil !

Sicut ablactatus est super matre sua, ita retributio in anima mea !

Qu'Israël espère au Seigneur, depuis ce moment jusqu'à tout jamais.

Speret Israël in Domino, ex hoc nunc et usque in sæculum.

Gloire soit au Père, et au Fils, et au Saint-Esprit !
Telle qu'elle a été, etc.

Gloria Patri, et Filio, et Spiritui sancto !
Sicut erat, etc.

HYMNUS.

Memento, salutis auctor, etc. [1].

---

1. Voyez ci-dessus, p. 166.

PSAUME CXXX.

Je n'ai point soupiré pour cette indépendance
Où veut monter l'orgueil par des droits usurpés :
Vers elle aucuns regards ne me sont échappés,
    Non pas même par imprudence.

Vous le savez, Seigneur, ma plus vaste pensée
Ne m'a jamais enflé d'aucune ambition,
Ni fait chercher l'éclat d'une illustre action,
    Pour voir ma fortune haussée.

Si j'ai manqué d'avoir ce mépris de moi-même,
Cet humble sentiment que vous m'avez prescrit ;
Si j'ai laissé jamais surprendre mon esprit
    A la splendeur du diadème :

Puisse votre rebut se rendre aussi sévère,
Aussi rude à mon cœur mortellement navré,
Qu'est sensible à l'enfant nouvellement sevré
    Le refus du lait de sa mère !

Porte, porte au Seigneur ta pleine confiance,
Israël, peuple élu, qu'il a daigné bénir ;
Et depuis ce moment jusqu'à tout l'avenir,
    Dédaigne toute autre espérance.

Gloire au Père éternel, la première des causes !
Gloire au Verbe incarné ! gloire à l'Esprit divin !
Telle encor maintenant, et telle encor sans fin,
    Qu'elle étoit avant toutes choses !

HYMNE.

Bénin sauveur de la nature, etc.[1].

---

1. Voyez ci-dessus, p. 167.

CAPITULUM. (Ecclesiastici xxiv.)

Ego mater pulchræ dilectionis, et timoris, et magnitudinis, et sanctæ spei. ℟. *Deo gratias.*

℣. *Ora pro nobis, sancta Dei genitrix.*
℟. *Ut digni efficiamur promissionibus Christi.*

Antiphona. *Sub tuum præsidium.*

CANTICUM SIMEONIS. (Lucæ ii.)

Seigneur, vous laissez maintenant aller votre serviteur en paix, suivant votre parole ;	Nunc dimittis servum tuum, Domine, secundum verbum tuum, in pace ;
Parce que mes yeux ont vu votre salutaire,	Quia viderunt oculi mei salutare tuum,
Que vous avez préparé devant la face de tous les peuples,	Quod parasti ante faciem omnium populorum,
Pour servir de lumière à éclairer les nations, et faire la gloire d'Israël votre peuple.	Lumen ad revelationem gentium, et gloriam plebis tuæ Israël.
Gloire soit au Père, et au Fils, et au Saint-Esprit ! Telle qu'elle a été, etc.	Gloria Patri, et Filio, et Spiritui sancto ! Sicut erat, etc.

CHAPITRE. (Ecclésiastique, XXIV.)

Je suis la mère de la belle dilection, et de la crainte, et de la grandeur, et de la sainte espérance. ℟. Rendons-en grâces à Dieu.

℣. Priez pour nous, sainte mère de Dieu.

℟. Afin que nous devenions dignes des promesses de Jésus-Christ.

Antienne. *C'est sous votre protection.*

CANTIQUE DE SIMÉON. (En saint Luc, II.)

Enfin, suivant votre parole,
Vous me laissez aller en paix,
Seigneur, et mon âme s'envole
Au sein d'Abraham pour jamais.

Vous avez daigné satisfaire 5
De mes yeux le plus doux souci :
Ils ont vu votre salutaire,
Et n'ont plus rien à voir ici.

C'est le salutaire suprême,
Que vos saintes prénotions 10
Vous ont fait préparer vous-même
Devant toutes les nations.

Par cette lumière adorable
Les gentils seront éclairés,
Et d'une gloire incomparable 15
Vos peuples seront honorés.

Gloire au Père, cause des causes !
Gloire au Fils, à l'Esprit divin !
Et telle qu'avant toutes choses,
Telle soit-elle encor sans fin ! 20

Antiphona. *Sub tuum præsidium confugimus, sancta Dei genitrix : nostras deprecationes ne despicias in necessitatibus, sed a periculis cunctis libera nos semper, virgo gloriosa et benedicta.*

Kyrie, eleison. Christe, eleison. Kyrie, eleison.
℣. *Domine, exaudi orationem meam.*
℟. *Et clamor meus ad te veniat.*

OREMUS.

Beatæ et gloriosæ semperque virginis Mariæ, quæsumus, Domine, intercessio gloriosa nos protegat, et ad vitam perducat æternam. Per Dominum nostrum Jesum Christum, Filium tuum, qui tecum vivit et regnat, in unitate Spiritus sancti, Deus, per omnia sæcula sæculorum. ℟. *Amen.*

℣. *Domine, exaudi orationem meam.*
℟. *Et clamor meus ad te veniat.*
℣. *Benedicamus Domino.*
℟. *Deo gratias.*

BENEDICTIO.

Benedicat et custodiat nos omnipotens et misericors Dominus, Pater, et Filius, et Spiritus sanctus. ℟. *Amen.*

ANTIENNE. *C'est sous votre protection que nous nous réfugions, sainte mère de Dieu : ne dédaignez pas nos prières dans les besoins où nous sommes, mais délivrez-nous en tout temps de tous périls, vierge glorieuse et bénie.*

Seigneur, ayez pitié de nous. Jésus-Christ, ayez pitié de nous. Seigneur, ayez pitié de nous.

℣. *Seigneur, écoutez ma prière.*
℟. *Et que mes clameurs aillent jusqu'à vous.*

ORAISON.

Nous vous demandons, Seigneur, que la glorieuse intercession de la bienheureuse Marie toujours vierge nous protége et nous conduise à la vie éternelle. Par Jésus-Christ notre Seigneur, votre Fils, qui étant Dieu comme vous, vit et règne avec vous, en l'unité du Saint-Esprit, dans tous les siècles des siècles. ℟. *Ainsi soit-il.*

℣. *Seigneur, écoutez ma prière.*
℟. *Et que mes clameurs aillent jusqu'à vous*[1].

---

1. La traduction s'arrête ici, au bas de la page 167 de l'édition originale; la page 168 est occupée par la fin du texte latin, et, quoiqu'on lise au bas de cette page 168 la réclame : « ℣. Bénissons, » la page 169 contient le titre des sept psaumes pénitentiaux.

LES
SEPT PSAUMES
PÉNITENTIAUX

SEPTEM PSALMI

POENITENTIALES.

ANTIPHONA. *Ne reminiscaris.*

PSALMUS VI.

Seigneur, ne me reprenez point en votre fureur, et ne me corrigez point en votre colère.

Domine, ne in furore tuo arguas me, neque in ira tua corripias me.

Prenez pitié de moi, Seigneur, dans l'infirmité où je suis : guérissez-moi d'un mal qui a ébranlé tous mes os.

Miserere mei, Domine, quoniam infirmus sum : sana me, Domine, quoniam conturbata sunt ossa mea;

Mon âme en est toute troublée ; mais vous, Seigneur, jusques à quand me délaisserez-vous ?

Et anima mea turbata est valde; sed tu, Domine, usquequo ?

Seigneur, tournez les yeux sur moi, et délivrez mon âme : rendez-moi la santé par votre miséricorde.

Convertere, Domine, et eripe animam meam : salvum me fac propter misericordiam tuam;

Vous savez que parmi les morts aucun ne se souvient de vous ; et dans l'enfer qui chantera vos louanges ?

Quoniam non est in morte qui memor sit tui; in inferno autem quis confitebitur tibi?

LES SEPT PSAUMES
PÉNITENTIAUX.

Antienne. *Ne vous ressouvenez point.*

PSAUME VI.

Je l'avouerai, Seigneur, votre juste colère
Ne peut avoir pour moi trop de sévérité;
    Mais ne me corrigez qu'en père,
    Et non pas en maître irrité.

Avec compassion regardez ma foiblesse :   5
Je souffre sans relâche et languis sans repos.
    Guérissez-moi, le mal me presse,
    Et passe jusque dans mes os.

Mon âme en est troublée, et ne sait plus qu'attendre,
Tant chaque jour l'accable et de crainte et d'horreur :
    Jusques où voulez-vous étendre
    Les marques de votre fureur ?

Détournez-en le cours qui sur moi se déborde;
Du torrent qui bondit venez me préserver :
    C'est à votre miséricorde   15
    Qu'il appartient de me sauver.

L'empire de la mort, sous qui mon cœur succombe,
Nous laisse-t-il de vous le moindre souvenir?
    Et le silence de la tombe
    Nous apprend-il à vous bénir?   20

Je me suis tourmenté jusqu'ici à gémir : je ferai plus, je laverai mon lit toutes les nuits, et arroserai ma couche de mes larmes.	Laboravi in gemitu meo : lavabo per singulas noctes lectum meum, lacrymis meis stratum meum rigabo.
Mon œil en a été troublé de fureur ; et j'en suis envieilli à la vue de tous mes ennemis.	Turbatus est a furore oculus meus ; inveteravi inter omnes inimicos meos.
Retirez-vous de moi, vous tous qui ne faites que des œuvres d'iniquité ; et sachez que le Seigneur a exaucé la voix de mes pleurs.	Discedite a me, omnes qui operamini iniquitatem, quoniam exaudivit Dominus vocem fletus mei.
Oui, sachez que le Seigneur a exaucé ma prière, et qu'il a bien reçu mon oraison.	Exaudivit Dominus deprecationem meam ; Dominus orationem meam suscepit.
Que mes ennemis rougissent de honte et se troublent ; qu'ils rougissent et tournent le dos avec la dernière promptitude.	Erubescant et conturbentur vehementer omnes inimici mei ; convertantur et erubescant valde velociter.
Gloire soit au Père, et au Fils, et au Saint-Esprit ! Telle qu'elle a été, etc.	Gloria Patri, et Filio, et Spiritui sancto ! Sicut erat, etc.

PSALMUS XXXI.

Bienheureux sont ceux à qui leurs iniquités sont remises, et ceux de qui les péchés sont couverts.	Beati quorum remissæ sunt iniquitates, et quorum tecta sunt peccata.

Abattu de tristesse et travaillé d'alarmes,
Soupirer et gémir, c'est tout ce que je puis;
    Et baigner mon lit de mes larmes,
    Ce sont mes plus heureuses nuits.

Mon œil épouvanté de toutes parts n'envoie
Que des regards troublés d'un si cuisant malheur;
    Et mes ennemis ont la joie
    De me voir blanchir de douleur.

Sortez d'auprès de moi, noirs ouvriers du crime,
Qu'on voyoit si ravis de me voir aux abois :
    Du Seigneur la bonté sublime
    Daigne entendre ma triste voix.

Mes larmes ont monté jusque devant sa face,
Il a reçu mes vœux, mes soupirs l'ont touché;
    Mes cris en ont obtenu grâce :
    Il n'a plus d'yeux pour mon péché.

Allez, qu'à votre tour la misère vous trouble :
Rougissez tous de honte en cette occasion;
    Et que chaque moment redouble
    Cette prompte confusion.

Gloire au Père éternel, la première des causes!
Gloire au Verbe incarné! gloire à l'Esprit divin!
    Et telle qu'avant toutes choses,
    Telle soit-elle encor sans fin !

PSAUME XXXI.

Heureux sont les mortels dont les saints artifices
Ont lavé les péchés par des pleurs assidus,
Et par le rude choix de leurs justes supplices
Les ont si bien couverts que Dieu ne les voit plus.

Bienheureux celui à qui Dieu n'a point imputé de péché, et dans l'esprit duquel il ne se trouve aucune fraude.

Beatus vir cui non imputavit Dominus peccatum, nec est in spiritu ejus dolus.

Parce que j'ai voulu taire mon péché, mes os se sont envieillis, et mes maux m'ont fait crier toute la journée;

Quoniam tacui, inveteraverunt ossa mea, dum clamarem tota die;

Car votre main s'est appesantie sur moi jour et nuit; et ma misère ne m'a converti que quand ses épines m'ont percé.

Quoniam die ac nocte gravata est super me manus tua; conversus sum in ærumna mea, dum configitur spina.

Alors je vous ai fait connoître mon péché, et j'ai cessé de cacher mon injustice.

Delictum meum cognitum tibi feci, et injustitiam meam non abscondi.

J'ai dit hautement : « Je confesserai mon injustice au Seigneur contre moi; » et vous m'avez pardonné aussitôt l'inhumanité de mon crime.

Dixi : « Confitebor adversum me injustitiam meam Domino; » et tu remisisti impietatem peccati mei.

C'est sur cet exemple que tout homme saint vous adressera ses prières, tandis que le temps y est propre;

Pro hac orabit ad te omnis sanctus, in tempore opportuno;

Et dans les déluges des grandes eaux, elles n'approcheront point de lui.

Verum tamen in diluvio aquarum multarum, ad eum non approximabunt.

Plus heureux l'homme encor dont l'innocente vie
N'a rien que Dieu lui veuille imputer à forfait,
L'homme en qui jamais fourbe et jamais calomnie
N'infecte ce qu'il dit, n'empeste ce qu'il fait.

Mon crime s'est longtemps caché sous le silence,
Mes maux en sont accrus, mon visage envieilli;
Et les cris que m'arrache enfin leur violence,
Sont le fruit douloureux que j'en ai recueilli.

Mon âme en a senti ta main appesantie
Sous leur fardeau secret m'accabler nuit et jour;
Mon corps en a senti sa vigueur amortie,
Et l'angoisse a plus fait sur moi que ton amour.

C'est elle qui me force à ne te plus rien taire;
Je veux t'avouer tout, Seigneur, et hautement :
Me dire un assassin, un traître, un adultère,
En accepter la honte, aimer le châtiment.

En vain, mon âme, en vain cet aveu t'effarouche :
Il faut servir à Dieu de témoin contre nous.
Vois que ces mots à peine ont sorti de ma bouche,
Qu'ils m'ont rendu sa grâce et fléchi son courroux.

C'est comme en doit user une âme qui n'aspire
Qu'à rentrer au vrai calme où met la sainteté :
Il faut qu'elle s'accuse, il faut qu'elle soupire,
Tandis qu'elle a le temps d'implorer sa bonté.

Que la fureur des eaux par un nouveau déluge
Sur les plus hauts rochers ose encor s'élever :
Quand l'homme t'a choisi, Seigneur, pour son refuge,
Ces eaux jusques à lui ne sauroient arriver.

Vous êtes mon refuge dans la tribulation qui m'a environné : délivrez-moi de celles qui m'environnent, vous qui êtes ma joie.

« Je te donnerai de l'intelligence, je t'instruirai dans la voie où tu marcheras; je tiendrai fermement les yeux sur toi. »

Ne devenez pas semblables au cheval et au mulet, qui n'ont aucun entendement.

Seigneur, serrez avec le mors et la bride les mâchoires de ceux qui leur ressemblent, et qui ne veulent point approcher de vous pour vous obéir.

Les fléaux du pécheur sont en grand nombre; mais la miséricorde environnera celui qui espère au Seigneur.

Justes, réjouissez-vous au Seigneur; et que tous ceux qui ont le cœur droit se glorifient en lui.

Gloire soit au Père, et au Fils, et au Saint-Esprit !
Telle qu'elle a été, etc.

Tu es refugium meum a tribulatione quæ circumdedit me : exultatio mea, erue me a circumdantibus me.

« Intellectum tibi dabo, et instruam te in via hac qua gradieris; firmabo super te oculos meos. »

Nolite fieri sicut equus et mulus, quibus non est intellectus.

In camo et freno maxillas eorum constringe, qui non approximant ad te.

Multa flagella peccatoris; sperantem autem in Domino misericordia circumdabit.

Lætamini, justi, in Domino; et gloriamini, omnes recti corde.

Gloria Patri, et Filio, et Spiritui sancto
Sicut erat, etc.

J'ai mis en toi le mien, contre l'affreux ravage
Des tribulations où tu m'as vu plongé;
J'ai mis en toi ma joie : achève, et me dégage   35
De toutes les fureurs dont je suis assiégé.

« Oui, je te donnerai, me dis-tu, la prudence,
Pour servir à tes pas de règle et de flambeau;
Je t'instruirai moi-même en ma haute science,
Et j'aurai l'œil sur toi jusque dans le tombeau. »   40

Vous donc, si vous voulez éviter les tempêtes
Que son juste courroux roule à chaque moment,
Mortels, ne soyez pas semblables à des bêtes
Qui manquent de raison et de discernement.

Domptez avec le mors, domptez avec la bride   45
Ces esprits durs et fiers, ces naturels brutaux,
Qui refusent, Seigneur, de vous prendre pour guide :
Hommes, mais après tout, moins hommes que chevaux.

Il est mille fléaux pour le pécheur rebelle
Qui ne veut suivre ici que son propre vouloir;   50
Mais la miséricorde est un rempart fidèle
Pour quiconque à vous seul attache son espoir.

Faites-en éclater une pleine allégresse,
Justes, sans crainte aucune ou de trouble, ou d'ennui;
Et vous, cœurs purs et droits, glorifiez sans cesse   55
L'auteur de votre joie, et vous-mêmes en lui.

Gloire au Père éternel, la première des causes!
Gloire au Verbe incarné! gloire à l'Esprit divin!
Et telle qu'elle étoit avant toutes les choses,
Telle soit-elle encor maintenant et sans fin!   60

PSALMUS XXXVII.

Seigneur, ne me reprenez point en votre fureur, et ne me châtiez point en votre colère.

Vos flèches se sont enfoncées en mon corps, et vous avez affermi votre main sur moi.

Il n'y a rien de sain en ma chair à la vue de votre colère : il n'y a aucune paix en mes os à la vue de mes péchés.

Le comble de mes iniquités s'est élevé au-dessus de ma tête; et comme un fardeau très-lourd elles se sont appesanties sur moi.

J'ai été assez fou pour négliger mes plaies, et la pourriture et la corruption se sont mises dans leurs cicatrices.

J'en suis devenu misérable et tout courbé, et tout le long du jour je ne marche qu'avec un accablement de tristesse.

Mes reins se sont remplis d'illusions; et il n'y a rien de sain en ma chair.

Domine, ne in furore tuo arguas me, neque in ira tua corripias me;

Quoniam sagittæ tuæ infixæ sunt mihi, et confirmasti super me manum tuam.

Non est sanitas in carne mea a facie iræ tuæ : non est pax ossibus meis a facie peccatorum meorum;

Quoniam iniquitates meæ supergressæ sunt caput meum; et sicut onus grave gravatæ sunt super me.

Putruerunt et corruptæ sunt cicatrices meæ, a facie insipientiæ meæ.

Miser factus sum et curvatus sum usque in finem : tota die contristatus ingrediebar;

Quoniam lumbi mei impleti sunt illusionibus; et non est sanitas in carne mea.

PSAUME XXXVII.

Seigneur, quand tu voudras convaincre ma foiblesse,
Mets à part la fureur de tes ressentiments,
Et ne consulte point ton ire vengeresse
    Sur le choix de mes châtiments.

Les flèches que sur moi ton bras a décochées
De leurs pointes d'acier hérissent tout mon cœur,
Et ta main enfonçant leurs atteintes cachées
    S'est affermie en sa rigueur.

Je ne vois sur ma chair que blessures mortelles,
Qu'ulcères qu'à toute heure ouvrent de nouveaux traits :
Mes crimes ont pour moi des pointes éternelles
    Qui de mes os chassent la paix.

Ces crimes entassés élèvent sur ma tête
Des eaux de ta colère un fier débordement ;
Et d'un fardeau si lourd la pesanteur m'apprête
    Un long et triste accablement.

Ma folie a longtemps négligé ma blessure :
Elle en a vu sans soin la plaie et les tumeurs,
Et voit honteusement tourner en pourriture
    La corruption des humeurs.

La misère m'accable et la douleur me presse :
J'en marche tout courbé, j'en vis tout abattu ;
Et partout où je vais, l'excès de ma tristesse
    M'y traîne foible et sans vertu.

Ce n'est qu'illusion que l'éclat de ma vie,
Qu'un vieux songe qui flatte, et qu'on rappelle en vain :
Il fait place à l'horreur de cette chair pourrie,
    Et d'un corps qui n'a rien de sain.

J'ai été affligé et abattu jusqu'à l'excès, et les gémissements de mon cœur ont ressemblé à des rugissements.

Seigneur, tout mon desir est exposé à votre vue; et mon gémissement ne vous a point été caché.

Mon cœur n'est que trouble, ma vertu m'a abandonné; et la lumière même de mes yeux n'est pas avec moi.

Mes amis et mes proches ne se sont approchés de moi que pour me nuire, ou du moins ils se sont arrêtés à me regarder sans me secourir.

Ceux qui étoient le plus près de ma personne s'en sont éloignés, tandis que ceux qui cherchoient à m'ôter la vie s'y portoient avec la dernière violence;

Et ceux qui cherchoient à me procurer toutes sortes de maux n'avoient en la bouche que des mensonges, et ne pensoient tout le jour qu'à des tromperies.

Quant à moi, je ne les écou-

Afflictus sum et humiliatus sum nimis : rugiebam a gemitu cordis mei.

Domine, ante te omne desiderium meum; et gemitus meus a te non est absconditus ;

Cor meum conturbatum est, dereliquit me virtus mea; et lumen oculorum meorum et ipsum non est mecum.

Amici mei et proximi mei adversum me appropinquaverunt, et steterunt;

Et qui juxta me erant de longe steterunt; et vim faciebant qui quærebant animam meam;

Et qui inquirebant mala mihi locuti sunt vanitates, et dolos tota die meditabantur.

Ego autem, tanquam

Dans ces afflictions et ces gênes cruelles,
Quand je crois ne pousser que des gémissements, 30
Je sens de nouveaux maux et des rigueurs nouvelles
    Les tourner en rugissements.

Seigneur, jetez les yeux sur ma douleur profonde :
Vous savez mes desirs, vous les connoissez tous ;
Et j'ai beau déguiser ces maux à tout le monde, 35
    Ils n'ont rien de caché pour vous.

Mon cœur est plein de trouble, et ma vigueur entière
M'abandonne et m'expose à des âmes sans foi ;
Et celui qui servoit à mes yeux de lumière
    Lui-même n'est plus avec moi. 40

Son exemple a séduit mes amis et mes proches :
Ils ont vu ma misère, et s'en sont écartés,
Et ces lâches esprits reviennent aux approches,
    Sous l'étendard des révoltés.

Les plus attachés même à chercher ma présence 45
M'ont regardé de loin sans m'offrir de secours,
Et laissé sans obstacle agir la violence
    Qui cherchoit à trancher mes jours.

De ceux qui m'ont haï les langues mensongères
Par des contes en l'air chaque jour m'ont noirci ; 50
Et leurs fourbes sans cesse ont forgé des chimères
    Par qui mon nom fût obscurci.

J'ai fait la sourde oreille, et refusé d'entendre

tois non plus que si j'eusse été sourd, et n'ouvrois non plus la bouche que si j'eusse été muet;

surdus, non audiebam; et sicut mutus, non aperiens os suum;

Et je suis devenu comme un homme qui n'entend point, et qui n'a point de quoi repartir;

Et factus sum sicut homo non audiens, et non habens in ore suo redargutiones;

Mais vous m'avez vu alors espérer en vous; et à cause de cela, Seigneur, mon Dieu, vous m'exaucerez.

Quoniam in te, Domine, speravi : tu exaudies me, Domine, Deus meus;

Je vous ai prié d'empêcher que mes ennemis ne se réjouissent de mes misères, eux qui se glorifient si hautement dès qu'ils voient que mes pieds chancellent.

Quia dixi : « Nequando supergaudeant mihi inimici mei; » et dum commoventur pedes mei, super me magna locuti sunt;

Je suis préparé à souffrir toute sorte de fléaux, et la douleur que j'ai méritée pour punition est toujours devant mes yeux.

Quoniam ego in flagella paratus sum, et dolor meus in conspectu meo semper;

J'avouerai à tout le monde mon injustice; et mon péché occupera toujours ma pensée.

Quoniam iniquitatem meam annuntiabo; et cogitabo pro peccato meo.

Cependant mes ennemis vivent, et s'affermissent incessamment contre moi; et le nombre de ceux qui me haïssent s'est multiplié de jour en jour.

Inimici autem mei vivunt et confirmati sunt super me; et multiplicati sunt qui oderunt me inique.

Ce que de l'imposture osoit l'indigne cours ;
Et ma bouche muette a dédaigné de rendre 55
 Réponse aucune à leurs discours.

J'ai mieux aimé passer pour un homme incapable
Et de rien écouter, et de rien démentir ;
Ou plutôt pour un homme, ou stupide, ou coupable,
 Qui n'a point de quoi repartir. 60

Vous répondrez pour moi, Seigneur, et je l'espère,
Moi qui n'ai jamais eu d'espérance qu'en vous,
Vous saurez, et bientôt, exaucer la prière
 Que je vous en fais à genoux.

Vous ne permettrez point qu'une pleine victoire 65
Mette au-dessus de moi ces esprits insolents,
Eux qui n'ont déjà pris que trop de vaine gloire
 D'avoir vu mes pas chancelants.

S'il faut souffrir encore un coup de fouet plus rude,
Je suis prêt, déployez votre sévérité : 70
Ma peine est au-dessous de mon ingratitude,
 Et mon crime a tout mérité.

Je l'avouerai tout haut, pour rendre mieux connue
L'infâme énormité de tout ce que j'ai fait ;
J'y pense nuit et jour, et n'ai devant la vue 75
 Que l'image de mon forfait.

Mais faut-il cependant que mes ennemis vivent,
Avec tant d'avantage affermis contre moi,
Et que le nombre accru de ceux qui me poursuivent
 A jamais me fasse la loi ? 80

Ceux qui rendent le mal pour le bien médisoient de moi, parce que je n'avois que de la bonté.

Qui retribuunt mala pro bonis detrahebant mihi, quoniam sequebar bonitatem.

Seigneur, mon Dieu, ne me délaissez pas : ne partez point d'auprès de moi.

Ne derelinquas me, Domine, Deus meus : ne discesseris a me.

Venez promptement à mon secours, vous, Seigneur, qui êtes le Dieu de mon salut.

Intende in adjutorium meum, Domine, Deus salutis meæ.

Gloire soit au Père, et au Fils, et au Saint-Esprit!
Telle qu'elle a été, etc.

Gloria Patri, et Filio, et Spiritui sancto!
Sicut erat, etc.

PSALMUS L.

Mon Dieu, ayez pitié de moi, selon la grandeur de votre miséricorde;

Miserere mei, Deus, secundum magnam misericordiam tuam;

Et selon la multitude de vos commisérations, effacez mon iniquité.

Et secundum multitudinem miserationum tuarum, dele iniquitatem meam.

Lavez de plus en plus la tache de cette iniquité, et nettoyez-moi de mon crime.

Amplius lava me ab iniquitate mea, et a peccato meo munda me;

J'ai connu la grandeur de

Quoniam iniquitatem

Vous voyez à quel point enflent leur médisance
Ceux dont l'injuste aigreur rend le mal pour le bien;
A quel point ma bonté, réduite à l'impuissance,
    Les porte à ne douter de rien.

Ne m'abandonnez pas à toute ma disgrâce; 85
Autre que vous, Seigneur, ne peut me relever :
Ne vous éloignez pas que ce torrent ne passe,
    Vous qui seul m'en pouvez sauver.

Venez, venez, mon Dieu, venez tôt à mon aide
Contre tant de malheurs qui m'ont choisi pour but, 90
Vous qui de tous mes maux êtes le seul remède,
    Et l'espoir seul de mon salut.

Gloire au Père éternel, la première des causes !
Gloire au Verbe incarné ! gloire à l'Esprit divin !
Et telle qu'elle étoit avant toutes les choses, 95
    Telle soit-elle encor sans fin !

PSAUME L.

    Prenez pitié de moi, Seigneur,
Suivant ce qu'a d'excès votre miséricorde :
Souffrez qu'en ma faveur son torrent se déborde,
    Et désarme votre rigueur.

    Au lieu de ces punitions 5
Que doit votre justice à mon ingratitude,
Jetez sur mon péché toute la multitude
    De vos saintes compassions.

    Daignez de plus en plus laver
De mes iniquités les infâmes souillures : 10
Vous avez commencé de guérir mes blessures,
    Hâtez-vous, Seigneur, d'achever.

    Je ne me trouve en aucuns lieux

mon offense, et mon péché est sans cesse contre moi.

J'ai péché contre vous seul, j'ai fait de méchantes actions en votre présence ; et je l'avoue, afin que vous soyez justifié en vos paroles, et que vous triomphiez en vos jugements.

J'ai été formé dans les iniquités, et c'est en péché que ma mère m'a conçu.

Mais vous avez toujours aimé que l'on avouât la vérité ; et je suis d'autant plus coupable que vous m'avez révélé les secrets de votre sagesse sur les choses qui paroissent les plus incertaines, et qui sont les plus cachées.

Vous m'arroserez avec de l'hyssope, et je serai nettoyé : vous me laverez, et je deviendrai plus blanc que la neige.

Vous me ferez entendre des paroles qui me combleront de joie, et cette joie pénétrera jusque dans mes os, que vous avez humiliés.

Détournez vos yeux de mes

meam ego cognosco, et peccatum meum contra me est semper.

Tibi soli peccavi, et malum coram te feci, ut justificeris in sermonibus tuis, et vincas cum judicaris.

Ecce enim in iniquitatibus conceptus sum, et in peccatis concepit me mater mea.

Ecce enim veritatem dilexisti : incerta et occulta sapientiæ tuæ manifestasti mihi.

Asperges me hyssopo, et mundabor : lavabis me, et super nivem dealbabor.

Auditui meo dabis gaudium et lætitiam, et exultabunt ossa humiliata.

Averte faciem tuam a

Où d'un si noir forfait l'image ne me tue ;
Et de quelque côté que je porte la vue, 15
    Elle frappe aussitôt mes yeux.

    Je n'ai péché que contre vous ;
Mais aussi j'ai péché, Seigneur, à votre face :
Ainsi vous serez juste, et si vous faites grâce,
    Et si vous jugez en courroux. 20

    Que puis-je après tout que pécher,
Si c'est par le péché que j'ai vu la lumière ?
Et si c'est en péché que m'a conçu ma mère,
    Par où puis-je m'en détacher ?

    C'est par cette seule bonté 25
Qui tire du pécheur l'aveu de sa foiblesse,
Et qui m'a révélé ce que votre sagesse
    A de plus sainte obscurité.

    Jusqu'en mon sein faites couler
Ces eaux qui de blanchir ont le grand privilége : 30
Quand j'en serai lavé, la blancheur de la neige
    N'aura point de quoi m'égaler.

    Parlez, et me faites ouïr
De si justes sujets de véritable joie,
Que jusque dans mes os mon oreille renvoie 35
    De quoi toujours se réjouir.

    Mais pour cela, Seigneur, il faut

offenses, et effacez toutes mes iniquités.

Créez en moi un cœur net et pur, et renouvelez en mes entrailles un esprit droit.

Ne me rejetez point de devant vos yeux, et ne retirez point de moi votre saint esprit.

Rendez-moi la joie de votre salutaire, et donnez-moi un esprit principal qui me fortifie.

J'enseignerai vos voies aux méchants, et les impies se convertiront à vous.

O Dieu, ô Dieu de mon salut, préservez-moi de répandre davantage de sang, et ma langue publiera votre justice avec grande joie.

Seigneur, vous ouvrirez mes lèvres, et ma bouche annoncera votre louange.

Si vous eussiez voulu des sacrifices, je vous en eusse of-

peccatis meis, et omnes iniquitates meas dele.

Cor mundum crea in me, Deus, et spiritum rectum innova in visceribus meis.

Ne projicias me a facie tua, et spiritum sanctum tuum ne auferas a me.

Redde mihi lætitiam salutaris tui, et spiritu principali confirma me.

Docebo iniquos vias tuas, et impii ad te convertentur.

Libera me de sanguinibus, Deus, Deus salutis meæ, et exultabit lingua mea justitiam tuam.

Domine, labia mea aperies, et os meum annuntiabit laudem tuam ;

Quoniam si voluisses sacrificium, dedissem utique :

Détourner vos regards de mes fautes passées,
En rendre au dernier point les taches effacées,
 En purger le moindre défaut. 40

 Ce n'est pas tout : il faut en moi
Créer un cœur si pur, qu'il tienne l'âme pure;
Renouveler en moi cet esprit de droiture
 Qui n'agit que sous votre loi.

 Lorsque vous m'aurez pardonné, 45
Ne me rejetez plus de devant votre face,
Et ne retirez pas l'esprit de votre grâce
 Après me l'avoir redonné.

 Rendez-moi ce divin transport
Où s'élevoit ma joie en votre salutaire, 50
Cet esprit tout de feu qui s'efforce à vous plaire,
 Et dont vous bénissez l'effort.

 J'enseignerai ces vérités
Qui ramènent l'injuste à suivre la justice;
Et je veux qu'à son tour mon exemple guérisse 55
 Ceux que mon exemple a gâtés.

 Surtout préservez-moi, Seigneur,
De plus faire verser le sang de l'innocence;
Et je dirai partout quelle est votre clémence
 A justifier un pécheur. 60

 Ouvrez mes lèvres, ô mon Dieu,
Que je puisse mêler ma voix aux voix des anges;
Et je ferai comme eux de vos saintes louanges
 Mon plus doux objet en tout lieu.

 Sur des autels fumants pour vous, 65
Si vous l'aviez voulu, j'aurois mis des victimes;

fert; mais je sais que les holocaustes ne vous plaisent pas assez pour apaiser tout votre courroux.

holocaustis non delectaberis.

Un esprit affligé d'avoir failli est le sacrifice que Dieu demande : mon Dieu, vous ne mépriserez pas un cœur contrit et humilié.

Sacrificium Deo spiritus contribulatus : cor contritum et humiliatum, Deus, non despicies.

Seigneur, répandez les grâces de votre bienveillance sur Sion, afin que les murs de Jérusalem se bâtissent.

Benigne fac, Domine, in bona voluntate tua Sion, ut ædificentur muri Jerusalem.

Vous accepterez alors un sacrifice de justice, et les offrandes, et les holocaustes : alors on chargera vos autels de veaux immolés.

Tunc acceptabis sacrificium justitiæ, oblationes, et holocausta : tunc imponent super altare tuum vitulos.

Gloire soit au Père, et au Fils, et au Saint-Esprit !
Telle qu'elle a été, etc.

Gloria Patri, et Filio, et Spiritui sancto !
Sicut erat, etc.

PSALMUS CI.

Seigneur, exaucez ma prière, et que mes clameurs aillent jusqu'à vous.

Domine, exaudi orationem meam, et clamor meus ad te veniat.

Ne détournez point vos yeux de dessus moi ; et en quelque jour que je tombe dans la tribulation, penchez vers moi votre oreille.

Non avertas faciem tuam a me : in quacumque die tribulor, inclina ad me aurem tuam.

Mais l'holocauste enfin n'efface pas tous crimes,
   N'éteint pas tout votre courroux.

   Le sacrifice qui vous plaît,
C'est un esprit touché, des yeux fondus en larmes : 70
Le cœur humble et contrit vous arrache les armes,
   Vous fait révoquer votre arrêt.

   Que mes crimes n'empêchent pas
Que pour votre Sion votre bonté n'éclate :
Relevez-en les murs, s'il faut qu'on les abatte ; 75
   Protégez-la dans les combats.

   Vous daignerez lors accepter
Des taureaux immolés le juste sacrifice,
Et l'holocauste offert à votre amour propice
   Ne s'en verra point rebuter. 80

   Gloire aux Trois, dont l'être est divin !
Gloire soit en tous lieux à leur unique essence !
Et telle qu'elle étoit lorsque tout prit naissance,
   Telle soit-elle encor sans fin !

PSAUME CI.

   Seigneur, écoutez ma prière,
Laissez-lui désarmer votre juste courroux,
Et permettez aux cris que pousse ma misère
De pénétrer le ciel pour aller jusqu'à vous.

   Ne détournez plus votre face 5
Des mortelles douleurs qui m'ont percé le sein ;
Et dès leur premier coup, dès leur moindre menace,
Penchez vers moi l'oreille, et retirez la main.

En quelque jour que je vous invoque, hâtez-vous de m'exaucer ;

Car mes jours se sont évanouis comme la fumée, et mes os se sont desséchés comme un foyer.

Mon cœur est devenu aussi aride que le foin battu du soleil, parce que je me suis oublié de manger mon pain.

A force de crier et de gémir, mes os se sont attachés à ma chair.

Je suis devenu semblable au pélican de la solitude, et au hibou qui fait sa demeure dans les trous d'un vieux bâtiment.

J'ai veillé durant les nuits; et me suis fait comme un passereau solitaire qui ne sort point de son toit.

Mes ennemis me faisoient des reproches tout le long du jour; et ceux même qui me louoient le plus leur prêtoient serment contre moi;

Parce que je mangeois de la

In quacumque die invocavero te, velociter exaudi me;

Quia defecerunt sicut fumus dies mei, et ossa mea sicut cremium aruerunt.

Percussus sum ut fœnum, et aruit cor meum, quia oblitus sum comedere panem meum.

A voce gemitus mei, adhæsit os meum carni meæ.

Similis factus sum pelicano solitudinis; factus sum sicut nycticorax in domicilio.

Vigilavi; et factus sum sicut passer solitarius in tecto.

Tota die exprobrahant mihi inimici mei; et qui laudabant me adversum me jurabant;

Quia cinerem tanquam

A quelque heure que ma souffrance
Implore votre appui, réclame votre nom, 10
Ne regardez mes fers que pour ma délivrance,
Ne regardez mes maux que pour leur guérison.

Mes jours ne sont que la fumée
D'un tronc que vos fureurs viennent de foudroyer :
Ils vont s'évanouir, et ma chair consumée 15
Couvre à peine des os aussi secs qu'un foyer.

Le foin sur qui le soleil frappe
A moins d'aridité que le fond de mon cœur :
Ma languissante vie à toute heure m'échappe,
Et faute de manger, je nourris ma langueur. 20

En vain je pleure et me tourmente,
Ce n'est que me hâter de courir au tombeau :
A force de gémir mon supplice s'augmente,
Et mes os décharnés s'attachent à ma peau.

Le pélican est moins sauvage 25
Au fond de son désert que moi dedans ma cour ;
Et comme si le jour me faisoit un outrage,
Je fuis comme un hibou les hommes et le jour.

Tel qu'un passereau solitaire,
J'ai peine à supporter mon ombre qui me suit ; 30
Et tout le long du jour si je ne puis me taire,
Je repose encor moins tout le long de la nuit.

Mais ce qui plus enfin me touche,
C'est que mes ennemis déclament contre moi,
Et que ceux qui n'avoient que ma gloire à la bouche 35
Conspirent avec eux pour me faire la loi.

Tandis qu'ils apprêtent leurs armes,

cendre, comme si c'eût été du pain; et que je mêlois des larmes avec mon breuvage.

J'étois réduit à cette extrémité par votre colère et par votre indignation, d'autant qu'après m'avoir élevé vous m'avez écrasé par la chute.

Mes jours ont décliné comme l'ombre; et je suis devenu sec comme du foin.

Mais quant à vous, Seigneur, vous demeurez éternellement; et la mémoire que vous avez de vos promesses passe de génération en génération.

Vous prendrez pitié de Sion quand vous vous lèverez, parce que le temps d'en avoir compassion est arrivé.

Vous savez que ses pierres, toutes brisées qu'elles sont, plaisent encore à vos serviteurs; et qu'ils ne regardent son terroir désolé que d'un œil de compassion.

Seigneur, les nations craindront votre nom, et tous les rois de la terre trembleront à l'aspect de votre gloire;

panem manducabam; et potum meum cum fletu miscebam,

A facie iræ et indignationis tuæ; quia elevans allisisti me.

Dies mei sicut umbra declinaverunt; et ego sicut fœnum arui.

Tu autem, Domine, in æternum permanes; et memoriale tuum in generationem et generationem.

Tu exsurgens misereberis Sion, quia tempus miserendi ejus, quia venit tempus;

Quoniam placuerunt servis tuis lapides ejus; et terræ ejus miserebuntur;

Et timebunt gentes nomen tuum, Domine, et omnes reges terræ gloriam tuam;

La cendre en mes repas se mêle avec mon pain ;
Et comme mon breuvage est trempé de mes larmes,
L'amertume rebute et ma soif et ma faim. 40

    Votre colère est légitime :
Vos bontés m'ont fait roi, j'en ai trop abusé ;
Mais ne m'éleviez-vous qu'à dessein que mon crime
Me fît choir de si haut que j'en fusse écrasé ?

    L'ombre, plus elle devient grande, 45
Se perd d'autant plus tôt dans celle de la nuit ;
C'est là de mes grandeurs ce qu'il faut que j'attende :
Mon crime est leur ouvrage, et ma perte est leur fruit.

    Vous êtes seul que rien n'efface :
Toute une éternité ne change rien en vous ; 50
Et vous vous souviendrez, Seigneur, de race en race,
Que vous nous devez grâce après tant de courroux.

    Votre serment nous l'a promise ;
Hâtez-vous par pitié de secourir Sion :
Seigneur, il en est temps, le mal est à sa crise ; 55
Il est temps d'exercer votre compassion.

    De ses murailles fracassées
Le débris est si cher à vos vrais serviteurs,
Que sa poussière allume en leurs âmes blessées
L'ardeur d'en voir les maux tourner sur leurs auteurs. 60

    Par tous les climats de la terre
Les peuples aussitôt trembleroient sous vos lois ;
Et ce coup merveilleux serviroit de tonnerre
A jeter l'épouvante au cœur des plus grands rois.

Lorsque vous aurez rétabli Sion, et que vous vous y serez fait voir dans cette gloire qui les fera trembler.	Quia ædificavit Dominus Sion, et videbitur in gloria sua.
On dira que vous aurez tourné vos regards sur l'oraison des humbles, et que vous n'aurez pas méprisé leur prière.	Respexit in orationem humilium, et non sprevit precem eorum.
Que toutes ces choses soient écrites à la race suivante ; et le peuple qui sera créé en louera le Seigneur.	Scribantur hæc in generatione altera; et populus qui creabitur laudabit Dominum;
Que l'histoire dise qu'il a regardé du plus haut de son lieu saint, et qu'il a jeté les yeux du ciel en terre,	Quia prospexit de excelso sancto suo : Dominus de cœlo in terram aspexit,
Pour écouter les gémissements de ceux qui sont dans les fers, et en délivrer les enfants de ceux qui ont été massacrés pour sa gloire ;	Ut audiret gemitus compeditorum, ut solveret filios interemptorum;
Afin qu'ils annoncent en Sion le nom du Seigneur, et sa louange en Jérusalem,	Ut annuntient in Sion nomen Domini, et laudem ejus in Jerusalem,
Lorsque les peuples s'uniront ensemble, et que les rois s'assembleront pour servir le Seigneur.	In conveniendo populos in unum, et reges ut serviant Domino.

  Ce qu'ils ont refusé de croire,   65
Ils le verroient alors, et diroient hautement :
« Le Seigneur dans Sion a rétabli sa gloire,
Et rebâti ses murs jusqu'à leur fondement. »

  Nous leur dirions pour repartie :
« C'est ainsi que de l'humble il écoute les cris,   70
Et que jetant les yeux sur l'âme convertie,
Il en reçoit l'hommage et les vœux sans mépris. »

  Qu'à toute la race future
On laisse par écrit qu'il est et juste et bon :
Les peuples qu'après nous produira la nature   75
Feront dès le berceau l'éloge de son nom.

  Surtout que l'histoire leur marque
Comme assis dans son trône il voit de toutes parts,
Et que du haut du ciel ce tout-puissant monarque
Daigne jusque sur terre abaisser ses regards.   80

  C'est de là qu'il entend la plainte,
Que des tristes captifs il descend au secours,
Pour retirer des fers la race heureuse et sainte
De ceux qui pour sa gloire ont prodigué leurs jours.

  Il veut qu'après leur esclavage   85
Ils courent annoncer cette gloire en tous lieux,
Et qu'en Jérusalem un plus entier hommage
Le respecte, l'exalte, et le connoisse mieux.

  Leurs âmes de ses biens comblées
A de sacrés transports se laisseront ravir :   90
Les peuples en son nom feront des assemblées,
Et les rois s'uniront exprès pour le servir.

Il a répondu dans la voie de sa vertu au succès qu'il avoit promis; mais cependant déclarez-moi, Seigneur, le peu qui me reste à vivre.

Respondit ei in via virtutis suæ : paucitatem dierum meorum nuntia mihi.

Ne me rappelez point quand je ne suis qu'à la moitié de mes jours, vous dont les années iront de génération en génération.

Ne revoces me in dimidio dierum meorum : in generationem et generationem anni tui.

Seigneur, vous avez affermi les fondements de la terre dès le commencement, et les cieux sont des ouvrages de vos mains.

Initio tu, Domine, terram fundasti, et opera manuum tuarum sunt cœli.

Ils périront, tandis que vous serez permanent et immuable; et toutes choses vieilliront comme un vêtement.

Ipsi peribunt, tu autem permanes; et omnes sicut vestimentum veterascent;

Vous les changerez comme une couverture, et ils changeront de forme à votre choix; mais quant à vous, vous demeurez toujours le même, et vos années ne finiront point.

Et sicut opertorium mutabis eos, et mutabuntur; tu autem idem ipse es, et anni tui non deficient.

Les enfants de vos serviteurs habiteront en Jérusalem, et leur race sera éternellement conduite par vous.

Filii servorum tuorum habitabunt, et semen eorum in sæculum dirigetur.

Gloire soit au Père, et au Fils, et au Saint-Esprit!

Gloria Patri, et Filio, et Spiritui sancto!

Mais cependant que je m'emporte
A prévoir les chemins que tiendra sa vertu,
Dis-moi ce qui me reste à vivre de la sorte, 95
Et combien doit languir mon esprit abattu.

Ne borne point sitôt ma course ;
Recule encore un peu le dernier de mes jours :
Les tiens ont de la vie une immortelle source,
Tu peux m'en faire part sans qu'ils en soient plus courts.

Au moment que tout prit naissance,
Tu préparas la terre en faveur des humains;
Et ces vastes miroirs de ta toute-puissance,
Les cieux, furent, Seigneur, l'ouvrage de tes mains.

Tandis que tu vivras sans cesse, 105
Ils céderont au feu qui les doit embraser;
Comme ce qui respire ils auront leur vieillesse,
Et comme un vêtement on les verra s'user.

Cette brillante couverture
N'attend que ton vouloir à perdre son éclat : 110
Toi seul n'es point sujet à changer de nature,
Et tout le cours des ans te voit en même état.

Mais dans notre peu de durée,
Du moins tes serviteurs revivent en leurs fils :
Ils habitent par eux la terre desirée, 115
Et passent dans leur race aux siècles infinis.

Gloire au Père, cause des causes !
Gloire au Verbe incarné ! gloire à l'Esprit divin !

Telle qu'elle a été, etc.   Sicut erat, etc.

PSALMUS CXXIX.

Seigneur, je me suis écrié vers vous des lieux profonds, etc [1].

De profundis clamavi ad te, Domine, etc.

PSALMUS CXLII.

Seigneur, exaucez mon oraison; écoutez ma prière selon la vérité de vos promesses, et m'exaucez selon votre justice.

Domine, exaudi orationem meam; auribus percipe obsecrationem meam in veritate tua : exaudi me in tua justitia;

N'entrez point en jugement avec votre serviteur, puisque aucun homme vivant ne peut être justifié devant vous.

Et non intres in judicium cum servo tuo, quia non justificabitur in conspectu tuo omnis vivens;

Un ennemi a poursuivi mon âme, et a ravalé en terre la gloire de ma vie.

Quia persecutus est inimicus animam meam : humiliavit in terra vitam meam.

Il m'a réduit à me cacher en des lieux obscurs, comme si j'étois mort au monde : mon esprit en a eu mille anxiétés, et mon cœur s'en est troublé.

Collocavit me in obscuris, sicut mortuos sæculi; et anxiatus est super me spiritus meus; in me turbatum est cor meum.

En cet état je me suis souvenu des siècles passés, j'ai

Memor fui dierum antiquorum, meditatus sum in

---

1. Voyez ci-dessus, p. 232.

Et telle qu'elle étoit avant toutes les choses,
Telle soit-elle encor maintenant et sans fin ! 120

PSAUME CXXIX.

Des abîmes profonds où mon péché me plonge, etc.[1].

PSAUME CXLII.

Exauce-moi, Seigneur, suivant ta vérité;
 Il est temps que ta fureur cesse :
Exerce ta justice à remplir ta promesse,
Ou ta justice aura trop de sévérité.

Ne demande point compte, ou souffre à ta pitié 5
 Que ce soit elle qui l'entende :
S'il faut qu'à la rigueur chacun de nous le rende,
Qui pourra devant toi se voir justifié ?

Ne te suffit-il point qu'un ennemi cruel
 Persécute ma triste vie, 10
Que l'opprobre en tous lieux me suive et m'humilie,
Que je sois du mépris l'objet continuel ?

Cette obscure demeure où je me tiens caché,
 Comme si j'étois mort au monde,
Ma noire inquiétude et ma douleur profonde, 15
Mes troubles, mes sanglots, ne t'ont-ils point touché ?

Je rappelle en mon cœur le souvenir des jours
 Où tu faisois tant de merveilles :

---

1. Voyez ci-dessus, p. 233.

médité sur tous vos ouvrages, et considéré ce que vos mains ont fait.

J'ai élevé les miennes à vous; et mon âme a soupiré après vous, comme une terre aride après l'eau.

Hâtez-vous, Seigneur, de m'exaucer; car la force et l'haleine me manquent.

Ne détournez point votre face de moi, ou je deviendrai semblable à ceux qui descendent dans les cachots sous terre.

Faites-moi entendre dès le matin votre miséricorde, puisque j'ai espéré en vous.

Faites-moi connoître la voie où il faut que je marche, en récompense de ce que j'ai élevé mon âme vers vous.

Seigneur, délivrez-moi de mes ennemis, puisque je me suis réfugié vers vous : ensei-

omnibus operibus tuis : in factis manuum tuarum meditabar.

Expandi manus meas ad te : anima mea sicut terra sine aqua tibi.

Velociter exaudi me, Domine : defecit spiritus meus.

Non avertas faciem tuam a me; et similis ero descendentibus in lacum.

Auditam fac mihi mane misericordiam tuam, quia in te speravi.

Notam fac mihi viam in qua ambulem, quia ad te levavi animam meam.

Eripe me de inimicis meis, Domine; ad te confugi : doce me facere

Je rappelle à mes yeux tant d'œuvres sans pareilles,
Tant de soins amoureux, et tant de prompts secours. 20

J'élève à tous moments mes foibles mains vers toi,
    Et jamais la campagne aride
Ne fut des eaux du ciel si justement avide
Que l'est tout mon esprit des bontés de mon roi.

Hâtez-vous, ô mon Dieu, hâtez-vous, roi des rois, 25
    Je suis sur le bord de la tombe :
Pour peu que vous tardiez, c'en est fait, je succombe,
Et l'haleine me manque aussi bien que la voix.

De mes jours presque éteints rallumez le flambeau [1],
    Chassez la mort qui les menace : 30
En l'état où je suis détourner votre face,
C'est achever ma perte, et m'ouvrir le tombeau.

Montrez dès ce moment comme votre courroux
    Cède à votre miséricorde ;
Montrez comme au besoin votre bonté l'accorde 35
Aux âmes dont l'espoir ne s'attache qu'à vous.

Daignez faire encor plus, montrez-moi le sentier
    Qu'à me rétablir je dois suivre :
C'est de vous que j'attends la force de revivre,
Moi qui dans tout mon corps ne vois plus rien d'entier.

Arrachez-moi des mains qui m'ont persécuté :
    J'ai mis en vous tout mon refuge ;

---

[1]. Racine a terminé par la même image cette belle période d'*Athalie* (acte I, scène II) :
    Il faut que sur le trône un roi soit élevé,
    Qui se souvienne un jour qu'au rang de ses ancêtres
    Dieu l'a fait remonter par la main de ses prêtres,
    L'a tiré par leur main de l'oubli du tombeau,
    Et de David éteint rallumé le flambeau.

gnez-moi à faire votre volonté, puisque vous êtes mon Dieu.

voluntatem tuam, qui Deus meus es tu.

Votre esprit me conduira par sa bonté dans une terre droite et unie : vous me vivifierez en votre équité, pour l'amour de votre nom.

Spiritus tuus bonus deducet me in terram rectam : propter nomen tuum, Domine, vivificabis me in æquitate tua.

Vous tirerez mon âme de sa tribulation; et dans la miséricorde que vous me ferez, vous perdrez tous mes ennemis;

Educes de tribulatione animam meam; et in misericordia tua disperdes omnes inimicos meos;

Et vous ferez périr tous ceux qui tourmentent mon âme, parce que je m'attache à vous servir.

Et perdes omnes qui tribulant animam meam, quoniam ego servus tuus sum.

Gloire soit au Père, et au Fils, et au Saint-Esprit! Telle qu'elle a été, etc.

Gloria Patri, et Filio, et Spiritui sancto! Sicut erat, etc.

ANTIPHONA. *Ne reminiscaris, Domine, delicta nostra, vel parentum nostrorum, neque vindictam sumas de peccatis nostris.*

LITANIÆ DE SANCTIS[1].

Kyrie, eleison.
Christe, eleison.
Kyrie, eleison.
Christe, audi nos.
Christe, exaudi nos.

1. Les litanies des saints, le psaume et les oraisons qui viennent après (p. 290-299), sont ainsi placés à la suite des sept psaumes pénitentiaux, dans le *Bréviaire romain.*

Vous êtes mon Dieu seul, et serez mon seul juge :
Réglez mes actions sur votre volonté.

Vous porterez plus loin vos célestes faveurs :   45
    Votre esprit saint sera mon guide;
Et me rendant ce trône où votre nom préside,
Vous y ranimerez mes premières ferveurs.

Vous passerez l'effet que je m'en suis promis;
    Et m'ayant tiré de misère,   50
Vous la renverserez sur le parti contraire,
Et vos bontés pour moi perdront mes ennemis.

Oui, vous disperserez tous mes persécuteurs,
    Vous vous en montrerez le maître,
Et leur ferez à tous hautement reconnoître   55
A quel point votre bras soutient vos serviteurs.

Gloire au Père éternel, à son Verbe incarné,
    A l'Esprit, comme eux adorable!
Telle encor maintenant, à jamais perdurable,
Qu'elle étoit en tous trois avant que tout fût né!   60

    ANTIENNE. *Ne vous ressouvenez point de nos manquements*[1], *Seigneur, et ne prenez point vengeance de nos péchés.*

LES LITANIES DES SAINTS.

Seigneur, ayez pitié de nous.
Jésus-Christ, ayez pitié de nous.
Seigneur, ayez pitié de nous.
Jésus-Christ, écoutez-nous.
Jésus-Christ, exaucez-nous.

---

1. La traduction des mots : *vel parentum nostrorum* manque dans l'édition originale.

Pater de cœlis, Deus, — miserere nobis.
Fili, redemptor mundi, Deus, — miserere nobis.
Spiritus sancte, Deus, — miserere nobis.
Sancta Trinitas, unus Deus, — miserere nobis.

Sancta Maria, — ora pro nobis.
Sancta Dei genitrix, — ora pro nobis.
Sancta virgo virginum, — ora pro nobis.

Sancte Michaël, — ora pro nobis.
Sancte Gabriel, — ora pro nobis.
Sancte Raphaël, — ora pro nobis.
Omnes sancti angeli et archangeli, — orate pro nobis.
Omnes sancti beatorum spirituum ordines, — orate pro nobis.

Sancte Joannes Baptista, — ora pro nobis.
Omnes sancti patriarchæ et prophetæ, — orate pro nobis.

Sancte Petre, — ora pro nobis.
Sancte Paule, — ora pro nobis.
Sancte Andrea, — ora pro nobis.
Sancte Jacobe, — ora pro nobis.
Sancte Joannes, — ora pro nobis.
Sancte Thoma, — ora pro nobis.
Sancte Jacobe, — ora pro nobis.
Sancte Philippe, — ora pro nobis.
Sancte Bartholomææ, — ora pro nobis.
Sancte Matthææ, — ora pro nobis.
Sancte Simon, — ora pro nobis.

Père céleste, véritable Dieu,   faites-nous miséricorde.
Fils, rédempteur du monde, véritable Dieu,
                                faites-nous miséricorde.
Esprit saint, véritable Dieu,   faites-nous miséricorde.
Trinité sainte, qui n'êtes qu'un seul Dieu,
                                faites-nous miséricorde,

Sainte Marie,   priez pour nous.
Sainte mère de Dieu,   priez pour nous.
Sainte vierge des vierges,   priez pour nous.

Saint Michel,   priez pour nous.
Saint Gabriel,   priez pour nous.
Saint Raphaël,   priez pour nous.
Tout ce que vous êtes de saints anges et de saints archanges,
                                        priez pour nous.
Tout ce que vous êtes de saints ordres d'esprits bienheureux,
                                        priez pour nous.

Saint Jean-Baptiste,   priez pour nous.
Tout ce que vous êtes de saints patriarches et de saints
    prophètes,   priez pour nous.

Saint Pierre,   priez pour nous.
Saint Paul,   priez pour nous.
Saint André,   priez pour nous.
Saint Jacques,   priez pour nous.
Saint Jean,   priez pour nous.
Saint Thomas,   priez pour nous.
Saint Jacques,   priez pour nous.
Saint Philippe,   priez pour nous.
Saint Barthélemy,   priez pour nous.
Saint Matthieu,   priez pour nous.
Saint Simon,   priez pour nous.

Sancte Thadæe,	ora pro nobis.
Sancte Matthia,	ora pro nobis.
Sancte Barnaba,	ora pro nobis.
Sancte Luca,	ora pro nobis.
Sancte Marce,	ora pro nobis.
Omnes sancti apostoli et evangelistæ,	orate pro nobis.
Omnes sancti discipuli Domini,	orate pro nobis.
Omnes sancti Innocentes,	orate pro nobis.
Sancte Stephane,	ora pro nobis.
Sancte Laurenti,	ora pro nobis.
Sancte Vincenti,	ora pro nobis.
Sancti Fabiane et Sebastiane,	orate pro nobis.
Sancti Joannes et Paule,	orate pro nobis.
Sancti Cosma et Damiane,	orate pro nobis.
Sancti Gervasi et Protasi,	orate pro nobis.
Omnes sancti martyres,	orate pro nobis.
Sancte Sylvester,	ora pro nobis.
Sancte Gregori,	ora pro nobis.
Sancte Ambrosi,	ora pro nobis.
Sancte Augustine,	ora pro nobis.
Sancte Hieronyme,	ora pro nobis.
Sancte Martine,	ora pro nobis.
Sancte Nicolae,	ora pro nobis.
Omnes sancti pontifices et confessores,	orate pro nobis.
Omnes sancti doctores,	orate pro nobis
Sancte Antoni,	ora pro nobis.

Saint Thadée, priez pour nous.
Saint Matthias, priez pour nous.
Saint Barnabé, priez pour nous.
Saint Luc, priez pour nous.
Saint Marc, priez pour nous.
Tout ce que vous êtes de saints apôtres et de saints évangélistes, priez pour nous.
Tout ce que vous êtes de saints disciples du Seigneur, priez pour nous.

Tout ce que vous êtes de saints Innocents, priez pour nous.

Saint Etienne, priez pour nous.
Saint Laurent, priez pour nous.
Saint Vincent, priez pour nous.
Saint Fabien et saint Sébastien, priez pour nous.
Saint Jean et saint Paul, priez pour nous.
Saint Côme et saint Damien, priez pour nous.
Saint Gervais et saint Protais, priez pour nous.
Tout ce que vous êtes de saints martyrs, priez pour nous.

Saint Sylvestre, priez pour nous.
Saint Grégoire, priez pour nous.
Saint Ambroise, priez pour nous.
Saint Augustin, priez pour nous.
Saint Hiérôme, priez pour nous.
Saint Martin, priez pour nous.
Saint Nicolas, priez pour nous.
Tout ce que vous êtes de saints pontifes et de saints confesseurs, priez pour nous.
Tout ce que vous êtes de saints docteurs, priez pour nous.

Saint Antoine, priez pour nous.

Sancte Benedicte,	ora pro nobis.
Sancte Bernarde,	ora pro nobis.
Sancte Dominice,	ora pro nobis.
Sancte Francisce,	ora pro nobis.
Omnes sancti sacerdotes et levitæ,	orate pro nobis.
Omnes sancti monachi et eremitæ,	orate pro nobis.
Sancta Maria Magdalena,	ora pro nobis.
Sancta Agatha,	ora pro nobis.
Sancta Lucia,	ora pro nobis.
Sancta Agnes,	ora pro nobis.
Sancta Cæcilia,	ora pro nobis.
Sancta Catharina,	ora pro nobis.
Sancta Anastasia,	ora pro nobis.
Omnes sanctæ virgines et viduæ,	orate pro nobis.
Omnes sancti et sanctæ Dei,	intercedite pro nobis.

Propitius esto, parce nobis, Domine.

Propitius esto, exaudi nos, Domine.

Ab omni malo, libera nos, Domine.

Ab omni peccato, libera nos, Domine.

Ab ira tua, libera nos, Domine.

A subitanea et improvisa morte, libera nos, Domine.

Ab insidiis diaboli, libera nos, Domine.

Ab ira, et odio, et omni mala voluntate, libera nos, Domine.

A spiritu fornicationis, libera nos, Domine.

A fulgure et tempestate, libera nos, Domine.

A morte perpetua, libera nos, Domine.

Saint Benoît, priez pour nous.
Saint Bernard, priez pour nous.
Saint Dominique, priez pour nous.
Saint François, priez pour nous.
Tout ce que vous êtes de saints prêtres et de saints lévites, priez pour nous.
Tout ce que vous êtes de saints moines et de saints ermites, priez pour nous.

Sainte Marie-Madelaine, priez pour nous.
Sainte Agathe, priez pour nous.
Sainte Luce, priez pour nous.
Sainte Agnès, priez pour nous.
Sainte Cécile, priez pour nous.
Sainte Catherine, priez pour nous.
Sainte Anastasie, priez pour nous.
Tout ce que vous êtes de saintes vierges et de saintes veuves, priez pour nous.
Tout ce que vous êtes de saints et de saintes de Dieu, intercédez pour nous.

Seigneur, soyez-nous propice et pardonnez-nous.
Seigneur, soyez-nous propice et exaucez-nous.
Seigneur, préservez-nous de tout mal.
Seigneur, préservez-nous de tout péché.
Seigneur, préservez-nous de votre colère.
Seigneur, préservez-nous de la mort subite et imprévue.
Seigneur, préservez-nous des embûches du diable.
Seigneur, préservez-nous de la colère, de la haine, et de toute mauvaise volonté.
Seigneur, préservez-nous de l'esprit de fornication.
Seigneur, préservez-nous de la foudre et de la tempête.
Seigneur, préservez-nous de la mort perpétuelle.

Per mysterium sanctæ incarnationis tuæ, libera nos, Domine.

Per adventum tuum, libera nos, Domine.

Per nativitatem tuam, libera nos, Domine.

Per baptismum et sanctum jejunium tuum, libera nos, Domine.

Per crucem et passionem tuam, libera nos, Domine [1].

Per mortem et sepulturam tuam, libera nos, Domine.

Per sanctam resurrectionem tuam, libera nos, Domine.

Per admirabilem ascensionem tuam, libera nos, Domine.

Per adventum Spiritus sancti Paracliti, libera nos, Domine.

In die judicii, libera nos, Domine.

Peccatores, te rogamus, audi nos.

Ut nobis parcas, te rogamus, audi nos.

Ut nobis indulgeas, te rogamus, audi nos.

Ut ad veram pœnitentiam nos perducere digneris, te rogamus, audi nos.

Ut Ecclesiam tuam sanctam regere et conservare digneris, te rogamus, audi nos.

Ut domnum apostolicum et omnes ecclesiasticos ordines in sancta religione conservare digneris, te rogamus, audi nos.

Ut inimicos sanctæ Ecclesiæ humiliare digneris, te rogamus, audi nos.

---

1. La traduction de cette ligne est omise dans l'édition originale.

Seigneur, préservez-nous-en par le mystère de votre sainte incarnation.

Seigneur, préservez-nous-en par votre avénement ici-bas.

Seigneur, préservez-nous-en par votre nativité.

Seigneur, préservez-nous-en par votre baptême et par la sainteté de votre jeûne.

Seigneur, préservez-nous-en par votre mort et par votre sépulture.

Seigneur, préservez-nous-en par votre sainte résurrection.

Seigneur, préservez-nous-en par votre admirable ascension.

Seigneur, préservez-nous-en par la descente du Saint-Esprit Paraclet.

Seigneur, préservez-nous de cette mort au jour du grand jugement.

Bien que nous ne soyons que des pécheurs, nous vous prions de nous écouter.

Afin que vous nous pardonniez, nous vous prions de nous écouter.

Afin que vous n'ayez pour nous que l'indulgence, nous vous prions de nous écouter.

Afin que vous nous daigniez conduire à une véritable pénitence, nous vous prions de nous écouter.

Afin que vous daigniez régir et conserver votre sainte Église, nous vous prions de nous écouter.

Afin que vous daigniez conserver en la sainteté de la religion le souverain pontife et tous les ordres ecclésiastiques, nous vous prions de nous écouter.

Afin que vous daigniez humilier les ennemis de la sainte Église, nous vous prions de nous écouter.

Ut regibus et principibus christianis pacem et veram concordiam donare digneris, te rogamus, audi nos.

Ut cuncto populo christiano pacem et unitatem largiri digneris, te rogamus, audi nos.

Ut nosmetipsos in tuo sancto servitio confortare et conservare digneris, te rogamus, audi nos.

Ut mentes nostras ad cœlestia desideria erigas, te rogamus, audi nos.

Ut omnibus benefactoribus nostris sempiterna bona retribuas, te rogamus, audi nos.

Ut animas nostras, fratrum, propinquorum, et benefactorum nostrorum, ab æterna damnatione eripias, te rogamus, audi nos.

Ut fructus terræ dare et conservare digneris, te rogamus audi nos.

Ut omnibus fidelibus defunctis requiem æternam donare digneris, te rogamus, audi nos.

Ut nos exaudire digneris, te rogamus, audi nos.

Fili Dei, te rogamus, audi nos.

Agnus Dei qui tollis peccata mundi, parce nobis, Domine.

Agnus Dei qui tollis peccata mundi, exaudi nos, Domine.

Agnus Dei qui tollis peccata mundi, miserere nobis.

Christe, audi nos.

Christe, exaudi nos.

Kyrie, eleison.

Afin que vous daigniez départir la paix et la véritable concorde à tous les rois et princes chrétiens, nous vous prions de nous écouter.

Afin que vous daigniez donner la paix et l'union à tout le peuple chrétien, nous vous prions de nous écouter.

Afin que vous nous daigniez fortifier et conserver en la sainteté de votre service, nous vous prions de nous écouter.

Afin que vous éleviez nos esprits à des desirs célestes, nous vous prions de nous écouter.

Afin que vous donniez des biens éternels pour rétribution à tous nos bienfaiteurs, nous vous prions de nous écouter.

Afin que vous préserviez de la damnation éternelle nos âmes, et celles de nos frères, de nos proches et de nos bienfaiteurs, nous vous prions de nous écouter.

Afin qu'il vous plaise donner des fruits à la terre et les conserver, nous vous prions de nous écouter.

Afin que vous accordiez le repos éternel à tous les fidèles défunts, nous vous prions de nous écouter.

Afin que vous nous exauciez, nous vous prions de nous écouter.

Fils de Dieu, nous vous prions de nous écouter.

Agneau de Dieu qui effacez les péchés du monde, pardonnez-nous, Seigneur.

Agneau de Dieu qui effacez les péchés du monde, exaucez-nous, Seigneur.

Agneau de Dieu qui effacez les péchés du monde, faites-nous miséricorde.

Jésus-Christ, écoutez-nous.
Jésus-Christ, exaucez-nous.
Seigneur, ayez pitié de nous.

Christe, eleison.
Kyrie, eleison.

Pater noster, qui, etc.

PSALMUS LXIX.

Mon Dieu, venez à mon aide : Seigneur, hâtez-vous de me secourir.

Faites que ceux qui cherchent à m'arracher l'âme soient confus et remplis d'épouvante.

Faites que ceux qui me veulent du mal tournent le dos avec honte.

Que ceux qui jettent des cris de joie sur mon malheur retournent soudain en arrière et en rougissent.

Que tous ceux qui vous cherchent se réjouissent en vous, et disent incessamment : « Que le Seigneur soit magnifié par ceux qui aiment son salutaire. »

Pour moi, je ne suis qu'un

Deus, in adjutorium meum intende : Domine, ad adjuvandum me festina.

Confundantur et revereantur qui quærunt animam meam.

Avertantur retrorsum et erubescant qui volunt mihi mala.

Avertantur statim erubescentes qui dicunt mihi : « Euge, euge ! »

Exultent et lætentur in te omnes qui quærunt te, et dicant semper : « Magnificetur Dominus, qui diligunt salutare tuum. »

Ego vero egenus et pau-

Jésus-Christ, ayez pitié de nous.
Seigneur, ayez pitié de nous.

Notre Père, qui, etc.

PSAUME LXIX.

Des méchants, à qui tout succède,
Cherchent à me faire périr :
Seigneur, accourez à mon aide,
Hâtez-vous de me secourir[1].

Que leur haine contre ma vie   5
S'épuise en efforts superflus :
Que leur rage mal assouvie
Les laisse tremblants et confus.

Que leur détestable conduite,
Qui me rend le mal pour le bien,   10
Cherche leur salut en leur fuite,
Et me voie assuré du mien.

Que sans tarder ils en rougissent,
Pleins d'épouvante et de douleur,
Ces lâches qui se réjouissent   15
Du noir excès de mon malheur.

Remplissez de tant d'allégresse
Quiconque en vous s'est confié,
Qu'il ait lieu de dire sans cesse :
« Le Seigneur soit magnifié ! »   20

Moi qui ne suis qu'un misérable

---

1. C'est une traduction nouvelle d'un verset que nous avons vu en tête des diverses parties de l'*Office*. Voyez ci-dessus, p. 77, etc.

pauvre misérable qui manque de tout : Seigneur, assistez-moi.

per sum : Deus, adjuva me.

Vous êtes mon secours et mon libérateur : Seigneur, ne tardez pas davantage.

Adjutor meus et liberator meus es tu : Domine, ne moreris.

Gloire soit au Père, et au Fils, et au Saint-Esprit!
Telle qu'elle a été, etc.

Gloria Patri, et Filio, et Spiritui sancto!
Sicut erat, etc.

℣. Salvos fac servos tuos,

℟. Deus meus, sperantes in te.

℣. Esto nobis, Domine, turris fortitudinis,

℟. A facie inimici.

℣. Nihil proficiat inimicus in nobis.

℟. Et filius iniquitatis non apponat nocere nobis.

℣. Domine, non secundum peccata nostra facias nobis.

℟. Neque secundum iniquitates nostras retribuas nobis.

℣. Oremus pro pontifice nostro N.

℟. Dominus conservet eum et vivificet eum, et beatum faciat eum in terra, et non tradat eum in animam inimicorum ejus.

℣. Oremus pro benefactoribus nostris.

℟. Retribuere dignare, Domine, omnibus nobis bona facientibus, propter nomen tuum, vitam æternam. Amen.

℣. Oremus pro fidelibus defunctis.

Accablé de maux et d'ennui,
Qui sans votre main secourable
Vais trébucher, faute d'appui;

Seigneur, je succombe, je cède,
Mes ennemis me font périr :
Hâtez, mon Dieu, hâtez votre aide;
Il est temps de me secourir.

Gloire au Père, cause des causes!
Gloire au Fils, à l'Esprit divin!
Et telle qu'avant toutes choses,
Telle soit-elle encor sans fin!

℣. *Mon Dieu, sauvez vos serviteurs,*

℟. *Qui n'espèrent qu'en vous.*

℣. *Seigneur, servez-nous de forteresse,*

℟. *A la face de l'ennemi.*

℣. *Que l'ennemi n'aye aucun avantage sur nous.*

℟. *Et que l'enfant d'iniquité ne se puisse vanter de nous nuire.*

℣. *Seigneur, ne nous traitez point selon nos péchés.*

℟. *Et ne réglez pas notre rétribution sur nos iniquités.*

℣. *Prions pour notre pontife N.*

℟. *Que Dieu le conserve, qu'il le vivifie, qu'il le rende heureux sur la terre, et qu'il ne le livre point aux desirs de ses ennemis.*

℣. *Prions pour nos bienfaiteurs*[1].

℟. *Seigneur, daignez donner pour rétribution la vie éternelle à tous ceux qui nous font du bien pour l'amour de votre nom. Ainsi soit-il.*

℣. *Prions pour les fidèles défunts.*

---

1. Ce mot est écrit *bienfaicteurs*, dans l'édition originale, ici, et deux fois à la fin des litanies (p. 289); plus haut (voyez p. 163 et 229) il est écrit *bien-faiteurs*.

℟. *Requiem æternam dona eis, Domine, et lux perpetua luceat eis.*

℣. *Requiescant in pace.*

℟. *Amen.*

℣. *Pro fratribus nostris absentibus.*

℟. *Salvos fac servos tuos, Deus meus, sperantes in te.*

℣. *Mitte eis, Domine, auxilium de sancto.*

℟. *Et de Sion tuere eos.*

℣. *Domine, exaudi orationem meam.*

℟. *Et clamor meus ad te veniat.*

OREMUS.

Deus, cui proprium est misereri semper et parcere, suscipe deprecationem nostram, ut nos, et omnes famulos tuos, quos delictorum catena constringit, miseratio tuæ pietatis clementer absolvat.

Exaudi, quæsumus, Domine, supplicum preces, et confitentium tibi parce peccatis, ut pariter nobis indulgentiam tribuas benignus et pacem.

Ineffabilem nobis, Domine, misericordiam tuam clementer ostende, ut simul nos et a peccatis omnibus exuas, et a pœnis quas pro his meremur eripias.

Deus, qui culpa offenderis, pœnitentia placaris, preces populi tui supplicantis propitius respice, et flagella tuæ iracundiæ, quæ pro peccatis nostris meremur, averte.

℟. *Seigneur, donnez-leur le repos éternel, et que la lumière perpétuelle luise sur eux.*
℣. *Qu'ils reposent en paix.*
℟. *Ainsi soit-il.*
℣. *Prions pour nos frères absents.*
℟. *Sauvez, mon Dieu, vos serviteurs qui n'espèrent qu'en vous.*
℣. *Seigneur, envoyez-leur du secours de votre sainte demeure.*
℟. *Et protégez-les de Sion.*
℣. *Seigneur, écoutez ma prière.*
℟. *Et que mes clameurs aillent jusqu'à vous.*

ORAISONS.

Mon Dieu, qui avez cela de propre que vous êtes toujours prêt de faire grâce et de pardonner, recevez notre humble prière; et faites que tous ceux qui comme nous sont détenus esclaves dans les chaînes du péché, en soient bénignement détachés avec nous par la commisération de votre pitié.

Exaucez, Seigneur, les prières de vos humbles suppliants, afin que pardonnant les péchés à ceux qui vous les confessent, nous recevions notre rémission et votre paix.

Montrez-nous, Seigneur, avec bénignité votre ineffable miséricorde, afin que tout ensemble vous nous dépouilliez de nos péchés, et nous garantissiez des peines que nous avons méritées en les commettant.

Dieu, que le péché offense, et que la pénitence apaise, écoutez favorablement les prières de votre peuple qui se prosterne devant vous; et détournez de nous les fléaux de votre colère, que nos péchés nous ont fait mériter.

Omnipotens sempiterne Deus, miserere famulo tuo pontifici nostro N., et dirige eum secundum tuam clementiam in viam salutis æternæ, ut te donante tibi placita cupiat, et tota virtute perficiat.

Deus, a quo sancta desideria, recta consilia et justa sunt opera, da servis tuis illam quam mundus dare non potest pacem, ut et corda nostra mandatis tuis dedita, et hostium sublata formidine, tempora sint tua protectione tranquilla.

Ure igne sancti Spiritus renes nostros et cor nostrum, Domine, ut tibi casto corpore serviamus, et mundo corde placeamus.

Fidelium, Deus, omnium conditor et redemptor, animabus famulorum famularumque tuarum remissionem cunctorum tribue peccatorum, ut indulgentiam quam semper optaverunt piis supplicationibus consequantur.

Actiones nostras, quæsumus, Domine, aspirando præveni, et adjuvando prosequere, ut cuncta nostra oratio et operatio a te semper incipiat, et per te cœpta finiatur.

Omnipotens sempiterne Deus, qui vivorum dominaris simul et mortuorum, omniumque misereris, quos tuos fide et opere futuros esse prænoscis, te supplices exoramus, ut pro quibus effundere preces decrevimus, quosque vel præsens sæculum

Dieu tout-puissant et éternel, ayez pitié de votre serviteur, notre pontife N., et conduisez-le par votre clémence dans la voie du salut éternel; donnez-lui la grâce de ne desirer que ce qui vous plaît, et de se porter de toute sa force à l'accomplir.

Dieu, de qui partent les saints desirs, les bons desseins, et les œuvres de justice, donnez à vos serviteurs cette paix que le monde ne peut donner, afin qu'appliquant nos cœurs à l'observation de vos commandements, et n'ayant à craindre aucuns ennemis, nous passions nos jours dans une parfaite tranquillité sous votre sainte protection.

Seigneur, brûlez nos reins et nos cœurs avec le feu du Saint-Esprit, afin que nous portions à votre service des corps chastes, et que nous vous devenions agréables par la pureté du dedans.

Dieu, qui êtes l'auteur et le rédempteur de tous les fidèles, accordez aux âmes de vos serviteurs et servantes la rémission de tous leurs péchés, et souffrez qu'elles obtiennent par la pieuse ferveur de nos prières le pardon qu'elles ont toujours desiré.

Nous vous supplions, Seigneur, de prévenir toutes nos actions par votre inspiration, et de nous favoriser de votre assistance pour les achever, afin que toutes nos prières et nos œuvres commencent et finissent par vous.

Dieu tout-puissant et éternel, qui êtes le maître absolu des vivants et des morts, et faites miséricorde à tous ceux que vous prévoyez devoir être de vos serviteurs par leur foi et par leurs œuvres, nous vous supplions hum-

adhuc in carne retinet, vel futurum jam exutos corpore suscepit, intercedentibus omnibus sanctis tuis, pietatis tuæ clementia, omnium delictorum suorum veniam consequantur. Per Dominum nostrum Jesum Christum, filium tuum, qui tecum vivit et regnat in unitate Spiritus sancti, Deus, per omnia sæcula sæculorum. ℟. Amen.

℣. *Exaudiat nos omnipotens et misericors Dominus.*

℟. *Amen.*

℣. *Fidelium animæ per misericordiam Dei requiescant in pace.*

℟. *Amen.*

blement que ceux pour qui nous nous sommes proposé de vous offrir des prières, soit que ce monde les retienne encore dans leur chair mortelle, soit qu'ils soient déjà passés dans l'autre après avoir quitté la dépouille de leurs corps, obtiennent de votre clémence, par l'intercession de tous vos saints, le pardon de tous leurs péchés. Nous vous en conjurons par notre Seigneur Jésus-Christ, votre fils, qui, véritable Dieu comme vous, vit et règne avec vous en l'unité du Saint-Esprit, par tous les siècles des siècles. ℟. Ainsi soit-il.

℣. *Que le Seigneur tout-puissant et tout miséricordieux nous veuille exaucer.*

℟. *Ainsi soit-il.*

℣. *Que les âmes des fidèles reposent en paix par la miséricorde de Dieu.*

℟. *Ainsi soit-il.*

VÊPRES DES DIMANCHES

ET COMPLIES

DIEBUS DOMINICIS AD VESPERAS

ET AD COMPLETORIUM.

DIEBUS DOMINICIS AD VESPERAS.

Ave, Maria, etc.

Mon Dieu, venez à mon aide, etc.[1].

Deus, in adjutorium meum intende, etc.

Alleluia.

ANTIPHONA. *Dixit Dominus.*

PSALMUS CIX.

Le Seigneur a dit à mon Seigneur : « Seyez-vous à ma dextre, etc.[2]. »

Dixit Dominus Domino meo : « Sede a dextris meis. »

ANTIPHONA. *Dixit Dominus Domino meo : « Sede a dextris meis. »*

ANTIPHONA. *Fidelia omnia mandata ejus.*

PSALMUS CX.

Seigneur, je vous louerai de tout mon cœur, dans l'assemblée des justes et dans la congrégation des saints.

Confitebor tibi, Domine, in toto corde meo, in concilio justorum et congregatione.

Les œuvres du Seigneur

Magna opera Domini,

---

1. Voyez ci-dessus, p. 76 et 130. — 2. Voyez ci-dessus, p. 210.

VÊPRES DES DIMANCHES
ET COMPLIES.

VÊPRES DES DIMANCHES.

Je vous salue, Marie, etc.

O grand Dieu, de qui tout procède, etc.[1].

Louez le Seigneur.

ANTIENNE. *Le Seigneur a dit.*

PSAUME CIX.

Le Seigneur vient de dire à son Verbe ineffable, etc.[2].

ANTIENNE. *Le Seigneur a dit à mon Seigneur : « Seyez-vous à ma dextre. »*

ANTIENNE. *Tous ses commandements sont fidèles.*

PSAUME CX.

J'aurai, Seigneur, toute ma vie
Votre éloge à la bouche, et votre amour au cœur;
Et les plus gens de bien auront l'âme ravie
D'unir à mes efforts leur plus sainte vigueur.

Dans la grandeur de vos ouvrages

---

1. Voyez ci-dessus, p. 77 et 131.
2. Voyez ci-dessus, p. 211. En répétant ici la traduction du *Dixit*, Corneille a remplacé, au vers 28, *publieront* par *feront voir*.

sont grandes, et achevées selon toutes ses volontés.

Ses ouvrages sont la gloire et la magnificence même; sa justice demeure immuable à toute éternité.

Le Seigneur, qui est tout miséricordieux et plein de compassion, a rendu toutes ses merveilles dignes de mémoire; et surtout celle d'avoir donné de la nourriture à un peuple qui le craignoit.

Il se souviendra à jamais de son testament : il fera connoître à son peuple quelle est la vertu de ses ouvrages,

Afin de lui donner l'héritage des nations : les ouvrages de ses mains ne sont que vérité et jugement.

Tous ses commandements sont fidèles, et si affermis qu'ils dureront éternellement, parce qu'ils sont réglés sur la vérité et sur l'équité.

Dieu a envoyé la rédemption à son peuple, et lui a commandé d'observer à l'éternité son testament.

exquisita in omnes voluntates ejus.

Confessio et magnificentia opus ejus ; et justitia ejus manet in sæculum sæculi.

Memoriam fecit mirabilium suorum misericors et miserator Dominus : escam dedit timentibus se.

Memor erit in sæculum testamenti sui : virtutem operum suorum annuntiabit populo suo,

Ut det illis hæreditatem gentium : opera manuum ejus veritas et judicium.

Fidelia omnia mandata ejus, confirmata in sæculum sæculi, facta in veritate et æquitate.

Redemptionem misit populo suo : mandavit in æternum testamentum suum.

Je vois l'impression de toutes vos bontés ;
Et dans ce qu'ont d'éclat leurs plus hauts avantages,
Le prompt et plein effet qu'ont eu vos volontés.

    La gloire et la magnificence
Sont des trésors brillants qu'un mot seul a produits ; 10
Et de votre justice on verra l'abondance,
Tant qu'on verra les jours fuir et suivre les nuits.

    Le souvenir de vos merveilles
S'affermit à jamais par cet illustre don
Que fit votre pitié, de viandes sans pareilles, 15
A ce peuple choisi pour craindre votre nom.

    Cette mémoire invariable
Du grand pacte qu'ont fait vos bontés avec nous
Vous fera déployer votre bras secourable,
Et pour un si cher peuple en montrer les grands coups.

    Par eux vous le rendrez le maître
Des plus riches terroirs de tant de nations ;
Et tous vos jugements lui feront reconnoître
Ce qu'ont de sainteté toutes vos actions.

    Vous avez des ordres fidèles, 25
De qui la fermeté jamais ne se dément :
Ils ont tous pour appui des règles éternelles,
Et la vérité même en est le fondement.

    Peuple, adore son bras propice,
Qui nous envoie à tous de quoi nous racheter ; 30
Mais sache qu'en revanche il veut que sa justice
A toute éternité se fasse respecter.

Son nom est saint et terrible : le commencement de la sagesse est la crainte du Seigneur.	Sanctum et terribile nomen ejus : initium sapientiæ timor Domini.
L'intelligence de ses préceptes n'est bonne qu'à ceux qui agissent selon cette crainte ; et la louange de celui qui agit de cette sorte dure à jamais.	Intellectus bonus omnibus facientibus eum : laudatio ejus manet in sæculum sæculi.
Gloire soit au Père, et au Fils, et au Saint-Esprit ! Telle qu'elle a été, etc.	Gloria Patri, et Filio, et Spiritui sancto ! Sicut erat, etc.

ANTIPHONA. *Fidelia omnia mandata ejus, confirmata in sæculum sæculi.*

ANTIPHONA. *In mandatis ejus.*

PSALMUS CXI.

Heureux l'homme qui craint le Seigneur : il se portera de tout son cœur à faire ses commandements.	Beatus vir qui timet Dominum : in mandatis ejus volet nimis.
Sa postérité sera puissante sur la terre : la race de ceux qui vont droit sera bénie.	Potens in terra erit semen ejus : generatio rectorum benedicetur.
La gloire et les richesses abonderont dans sa maison ; et sa justice sera perdurable à jamais.	Gloria et divitiæ in domo ejus ; et justitia ejus manet in sæculum sæculi.

Son nom est saint, il est terrible :
S'il le faut adorer, il le faut craindre aussi ;
Et des routes du ciel la science infaillible 35
Ne sauroit commencer que par sa crainte ici.

  Leur plus parfaite intelligence
N'est utile qu'autant qu'on observe ses lois ;
Et la louange due à sa magnificence
Durant tout l'avenir doit occuper nos voix. 40

  Gloire au Père, cause des causes !
Gloire au Verbe incarné ! gloire à l'Esprit divin !
Et telle qu'elle étoit avant toutes les choses,
Telle soit-elle encor maintenant et sans fin !

 ANTIENNE. *Tous ses commandements sont fidèles, et affermis à l'éternité.*

 ANTIENNE. *En l'observation de ses commandements.*

PSAUME CXI.

Heureux qui dans son âme a fortement gravée
  La crainte du Seigneur !
  Sa loi, sans chagrin observée,
Tourne en plaisirs pour lui ce qu'elle a de rigueur.

De sa postérité, tant qu'elle suit ses traces, 5
  Le nom devient puissant ;
  Et tout ce qu'il obtient de grâces
Passe de père en fils en son sang innocent.

Il voit en sa maison la gloire et la richesse
  Fondre de toutes parts ; 10
  Et sa justice fait sans cesse
Un amas de trésors au-dessus des hasards.

La lumière s'est levée du milieu des ténèbres pour les droits de cœur : le Seigneur est miséricordieux, plein de commisération et de justice.

Exortum est in tenebris lumen rectis : misericors et miserator Dominus, et justus.

La joie règne en celui qui a pitié de son prochain : il réglera ses paroles avec un sain jugement, et ne sera jamais ébranlé.

Jucundus homo qui miseretur et commodat : disponet sermones suos in judicio, quia in æternum non commovebitur.

La mémoire de l'homme juste sera en bénédiction éternelle : il ne craindra point de s'entendre déchirer par de mauvais bruits.

In memoria æterna erit justus : ab auditione mala non timebit.

Son cœur se tient toujours prêt d'espérer au Seigneur ; il s'affermit sur cette espérance, et attend sans s'émouvoir qu'il ait lieu de mépriser ses ennemis.

Paratum cor ejus sperare in Domino ; confirmatum est cor ejus : non commovebitur donec despiciat inimicos suos.

Parce qu'il a distribué et donné son bien aux pauvres, sa justice demeure à l'éternité ; et son nom sera élevé en gloire.

Dispersit, dedit pauperibus, justitia ejus manet in sæculum sæculi : cornu ejus exaltabitur in gloria.

Le pécheur le verra en cet état bienheureux, et en forcènera de colère ; ses dents en frémiront, il en séchera de douleur ; et les souhaits qu'il fera contre lui périront.

Peccator videbit et irascetur, dentibus suis fremet et tabescet : desiderium peccatorum peribit.

Il voit pour les cœurs droits une vive lumière
  Naître en l'obscurité,
  Et de Dieu la faveur entière 15
A sa miséricorde enchaîner l'équité.

Il prend à son exemple une âme pitoyable,
  Prête au pauvre, et s'y plaît,
  Se prépare au jour effroyable,
Et se juge trop bien pour craindre un dur arrêt. 20

La mémoire du juste éclatante et bénie
  Percera l'avenir,
  Sans que jamais la calomnie
Dans sa plus noire audace ait de quoi la ternir.

Son cœur est prêt à tout, en Dieu seul il espère 25
  Dans ses calamités ;
  Et se tient ferme en sa misère,
Jusqu'à ce qu'il ait vu ses ennemis domptés.

Aux pauvres cependant il départ, il prodigue
  Son bien sans s'émouvoir ; 30
  Et le ciel, que par eux il brigue,
Le comble à tout jamais de gloire et de pouvoir.

Le pécheur le verra dans ce haut avantage,
  Et séchera d'ennui ;
  Son cœur en frémira de rage, 35
Et ses desirs jaloux périront avec lui.

Gloire soit au Père, et au Fils, et au Saint-Esprit ! Telle qu'elle a été, etc.	Gloria Patri, et Filio, et Spiritui sancto ! Sicut erat, etc.

ANTIPHONA. *In mandatis ejus cupit nimis.*

ANTIPHONA. *Sit nomen Domini.*

PSALMUS CXII.

Enfants, louez le Seigneur, louez le nom du Seigneur, etc.[1].	Laudate pueri Dominum, laudate nomen Domini, etc.

ANTIPHONA. *Sit nomen Domini benedictum in sæcula.*

ANTIPHONA. *Nos qui vivimus.*

PSALMUS CXIII.

Quand Israël sortit d'Égypte, et la maison de Jacob du milieu d'un peuple barbare,	In exitu Israël de Ægypto, domus Jacob de populo barbaro,
Dieu fit de la Judée la demeure de ses saints, et choisit Israël pour son empire particulier.	Facta est Judæa sanctificatio ejus, Israël potestas ejus.
La mer vit ce peuple sur ses bords, et s'enfuit ; le Jourdain le vit sur son rivage, et rebroussa en arrière.	Mare vidit et fugit ; Jordanis conversus est retrorsum.

[1]. Voyez ci-dessus, p. 212.

Gloire à ton Fils et toi, Père, cause des causes!
Gloire à l'Esprit divin!
Telle qu'avant toutes les choses,
Telle soit-elle encor maintenant et sans fin ! 40

ANTIENNE. *En l'observation de ses commandements il prend un souverain plaisir.*

ANTIENNE. *Que le nom du Seigneur.*

PSAUME CXII.

Enfants, de qui les voix à peine encor formées, etc.[1].

ANTIENNE. *Que le nom du Seigneur soit béni à l'éternité.*

ANTIENNE. *Nous qui vivons.*

PSAUME CXIII.

Du fidèle Abraham race heureuse et chérie,
Quand de tes premiers fers ton Dieu te garantit,
Que du fond de l'Égypte et de sa barbarie
La maison de Jacob sortit,

Il voulut en Judée étaler l'abondance 5
De sa miséricorde et de sa sainteté;
Et choisit Israël pour siége à sa puissance,
Et pour objet à sa bonté.

De ce peuple fuyant loin d'arrêter sa course[2],
La mer fuit devant lui sitôt qu'elle le vit ; 10
Et les eaux du Jourdain, rebroussant vers leur source,
Lui cédèrent leur propre lit.

---

1. Voyez ci-dessus, p. 213.
2. Tel est le texte de l'édition originale. Ne faut-il pas plutôt lire : « la course? »

Les montagnes tressaillirent de joie comme des béliers, et les collines bondirent comme des agneaux autour de leurs mères.	Montes exultaverunt ut arietes, et colles sicut agni ovium.
Mer, qui t'obligea à prendre la fuite? et toi, Jourdain, qui te fit rebrousser en arrière?	Quid est tibi, mare, quod fugisti? et tu, Jordanis, quia conversus es retrorsum?
Montagnes, pourquoi tressailliez-vous de joie comme des béliers? collines, pourquoi bondissiez-vous comme des agneaux autour de leurs mères?	Montes, exultastis ut arietes, et, colles, sicut agni ovium?
C'étoit que la terre se mouvoit à la face du Seigneur, qui conduisoit son peuple, à la face du Dieu de Jacob.	A facie Domini mota est terra, a facie Dei Jacob,
Ce fut lui qui changea la pierre en étangs d'eaux, et le rocher en fontaines.	Qui convertit petram in stagna aquarum, et rupem in fontes aquarum.
Ce n'est pas à nous, Seigneur, qu'il en faut donner la gloire; ce n'est pas à nous, mais à votre saint nom.	Non nobis, Domine, non nobis, sed nomini tuo da gloriam.
Il en faut glorifier votre miséricorde et la vérité de vos	Super misericordia tua et veritate tua, nequando

Soudain les plus hauts monts de joie en tressaillirent,
Comme un troupeau sur l'herbe au son des chalumeaux ;
Soudain tout alentour les collines bondirent, 15
    Comme bondissent les agneaux.

O mer, qui t'obligeoit à prendre ainsi la fuite ?
Indomptable élément, quel bras t'a déplacé ?
Par quel ordre, Jourdain, et sous quelle conduite
    Tes eaux ont-elles rebroussé ? 20

Qui vous fit tressaillir, orgueilleuses montagnes,
Comme au son du pipeau tressaillent les troupeaux ?
Collines, qui servez de ceinture aux campagnes,
    Qui vous fit bondir comme agneaux ?

Qui l'eût pu que ce Dieu qui fait trembler la terre, 25
Qui n'a qu'à le vouloir, et tout change de lieu,
Qui nous gouverne en paix, qui nous couronne en guerre,
    Qui de Jacob est le seul Dieu ?

C'est lui qui convertit les rochers en fontaines,
Qui de leurs flancs pierreux tire des torrents d'eaux, 30
Qui des vastes déserts en arrose les plaines,
    Qui les y sépare en ruisseaux.

Ce n'est point aux mortels à prendre aucune gloire :
Le cœur qu'elle surprend la doit désavouer ;
C'est ton nom qui fait seul plus qu'on n'eût osé croire,
    C'est lui, Seigneur, qu'il faut louer.

Fais de tes vérités briller si bien l'empire,
Et rends de ta pitié le pouvoir si connu,

promesses, que vous avez fait éclater pour ne laisser aux nations aucun lieu de dire : « Où est leur Dieu ? »

Notre Dieu est dans le ciel, d'où il a fait tout ce qu'il lui a plu de faire.

Mais les simulacres des gentils ne sont que de l'argent et de l'or, purs ouvrages de la main des hommes.

Ils ont une bouche, et ne parleront jamais ; ils ont des yeux, et ne verront point ;

Ils ont des oreilles, et n'entendront rien ; ils ont des narines, sans aucun sentiment des odeurs ;

Ils ont des mains dont ils ne sauroient rien toucher, des pieds dont ils ne marchent point, et une gorge qui ne peut former aucun son.

Que ceux qui les font deviennent semblables à eux, avec tous ceux qui s'y confient.

La maison d'Israël n'a espéré qu'au Seigneur, et elle l'a pour aide et pour protecteur.

dicant gentes : « Ubi es Deus eorum ? »

Deus autem noster in cœlo : omnia quæcumque voluit fecit.

Simulacra gentium, argentum et aurum, opera manuum hominum.

Os habent, et non loquentur; oculos habent, et non videbunt;

Aures habent, et non audient; nares habent, et non odorabunt;

Manus habent, et non palpabunt; pedes habent, et non ambulabunt; non clamabunt in gutture suo.

Similes illis fiant qui faciunt ea, et omnes qui confidunt in eis.

Domus Israël speravit in Domino : adjutor eorum et protector eorum est.

Qu'entre les nations on ne puisse nous dire :
« Votre Dieu, qu'est-il devenu ? » 40

Aveugles mal guidés qui courez vers la chute,
Sachez que pour séjour c'est le ciel qui lui plaît ;
Que son moindre vouloir hautement s'exécute ;
 Que tout est par lui ce qu'il est.

Vos dieux n'ont point de bras à lancer le tonnerre, 45
Gentils ; ils ne sont tous que simulacres vains :
C'est de l'or, de l'argent, du bois, et de la pierre,
 Qui tient sa forme de vos mains.

Vous leur faites des yeux, vous leur faites des bouches,
Qui ne savent que c'est de voir, ni de parler ; 50
Et leurs plus vifs regards sont bénins, ou farouches,
 Comme il vous plaît les ciseler.

Les oreilles chez eux sont de si peu d'usage,
Qu'autour d'elles le son frappe inutilement ;
Et le nez que votre art plante sur leur visage 55
 Ne leur y sert que d'ornement.

Enfin ils n'ont des mains que pour faire figure ;
Leurs pieds, s'il faut marcher, n'y sauroient consentir ;
Et s'ils ont un gosier, il n'a point d'ouverture
 Par où leur voix daigne sortir. 60

Deviennent tous pareils à ces vaines idoles
Ceux qui leur donnent l'être, et les font adorer !
Devienne tout semblable à tous ces dieux frivoles
 Quiconque en eux veut espérer !

La maison d'Israël a mis son espérance 65
Aux suprêmes bontés du souverain auteur ;
Et son bras tout-puissant l'a mise en assurance,
 Il s'en est fait le protecteur.

La maison d'Aaron n'a espéré qu'au Seigneur, et elle l'a pour aide et pour protecteur.	Domus Aaron speravit in Domino : adjutor eorum et protector eorum est.
Ceux qui craignent le Seigneur n'ont espéré qu'en lui, et ils l'ont pour aide et pour protecteur.	Qui timent Dominum speraverunt in Domino : adjutor eorum et protector eorum est.
Le Seigneur s'est souvenu de nous, et nous a bénis.	Dominus memor fuit nostri, et benedixit nobis.
Il a béni la maison d'Israël, il a béni la maison d'Aaron.	Benedixit domui Israël, benedixit domui Aaron.
Il a béni tous ceux qui le craignent, les plus petits comme les plus grands.	Benedixit omnibus qui timent Dominum, pusillis cum majoribus.
Que le Seigneur répande encore plus de grâces sur vous, sur vous et sur vos enfants.	Adjiciat Dominus super vos, super vos et super filios vestros.
Vous êtes bénis du Seigneur, qui a fait le ciel et la terre.	Benedicti vos a Domino, qui fecit cœlum et terram.
Il a réservé le ciel pour la	Cœlum cœli Domino;

La famille d'Aaron y met son espérance,
Elle n'attend secours ni faveur que de lui ;   70
Et son bras tout-puissant la met en assurance,
　　Il lui sert d'invincible appui.

Tous ceux qui craignent Dieu mettent leur espérance
Au suprême pouvoir de son bras souverain ;
Et ce Dieu juste et bon les met en assurance,   75
　　Et pour appui leur tend la main.

Il nous tient à tel point gravés en sa mémoire,
Qu'il ne peut oublier nos bonnes actions ;
Et nous comble ici-bas, en attendant sa gloire,
　　De mille bénédictions.   80

Aux enfants d'Israël il prodigue ses grâces,
Il entend leur prière, il bénit leurs ferveurs ;
Et sur les fils d'Aaron qui marchent sur ses traces
　　Il verse les mêmes faveurs.

Il en est libéral par toutes nos provinces   85
A ceux dont l'âme sainte exalte et craint son nom :
Aux petits comme aux grands, aux bergers comme aux
　　Il départ ce précieux don.   [princes,

Puisse de jour en jour sa bonté souveraine,
Qui vous attache à lui par des liens si doux,   90
Et redoubler ce don, et l'épandre à main pleine
　　Sur vos fils ainsi que sur vous !

Entre les nations dont il peuple le monde,
Il lui plut vous bénir comme ses bien-aimés ;
Et quand il a formé le ciel, la terre, et l'onde,   95
　　C'est pour vous qu'il les a formés.

Ce créateur de tout, ce maître du tonnerre,

demeure du maître du ciel, et a donné la terre aux enfants des hommes.	terram autem dedit filiis hominum.
Seigneur, les morts ne vous loueront point, ni tous ceux qui descendent dans l'enfer.	Non mortui laudabunt te, Domine, neque omnes qui descendunt in infernum.
Mais nous qui vivons, nous bénissons le Seigneur, et nous nous y emploierons de ce moment à tout jamais.	Sed nos qui vivimus, benedicimus Domino, ex hoc nunc et usque in sæculum.
Gloire soit au Père, et au Fils, et au Saint-Esprit ! Telle qu'elle a été, etc.	Gloria Patri, et Filio, et Spiritui sancto ! Sicut erat, etc.

ANTIPHONA. *Nos qui vivimus, benedicimus Domino.*

CAPITULUM. (2. Corinth. 1.)

Benedictus Deus, et pater Domini nostri Jesu Christi, pater misericordiarum, et Deus totius consolationis, qui consolatur nos in omni tribulatione nostra. ℟. *Deo gratias.*

HYMNUS.

Lucis creator optime,
Lucem dierum proferens,
Primordiis lucis novæ
Mundi parans originem ;

Qui mane junctum vesperi
Diem vocari præcipis :

S'est réservé là-haut le ciel pour habiter ;
Mais se le réservant, il vous donne la terre :
    C'est de là qu'il y faut monter. 100

Cependant chez les morts il n'est aucune flamme
Qui ranime, Seigneur, ton sacré souvenir ;
Et sous un froid tombeau qui couvre un corps sans âme
    On n'apprend point à te bénir.

C'est à nous qui vivons à te rendre un hommage 105
De louange et de gloire, aussi bien que d'encens :
C'est à ceux qui vivront à t'offrir d'âge en âge
    Un tribut de vœux innocents.

Gloire au Père éternel, la première des causes !
Gloire au Verbe incarné ! gloire à l'Esprit divin ! 110
Et telle qu'elle étoit avant toutes les choses,
    Telle soit-elle encor sans fin !

ANTIENNE. *Nous qui vivons, nous bénissons le Seigneur.*

CHAPITRE. (2 aux Corinth., 1.)

Béni soit Dieu, père de notre Seigneur Jésus-Christ, père des miséricordes, et Dieu d'entière consolation, qui nous console dans toutes nos tribulations. ℟. *Rendons grâces à Dieu.*

HYMNE.

    Père et maître de la lumière,
Qui de tes seuls trésors tires celle des jours ;
Qui commenças par elle à déployer leur cours,
Et préparer du monde et l'ordre et la matière ;

    Qui donnes le nom de journée 5
Au doux enchaînement du matin et du soir :

Tetrum chaos illabitur,
Audi preces cum fletibus ;

Ne mens gravata crimine
Vitæ sit exul munere,	10
Dum nil perenne cogitat,
Seseque culpis illigat.

Cœlorum pulset intimum,
Vitale tollat præmium,
Vitemus omne noxium,	15
Purgemus omne pessimum.

Præsta, Pater piissime,
Patrique compar unice,
Cum Spiritu Paraclito
Regnans per omne sæculum.	20

℣. *Dirigatur, Domine, oratio mea.*
℟. *Sicut incensum in conspectu tuo.*

CANTICUM BEATÆ MARIÆ. (Lucæ 1.)

Mon âme magnifie le Seigneur, etc.[1].	Magnificat anima mea Dominum, etc.

(Deinde dicuntur antiphona et oratio propria.)

1. Voyez ci-dessus, p. 222.

Le chaos de la nuit répand son voile noir,
Écoute les soupirs de notre âme étonnée.

 Empêche que le poids des crimes
L'exile du vrai jour qui seul fait vivre en toi ;
Empêche que l'oubli de ta divine loi
L'enfonce du péché dans les plus noirs abîmes.

 Fais monter au ciel sa prière,
Fais qu'après ses combats la vie en soit le prix ;
De tout ce qui t'offense épure nos esprits,
De tout ce qui peut nuire affranchis leur carrière.

 Accordez-nous cette victoire,
Père incompréhensible, Homme-Dieu Jésus-Christ,
Qui régnez à jamais avec le Saint-Esprit
Au bienheureux séjour de lumière et de gloire.

℣. *Seigneur, souffrez que mon oraison monte jusqu'à vous.*

℟. *Comme fait l'encens en votre présence.*

CANTIQUE DE LA SAINTE VIERGE. (En saint Luc, I.)

 Après un si haut privilége, etc.[1].

(On dit ensuite l'antienne et l'oraison propre.)

---

1. Voyez ci-dessus, p. 223. — Corneille a fait ici un double changement dans sa traduction du *Magnificat*. Il a remplacé les vers 29 et 30 par ceux-ci :

 Ce choix de ses faveurs solides
 A su remplir de biens ceux que pressoit la faim ;

et au vers 38 il a substitué *avoient* à *eurent*. — Au vers 20, les deux versions, par une faute commune, ont la forme impossible *daigne*, au lieu de *digne*.

AD COMPLETORIUM.

Convertissez-nous, ô Dieu, qui êtes notre salutaire, etc.[1].

Converte nos, Deus, salutaris noster, etc.

Mon Dieu, venez à mon aide, etc.[2].

Deus, in adjutorium meum intende, etc.

Alleluia.

ANTIPHONA. *Miserere.*

PSALMUS IV.

Quand j'ai invoqué le Dieu qui me rend justice, il m'a exaucé : mon Dieu, vous m'avez dilaté le cœur dans la tribulation.

Cum invocarem, exaudivit me Deus justitiæ meæ : in tribulatione dilatasti mihi.

Ayez pitié de moi, et exaucez ma prière.

Miserere mei, et exaudi orationem meam.

Fils des hommes, jusques à quand aurez-vous un cœur pesant et dur ? à quel sujet aimez-vous la vanité, et cherchez-vous le mensonge ?

Filii hominum, usquequo gravi corde? ut quid diligitis vanitatem, et quæritis mendacium?

Sachez que Dieu a fait des merveilles pour le saint qu'il a choisi : apprenez qu'il m'exau-

Et scitote quoniam mirificavit Dominus sanctum suum : Dominus exaudiet

---

1. Voyez ci-dessus, p. 230. — 2. Voyez ci-dessus, p. 76 et 130.

A COMPLIES[1].

Seigneur, de tous les cœurs qui cherchent à vous plaire,
[etc.[2].

O grand Dieu, de qui tout procède, etc.[3].

Louez le Seigneur.

ANTIENNE. *Ayez pitié de moi.*

PSAUME IV.

Sitôt que j'invoquai le Dieu de ma justice,
Il exauça mes vœux, il prit pitié de moi;
Dans mes afflictions sa main me fut propice,
Et dilata mon cœur qu'avoit serré l'effroi.

Montrez pour moi, Seigneur, une pitié nouvelle : 5
Vous voyez sur mes bras de nouveaux ennemis;
Dissipez leurs conseils, ramenez mon rebelle,
Exaucez ma prière, et me rendez mon fils.

Lâches, dont le complot en ces ennuis me plonge,
Jusqu'où porterez-vous des cœurs durs et pesants? 10
Jusqu'où prendrez-vous soin d'appuyer le mensonge?
Jusqu'où d'un vain orgueil serez-vous partisans?

Avez-vous oublié par combien de miracles
Dieu m'a mis dans le trône et soutenu son choix?

---

1. Au lieu de *Complies du dimanche,* Corneille a mis en titre : *à Complies,* parce que cette partie de l'office est la même pour les jours de la semaine que pour le dimanche.
2. Voyez ci-dessus, p. 231. — 3. Voyez ci-dessus, p. 77 et 131.

cera, dès que j'élèverai ma voix à lui.

Mettez-vous en colère et quittez la volonté de pécher : tout ce que vous dites en vos cœurs, repassez-le dans vos lits avec componction.

Sacrifiez un sacrifice de justice, et espérez au Seigneur. Plusieurs disent : « Qui nous montre où sont les biens? »

La lumière de votre visage est empreinte sur nous : vous avez répandu la joie en mon cœur.

Mes sujets se sont multipliés par l'abondance de leur froment, de leur vin et de leur huile.

Et j'espère encore de dormir quelque jour en paix, et de reposer dans l'union,

Parce que les faveurs singulières que j'ai reçues de vous m'ont mis en état de tout espérer.

Gloire soit au Père, et au Fils, et au Saint-Esprit!
Telle qu'elle a été, etc.

me, cum clamavero ad eum.

Irascimini et nolite peccare : quæ dicitis in cordibus vestris, in cubilibus vestris compungimini.

Sacrificate sacrificium justitiæ, et sperate in Domino. Multi dicunt : « Quis ostendit nobis bona? »

Signatum est super nos lumen vultus tui, Domine : dedisti lætitiam in corde meo.

A fructu frumenti, vini et olei sui multiplicati sunt.

In pace, in idipsum dormiam et requiescam,

Quoniam tu, Domine, singulariter in spe constituisti me.

Gloria Patri, et Filio, et Spiritui sancto!
Sicut erat, etc.

Le croyez-vous moins fort à briser tous obstacles, 15
Aussitôt que vers lui j'élèverai ma voix?

Prenez contre le crime une digne colère,
Connoissez votre faute, et cessez de faillir;
Et faites dans vos lits un examen sévère
De ce que votre cœur espère en recueillir. 20

Qu'un juste repentir offre vos sacrifices,
Mettez-vous en état d'espérer au Seigneur;
Venez, et laissez dire aux esclaves des vices :
« Qu'on nous offre du bien, on aura notre cœur! »

Sa lumière divine a mis sur mon visage 25
De ses vives clartés la sainte impression;
Et sa parfaite joie a mis dans mon courage
De quoi me soutenir contre l'oppression.

Avant cette fureur de la guerre civile,
A-t-on vu des sujets plus heureux que les miens? 30
L'abondance du vin, du froment et de l'huile
En augmentoit le nombre en augmentant leurs biens.

Je reverrai, Seigneur, encor la même chose,
Dès qu'il vous aura plu me redonner la paix :
C'est sur ce doux espoir que mon cœur se repose, 35
C'est à ce doux effet qu'il borne ses souhaits.

Ces grâces, ô mon Dieu, passeroient les premières,
Mais sur votre bonté j'ose m'en assurer;
Et vous m'avez tant fait de faveurs singulières,
Que j'espère aisément plus qu'on n'ose espérer. 40

Gloire au Père éternel, la première des causes!
Gloire au Verbe incarné! gloire à l'Esprit divin!
Et telle qu'elle étoit avant toutes les choses,
Telle soit-elle encor maintenant et sans fin!

PSALMUS XXX.

Seigneur, c'est en vous que j'ai espéré, je n'en recevrai jamais de confusion : faites-moi justice, et délivrez-moi.

Penchez votre oreille vers moi, hâtez-vous de me tirer de péril.

Soyez pour moi un Dieu protecteur, et une maison de refuge où je sois en sûreté ;

Car vous êtes ma force et mon refuge, et vous me guiderez et nourrirez pour l'amour de votre nom.

Vous me retirerez du piége caché qu'on m'a tendu, parce que vous êtes mon protecteur.

Je vous recommande mon esprit, et le remets entre vos mains : Seigneur, vous êtes le Dieu de vérité, qui m'avez racheté souvent.

Gloire soit au Père, et au Fils, et au Saint-Esprit !

In te, Domine, speravi, non confundar in æternum : in justitia tua libera me.

Inclina ad me aurem tuam, accelera ut eruas me.

Esto mihi in Deum protectorem, et in domum refugii, ut salvum me facias :

Quoniam fortitudo mea et refugium meum es tu, et propter nomen tuum deduces me et enutries me.

Educes me de laqueo hoc quem absconderunt mihi, quoniam tu es protector meus.

In manus tuas commendo spiritum meum : redemisti me, Domine, Deus veritatis.

Gloria Patri, et Filio, et Spiritui sancto !

PSAUME XXX[1].

J'ai mis en vous mon espérance :
Sera-ce à ma confusion,
Seigneur? et votre bras est-il dans l'impuissance
De me faire justice en cette occasion?

Déployez-le, l'ennemi presse;
Prêtez l'oreille à mes clameurs :
Venez, et hâtez-vous d'appuyer ma foiblesse;
Pour peu que vous tardiez, tout me manque, et je meurs.

Je n'ai plus ni vivres, ni places,
Je n'ai ni troupes, ni vigueur;
Et si votre secours n'arrête mes disgrâces,
Je succombe à la force, ou tombe de langueur.

Mais vous serez ma citadelle,
Vous suppléerez tous mes besoins :
J'aurai pour ma conduite une grâce nouvelle,
J'aurai pour subsistance un effet de vos soins.

C'est en vain qu'on me dresse un piége,
C'est en vain qu'on veut m'assiéger;
Vous romprez les filets, vous confondrez le siége :
Un seul de vos regards saura me protéger.

Souffrez qu'en vos mains je remette
Une âme réduite aux abois :
O Dieu de vérité, servez-moi de retraite,
Vous qui m'avez déjà racheté tant de fois.

Gloire au Père, cause des causes!
Gloire au Fils, à l'Esprit divin!

---

1. Corneille n'a pas traduit le psaume xxx tout entier. On n'en chante à complies que les six premiers versets. Il en a vingt-cinq dans la *Vulgate*.

Telle qu'elle a été, etc.

Sicut erat, etc.

PSALMUS XC.

Celui qui habite en l'aide du Très-Haut, demeurera sous la protection du Dieu du ciel.

Qui habitat in adjutorio Altissimi, in protectione Dei cœli commorabitur.

Il dira au Seigneur : « Vous m'avez reçu en votre sauvegarde, et vous êtes mon refuge : oui, le Seigneur est mon Dieu, j'espérerai en lui ;

Dicet Domino : « Susceptor meus es tu, et refugium meum : Deus meus, sperabo in eum ;

« Car c'est lui qui m'a délivré des piéges des chasseurs, et des outrages de la calomnie. »

« Quoniam ipse liberavit me de laqueo venantium, et a verbo aspero. »

Il vous couvrira de l'ombre de ses épaules, et vous espérerez sous ses ailes.

Scapulis suis obumbrabit tibi, et sub pennis ejus sperabis.

Sa vérité vous environnera d'un écu si fort, que les terreurs nocturnes ne vous feront point trembler.

Scuto circumdabit te veritas ejus : non timebis a timore nocturno ;

Vous ne craindrez ni la flèche qui vole en plein jour, ni la trahison qui se trame et s'exécute dans les ténèbres ; ni les insultes, ni le démon du midi.

A sagitta volante in die, a negotio perambulante in tenebris ; ab incursu et dæmonio meridiano.

Mille traits tomberont à

Cadent a latere tuo

Et telle qu'elle étoit avant toutes les choses,
Telle soit-elle encor maintenant et sans fin !

PSAUME XC.

Sous l'appui du Très-Haut quiconque se retire,
  Et de tout se confie en lui,
Sous sa protection jusqu'au bout il respire,
  Et n'a point besoin d'autre appui.

Il dira hautement : « Vous êtes mon refuge,
  Seigneur, vous me tendez la main :
C'est en vous que j'espère, et je n'aurai pour juge
  Que mon protecteur souverain.

« Sous un bras si puissant je suis en assurance
  Contre les piéges des chasseurs,
Et le plus noir venin de l'âpre médisance
  Ne m'imprime aucunes noirceurs. »

Espérez tous en lui : l'ombre de ses épaules
  Vous tiendra partout à couvert,
Et son vol étendu jusque sous les deux pôles
  Vous servira d'asile ouvert.

En cet heureux état sa vérité suprême
  Vous fait partout un bouclier ;
Et dans l'obscurité, la frayeur elle-même
  N'a point de quoi vous effrayer.

L'attentat en plein jour, les négoces infâmes
  Qui ne se traitent que de nuit,
Du démon du midi les pestilentes flammes,
  De tout cela rien ne vous nuit.

Un million de traits, un million de flèches

votre côté, et dix mille à votre droite; mais aucun n'approchera de vous.

Cependant vous considérerez tout cela de vos yeux, et verrez la rétribution des pécheurs;

Parce que vous avez dit : « Seigneur, vous êtes toute mon espérance; » et que vous avez pris le Très-Haut pour votre refuge.

Aucun mal n'arrivera jusqu'à vous, et aucun fléau n'approchera de votre demeure;

D'autant qu'il a commandé à ses anges de vous garder en toutes vos routes.

Ils vous porteront en leurs mains, de peur que par le hasard votre pied ne heurte contre quelque pierre.

Vous marcherez sur l'aspic et sur le basilic, et vous foulerez aux pieds le lion et le dragon.

Dieu dira de vous : « Je dé-

mille, et decem millia a dextris tuis; ad te autem non appropinquabit.

Verumtamen oculis tuis considerabis, et retributionem peccatorum videbis;

Quoniam tu es, Domine, spes mea; Altissimum posuisti refugium tuum.

Non accedet ad te malum, et flagellum non appropinquabit tabernaculo tuo;

Quoniam angelis suis mandavit de te, ut custodiant te in omnibus viis tuis.

In manibus portabunt te, ne forte offendas ad lapidem pedem tuum.

Super aspidem et basiliscum ambulabis, et conculcabis leonem et draconem.

Quoniam in me speravit,

A COMPLIES.

Tomberont à vos deux côtés,
Sans que flèches ni traits fassent aucunes brèches
Sur ce que gardent ses bontés.

Considérez d'ailleurs comme agit sa colère
Sur qui se plaît à l'offenser : 30
Vous verrez les pécheurs recevoir leur salaire,
Et ses foudres les terrasser.

Espérez tous en lui, j'aime à vous le redire,
Et ne puis vous le dire assez :
C'est prendre un haut refuge, et le plus vaste empire 35
N'a point de forts si bien placés.

L'asile que nous font sa grâce et sa justice
Est inaccessible à tous maux;
Et sous quelque fléau que la terre gémisse,
Vous n'en craindrez point les assauts. 40

Ses anges par son ordre auront soin de vos routes,
Quelque part qu'il vous faille aller;
Et tout autour de vous ils seront aux écoutes,
Dès qu'il vous faudra sommeiller.

Dans ces âpres sentiers qu'à peine ouvre la terre, 45
Ils vous porteront en leurs mains,
De peur que votre pied heurtant contre la pierre
Ne fasse avorter vos desseins.

Des plus hideux serpents l'affreuse barbarie
Vous laissera marcher sur eux; 50
Vous foulerez aux pieds le lion en furie,
Le dragon le plus monstrueux.

« C'est en moi qu'il a mis toute son espérance,

livrerai cet homme, parce qu'il a espéré en moi ; je le protégerai, parce qu'il a connu mon nom.

« Il s'écriera vers moi, et je l'exaucerai ; je suis avec lui dans la tribulation, je l'en tirerai et le glorifierai.

« Je lui donnerai de longues années, et je lui montrerai mon salutaire. »

Gloire soit au Père, et au Fils, et au Saint-Esprit !
Telle qu'elle a été, etc.

liberabo eum, quoniam cognovit nomen meum.

Clamabit ad me, et ego exaudiam eum ; cum ipso sum in tribulatione, eripiam eum, et glorificabo eum.

Longitudine dierum replebo eum, et ostendam illi salutare meum.

Gloria Patri, et Filio, et Spiritui sancto !
Sicut erat, etc.

PSALMUS CXXXIII.

Bénissez maintenant le Seigneur, tous tant que vous êtes de serviteurs du Seigneur.

Vous qui demeurez dans la maison du Seigneur, dans les parvis de la maison de notre Dieu,

Durant les nuits élevez vos mains vers le sanctuaire, et bénissez le Seigneur.

Que le Seigneur vous bénisse

Ecce nunc benedicite Dominum, omnes servi Domini.

Qui statis in domo Domini, in atriis domus Dei nostri,

In noctibus extollite manus vestras in sancta, et benedicite Dominum.

Benedicat te Dominus

Dira de vous ce Dieu tout bon;
Et je protégerai partout son innocence, 55
Puisqu'il a reconnu mon nom.

« Il n'aura qu'à parler, j'entendrai sa prière,
Je prendrai part à ses douleurs;
Je ferai succéder ma gloire à sa misère,
Et mon bonheur à ses malheurs. 60

«A la longueur du temps que je veux qu'il me serve
Je joindrai mon grand avenir,
Et je lui ferai voir quel bonheur je réserve
A ceux qui savent me bénir. »

Gloire au Père éternel, la première des causes ! 65
Gloire au Fils, à l'Esprit divin !
Et telle qu'elle étoit avant toutes les choses,
Telle soit-elle encor sans fin !

PSAUME CXXXIII.

Ministres du Seigneur, bénissez à l'envi
Sa main toute-puissante;
Qu'aucun ne s'en exempte,
Montrez tous le grand cœur dont vous l'avez servi.

C'est vous qui demeurez dans sa sainte maison, 5
Que ce devoir regarde;
Vous qui l'avez en garde,
Et qui pour tout le peuple offrez votre oraison.

Quand ce peuple accablé de travaux et d'ennui
Paisiblement sommeille, 10
Qu'autre que vous ne veille,
Levant les mains au ciel, bénissez-le pour lui.

Dites sur Israël : « Que le grand Dieu des Dieux

de Sion, lui qui a fait le ciel et la terre.

ex Sion, qui fecit cœlum et terram.

Gloire soit au Père, et au Fils, et au Saint-Esprit!

Telle qu'elle a été au commencement, telle soit-elle maintenant, et toujours, et dans les siècles des siècles. Ainsi soit-il.

Gloria Patri, et Filio, et Spiritui sancto!

Sicut erat in principio, et nunc, et semper, et in sæcula sæculorum! Amen.

ANTIPHONA. *Miserere mei, Domine, et exaudi orationem meam.*

HYMNUS.

Te lucis ante terminum,
Rerum creator, poscimus,
Ut solita clementia
Sis præsul ad custodiam.

Procul recedant somnia,   5
Et noctium phantasmata,
Hostemque nostrum comprime,
Ne polluantur corpora.

Præsta, Pater omnipotens,
Per Jesum Christum Dominum,   10
Qui tecum in perpetuum
Regnat cum sancto Spiritu.

CAPITULUM. (Jeremiæ XIV.)

Tu autem in nobis es, Domine, et nomen sanctum tuum invocatum est super nos : ne derelinquas nos, Domine, Deus noster.
℞. *Deo gratias.*

℞. (Breve.) *In manus tuas, Domine, commendo spiritum meum*

Par sa bonté propice
A jamais vous bénisse, 15
Lui qui créa d'un mot et la terre et les cieux. »

Gloire au Père éternel, à son Verbe incarné,
A l'Esprit adorable !
Telle à jamais durable
Qu'elle étoit en tous trois avant que tout fût né ! 20

Antienne. *Ayez pitié de moi, Seigneur, et exaucez mon oraison.*

HYMNE.

En ces derniers moments du jour qui nous éclaire,
Auteur de l'univers, nous t'osons demander
Qu'avec ta clémence ordinaire
Jusques à son retour tu daignes nous garder.

Repousse loin de nous l'insolence des songes, 5
Les fantômes impurs que le démon produit :
Retiens ce père des mensonges ;
Qu'aucune indignité ne souille notre nuit.

Fais-nous, Père éternel, fais à tous cette grâce,
Nous t'en prions au nom de ton fils Jésus-Christ, 10
Qui règne en cet immense espace
Où tu règnes toi-même avec le Saint-Esprit.

CHAPITRE. (Jérémie, xiv.)

Quant à vous, Seigneur, vous êtes en nous, et votre saint nom est invoqué sur nous : ne nous délaissez pas, vous qui êtes notre Seigneur et notre Dieu. ℟. *Rendons grâces à Dieu.*

℟. (Bref.) *Seigneur, je vous recommande mon esprit, et le remets entre vos mains.*

(Et repetitur.) *In manus tuas, Domine, commendo spiritum meum.*

℣. *Redemisti nos, Domine, Deus veritatis.*

℟. *Commendo spiritum meum.*

℣. *Gloria Patri, et Filio, et Spiritui sancto!*

℟. *In manus tuas, Domine, commendo spiritum meum.*

℣. *Custodi nos, Domine, ut pupillam oculi.*

℟. *Sub umbra alarum tuarum protege nos.*

ANTIPHONA. *Salva nos.*

CANTICUM SIMEONIS. (Lucæ II.)

Seigneur, vous laissez maintenant aller en paix votre serviteur, suivant votre parole, etc.[1].

Nunc dimittis servum tuum, Domine, secundum verbum tuum, in pace, etc.

ANTIPHONA. *Salva nos, Domine, vigilantes, custodi nos dormientes, ut vigilemus cum Christo, et requiescamus in pace.*

℣. *Domine, exaudi orationem meam.*

℟. *Et clamor meus ad te veniat.*

OREMUS.

Visita, quæsumus, Domine, habitationem istam, et omnes insidias inimici ab ea longe repelle; angeli tui sancti habitent in ea, qui nos in pace custodiant, et benedictio tua sit super nos semper. Per Dominum nostrum Jesum Christum, filium tuum, qui tecum vivit et regnat in unitate Spiritus sancti, Deus, per omnia sæcula sæculorum. ℟. *Amen.*

℣. *Domine, exaudi orationem meam.*

1. Voyez ci-dessus, p. 238.

A COMPLIES.

(Et se répète.) *Seigneur, je vous recommande mon esprit, et le remets entre vos mains.*

℣. *Vous nous avez rachetés, Seigneur, vous qui êtes le Dieu de vérité.*

℟. *Je vous recommande mon esprit.*

℣. *Gloire soit au Père, et au Fils, et au Saint-Esprit!*

℟. *Seigneur, je vous recommande mon esprit, et le remets entre vos mains.*

℣. *Gardez-nous, Seigneur, comme la prunelle de l'œil.*

℟. *Et protégez-nous sous l'ombre de vos ailes.*

Antienne. *Conservez-nous.*

CANTIQUE DE SIMÉON. (En saint Luc, II.)

Enfin, suivant votre parole, etc.[1].

Antienne. *Conservez-nous, Seigneur, lorsque nous veillons, gardez-nous lorsque nous dormons, afin que nous veillions avec Jésus-Christ, et que nous reposions en paix.*

℣. *Seigneur, exaucez ma prière.*
℟. *Et que mes clameurs aillent jusqu'à vous.*

ORAISON.

Nous vous prions, Seigneur, de visiter cette demeure, et d'en repousser bien loin les embûches de l'ennemi; que vos saints anges y habitent, qu'ils nous y conservent en paix, et que votre bénédiction soit toujours sur nous. Nous vous en supplions par notre Seigneur Jésus-Christ, votre fils, qui, véritable Dieu comme vous, vit et règne avec vous en l'unité du Saint-Esprit, dans tous les siècles des siècles. ℟. *Ainsi soit-il.*

℣. *Seigneur, exaucez ma prière.*

1. Voyez ci-dessus, p. 239.

℟. *Et clamor meus ad te veniat.*

℣. *Benedicamus Domino.*

℟. *Deo gratias.*

BENEDICTIO.

Benedicat et custodiat nos omnipotens et misericors Dominus, Pater, et Filius, et Spiritus sanctus.

℟. *Amen.*

ANTIPHONA DE BEATA VIRGINE.

Salve, Regina, mater misericordiæ, vita, dulcedo, et spes nostra, salve. Ad te clamamus, exules filii Evæ, ad te suspiramus, gementes et flentes, in hac lacrymarum valle. Eia ergo, advocata nostra, illos tuos misericordes oculos ad nos converte, et Jesum, benedictum fructum ventris tui, nobis post hoc exilium ostende. O clemens, o pia, o dulcis virgo Maria!

℣. *Ora pro nobis, sancta Dei genitrix.*

℟. *Ut digni efficiamur promissionibus Christi.*

OREMUS.

Omnipotens sempiterne Deus, qui gloriosæ virginis Mariæ corpus et animam, ut dignum filii tui habitaculum effici mereretur, Spiritu sancto cooperante præparasti, da ut cujus comme-

℟. *Et que mes clameurs aillent jusqu'à vous.*
℣. *Bénissons le Seigneur.*
℟. *Rendons grâces à Dieu.*

BÉNÉDICTION.

Que le Seigneur tout-puissant et tout miséricordieux, le Père, le Fils, et le Saint-Esprit, nous bénisse et nous tienne en sa garde.
℟. *Ainsi soit-il.*

ANTIENNE DE LA SAINTE VIERGE.

Nous vous saluons, Reine, et mère de miséricorde. Nous vous saluons comme étant notre vie, notre douceur, et notre espérance. Nous élevons nos cris vers vous, malheureux exilés et enfants d'Ève que nous sommes. Nous poussons nos soupirs vers vous dans cette vallée de larmes, où nous ne faisons que gémir et pleurer. Soyez donc notre avocate, tournez vers nous ces yeux qui ne sont que miséricorde, et montrez-nous au sortir de notre bannissement le bienheureux fruit de vos entrailles, Jésus-Christ. Nous vous en conjurons, ô Marie, vierge pleine de clémence, de compassion, et de douceur!

℣. *Sainte mère de Dieu, priez pour nous.*
℟. *Afin que nous devenions dignes des promesses de Jésus-Christ.*

ORAISON.

Dieu tout-puissant et éternel, qui par la coopération du Saint-Esprit avez si bien préparé le corps et l'âme de la bienheureuse vierge mère Marie, qu'elle a mérité que vous en fissiez un logement digne de votre fils, accordez à nos prières que par la pieuse intercession de

moratione lætamur, ejus pia intercessione ab instantibus malis, et a morte perpetua liberemur. Per eumdem Christum, Dominum nostrum. ℟. Amen.

℣. Divinum auxilium maneat semper nobiscum.

℟. Amen.

cette même vierge, dont nous célébrons la mémoire avec joie, nous puissions nous voir préservés des malheurs qui sont prêts à fondre sur nous, et de la mort éternelle. Nous vous en supplions par le même Jésus-Christ, notre Seigneur. ℟. *Ainsi soit-il.*

℣. *Que le secours de Dieu demeure toujours avec nous.*
℟. *Ainsi soit-il.*

INSTRUCTIONS ET PRIERES

CHRÉTIENNES

TIRÉES

DE L'IMITATION DE JÉSUS-CHRIST

INSTRUCTIONS CHRÉTIENNES,

TIRÉES

DE L'IMITATION DE JÉSUS-CHRIST[1].

I.   Livre I, chapitre II[2].

DE LA VANITÉ DE LA SCIENCE HUMAINE.

Qui se connoît soi-même en a l'âme peu vaine,
Sa propre connoissance en met bien bas le prix ;
Et tout le faux éclat de la science humaine
N'est pour lui que l'objet d'un généreux mépris.

Au grand jour du Seigneur sera-ce un grand refuge   5
D'avoir connu de tout et la cause et l'effet ?
Et ce qu'on aura su fléchira-t-il un juge
Qui ne regardera que ce qu'on aura fait ?

Borne tous tes desirs à ce qu'il te faut faire ;
Ne les porte point trop vers l'amas du savoir ;   10

---

1. Dans notre tome VIII, parmi les variantes de l'*Imitation de Jésus-Christ*, nous avons relevé, ce que personne n'avait fait avant nous, les différences de rédaction qui existent entre les *Instructions* et *Prières chrétiennes* et le texte d'où elles sont tirées : ce sont les variantes marquées 1670 O. Voyez tome VIII, p. XXI, note 3, et ci-dessus, p. 61, note 1. Nous réparerons ici, dans les notes, un petit nombre d'omissions : voyez ci-après, p. 348, note 2, p. 362, note 1, etc. Ces omissions tiennent à ce que le texte original des *Instructions* et *Prières* n'a pas été compris dans la lecture comparative dont nous avons parlé (tome VIII, p. XVIII, et tome I, p. X), mais a été collationné après coup et à part. — Corneille a donné lui-même, en tête de chaque extrait, l'indication du livre et du chapitre où il l'a pris. Nous y ajoutons, au bas de la page, les chiffres des vers, afin de rendre la comparaison plus facile.

2. Vers 79-90, et 107-114.

Les soins de l'acquérir ne font que te distraire
Et quand tu l'as acquis il peut te décevoir.

Car enfin plus tu sais et plus a de lumière
Le jour qui se répand sur ton entendement,
Plus tu seras coupable à ton heure dernière,   15
Si tu n'en as vécu d'autant plus saintement.

La vanité par là ne te doit point surprendre :
Le savoir t'est donné pour guide à moins faillir;
Il te donne lui-même un plus grand compte à rendre,
Et plus lieu de trembler que de t'enorgueillir.   20

II.   Livre I, chapitre III[1].

DE LA SIMPLICITÉ DU COEUR.

Nos sens sont des trompeurs, dont les fausses images
A notre entendement n'offrent rien d'assuré,
Et ne lui font rien voir qu'à travers cent nuages
   Qui jettent mille ombrages
   Dans l'œil mal éclairé.   25

Plus l'esprit se fait simple et plus il se ramène
Dans un intérieur dégagé des objets,
Plus lors sa connoissance est diffuse et certaine,
   Et s'élève sans peine
   Jusqu'aux plus hauts sujets.   30

Oui, Dieu prodigue alors ses grâces plus entières,
Et portant notre idée au-dessus de nos sens,
Il nous donne d'en haut d'autant plus de lumières,
   Qui percent les matières
   Par des traits plus puissants.   35

Des folles vanités notre âme est enflammée :

1. Vers 144-148, 189-198, 289-293, et 299-303.

Nous voulons être grands plutôt qu'humbles de cœur;
Et tout ce bruit flatteur de notre renommée,
  Comme il n'est que fumée,
   Se dissipe en vapeur.   40

Vraiment grand est celui qui dans soi se ravale,
Qui rentre en son néant pour se connoître bien,
Qui de tous les honneurs que l'univers étale
  Craint la pompe fatale,
   Et ne l'estime à rien.   45

   III.   Livre I, chapitre IV[1].

QU'IL NE FAUT PAS CROIRE LÉGÈREMENT.

  Qui cherche la perfection,
  Loin de tout croire en téméraire,
  Pèse avec mûre attention
Tout ce qu'il entend dire et tout ce qu'il voit faire.
La plus claire apparence a peine à l'engager :   50
Il sait que notre esprit est prompt à mal juger,
  Notre langue prompte à médire;
Et bien qu'il ait sa part en cette infirmité,
  Sur lui-même il garde un empire
Qui le fait triompher de sa fragilité.   55

  C'est ainsi que son jugement,
  Quoi qu'il entende, quoi qu'il sache,
  Se porte sans empressement,
Sans qu'en opiniâtre à son sens il s'attache.
Il se défend longtemps du mal qu'on dit d'autrui,   60
Ou s'il en est enfin convaincu malgré lui,
  Il ne s'en fait point le trompette;
Et cette impression qu'il en prend à regret,

---

1. Vers 324-343.

Qu'il désavoue et qu'il rejette,
Demeure dans son âme un éternel secret. 65

IV. Livre I, chapitre vi[1].

DE L'ABANDON AUX PROPRES DESIRS.

Quiconque avec ardeur souhaite quelque chose[2],
    Quand son peu de vertu n'oppose
Ni règle à ses desirs ni modération,
Il tombe dans le trouble et dans l'inquiétude
    Avec la même promptitude 70
    Qu'il défère à sa passion.

L'avare et le superbe incessamment se gênent,
    Et leurs propres vœux les entraînent
Loin du repos heureux qu'ils ne goûtent jamais;
Mais les pauvres d'esprit, les humbles en jouissent, 75
    Et leurs âmes s'épanouissent
    Dans l'abondance de la paix.

Ces dévots à demi, sur qui la chair plus forte
    Domine encore en quelque sorte,
Penchent à tous moments vers ses mortels appas, 80
Et n'ont jamais une âme assez haute, assez pure,
    Pour faire une entière rupture
    Avec les douceurs d'ici-bas.

Ce n'est qu'en résistant à ces tyrans de l'âme,
    Qu'une sainte et divine flamme
Nous donne cette paix que suit un vrai bonheur;
Et qui sous leur empire asservit son courage,

---

1. Vers 406-417, 424-429, et 448-453.
2. Nous aurions dû indiquer dans les variantes de l'*Imitation* cette leçon, conforme d'ailleurs à celle de l'édition de 1651.

Dans quelques délices qu'il nage,
Jamais ne la trouve en son cœur.

V. Livre I, chapitre vii[1].

DU MÉPRIS DE SOI-MÊME.

Ne fais point fondement sur tes propres mérites[2] ; 90
    Tiens ton espoir en Dieu :
De lui dépend l'effet de quoi que tu médites ;
    Et s'il ne te guide en tout lieu,
    En tout lieu tu te précipites.

Ne dors pas toutefois, et fais de ton côté 95
    Tout ce que tu peux faire :
Il ne manquera point d'agir avec bonté,
    Et fournira comme vrai père
    Des forces à ta volonté.

Souviens-toi que du corps la taille avantageuse 100
    Qui se fait admirer,
Ni de mille beautés l'union merveilleuse
    Pour qui chacun veut soupirer,
    Ne doit rendre une âme orgueilleuse.

Du temps l'inévitable et fière avidité 105
    En fait un prompt ravage,
Et souvent avant lui la moindre infirmité
    Laisse à peine au plus beau visage
    Les marques de l'avoir été.

Ces bonnes actions sur qui chacun se fonde 110
    Pour t'élever aux cieux

---

1. Vers 470-479, 500-509, et 520-529.
2. Voyez tome VIII, p. 58, note 1.

Ne partent pas toujours d'une vertu profonde;
Et Dieu, qui voit par d'autres yeux,
En juge autrement que le monde.

Non qu'il nous faille armer contre la vérité 115
Pour juger mal des nôtres;
Voyons-en tout le bien avec sincérité,
Mais croyons encor mieux des autres,
Pour conserver l'humilité.

VI. Livre I, chapitre IX[1].

DE L'OBÉISSANCE.

Tous ces devoirs forcés où tout le cœur s'oppose 120
N'acquièrent à l'esprit ni liberté ni paix.
Aime qui te commande, ou n'y prétends jamais :
S'il n'est aimable en soi, c'est Dieu qui te l'impose.
L'obéissance est douce, et son aveuglement
Forme un chemin plus sûr que le commandement, 125
Lorsque l'amour la fait, et non pas la contrainte;
Mais elle n'a qu'aigreur sans cette charité,
Et c'est un long sujet de murmure et de plainte,
Quand son joug n'est souffert que par nécessité.

VII. Livre I, chapitre X[2].

DES ENTRETIENS INUTILES.

Fuis l'embarras du monde autant qu'il est possible : 130

---

1. Vers 586-589, et 580-585. — L'édition originale porte par erreur : « chapitre VIII. »
2. Vers 626-637, et 658-665. — L'édition originale porte par erreur : « chapitre IX. »

Ces entretiens du siècle ont trop d'inanité,
Et la paix y rencontre un obstacle invincible,
Lors même qu'on s'y mêle avec simplicité.

Soudain l'âme est souillée, et tout le cœur esclave
Des vains amusements qu'ils savent nous donner : 135
Leur force est merveilleuse, et pour un qui les brave,
Mille à leur faux appas[1] se laissent enchaîner.

Leur amorce flatteuse a l'art de nous surprendre,
Le poison qu'elle glisse est aussitôt coulé;
Et je voudrois souvent n'avoir pu rien entendre, 140
Ou n'avoir vu personne, ou n'avoir point parlé.

Le peu de soin qu'on prend de tout ce qui regarde
Les biens spirituels dont l'âme s'enrichit
Pose sur notre langue une mauvaise garde,
Et fait ce long abus sous qui l'homme blanchit. 145

Parlons, mais dans une humble et sainte conférence
Qui nous puisse acquérir cette sorte de biens :
Dieu les verse toujours par delà l'espérance,
Quand on s'unit en lui par de tels entretiens.

VIII. Livre I, chapitre xii [2].

DU RECOURS A DIEU DANS LES DÉPLAISIRS.

Il est avantageux qu'on blâme, qu'on censure 150
  Nos plus sincères actions,
Qu'on prête des couleurs à nos intentions

---

1. Nous n'avons indiqué, au tome VIII, comme ayant le singulier : « leur faux appas, » que l'édition de 1670; il faut y joindre, comme l'on voit, 1670 O.
2. Vers 766-781, et 790-797.

Pour en faire une fausse et honteuse peinture :
  Le coup de cette indignité
  Rabat en nous la vaine gloire,   155
Dissipe ses vapeurs, et rend à la mémoire
  Le souci de l'humilité.

Cet injuste mépris dont nous couvrent les hommes
  Réveille un zèle languissant,
Et pousse nos soupirs aux pieds du Tout-Puissant,   160
Qui voit notre pensée et sait ce que nous sommes :
  La conscience en ce besoin
  Y cherche aussitôt son refuge,
Et sa juste douleur l'appelle pour seul juge,
  Comme il en est le seul témoin.   165

Lorsque l'âme du juste est vivement pressée
  D'une sensible affliction,
Qu'elle sent les assauts de la tentation,
Ou l'effort insolent d'une indigne pensée,
  Elle voit mieux qu'un tel appui   170
  A sa foiblesse est nécessaire,
Et que quoi qu'elle fasse, elle ne peut rien faire
  Ni de grand ni de bon sans lui.

IX. Livre I, chapitre XIII[1].

DES TENTATIONS.

  Dans la retraite la plus sainte
  Il n'est si haut détachement   175
Qui des tentations affranchi pleinement
  N'en sente quelquefois l'atteinte ;
  Mais il en demeure ce fruit
  Dans une âme bien recueillie,

1. Vers 834-843, 904-923, 884-887, et 948-953.

Que leur attaque l'humilie : 180
Elle la purge, elle l'instruit;
Elle en sort glorieuse, elle en sort couronnée,
Et plus humble, et plus nette, et plus illuminée.

La flamme est l'épreuve du fer,
La tentation l'est des hommes : 185
Par elle seulement on voit ce que nous sommes,
Et si nous pouvons triompher.
Lorsqu'à frapper elle s'apprête,
Fermons-lui la porte du cœur :
On en sort aisément vainqueur, 190
Quand dès l'abord on lui fait tête;
Qui résiste trop tard a peine à résister,
Et c'est au premier pas qu'il la faut arrêter.

D'une simple et foible pensée
L'image forme un trait puissant : 195
Elle flatte, on s'y plaît; elle émeut, on consent;
Et l'âme en demeure blessée :
Ainsi notre fier ennemi
Se glisse au dedans et nous tue,
Quand l'âme, soudain abattue, 200
Ne lui résiste qu'à demi;
Et dans cette langueur pour peu qu'il l'entretienne,
Des forces qu'elle perd il augmente la sienne.

La patience en Jésus-Christ
Et le grand courage en nos peines, 205
Font plus avec le temps que les plus rudes gênes
Dont se tyrannise un esprit.
Supplions Dieu qu'il nous console,
Qu'il nous secoure en notre ennui :
Saint Paul nous l'a promis pour lui[1]; 210
Il dégagera sa parole,

---

1. *Épître* I *aux Corinthiens*, chapitre x, verset 13.

X.   Livre I, chapitre xv[1].

DES BONNES ŒUVRES.

Et tirera pour nous ce fruit de tant de maux,
Qu'ils rendront notre force égale à nos travaux.

Le mal n'a point d'excuse; il n'est espoir, surprise,
Intérêt, amitié, faveur, crainte, malheurs, 215
    Dont le pouvoir nous autorise
A rien faire ou penser qui porte ses couleurs.

Une bonne action a toujours grand mérite,
Mais pour servir un autre il nous la faut quitter :
    C'est sans la perdre qu'on la quitte, 220
Et cet échange heureux nous fait plus mériter.

La plus haute, après tout, n'attire aucune grâce,
Si par la charité son effet n'est produit ;
    Mais la plus foible et la plus basse,
Partant de cette source, est toujours de grand fruit. 225

Ce grand juge des cœurs perce d'un œil sévère
Les plus secrets motifs de nos intentions,
    Et sa justice considère
Ce qui nous fait agir, plus que nos actions.

Celui-là fait beaucoup en qui l'amour est forte, 230
Celui-là fait beaucoup qui fait bien ce qu'il fait,
    Celui-là fait bien qui se porte
Plus au bien du commun qu'à son propre souhait.

Oh ! qui pourroit avoir une foible étincelle
De cette véritable et pure charité, 235

---

1. Vers 1034-1037, 1042-1057, et 1086-1089.

Que bientôt sa clarté fidèle
Lui feroit voir qu'ici tout n'est que vanité !

XI. Livre I, chapitre XVI [1].

DU DEVOIR ENVERS LE PROCHAIN.

Quand par tes bons avis une âme assez instruite
  Continue à leur résister,
Entre les mains de Dieu remets-en la conduite,   240
Et ne t'obstine point à la persécuter.

Sa sainte volonté souvent veut être faite
  Par un autre ordre que le tien :
Il sait trouver sa gloire en tout ce qu'il projette ;
Il sait, quand il lui plaît, tourner le mal en bien.   245

Souffre sans murmurer tous les défauts des autres,
  Pour grands qu'ils se puissent offrir ;
Et songe qu'en effet nous avons tous les nôtres,
Dont ils ont à leur tour encor plus à souffrir.

Si ta fragilité met toujours quelque obstacle   250
  En toi-même à tes propres vœux,
Comment peux-tu d'un autre exiger ce miracle
Qu'il n'agisse partout qu'ainsi que tu le veux ?

N'est-ce pas le traiter avec haute injustice
  De vouloir qu'il soit tout parfait,   255
Et de ne vouloir pas te corriger d'un vice,
Afin que ton exemple aide à ce grand effet ?

Aucun n'est sans défaut, aucun n'est sans foiblesse,
  Aucun n'est sans besoin d'appui,

1. Vers 1102-1121, et 1146-1153.

Aucun n'est sage assez de sa propre sagesse, 260
Aucun n'est assez fort pour se passer d'autrui.

Il faut donc s'entr'aimer, il faut donc s'entr'instruire,
　　Il faut donc s'entre-secourir;
Il faut s'entre-prêter des yeux à se conduire,
Il faut s'entre-donner une aide à se guérir. 265

XII.   Livre I, chapitre xix[1].

DE LA RÉCOLLECTION.

Quelque effort qu'ici-bas l'homme fasse à bien vivre,
Il est souvent trahi par sa fragilité;
Et le meilleur remède à son infirmité,
C'est de choisir toujours un but certain à suivre.
Qu'il regarde surtout quel est l'empêchement 270
Qui met le plus d'obstacle à son avancement,
Et que tout son pouvoir s'attache à l'en défaire;
Qu'il donne ordre au dedans, qu'il donne ordre au dehors[2];
A cet heureux progrès l'un et l'autre confère,
Et l'âme a plus de force ayant l'aide du corps. 275

Si ta retraite en toi ne peut être assidue,
Recueille-toi du moins une fois chaque jour,
Soit lorsque le soleil recommence son tour,
Soit lorsque sous les eaux sa lumière est fondue.
Propose le matin et règle tes projets, 280
Examine le soir quels en sont les effets;
Revois tes actions, tes discours, tes pensées :
Peut-être y verras-tu, malgré ton bon dessein,
A chaque occasion mille offenses glissées
Contre le grand monarque, ou contre le prochain. 285

1. Vers 1388-1407.
2. Dans l'*Office* il y a : « aux dehors, » sans doute par erreur, car les diverses éditions de l'*Imitation* portent: « au dehors. »

XIII. Livre I, chapitre xx[1].

DU SILENCE ET DE LA SOLITUDE.

Se taire entièrement est beaucoup plus facile
Que de se préserver du mélange inutile
Qui dans tous nos discours aisément s'introduit ;
  Et c'est chose bien moins pénible
  D'être chez soi comme invisible,   290
Que de se bien garder alors qu'on se produit.

Personne en sûreté ne sauroit se produire,
Ni parler sans se mettre au hasard de se nuire,
Ni prendre sans péril des ordres à donner,
  Que ceux qui volontiers se cachent,   295
  Sans peine au silence s'attachent,
Et sans aversion se laissent gouverner.

Souvent ceux que tu vois par leur vertu sublime
Mériter notre amour, emporter notre estime,
Tous parfaits qu'on les croit, sont le plus en danger ; 300
  Et l'excessive confiance
  Qu'elle jette en leur conscience
Souvent les autorise à se trop négliger.

Souvent il est meilleur que quelque assaut nous presse,
Et que nous faisant voir quelle est notre foiblesse, 305
Il réveille par là nos plus puissants efforts,
  De crainte que l'âme tranquille
  Ne s'enfle d'un orgueil facile
A glisser de son calme aux douceurs du dehors.

Cache-toi, s'il le faut, pour briser ces obstacles :   310

---

1. Vers 1482-1487, 1494-1499, 1518-1529, 1578-1583, et 1590-1595.

L'obscurité vaut mieux que l'éclat des miracles,
S'ils étouffent les soins qu'on doit avoir de soi ;
  Et le don de faire un prodige,
  Dans une âme qui se néglige,
D'un précieux trésor fait un mauvais emploi.   315

Le monde et ses plaisirs s'écoulent et nous gênent,
Et quand à divaguer nos desirs nous entraînent,
Ce temps qu'on aime à perdre est aussitôt passé ;
  Et pour fruit de cette sortie
  On n'a qu'une âme appesantie,   320
Et des desirs flottants dans un cœur dispersé.

XIV. Livre I, chapitre XXI[1].

DÉGOÛT DU MONDE.

Reconnois-toi, mortel, indigne des tendresses
Que départ aux élus la divine bonté ;
Et des afflictions regarde les rudesses
Comme des traitements dus à ta lâcheté.   325
L'homme vraiment atteint de la douleur profonde
  Qu'enfante un plein recueillement,
Ne trouve qu'amertume aux voluptés du monde,
  Et voit qu'il ne les fonde
Que sur de longs périls que déguise un moment.   330

Le moyen donc qu'il puisse y trouver quelques charmes,
Soit qu'il se considère ou qu'il regarde autrui,
S'il n'y peut voir partout que des sujets d'alarmes,
N'y voyant que des croix pour tout autre et pour lui ?
Si ton cœur chaque jour mettoit dans la balance   335
  Ou le purgatoire ou l'enfer,
Il n'est point de travail, il n'est point de souffrance

1. Vers 1722-1734, et 1753-1757.

Où soudain ta constance
Ne portât sans effroi l'ardeur d'en triompher.

XV.   Livre I, chapitre XXII[1].

MISÈRES DE LA VIE.

Mortel, ouvre les yeux, et vois que la misère 340
 Te cherche et te suit en tout lieu,
Et que toute la vie est une source amère,
 A moins qu'elle tourne vers Dieu.

Il n'est emploi ni rang dont la grandeur se pare
 De cette inévitable loi, 345
Et ceux qu'on voit porter le sceptre ou la tiare
 N'en sont pas plus exempts que toi.

Tant qu'à ce corps fragile un souffle nous attache,
 Tel est à tous notre malheur,
Que le plus innocent ne se peut voir sans tache, 350
 Ni le plus content sans douleur.

Le plein calme est un bien hors de notre puissance,
 Ici-bas aucun n'en jouit :
Il descendit du ciel avec notre innocence,
 Avec elle il s'évanouit. 355

Comme ces deux trésors étoient inséparables,
 Un moment perdit tous les deux;
Et le même péché qui nous fit tous coupables,
 Nous fit aussi tous malheureux.

C'est donc avec raison que l'âme s'humilie, 360
 Se mésestime, se déplaît,

---

1. Vers 1776-1779, 1788-1791, 1892-1903, 1924-1927, et 1932-1939.

Toutes les fois qu'en soi fortement recueillie
    Elle examine ce qu'elle est.

Elle voit clairement que ce que fait la grâce
    Par de longs et rudes travaux,   365
Un peu de négligence en un moment l'efface
    Et nous rend tous nos premiers maux.

Que sera-ce de nous au bout d'une carrière
    Où s'offrent combats sur combats,
Si notre lâcheté déjà tourne en arrière,   370
    Et perd haleine au premier pas?

XVI.   Livre I, chapitre xxiii [1].

DE LA MORT.

Qui prend soin de sa conscience
Ne considère dans la mort
Que la porte aimable d'un sort
Digne de son impatience.   375
Heureux l'homme dont en tous lieux
Son image frappe les yeux,
Que chaque moment y prépare,
Qui la regarde comme un prix,
Et de soi-même se sépare   380
Pour n'en être jamais surpris!

Qu'un saint penser t'en entretienne
Quand un autre rend les abois :
Tu seras tel que tu le vois,
Et ton heure suivra la sienne.   385
Aussitôt que le jour te luit,

---

1. Vers 1986-1989, 2030-2049, 2060-2065, 2096-2099, 2110-2119, 2140-2145, 2206-2209, 2200-2205, 2216-2225, et 2236-2245.

Doute si jusques à la nuit
Ta vie étendra sa durée;
Et la nuit reçois le sommeil,
Sans la croire plus assurée   390
D'atteindre au retour du soleil.

Tiens ton âme toujours si prête,
Que ce glaive en l'air suspendu
Jamais sans en être attendu
Ne puisse tomber sur ta tête.   395
Avec combien de déplaisirs
Voudroit un cœur gros de soupirs
Pouvoir lors haïr ce qu'il aime,
Et combien avoir acheté
Le temps de prendre sur soi-même   400
Vengeance de sa lâcheté!

Prends peu d'assurance aux prières
Qu'on te promet après ta mort,
Et pour te faire un saint effort
N'attends point les heures dernières.   405
L'espérance au secours d'autrui
N'est pas toujours un bon appui
Près de la majesté suprême,
Et si tu veux bien négliger
Toi-même le soin de toi-même,   410
Peu d'autres s'en voudront charger.

Travaille donc et sans remise :
Chaque moment est précieux,
Chaque instant peut t'ouvrir les cieux;
Prends un temps qui te favorise.   415
Quiconque à la mort se résout,
Qui la voit et la craint partout,
A peu de chose à craindre d'elle;
Et le plus assuré secours
Contre les traits d'une infidèle,   420

C'est de s'en défier toujours.

Tandis que ce temps favorable
Te donne loisir d'amasser,
Amasse, mais sans te lasser,
Une richesse perdurable. 425
Fais tout ce que tu peux de bien[1],
Donne aux saints devoirs d'un chrétien
Tout ce que Dieu te donne à vivre :
Tu ne sais quand tu dois mourir,
Et moins encor ce qui doit suivre 430
Les périls qu'il y faut courir.

Fais des amis pour l'autre vie;
Honore les saints ici-bas,
Et tâche d'affermir tes pas
Dans la route qu'ils ont suivie; 435
Range-toi sous leur étendard,
Afin qu'à l'heure du départ
Ils fassent pour toi des miracles,
Et qu'ils courent te recevoir
Dans ces lumineux tabernacles 440
Où la mort n'a point de pouvoir.

Pousse jusqu'au ciel tes prières
Par de sacrés élancements;
Joins-y mille gémissements,
Joins-y des larmes journalières. 445
Ainsi ton esprit bienheureux
Puisse d'un séjour dangereux
Passer en celui de la gloire!
Ainsi la mort pour l'y porter
Règne toujours en ta mémoire! 450
Ainsi Dieu te daigne écouter!

---

1. Nous aurions dû mentionner ce vers comme variante de l'*Imitation*, où on lit :
    Fais, fais ce que tu peux de bien.

XVII. Livre I, chapitre xxv [1].

QU'IL FAUT SE PORTER AVEC CHALEUR AUX BONNES ACTIONS.

Agis, mais fortement, et fais-toi violence
Pour te soustraire au mal où tu te vois pencher;
Examine quel bien tu dois le plus chercher,
Et portes-y soudain toute ta vigilance; 455
Mais ne crois pas en toi le voir jamais assez :
Tes sens à te flatter toujours intéressés
T'en pourroient souvent faire une fausse peinture.
Porte les yeux plus loin, et regarde en autrui
Tout ce qui t'y déplaît, tout ce qu'on y censure, 460
Et déracine en toi ce qui te choque en lui.

Dans ce miroir fidèle exactement contemple
Ce que sont en effet et ce mal et ce bien;
Et les considérant d'un œil vraiment chrétien,
Fais ton profit du bon et du mauvais exemple : 465
Que l'un allume en toi l'ardeur de l'imiter,
Que l'autre excite en toi les soins de l'éviter,
Ou, si tu l'as suivi, d'en effacer la tache;
Sers toi-même d'exemple, et t'en fais une loi,
Puisque ainsi que ton œil sur les autres s'attache, 470
Les autres à leur tour attachent l'œil sur toi.

Conçois, Dieu t'en avoue, une haute espérance
D'emporter la couronne en combattant sous lui;
Espère un plein triomphe avec un tel appui;
Mais garde-toi d'en prendre une entière assurance. 475
Les philtres dangereux de cette illusion
Charment si puissamment, que dans l'occasion
Nous laissons de nos mains échapper la victoire;

1. Vers 2536-2555, 2466-2475, et 2666-2675.

Et quand le souvenir d'avoir le mieux vécu
Relâche la ferveur à quelque vaine gloire, 480
Qui s'assure de vaincre est aussitôt vaincu.

Toi donc qui, tout fragile, inconstant, misérable,
Peux avec son secours aisément te sauver,
Souviens-toi de la fin où tu dois arriver,
Et que le temps perdu n'est jamais réparable. 485
Va, cours, vole sans cesse aux emplois fructueux :
Cette sainte chaleur qui fait les vertueux
Veut des soins assidus et de la diligence ;
Et du moment fatal que ton manque d'ardeur
T'osera relâcher à quelque négligence, 490
Mille peines suivront ce moment de tiédeur.

XVIII. Livre II, chapitre 1[1].

QU'IL FAUT NE S'ASSURER QU'EN DIEU, ET SOUFFRIR A SON EXEMPLE.

Ne t'assure qu'en Dieu, mets-y tout ton amour
Jusqu'à ton dernier jour,
Tout ton espoir, toute ta crainte :
Il conduira ta langue, il réglera tes yeux, 495
Et de quelque malheur que tu sentes l'atteinte,
Jamais il n'entendra ta plainte,
Qu'il ne fasse pour toi ce qu'il verra de mieux.

Ce monarque du ciel, ce maître du tonnerre,
Méprisé sur la terre, 500
Dans l'opprobre y finit ses jours ;
Au milieu de sa peine, au fort de sa misère,
Il vit tous ses amis lâches, muets et sourds :
Tout lui refusa du secours,

---

1. Vers 85-91, 134-147, et 162-168.

Et tout l'abandonna, jusqu'à son propre Père. 505

Cet abandon lui plut, il aima ce mépris,
    Et pour être ton prix
    Il voulut être ta victime :
Innocent qu'il étoit, il voulut endurer ;
Et toi, dont la souffrance est moindre que le crime, 510
    Tu t'oses plaindre qu'on t'opprime,
Et croire que tes maux vaillent en murmurer !

Tu vois ton maître en croix, où ton péché le tue,
    Et tu peux à sa vue
    Te rebuter de quelque ennui ! 515
Ah ! ce n'est pas ainsi qu'on a part à sa gloire ;
Change, pauvre pécheur, change dès aujourd'hui :
    Souffre avec lui, souffre pour lui,
Si tu veux avec lui régner par sa victoire.

XIX.   Livre II, chapitre III[1].

DE LA PAIX INTÉRIEURE.

Prépare tes efforts à mettre en paix les autres 520
    Par ceux de l'affermir chez toi :
Leurs esprits aisément se règlent sur les nôtres,
L'exemple est la plus douce et la plus forte loi.

Qui vit sans cette paix et suit l'impatience
    De ses bouillants et vains desirs, 525
N'est jamais sans soupçon, jamais sans défiance,
Et voit partout matière à de prompts déplaisirs.

Comme tout fait ombrage aux soucis qu'il se donne,
    Tout le blesse, tout lui déplaît :

---

1. Vers 313-316, et 329-356.

Il n'a point de repos et n'en laisse à personne, 530
Il ne sait ce qu'il veut, ni même ce qu'il est.

Il tait ce qu'il doit dire, et dit ce qu'il doit taire;
    Il va quand il doit s'arrêter;
Et son esprit troublé quitte ce qu'il faut faire
Pour faire avec chaleur ce qu'il faut éviter. 535

Sa rigueur importune examine et publie
    Où manque le devoir d'autrui,
Et lui-même du sien pleinement il s'oublie,
Comme si Dieu jamais n'avoit rien dit pour lui.

Tourne les yeux sur toi, malheureux, et regarde 540
    Quel zèle aveugle te confond;
Mets sur ton propre cœur une soigneuse garde,
Et considère après ce que les autres font.

Tu sais bien t'excuser, et n'admets point d'excuses
    Pour les foiblesses du prochain : 545
Il n'est point de couleurs pour toi que tu refuses,
Ni de raisons pour lui qui ne parlent en vain.

Sois-lui plus indulgent, et pour toi plus sévère;
    Censure ton mauvais emploi,
Excuse ceux d'un autre, et souffre de ton frère, 550
Si tu veux que ton frère aime à souffrir de toi.

XX.   Livre II, chapitre VI[1].

DE LA BONNE CONSCIENCE.

Droite et sincère conscience,
    Digne gloire des gens de bien,

---

1. Vers 533-537, 548-557, 618-627, et 638-642.

Oh! que ton témoignage est un doux entretien,
Et qu'il mêle de joie à notre confiance, 555
Quand il ne nous reproche rien !

Malgré le monde et ses murmures,
Homme, tu sauras vivre en paix,
Si ton cœur est d'accord de tout ce que tu fais,
Et s'il ne porte point de secrètes censures 560
Sur la chaleur de tes souhaits.

Aime les avis qu'il t'envoie,
Embrasse leur correction,
Et pour te bien tenir en ta possession,
Jamais ne te hasarde à prendre aucune joie 565
Qu'après une bonne action.

Ris cependant des vains mélanges
Qu'ici le monde aime à former :
Il a beau t'applaudir ou te mésestimer,
Tu n'en es pas plus saint pour toutes ses louanges, 570
Ni moindre pour t'en voir blâmer.

Ce que tu vaux est en toi-même,
Tu fais ton prix par tes vertus;
Tous les encens d'autrui demeurent superflus;
Et ce qu'on est aux yeux du monarque suprême, 575
On l'est partout, et rien de plus.

Fais toujours bien, et fuis le crime,
Sans t'en donner de vanité;
Du mépris de toi-même arme ta sainteté :
Bien vivre et ne s'enfler d'aucune propre estime, 580
C'est la parfaite humilité.

XXI. Livre II, chapitre vii[1].

QU'IL FAUT AIMER DIEU PAR-DESSUS TOUT.

Vis et meurs en ton Dieu, qui seul peut secourir,
Soit qu'il te faille vivre ou te faille mourir,
Les foiblesses qu'en l'homme imprime la naissance :
Il donnera la main à ton infirmité ; 585
Et la profusion de sa reconnoissance
    Saura réparer l'impuissance
    De ce tout qui t'aura quitté.

Mais, j'aime à te le dire, il est amant jaloux,
Il est ambitieux, et s'éloigne de nous 590
Sitôt que notre cœur pour un autre soupire ;
Et si comme en son trône il n'est seul dans ce cœur,
Un orgueil adorable à ses bontés inspire
    Le dédain d'un honteux empire,
    Que partage un autre vainqueur. 595

XXII. Livre II, chapitre viii[2].

DU DÉTACHEMENT DU MONDE.

Tire-toi d'esclavage, et sache te purger
De ces vains embarras que font les créatures ;
Saches en effacer jusqu'aux moindres teintures,
Romps jusqu'aux moindres nœuds qui puissent t'engager.
Dans ce détachement tu trouveras des ailes 600
Qui porteront ton cœur jusqu'aux pieds de ton Dieu,
Pour y voir et goûter ces douceurs immortelles
    Que dans celui de ses fidèles
    Sa bonté répand en tout lieu.

---

1. Vers 698-711. — 2. Vers 857-892.

Mais ne crois pas atteindre à cette pureté, 605
A moins que de là-haut sa grâce te prévienne,
A moins qu'elle t'attire, à moins qu'elle soutienne
Les efforts chancelants de ta légèreté.
Alors, par le secours de sa pleine efficace,
Tous autres nœuds brisés, tout autre objet banni, 610
Seul hôte de toi-même, et maître de la place,
  Tu verras cette même grâce
  T'unir à cet être infini.

Aussitôt que du ciel dans l'homme elle descend,
Il n'a plus aucun foible, il peut tout entreprendre; 615
L'impression du bras qui daigne la répandre
D'infirme qu'il étoit l'a rendu tout-puissant;
Mais sitôt que son bras la retire en arrière,
L'homme dénué, pauvre, accablé de malheurs,
Et livré par lui-même à sa foiblesse entière, 620
  Semble ne voir plus la lumière
  Que pour être en proie aux douleurs.

Ne perds pas toutefois le courage ou l'espoir,
Pour sentir cette grâce ou partie ou moins vive;
Mais présente un cœur ferme à tout ce qui t'arrive, 625
Et bénis de ton Dieu le souverain vouloir.
Dans quelque excès d'ennuis qu'un tel départ t'engage,
Souffre tout pour sa gloire attendant le retour,
Et songe qu'au printemps l'hiver sert de passage,
  Qu'un profond calme suit l'orage, 630
  Et que la nuit fait place au jour.

XXIII. Livre II, chapitre x[1].

DE L'HUMILITÉ.

Mets-toi dans le plus bas étage,
Dieu te donnera le plus haut :
C'est par l'humilité que le plus grand courage
    Montre pleinement ce qu'il vaut.   635
    La hauteur même dans le monde
    Sur ce bas étage se fonde,
Et le plus haut sans lui n'y sauroit subsister :
Le plus grand devant Dieu c'est le moindre en soi-même,
    Et les vertus que le ciel aime   640
Par les ravalements trouvent l'art d'y monter.

    La gloire des saints ne s'achève
    Que par le mépris qu'ils en font ;
Leur abaissement croît autant qu'elle s'élève,
    Et devient toujours plus profond.   645
    La vaine gloire a peu de place
    Dans un cœur où règne la grâce,
L'amour de la céleste occupe tout le lieu ;
Et cette propre estime, où se plaît la nature,
    Ne sauroit trouver d'ouverture   650
Dans celui qui se fonde et s'affermit en Dieu.

    Aussi sa bonté semble croître
    Des louanges que tu lui rends ;
Et pour ses moindres dons savoir le reconnoître,
    C'est en attirer de plus grands.   655
    Tiens ses moindres grâces pour grandes,
    N'en reçois point que tu n'en rendes :
Crois plus avoir reçu que tu n'as mérité ;
Estime précieux, estime incomparable

---

1. Vers 1189-1208, et 1219-1228.

Le don le moins considérable, 660
Et redouble son prix par ton humilité.

XXIV. Livre II, chapitre XII[1].

QU'IL FAUT QUE CHACUN PORTE SA CROIX.

La croix est à toute heure en tous lieux préparée;
Elle t'attend partout, et partout suit tes pas :
Fuis-la de tous côtés, et cours où tu voudras,
Tu n'éviteras point sa rencontre assurée. 665
Tel est notre destin, telles en sont les lois;
Tout homme pour lui-même est une vive croix,
Pesante d'autant plus que plus lui-même il s'aime;
Et comme il n'est en soi que misère et qu'ennui,
En quelque lieu qu'il aille, il se porte lui-même, 670
Et rencontre la croix qu'il y porte avec lui.

Si c'est avec dépit, lâche, que tu la portes,
Si par de vains efforts tu l'oses rejeter,
Tu t'en fais un fardeau plus pesant à porter[2],
Tu l'attaches à toi par des chaînes plus fortes; 675
Mais dès qu'on peut aussi la porter sans regret,
Dieu nous prête un secours et solide et secret
Qui tourne l'amertume en douce confiance;
Et plus ce triste corps est sous elle abattu,
Plus par la grâce unie à tant de patience 680
L'esprit fortifié s'élève à la vertu.

Te pourrois-tu soustraire à cette loi commune
Dont aucun des mortels n'a pu se dispenser?
Quel monarque par là n'a-t-on point vu passer?
Qui des saints a vécu sans croix, sans infortune? 685

---

1. Vers 1467-1476, 1497-1500, 1541-1546, 1507-1516, et 1647-1656.
2. Il y a dans l'*Imitation* : « plus fâcheux à porter. » La variante a été oubliée au tome VIII.

Ton maître Jésus-Christ n'eut pas un seul moment
Dégagé des douleurs et libre du tourment
Que de sa Passion avançoit la mémoire :
Il fallut comme toi qu'il portât son fardeau ;
Il lui fallut souffrir pour se rendre à sa gloire,   690
Et pour monter au ciel, descendre en un tombeau.

On recommande assez la patience à d'autres,
Mais il s'en trouve peu qui veuillent endurer ;
Et quand à notre tour il nous faut soupirer,
Ce remède à tous maux n'est plus bon pour les nôtres. 695
Aime, pauvre pécheur, aime à souffrir pour Dieu,
Toi qui peux reconnoître à toute heure, en tout lieu,
Combien plus un mondain endure pour le monde :
Vois ce que sa souffrance espère d'acquérir,
Vois quel but a sa vie en travaux si féconde,   700
Et fais pour te sauver ce qu'il fait pour périr.

XXV. Livre III, chapitre v[1].

DE L'AMOUR DE DIEU.

Cet amour est tout noble, il est tout généreux ;
Des grandes actions il rend l'homme amoureux,
Et les impressions qu'une fois il a faites
Toujours de plus en plus aspirent aux parfaites.   705
Il va toujours en haut chercher de vrais appas,
Il traite de mépris tout ce qu'il voit de bas.
Je te dirai bien plus : sa douceur et sa force
Sont des cœurs les plus grands la plus illustre amorce ;
La terre ne voit rien qui soit plus achevé ;   710
Le ciel même n'a rien qui soit plus élevé :
En veux-tu la raison ? en Dieu seul est sa source ;

---

1. Vers 479-484, 493-500, 505-508, 521 et 522, 531-536, 591 et 592, 81 et 582, et 595-602.

En Dieu seul est aussi le repos de sa course;
Il en part, il y rentre, et ce feu tout divin
N'a point d'autre principe, et n'a point d'autre fin. 715
Pour tous également son ardeur est extrême;
Il donne tout pour tous, et n'a rien à lui-même;
Mais quoiqu'il soit prodigue, il ne perd jamais rien,
Puisqu'il retrouve tout dans le souverain bien.
Il veut plus que sa force; et quoi qui se présente, 720
L'impossibilité jamais ne l'épouvante.

Jamais il ne s'endort, non plus que le soleil :
Il sait l'art de veiller dans les bras du sommeil;
Il sait dans la fatigue être sans lassitude;
Il sait dans la contrainte être sans servitude, 725
Porter mille fardeaux sans en être accablé,
Voir mille objets d'effroi sans en être troublé.
Il est sobre, il est chaste, il est ferme et tranquille;
A garder tous ses sens il est prompt et docile;
Il est délicieux, il est prudent et fort, 730
Fidèle, patient, constant jusqu'à la mort;
En Dieu seul il se fie, en Dieu seul il espère,
Même quand Dieu l'expose à la pleine misère,
Qu'il est sans goût pour Dieu dans l'effort du malheur;
Car le parfait amour ne vit point sans douleur; 735
Et quiconque n'est prêt de souffrir toute chose,
D'attendre que de lui son bien-aimé dispose,
Quiconque peut aimer si mal, si lâchement,
N'est point digne du nom de véritable amant.

XXVI. Livre III, chapitre VI[1].

ÉPREUVES DE L'AMOUR DE DIEU.

Le vrai, le fort amour, en soi-même affermi, 740

1. Vers 623-630, 639-646, 655-662, et 679-694.

Sait bien et repousser l'effort de l'ennemi,
Et refuser l'oreille à ses ruses perverses;
Il sait du cœur entier lui fermer les accès,
Et de sa digne ardeur le salutaire excès,
  Égal aux fortunes diverses,   745
  M'adore autant dans les traverses
  Que dans les plus heureux succès.

Ainsi dans tous mes dons il n'a d'yeux que pour moi,
Ainsi de tous mes dons il fait un digne emploi,
A force de les mettre au-dessous de moi-même;   750
Il se repose en moi, comme au bien souverain,
Et tous ces autres biens que sur le genre humain
  Laisse choir ma bonté suprême,
  Il ne les estime et les aime
  Qu'en ce qu'ils tombent de ma main.   755

Tout ce qui coule au cœur de doux saisissements,
De liquéfactions, d'épanouissements,
Marque bien les effets de ma grâce présente :
C'est bien quelque avant-goût du céleste séjour,
Mais prompte est sa venue, et prompt est son retour, 760
  Et sa douceur la plus charmante,
  Lorsque tu crois qu'elle s'augmente,
  Soudain échappe à ton amour.

Quelquefois ton esprit, s'élevant jusqu'aux cieux,
De cette haute extase où j'occupe ses yeux   765
Retombe tout à coup dans quelque impertinence :
Pour confus que tu sois d'un si prompt changement,
Fais un plein désaveu de cet égarement,
  Et prends une sainte arrogance
  Qui dédaigne l'extravagance   770
  De cet indigne amusement[1].

---

1. Ce vers aurait dû figurer dans les variantes de l'*Imitation*, dans laquelle on lit *son*, au lieu de *cet*.

Ces foiblesses de l'homme agissent malgré toi;
Et bien que de ton cœur elles brouillent l'emploi,
Elles n'y peuvent rien que ce cœur n'y consente :
Tant que tu te défends d'y rien contribuer, 775
Tu leur défends aussi d'y rien effectuer,
  Et leur embarras te tourmente;
  Mais ton mérite s'en augmente,
  Au lieu de s'en diminuer.

XXVII. <small>Livre III, chapitre xi[1].</small>

QU'IL FAUT EXAMINER ET MODÉRER SES DESIRS.

Toutes tes volontés doivent être soumises 780
  Purement à mon bon plaisir,
Jusqu'à ne souhaiter en toutes entreprises
  Que les succès que je voudrai choisir.

Tu ne dois point t'aimer, tu ne dois point te plaire
  Dans tes propres contentements; 785
Tu dois n'être jaloux que de me satisfaire,
  Et d'obéir à mes commandements.

Quel que soit le desir qui t'échauffe et te pique,
  Considère ce qui t'en plaît,
Et vois si sa chaleur à ma gloire s'applique, 790
  Ou s'il t'émeut par le propre intérêt.

Lorsque ce n'est qu'à moi que ce desir se donne,
  Qu'il n'a pour but que mon honneur,
Quelque effet qui le suive, et quoi que j'en ordonne,
  Ta fermeté tient tout à grand bonheur. 795

Mais lorsque l'amour-propre y garde encor sa place,
  Quoique secret et déguisé,

---

1. Vers 1254-1273, 1282-1289, et 1298-1309.

C'est là ce qui te gêne et ce qui t'embarrasse,
C'est ce qui pèse à ton cœur divisé.

Tout ce qui paroît bon n'est pas toujours à suivre, 800
Ni son contraire à rejeter ;
L'ardeur impétueuse à mille erreurs te livre,
Et trop courir c'est te précipiter.

La bride est souvent bonne, et même il en faut une
A la plus sainte affection ; 5
Son trop d'empressement la peut rendre importune,
Et te pousser dans la distraction.

Un peu de violence est souvent nécessaire
Contre les appétits des sens,
Même quand leur effet te paroît salutaire, 810
Quand leurs desirs te semblent innocents.

Ne demande jamais à ta chair infidèle
Ce qu'elle veut ou ne veut pas ;
Range-la sous l'esprit, et fais qu'en dépit d'elle
Son esclavage ait pour toi des appas. 815

Qu'en maître, qu'en tyran cet esprit la châtie,
Qu'il l'enchaîne de rudes nœuds,
Jusqu'à ce que domptée et bien assujettie,
Elle soit prête à tout ce que tu veux.

XXVIII. Livre III, chapitre xii[1].

QUE LES DOUCEURS DU MONDE SONT ACCOMPAGNÉES D'AMERTUMES.

Crois-tu les gens du monde exempts d'inquiétude ? 820

1. Vers 1356-1359, et 1368-1383.

Ne vois-tu rien pour eux ni d'amer ni de rude?
Va chez ces délicats qui n'ont soin que d'unir
Le choix des voluptés aux moyens d'y fournir :
Ces riches, que du siècle adore l'imprudence,
Passent comme fumée avec leur abondance, 825
Et de leurs voluptés le plus doux souvenir,
S'il ne passe avec eux, ne sert qu'à les punir.
Celles que leur permet une si courte vie
Sont dignes de pitié beaucoup plus que d'envie :
Elles vont rarement sans mélange d'ennuis; 830
Leurs jours les plus brillants ont les plus sombres nuits;
Souvent mille chagrins empoisonnent leurs charmes,
Souvent mille terreurs y jettent mille alarmes,
Et souvent des objets d'où naissent leurs plaisirs
Ma justice en courroux fait naître leurs soupirs. 835
L'impétuosité qui les porte aux délices
Elle-même à leur joie enchaîne les supplices,
Et joint aux vains appas d'un peu d'illusion
Le repentir, le trouble et la confusion.

XXIX.   Livre III, chapitre xiii[1].

QU'IL FAUT S'HUMILIER, A L'EXEMPLE DE JÉSUS-CHRIST.

Que fais-tu de si grand, toi qui n'es que poussière, 840
 Ou pour mieux dire qui n'es rien,
Quand tu soumets pour moi ton âme un peu moins fière
 A quelque autre vouloir qu'au tien?
Moi qui suis tout-puissant, moi qui d'une parole
 Ai bâti l'un et l'autre pôle, 845
Et tiré du néant tout ce qui s'offre aux yeux,
Moi dont tout l'univers est l'ouvrage et le temple,
Pour me soumettre à l'homme et te donner l'exemple,
 Je suis bien descendu des cieux.

1. Vers 1468-1497, 1508-1511, et 1522-1527.

De ces palais brillants où ma gloire ineffable 850
    Remplit tout de mon seul objet,
Je me suis ravalé jusqu'au rang d'un coupable,
    Jusqu'à l'ordre le plus abjet[1].
Je me suis fait de tous le plus humble et le moindre,
    Afin que tu susses mieux joindre 855
Un digne abaissement à ton indignité,
Et que malgré le monde et ses vaines amorces,
Pour dompter ton orgueil tu trouvasses des forces
    Dans ma parfaite humilité.

Apprends de moi, pécheur, apprends l'obéissance 860
    Des sentiments humiliés;
Poudre, terre, limon, apprends de ta naissance
    A te faire fouler aux pieds;
Apprends à te ranger sous le plus rude empire;
    Apprends à te vaincre, à dédire 865
De ton propre vouloir les desirs les plus doux;
Apprends à triompher des assauts qu'il te donne;
Apprends à t'asservir à tout ce qu'on t'ordonne;
    Apprends à te soumettre à tous.

Oses-tu murmurer, chétive créature, 870
    As-tu le front de repartir,
Alors qu'on te reproche, à toi qui n'es qu'ordure,
    Ce que tu ne peux démentir?
Vois quelle est ma bonté, vois quelle est sa puissance;
    Montre par ta reconnoissance 875
Qu'enfin de mes bienfaits tu sais le digne prix;
Fais de l'humilité ta plus douce habitude,
De la soumission ta plus ardente étude,
    Et tes délices du mépris.

---

1. Voyez tome I, p. 169, note 1.

XXX.   Livre III, chapitre xix[1].

DE LA PATIENCE.

  La patience est délicate   880
   Qui ne veut souffrir qu'à son choix,
Qui borne ses malheurs, et jusque-là se flatte,
Qu'elle en prétend régler et le nombre et le poids.
  La véritable est d'une autre nature ;
   Et quelques maux qui se puissent offrir,   885
Elle ne leur prescrit ordre, temps, ni mesure,
Et n'a d'yeux que pour moi quand il lui faut souffrir.

  Sa vertueuse indifférence
   Reçoit avec remercîments
Ces odieux trésors d'amertume et d'offense   890
Qui font partout ailleurs tant de ressentiments.
  Elle connoît que sans inquiétude
   Le vrai repos ne se peut obtenir,
Et que sans un combat opiniâtre et rude
A la pleine victoire on ne peut parvenir.   895

  Instruite dans ma sainte école,
   Elle met son espoir aux cieux,
Et sait que dans ses maux, si je ne la console,
Du moins ce qu'elle souffre est présent à mes yeux ;
  Qu'un jour viendra que ma douce visite   900
   De ses travaux couronnera la foi,
Et qu'un peu de souffrance amasse un grand mérite,
Quand ce peu qu'on endure est enduré pour moi.

  Tiens donc ton âme toujours prête
   A toute épreuve, à tous combats,   905

1. Vers 2033-2040, 2049-2052, 2077-2080, et 2057-2072.

Du moins si tu veux vaincre et couronner ta tête
De ce qu'un beau triomphe a de gloire et d'appas :
  La patience a sa couronne acquise;
  Mais sans combattre on n'y peut aspirer :
A qui sait bien souffrir, ma bouche l'a promise,   910
Et c'en est un refus qu'un refus d'endurer.

        XXXI.   Livre III, chapitre xx [1].

DES MALHEURS DE LA VIE ET DES TROMPERIES DU MONDE.

Qu'une affliction passe, une autre lui succède :
Souvent elle renaît de son propre remède,
Et rentre du côté qu'on la vient de bannir;
Un combat dure encor, que mille autres surviennent, 915
Et cet enchaînement dont ils s'entre-soutiennent
Fait un cercle de maux, qui ne sauroit finir.

Peut-on avoir pour toi quelque amour, quelque estime,
O vie, ô d'amertume affreux et vaste abîme,
Cuisant et long supplice et de l'âme et du corps ?   920
Et parmi les malheurs dont je te vois suivie,
A quel droit gardes-tu l'aimable nom de vie,
Toi dont le cours funeste engendre tant de morts?

On t'aime cependant, et la foiblesse humaine,
Bien qu'elle voie en toi les sources de sa peine,   925
Y cherche avidement celle de ses plaisirs.
Le monde est un pipeur, on dit assez qu'il trompe,
On déclame assez haut contre sa vaine pompe,
Mais on ne laisse point d'y porter ses desirs.

Les appétits des sens, la brutale avarice,   930
L'orgueil qui veut monter au gré de son caprice,

---

1. Vers 2169-2186, 2193-2204, 2211 et 2212, et 2219-2222.

Enfantent cet amour que nous avons pour lui;
Les angoisses d'ailleurs, les peines, les misères,
Qui les suivent partout comme dignes salaires,
Et font naître à leur tour le dégoût et l'ennui. 935

Mais une âme à l'aimer lâchement adonnée,
Par d'infâmes plaisirs en triomphe menée,
Ne considère point ce qui le fait haïr :
Ce fourbe à ses regards déguise toutes choses,
Lui peint les nuits en jours, les épines en roses, 940
Et ses yeux subornés aident à la trahir.

Le vrai, le plein mépris des vanités mondaines
Rétablit en nos cœurs ces clartés vraiment saines,
Que son flatteur éclat ne sauroit éblouir :
Nous voyons comme il trompe et se trompe lui-même;
Nous le voyons se perdre et perdre ce qu'il aime
Au milieu des faux biens dont il pense jouir.

XXXII. Livre III, chapitre xxii[1].

DES BIENFAITS DE DIEU, ET DE LEUR INÉGALITÉ.

Nos âmes et nos corps de ta main libérale
Tiennent toute leur force et tous leurs ornements;
Ils ne doivent qu'à toi ces embellissements, 950
Que le dedans recèle, ou le dehors étale :
Tout ce que la nature ose faire de dons,
Tout ce qu'au-dessus d'elle ici nous possédons,
Sont des épanchements de ta pleine richesse;
Tu nous as seul fait naître, et seul tu nous maintiens; 955
Et tes bienfaits partout nous font voir ta largesse,
Qui nous prodigue ainsi toute sorte de biens.

1. Vers 2467-2486, 2507-2516, et 2547-2556.

Si l'inégalité se trouve en leur partage,
Si l'un en reçoit plus, si l'autre en reçoit moins,
Tout ne laisse pas d'être un effet de tes soins, 960
Et ce plus et ce moins te doivent même hommage.
Sans toi le moindre don ne se peut obtenir,
Et qui reçoit le plus se doit mieux prémunir
Contre ce doux orgueil où l'abondance invite;
Et de quoi que sur tous il soit avantagé, 965
Il ne doit ni s'enfler de son propre mérite,
Ni traiter de mépris le plus mal partagé.

Ainsi que d'une source en biens inépuisable,
De ta bénignité tout découle sur nous;
Sans devoir à personne elle départ à tous, 970
Et quoi qu'elle départe, elle est toute adorable :
Tu sais ce qu'à chacun il est bon de donner,
Et quand il faut l'étendre, ou qu'il la faut borner,
Ton ordre a ses raisons qui règlent toutes choses.
L'examen de ton choix sied mal à nos esprits, 975
Et du plus et du moins tu connois seul les causes,
Toi qui connois de tous le mérite et le prix.

Aussi qui de tes dons connoît bien la nature
N'en conçoit point d'égal à celui d'être à toi,
D'avoir ta volonté pour immuable loi, 980
D'accepter ses décrets sans trouble et sans murmure.
Il te fait sur lui-même un empire absolu;
Et quand ta providence ainsi l'a résolu,
Il tombe sans tristesse au plus bas de la roue :
Ce qu'il est sur un trône, il l'est sur un fumier, 985
Humble dans les grandeurs, content parmi la boue,
Et tel au dernier rang qu'un autre est au premier.

XXXIII. Livre III, chapitre xxiii[1].

ABRÉGÉ DE LA PERFECTION CHRÉTIENNE.

Maintenant que je vois ton âme plus capable
 De mettre un ordre à tes souhaits,
Je te veux enseigner comme on obtient la paix   990
 Et la liberté véritable.

En premier lieu, mon fils, tâche plutôt à faire
 Le vouloir d'autrui que le tien.
Aime si peu l'éclat, le plaisir et le bien,
 Que le moins au plus se préfère.   995

Cherche le dernier rang, prends la dernière place,
 Vis avec tous comme sujet ;
Et donne à tous tes vœux pour seul et plein objet
 Qu'en toi ma volonté se fasse.

Qui de ces quatre points embrasse la pratique,   1000
 Prend le chemin du vrai repos,
Et s'y conservera, pourvu qu'à tous propos
 A leur saint usage il s'applique.

XXXIV. Livre III, chapitre xxv[2].

DE LA VÉRITABLE PAIX.

Tiens la bride sévère à tous tes appétits ;
Prends garde exactement à tout ce que tu dis ;   1005
N'examine pas moins tout ce que tu veux faire ;

---

1. Vers 2567-2570, et 2576-2587.
2. Vers 2788-2793, 2812-2817, et 2836-2847.

Et donne à tes desirs pour immuable loi
Que leur unique objet soit le bien de me plaire,
Et leur unique but de t'unir tout à moi.

Garde-toi de te croire ou grand ou bien aimé, 1010
Pour te sentir un zèle à tel point enflammé,
Qu'à force de tendresse il te baigne de larmes :
Des solides vertus la sainte ambition
Ne fait point consister en tous ces petits charmes
Ni ton avancement ni ta perfection. 1015

Si tu sens qu'au milieu des tribulations
Je retire de toi mes consolations,
Et te laisse accablé sous ce qui te ravage,
Forme des sentiments d'autant plus résolus,
Et soutiens ton espoir avec tant de courage, 1020
Qu'il prépare ton cœur à souffrir encor plus.

Ne te retranche point sur ton intégrité,
Comme si tu souffrois sans l'avoir mérité,
Et que pour tes vertus ce fût un exercice :
Fuis cette vaine idée, et comme criminel, 1025
En toutes mes rigueurs adore ma justice,
Et bénis mon courroux et saint et paternel.

XXXV. Livre III, chapitre xxx[1].

QUE DIEU EST TOUJOURS MAÎTRE DE SES DONS.

Quelque grâce sur toi qu'il m'ait plu de répandre,
Je puis, quand il me plaît, te l'ôter et la rendre.
Quelques dons que j'accorde à tes plus doux souhaits,
Ils sont encore à moi quand je te les ai faits :
Je te donne du mien quand ce bonheur t'arrive,

---

1. Vers 3275-3296.

Et ne prends point du tien alors que je t'en prive.
Ces biens, ces mêmes biens, après t'être donnés,
Font part de mes trésors dont ils sont émanés, 1035
Et leur perfection tirant de moi son être,
Quand je t'en fais jouir, j'en suis encor le maître.

Tout est à moi, mon fils, tout vient, tout part de moi;
Reçois tout de ma main sans chagrin, sans effroi :
Si je te fais traîner un destin misérable, 1040
Si je te fais languir sous l'ennui qui t'accable,
Ne perds sous ce fardeau patience ni cœur :
Je puis en un moment ranimer ta langueur;
Je puis mettre une borne aux maux que je t'envoie,
Et changer tes douleurs en des torrents de joie; 1045
Mais je suis toujours juste en te traitant ainsi,
Toujours digne de gloire, et j'en attends aussi;
Et soit que je t'élève ou que je te ravale,
Je veux d'un sort divers une louange égale.

XXXVI. Livre III, chapitre XXXII[1].

DE LA VRAIE LIBERTÉ.

Ceux qui pensent ici posséder quelque chose 1050
La possèdent bien moins qu'ils n'en sont possédés,
Et ceux dont l'amour-propre en leur faveur dispose
Sont autant de captifs par eux-mêmes gardés.

Les appétits des sens ne font que des esclaves ;
La curiosité comme eux a ses liens, 1055
Et les plus grands coureurs ne courent qu'aux entraves
Que jettent sous leurs pas[2] les charmes des faux biens.

1. Vers 3447-3462.
2. On lit : « sous leur pas, » dans l'édition originale.

Ils recherchent partout les douceurs passagères
Plus que ce qui conduit jusqu'à l'éternité;
Et souvent pour tout but ils se font des chimères, 1060
Qui n'ont pour fondement que l'instabilité.

Hors ce qui vient de Dieu, tout passe, tout s'envole;
Tout en son vrai néant aussitôt se résout;
Et pour te dire tout d'une seule parole,
Quitte tout, mon enfant, et tu trouveras tout. 1065

XXXVII. Livre III, chapitre xxxvi[1].

QU'IL FAUT MÉPRISER LES JUGEMENTS QUE LES HOMMES
FONT DE NOUS.

Peux-tu te bien connoître, et prendre quelque effroi
De quoi que puisse dire un mortel comme toi,
 Qui comme toi n'est que poussière?
Tu le vois aujourd'hui tout prêt de t'accabler,
 Et dès demain un cimetière 1070
Cachera pour jamais ce qui te fait trembler.

Les injures ne sont que du vent et du bruit;
Et quiconque t'en charge en a si peu de fruit,
 Qu'il te nuit bien moins qu'à soi-même:
Pour grand qu'il soit en terre, un Dieu voit ce qu'il fait,
 Et de son jugement suprême
Il ne peut éviter l'irrévocable effet.

Tiens-le devant tes yeux, à toute heure, en tout lieu,
Ce juge universel, ce redoutable Dieu,
 Et vis sans soin de tout le reste; 1080
Quoi qu'on t'ose imputer, ne daigne y repartir,
 Et dans un silence modeste

---

1. Vers 3815-3820, et 3827-3850.

Trouve, sans t'indigner, l'art de tout démentir.

Tu paroîtras peut-être en quelque occasion
Couvert d'ignominie et de confusion, 1085
  Malgré ce grand art du silence ;
Mais ne t'en émeus point, n'en sois pas moins content,
  Et crains que ton impatience
Ne retranche du prix du laurier qui t'attend.

Quelque honte à ton front qui semble s'attacher, 1090
Souviens-toi que mon bras peut toujours t'arracher
  A toute cette ignominie,
Que je sais rendre à tous suivant leurs actions,
  Et sur l'imposture punie
Élever la candeur de tes intentions. 1095

XXXVIII. Livre III, chapitre XLII [1].

DE L'ANÉANTISSEMENT DEVANT DIEU.

  Homme, si tu pouvois apprendre
   L'art de te bien anéantir,
De bien purger ton cœur, d'en bien faire sortir
Ce que l'amour terrestre y peut couler de tendre ;
Si tu savois, mon fils, pratiquer ce grand art, 1100
  Tu verrois bientôt de ma part
Se répandre en ce cœur l'abondance des grâces,
  Et tes actions les plus basses
Sauroient jusqu'à mon trône élever ton regard.

  Une affection mal conçue 1105
  Dérobe tout l'aspect des cieux ;
Et quand la créature a détourné tes yeux,
Tu perds tout aussitôt le Créateur de vue.

---

1. Vers 4276-4302.

Sache te vaincre en tout, et partout te dompter,
Sache pour lui tout surmonter, 1110
Bannis tout autre amour, coupes-en les racines,
Et les connoissances divines
A leurs plus hauts degrés te laisseront monter.

Ne dis point que c'est peu de chose,
Ne dis point que c'est moins que rien, 1115
A qui ton âme prête un moment d'entretien,
Sur qui par échappée un coup d'œil se repose :
Ce peu, ce moins que rien, quand son amusement
Attire trop d'empressement,
Quand trop de complaisance à ce coup d'œil s'attache,
Imprime aux vertus une tache,
Et retarde l'effet du haut avancement.

XXXIX. Livre III, chapitre XLVI[1].

DU MÉPRIS DE LA CALOMNIE.

Tu dis qu'il est fâcheux de voir la calomnie
De la vérité même emprunter les couleurs,
Que la plus juste gloire en demeure ternie, 1125
Et peut des plus constants tirer quelques douleurs ;
Mais que t'importe enfin, si tu m'as pour refuge ?
N'en suis-je pas au ciel l'inévitable juge,
Qui vois sans me tromper comme tout s'est passé ?
Et pour le châtiment, et pour la récompense, 1130
Ne sais-je pas qui fait l'offense,
Et qui demeure l'offensé ?

Rien ne va sans mon ordre, et c'est moi qui t'envoie
Ce trait que contre toi lancent tes ennemis :
Je veux qu'ainsi des cœurs le secret se déploie, 1135

1. Vers 4669-4688, 4699-4702, et 4713-4718.

Et tout ce qui t'arrive, exprès je l'ai permis.
Tu verras quelque jour mon arrêt équitable
Séparer l'innocent d'avecque le coupable,
Et rendre à tous les deux ce qu'ils ont mérité :
Cependant il me plaît qu'en secret ma justice   1140
    De l'un éprouve la malice,
    Et de l'autre la fermeté.

Il faut donc me remettre à juger chaque chose,
Et sur le propre sens jamais ne s'appuyer :
C'est ainsi que le juste, à quoi que je l'expose,   1145
Ne sent rien qui le trouble ou le puisse ennuyer.
Il me voit au-dessus de la fausse apparence,
Et reconnoît par là quelle est la différence
Du jugement de l'homme et de mon jugement,
Et que souvent mes yeux condamnent pour un crime 1150
    Ce que trouve digne d'estime
    Son injuste discernement.

XL.   Livre III, chapitre XLIX [1].

DE LA GLOIRE ÉTERNELLE.

Ne pense jamais tant à l'excès de tes maux,
Que tu ne puisses voir qu'un moment les termine,
Que leur fruit passe enfin la grandeur des travaux,   1155
Et que la récompense en est toute divine.
Au lieu de t'être à charge, au lieu de t'accabler,
Ils sauront faire naître, ils sauront redoubler
La douceur nécessaire à soulager ta peine ;
Et ce moment d'effort dessus ta volonté   1160
La rendra dans le ciel à jamais souveraine
Sur l'infini trésor de toute ma bonté.

Dans ces palais brillants que moi seul je remplis,

---

1. Vers 5135-5168, et 5189-5194.

Tu trouveras sans peine en moi seul toutes choses,
Tu verras tes souhaits aussitôt accomplis, 1165
Tu tiendras en ta main quoi que tu te proposes.
Toutes sortes de biens avec profusion
Y naîtront d'une heureuse et claire vision,
Sans crainte que le temps les change ou les enlève;
Ton vouloir et le mien n'y seront qu'un vouloir, 1170
Et tu n'y voudras rien qui hors de moi s'achève,
Ni dont ton intérêt s'ose seul prévaloir.

Là personne à tes vœux ne viendra résister;
Personne contre toi ne formera de plainte;
Tu n'y trouveras point d'obstacle à surmonter; 1175
Tu n'y rencontreras aucun sujet de crainte.
Les objets desirés s'offrant tous à la fois,
N'y balanceront point ton amour ni ton choix
Sur les ébranlements de ton âme incertaine :
Tu posséderas tout sans besoin de choisir, 1180
Et tu t'abîmeras dans l'abondance pleine,
Sans que la plénitude émousse le desir.

Là ma main libérale, épandant le bonheur,
De tous maux en tous biens fera d'entiers échanges :
Pour l'opprobre souffert je rendrai de l'honneur, 1185
Pour le blâme et l'ennui, d'immortelles louanges.
Mets donc toute ta joie à souffrir les mépris;
En mon seul bon plaisir unis tous tes esprits;
Ne prends point d'autre but, n'admets point d'autre envie;
Et souhaite surtout avec sincérité 1190
Que soit que je t'envoie ou la mort ou la vie,
En tout ce que tu fais mon nom soit exalté.

XLI. Livre III, chapitre LIII[1].

DE L'INCOMPATIBILITÉ DE LA GRACE AVEC LE GOUT DES CHOSES DU MONDE.

Ma grâce est précieuse, et l'impur alliage
Des attraits du dehors et des plaisirs mondains,
Ces douceurs dont la terre empoisonne un courage,   1195
Sont l'éternel objet de ses justes dédains :
Elle n'en souffre point l'injurieux mélange,
Et depuis qu'avec elle on pense les unir,
    Elle prend aussitôt le change,
Et leur cède le cœur qui les veut retenir.   1200

Défais-toi donc, mon fils, de tout le corruptible,
Bannis bien loin de toi tout cet empêchement,
Si tu veux que ton cœur demeure susceptible
De ce qu'a de plus doux son plein épanchement.
Ne compte à rien le monde; et quand cet infidèle   1205
Par quelques hauts emplois émeut ta vanité,
    Préfère ceux où je t'appelle
A tout l'extérieur dont tu te vois flatté.

Oh! que l'homme à la mort porte de confiance,
Quand il n'a sur la terre aucun attachement,   1210
Qu'il s'est dépris de tout, et que sa conscience
A su se faire un fort de ce retranchement!
C'est ainsi qu'on détruit, c'est ainsi qu'on arrache
L'amour désordonné qu'on se porte en secret,
    Et c'est ainsi qu'on se détache   1215
Et du propre intérêt, et de tout faux attrait.

De ce vice commun, de cet amour trop tendre

---

1. Vers 5523-5534, 5543-5546, 5563-5566, 5591-5598, 5583-5586, 5603-5610.

Où par sa propre main on se laisse enchaîner,
Coulent tous les desirs dont il se faut défendre,
S'élèvent tous les maux qu'il faut déraciner. 1220
Qui se dompte à tel point qu'il tient partout soumise
Sa chair à sa raison, et sa raison à moi,
  Ne craint plus aucune surprise,
Et demeure le maître et du monde et de soi.

Mais il en est fort peu dont la vertu sublime 1225
Réduise tous leurs soins à bien mourir en eux,
A bien anéantir toute la propre estime,
Et du propre regard purifier leurs vœux.
Cet embarras charmant les retient, les rappelle[1] :
Enveloppés en eux, ils n'en peuvent sortir, 1230
  Et leur âme toujours charnelle
A prendre un vol plus haut ne sauroit consentir.

XLII.   Livre III, chapitre LIV[2].

DES MANIÈRES D'AGIR DE LA GRACE.

  La grâce a de saints mouvements,
  Dont les sacrés épurements
Rapportent tout à Dieu comme à son origine : 1235
Elle ne s'attribue aucun bien qu'elle ait fait,
Et toute sa vertu jamais ne s'imagine
Que son plus grand mérite ait rien que d'imparfait.

  Elle n'est point contentieuse,
  Et ne donne point ses avis 1240
  D'une manière impérieuse
  Qui demande à les voir suivis.

---

1. Ce vers aurait dû figurer dans les variantes de l'*Imitation*, dans laquelle on lit : « Ce charmant embarras; » et de même le vers 1231, où l'*Imitation* porte *toute*, au lieu de *toujours*.
2. Vers 5814-5829, 5850-5859, et 5867-5872.

Jamais à ceux d'un autre elle ne les préfère;
Et de quoi qu'elle juge ou qu'elle délibère,
A l'examen divin elle soumet le tout, 1245
 Et fait la Sagesse éternelle
Arbitre souveraine et de ce qu'on croit d'elle,
 Et de tout ce qu'elle résout.

Elle enseigne à tenir tes sens sous ta puissance,
 A bannir de tes actions 1250
 L'orgueil des ostentations,
 Et le fard de la complaisance;
Elle enseigne à cacher dessous l'humilité
Ce que de tes vertus l'effort a mérité,
 Quand même il est tout admirable; 1255
 En toute science, en tout art,
Elle cherche quel fruit en peut être estimable,
Et combien de son Dieu la gloire y tient de part.

Pour t'exprimer enfin ce que la grâce vaut,
C'est un don spécial du souverain monarque, 1260
Un trait surnaturel des lumières d'en haut,
Le grand sceau des élus et leur céleste marque,
Du salut éternel le gage précieux,
L'arrhe du paradis, et l'avant-goût des cieux.

XLIII.   Livre III, chapitre LV[1].

DE LA CORRUPTION DE LA NATURE, ET DE L'IMPUISSANCE DE LA RAISON.

Seigneur, il faut ta grâce, il en faut grand secours, 1265
Il en faut grand effort qui croisse tous les jours,
 Pour assujettir la nature :
Elle qui du moment qu'elle peut respirer,

---

1. Vers 5903-5938, 5959-5978, et 6039-6042.

Sans aucun soin de s'épurer,
Penche vers la révolte et glisse vers l'ordure. 1270
Le péché fit sa chute et sa corruption,
 Et depuis le premier des hommes
Cette tache a passé dans tous tant que nous sommes,
Avec tous les malheurs de sa punition.

Ce chef-d'œuvre si beau qui sortit de tes mains, 1275
Paré des ornements si brillants et si saints
 De la justice originelle,
En a si bien perdu l'éclat et les vertus,
 Que son nom même ne sert plus
Qu'à nommer la nature infirme et criminelle. 1280
Ce qui lui reste encor de propre mouvement
 N'est qu'un triste amas de foiblesses,
Qui n'ayant pour objet que d'infâmes bassesses,
Ne fait que l'abîmer dans son déréglement.

Malgré tout ce désordre et sa morne langueur, 1285
Il lui demeure encor quelque peu de vigueur,
 Mais qui ne la sauroit défendre :
Ce n'est du premier feu qu'un rayon égaré,
Une pointe mourante, un trait défiguré,
 Une étincelle sous la cendre ; 1290
C'est enfin cette foible et tremblante raison,
 Qu'enveloppe un épais nuage,
Qui mêle tant de trouble à son plus clair usage,
Que souvent son remède est un nouveau poison.

Elle peut discerner aux dehors inégaux 1295
Le bien d'avec le mal, le vrai d'avec le faux,
 Ce qu'il faut desirer ou craindre ;
Elle a, pour en juger, quelquefois de bons yeux ;
Mais pour mettre en effet ce qu'elle a vu le mieux,
 Ses forces n'y sauroient atteindre. 1300
La grâce n'aidant pas d'un secours assez plein
 Sa foiblesse et notre inconstance,

Ce qui jette au-devant la moindre résistance
Nous fait perdre courage et changer de dessein.

Vacillante clarté, qui manques de pouvoir, 1305
Raison, pourquoi faut-il que tu me fasses voir
    La droite manière de vivre?
Pourquoi m'enseignes-tu le chemin des parfaits?
Si de soi ton idée, impuissante aux effets,
    Ne peut fournir d'aide à la suivre, 1310
Si cet infâme poids de ma corruption
    Rabat l'effort dont tu m'élèves,
Et si ces grands projets que jamais tu n'achèves
Ne peuvent m'affranchir de l'imperfection?

Sainte grâce du ciel, sans qui je ne puis rien, 1315
Que tu m'es nécessaire à commencer le bien,
    A le poursuivre, à le parfaire!
Oui, Seigneur, oui, mon Dieu, je pourrai tout en toi,
Pourvu qu'elle m'assiste à régler mon emploi,
    Pourvu que son rayon m'éclaire. 1320
Fais qu'elle m'affermisse aux bonnes actions,
    Père éternel, je t'en conjure
Par ton Fils Jésus-Christ, par cette source pure
D'où part le doux torrent de ses impressions!

XLIV.   Livre IV, chapitre vii[1].

EXAMEN DE CONSCIENCE POUR SE PRÉPARER A LA CONFESSION
ET COMMUNION.

Sur ton intérieur jette l'œil avec soin, 1325
  En juge incorruptible, en fidèle témoin;
Et si de ton salut un vrai souci te touche,

---

1. Vers 857-868, 873-886, 899-906, 911-928, 933 et 934, 939-942, et 947-958.

Fais que le cœur contrit et l'humble aveu de bouche
Sachent si bien purger le désordre caché,
Que rien par le remords ne te soit reproché, 1330
Que rien plus ne te pèse, et que rien que tu saches
N'empêche un libre accès par ses honteuses taches.

Porte empreint sur ce cœur un regret général
Pour tout ce que jamais il a commis de mal ;
Joins à ce déplaisir des douleurs singulières 1335
Pour les infirmités qui te sont journalières.
Gémis, soupire, pleure aux pieds de l'Éternel,
D'être encor si mondain, d'être encor si charnel,
D'avoir des passions si peu mortifiées,
Des inclinations si mal purifiées, 1340
Que les mauvais desirs demeurent tous-puissants[1]
Sur qui veille si mal à la garde des sens.

Gémis d'en voir souvent les approches saisies
Par les vains embarras de tant de fantaisies
D'avoir pour le dehors tant de soupirs ardents, 1345
Et si peu de retour aux choses du dedans ;
De souffrir que ton âme à toute heure n'aspire
Qu'à ce qui divertit, qu'à ce qui te fait rire,
Tandis que pour les pleurs et la componction
Ton endurcissement a tant d'aversion. 1350

Pleure ton peu de soin à régler tes paroles,
Ton silence rempli d'égarements frivoles,
Le peu d'ordre en tes mœurs, le peu de jugement
Que dans tes actions fait voir chaque moment.
Gémis d'avoir aimé les plaisirs de la table, 1355
Et fait la sourde oreille à ma voix adorable ;
D'avoir pris pour vrai bien la molle oisiveté,
D'avoir pris le travail pour infélicité ;
Pleure ta nonchalance à me rendre service,

---

1. Voyez tome VIII, p. 621, note 1.

Gémis de ta tiédeur pendant le sacrifice, 1360
De tant d'aridité dans tes communions,
De tant de complaisance en tes distractions;
D'avoir si rarement une âme recueillie,
De faire hors de toi toujours quelque saillie,
Prompt à te courroucer, prompt à fâcher autrui, 1365
Sévère à le reprendre, et juger mal de lui.
Pleure l'emportement de tes humeurs diverses,
Qu'enflent les bons succès, qu'abattent les traverses;
Pleure enfin ta misère, et l'ouvrage imparfait
De tant de bons desseins que suit si peu d'effet. 1370

Ces défauts déplorés, et tout ce qui t'en reste,
Avec le vif regret d'un cœur qui les déteste,
Avec de ta foiblesse un aveu douloureux,
D'où naisse un repentir cuisant, mais amoureux [1],
Passe au ferme propos de corriger ta vie, 1375
D'avancer aux vertus où ma voix te convie.
Offre-toi tout entier toi-même en mon honneur
Pour holocauste pur sur l'autel de ton cœur;
Car, si tu ne le sais, pour plaire au Dieu qui t'aime,
L'offrande la plus digne est celle de toi-même : 1380
C'est elle qu'il faut joindre à celle de mon corps
Par d'amoureux élans, par de sacrés transports;
Et rien n'efface mieux les taches de tes crimes,
Que la sainte union qu'ont lors ces deux victimes.

Quand le pécheur a fait autant qu'il est en lui, 1385
Qu'une douleur sensible, un véritable ennui,
Un profond repentir le prosterne à ma face,
Pour obtenir pardon et demander ma grâce;
Je suis le Dieu vivant qui ne veux point sa mort,
Mais qu'à se convertir il fasse un digne effort; 1390
Qu'il vive en mon amour pour revivre en ma gloire,

---

1. Ce vers a été omis dans les variantes de l'*Imitation*, dans laquelle on lit : « un déplaisir cuisant. »

Et de tous ses péchés je perdrai la mémoire :
Tous lui seront par moi si pleinement remis,
Qu'il aura place au rang de mes plus chers amis.

XLV. Livre IV; chapitre VIII[1].

QU'IL FAUT NOUS OFFRIR TOUS ENTIERS A DIEU EN LA COMMUNION.

  Tu vois que je me suis offert   1395
   Pour toi tout entier à mon Père ;
Tu vois que je te donne, après avoir souffert,
Tout mon corps et mon sang en ce divin mystère :
Ce don que je te fais pour être tout à toi
Te sert d'un grand exemple, et t'apprend pour me plaire
   Qu'il faut te donner tout à moi.

  Si dans toi ton propre intérêt
   Se peut réserver quelque chose,
Si tu ne t'offres pas à tout ce qu'il me plaît,
Si tu n'es point d'accord que moi seul j'en dispose,   1405
Tu ne me feras point d'entière oblation,
Et l'art de nous unir, qu'ici je te propose,
   N'aura point sa perfection.

  Cette oblation de ton cœur,
   Quelques actions que tu fasses,   1410
Doit précéder entière avec pleine vigueur,
Doit se faire à toute heure et sans que tu t'en lasses.
Aime ce digne joug de ma captivité,
Et n'attends que de lui l'abondance des grâces
   Et la parfaite liberté.   1415

  D'où crois-tu qu'on voit ici-bas

---

1. Vers 987-1021.

Si peu d'âmes illuminées,
Si peu dont le dehors soit purgé d'embarras,
Si peu dont les ferveurs ne se trouvent bornées?
C'est qu'à se dépouiller peu savent consentir, 1420
Qui par le propre amour vers elles ramenées,
Ne penchent à se revêtir.

Souviens-toi que j'ai prononcé
Cette irrévocable parole :
« Quiconque pour me suivre à tout n'a renoncé 1425
N'est point un vrai disciple instruit en mon école[1]. »
Si tu le veux donc être en ce mortel séjour,
Donne-toi tout à moi, sans souffrir qu'on me vole
La moindre part en ton amour.

XLVI.   Livre IV, chapitre x[2].

QU'IL NE FAUT PAS AISÉMENT S'ÉLOIGNER DES SACREMENTS.

Le fier ennemi des mortels 1430
De la communion sait quel bonheur procède,
Et combien on reçoit au pied de mes autels,
En ce festin sacré, de fruit et de remède.
Il ne perd point d'occasions
De semer ses illusions 1435
Pour en détourner les fidèles :
Il en fait son grand œuvre, et met tout son pouvoir
A ne laisser en l'âme aucunes étincelles,
Qui puissent rallumer l'ardeur de ce devoir.

Plus il te voit t'y préparer 1440
Avec une ferveur d'un saint espoir guidée,
Plus les fantômes noirs qu'il te vient figurer

---

1. *Evangile de saint Luc*, chapitre xiv, verset 33.
2. Vers 1158-1171, 1182-1187, 1208-1221, 1232-1247, et 1298-1307.

Font un épais nuage à brouiller ton idée.
  Il ne néglige aucun secret
  A t'éloigner de ce banquet,   1445
  Ou t'en faire approcher plus tiède ;
Mais il est en ta main de le rendre impuissant :
Ce qu'il livre d'assauts n'abat que qui lui cède,
Et ne peut t'ébranler, si ton cœur n'y consent.

  Faut-il pour un trouble léger,   1450
Pour un amusement qu'un vain objet excite,
Pour une pesanteur qui te vient assiéger,
Que ta communion se diffère ou se quitte?
  Porte tout à ce tribunal
  Où, par un bonheur sans égal,   1455
  Qui s'accuse aussitôt s'épure[1] :
Pardonne à qui t'offense, et cours aux pieds d'autrui
Lui demander pardon, si tu lui fis injure;
Tu l'obtiendras de moi, si tu le veux de lui.

  Que peut avoir d'utilité   1460
De la confession cette folle remise?
De quoi te peut servir cette facilité
A reculer un bien que t'offre mon Église?
  Romps le plus tôt que tu pourras
  Les chaînes de ces embarras   1465
  Dont ta propre lenteur t'accable :
Nourrir l'inquiétude apporte peu de fruit,
Et l'on s'avance mal quand on refuit ma table
Pour des empêchements que chaque jour produit.

  Sais-tu que l'assoupissement   1470
Où te laisse plonger ta langueur insensible
T'achemine à grands pas à l'endurcissement,
Et qu'à force de temps il devient invincible?
  Qu'il est de lâches, qu'il en est,
  Dont la tépidité s'y plait   1475

---

1. Voyez tome VIII, p. 638, note 1.

Jusqu'à le rendre volontaire,
Et dont la nonchalance aime à prendre aux cheveux
La moindre occasion d'éloigner un mystère
Qui les obligeroit d'avoir mieux l'œil sur eux!

 Qui ne daigne s'y préparer   1480
Qu'alors qu'il est pressé par quelque grande fête,
Et que le jour pour lui semble le desirer,
Y portera souvent une âme assez mal prête.
 Heureux qui du plus digne apprêt,
 Sans attache au propre intérêt,   1485
 Fait son ordinaire exercice,
Et s'offre en holocauste à son Père immortel,
Quand pour le sacrement ou pour le sacrifice
Il se met à ma table, ou monte à mon autel!

XLVII.   Livre IV, chapitre xii[1].

CE QU'IL FAUT FAIRE DEVANT ET APRÈS LA COMMUNION.

J'aime la pureté par-dessus toute chose.   1490
Si tu veux que chez toi je vienne et m'y repose,
Par les austérités d'une sainte rigueur
Sache purifier le séjour de ton cœur :
Des vanités du monde exclus-en les tumultes ;
Des folles passions bannis-en les insultes ;   1495
Mais ne présume pas qu'il soit en ton pouvoir
Par ta propre vertu de me bien recevoir,
Ni que ton plus grand soin ait de soi le mérite[2]
De m'apprêter un lieu digne que je l'habite.
Quand durant tout le temps qu'à tes jours j'ai prescrit
Il ne te passeroit autre chose en l'esprit,

---

1. Vers 1578 et 1579, 1588-1591, 1600-1609, 1618-1621, 1626-1629, 1634-1645, et 1654-1677.

2. Ce vers aurait dû figurer dans les variantes de l'*Imitation*, dans laquelle on lit : « ait en soi. »

Tu verrois que l'esprit qu'une vie y dispose,
Si je n'y mets la main, ne fait que peu de chose.

Ma bonté qui t'invite à ce divin repas
T'y permet un accès qu'elle ne te doit pas. 1505
Viens-y, non par coutume, ou par quelque contrainte,
Mais avec de l'amour, mais avec de la crainte,
Mais avec du respect, mais avec de la foi,
Fais avec diligence autant qu'il est en toi.
Viens, un Dieu te convie à ce banquet céleste; 1510
Lui-même il te l'ordonne, et suppléera le reste :
Si tes défauts sont grands, plus grand est son pouvoir;
Approche en confiance, et viens le recevoir.

Si tu sens que ton zèle impuissant ou languide
De moment en moment te laisse plus aride, 1515
Redouble ta prière et tes gémissements
Pour obtenir de lui de meilleurs sentiments :
Persévère, importune, obstine-toi de sorte
A pleurer à ses pieds, à frapper à sa porte,
Qu'il t'ouvre, ou que du moins de ce bien souverain 1520
Il laisse distiller quelque goutte en ton sein.

Cette importunité n'est jamais incivile :
Je te suis nécessaire et tu m'es inutile;
Tu ne viens pas à moi pour me sanctifier,
Mais je m'abaisse à toi pour te justifier. 1525
Garde de négliger une faveur si grande,
Ouvre-lui tout ton cœur, fais-m'en entière offrande;
Et m'ayant dignement préparé ce séjour,
Introduis-y l'objet de ton céleste amour.

Mais ce n'est pas assez d'y préparer ton âme 1530
Avec toute l'ardeur d'une céleste flamme :
Si pour t'y disposer il faut beaucoup de soins,
Le sacrement reçu n'en demande pas moins,
Et le recueillement après ce grand remède

Doit égaler du moins l'ardeur qui le précède. 1535
Oui, la retraite sainte après le sacrement
Est un sublime apprêt pour le redoublement,
Et la communion où la ferveur abonde
A de plus grands effets prépare la seconde.

Qui trop tôt s'y relâche en perd soudain le fruit, 1540
Et se dispose mal à celle qui la suit.
Tiens-toi dans le silence, et rentre dans toi-même,
Pour jouir en secret de ce bonheur suprême :
Si tu sais une fois l'art de le conserver,
Le monde tout entier ne t'en sauroit priver. 1545
Mais il faut qu'à moi seul ton cœur entier se donne,
Pour vivre plus en moi qu'en ta propre personne,
Sans que tout l'univers sous aucunes couleurs
T'inquiète l'esprit pour ce qui vient d'ailleurs.

XLVIII. Livre IV, chapitre XV [1].

DE L'ARIDITÉ DU CŒUR EN COMMUNIANT, ET DE SON REMÈDE.

Quand le zèle te manque, ou qu'il n'a que foiblesse, 1550
Trouve à t'humilier dans ton peu de vertu ;
Mais garde que ce cœur n'en soit trop abattu [2],
Et ne t'en laisse pas accabler de tristesse.
Dieu souvent est prodigue après de longs refus,
Le bonheur qu'il diffère en devient plus diffus, 1555
Les faveurs qu'il recule en sont plus singulières :
Il se plaît à surprendre, il choisit son moment,
Et souvent il accorde à la fin des prières
La grâce qu'il dénie à leur commencement.

---

1. Vers 1853-1862, 1873-1882, 1893-1916, et 1927-1932.
2. Ce vers aurait dû être recueilli dans les variantes de l'*Imitation*, dans laquelle on lit : « ton cœur. »

Peu de chose souvent à mes faveurs s'oppose ; 1560
Peu de chose repousse ou rétraint[1] leur pouvoir ;
Si l'on peut toutefois ou dire ou concevoir
Que ce qui le rétraint ne soit que peu de chose.
L'obstacle est toujours grand de qui l'amusement
A de pareils bonheurs forme un empêchement ; 1565
Mais soit grand, soit léger, apprends à t'en défaire :
Triomphe pleinement de ce qui le produit ;
Et sans plus craindre alors qu'un tel bien se diffère,
De tes plus doux souhaits tu recevras le fruit.

Quiconque, le cœur simple et l'intention pure, 1570
Me donne tous ses soins avec sincérité,
Quiconque sait porter cette simplicité
Au-dessus de soi-même et de la créature :
Au moment qu'il bannit ses folles passions,
Et le déréglement de ces aversions 1575
Que souvent l'amour-propre inspire aux âmes basses,
Il mérite aussitôt de recevoir des cieux
Les pleins écoulements du torrent de mes grâces,
Et l'ardeur qui rend l'homme agréable à mes yeux.

Ma libéralité, féconde en biens solides, 1580
Ne peut voir de mélange où je viens m'établir :
Je veux remplir moi seul ce que je veux remplir,
Et ne verse mes dons que dans des vaisseaux vides.
Plus un homme renonce aux choses de là-bas,
Plus un parfait mépris de tous leurs vains appas 1585
L'avance en l'art sacré de mourir à soi-même,
D'autant plus tôt ma grâce anime sa langueur,
D'autant plus de mes dons l'abondance est extrême,
Et porte haut en lui la liberté du cœur.

En cet heureux état avec pleine tendresse 1590
Il saura s'abîmer dans mes doux entretiens,

---

1. Voyez tome VIII, p. 670, note 1, et tome I, p. 35, note 2.

Et lui-même admirant ces abîmes de biens,
Il verra tout son cœur dilaté d'allégresse.
Il n'approchera point de la communion
Sans remporter en soi l'amoureuse union   1595
Qui doit être le fruit de ce divin mystère;
Et j'épandrai sur lui cet excès de bonheur,
Pour avoir moins cherché par où se satisfaire
Que par où soutenir ma gloire et mon honneur.

XLIX. Livre IV, chapitre xviii[1].

QU'IL FAUT APPROCHER DU SACREMENT AVEC FOI, ET N'Y RIEN APPROFONDIR AVEC CURIOSITÉ.

Toi qui suis de tes sens les dangereuses routes,   1600
Et veux tout pénétrer par ton raisonnement,
Sache qu'approfondir un si grand sacrement,
C'est te plonger toi-même en l'abîme des doutes.
Quiconque ose d'un Dieu sonder la majesté,
Dans ce vaste océan de son immensité,   1605
Opprimé de sa gloire, aisément fait naufrage;
Et tu voudrois en vain comprendre son pouvoir,
Puisqu'un mot de sa bouche opère davantage
Que tout l'esprit humain ne sauroit concevoir.

Je ne te défends pas la recherche pieuse   1610
Des saintes vérités dont tu dois être instruit :
Leur pleine connoissance est toujours de grand fruit,
Pourvu qu'elle soit humble, et non pas curieuse;
Mais rabats de l'esprit l'essor tumultueux;
A la rébellion des sens présomptueux,   1615
Oppose de la foi l'aimable tyrannie;
Soumets-toi tout entier; remets-moi tout le soin

---

1. Vers 2133-2146, 2167-2172, 2193-2196, 2207-2216, et 2227-2232.

De répandre sur toi ma science infinie,
Et j'en mesurerai le don à ton besoin.

Viens, et n'apporte point une foi chancelante 1620
Que la raison conseille et qui tient tout suspect;
Je la veux simple et ferme, avec l'humble respect
Qu'à ce grand sacrement doit ta sainte épouvante.
La curiosité qu'un vain orgueil conduit
Se fait de ses faux jours une plus sombre nuit, 1625
Qui cache d'autant plus mes clartés à sa vue :
Plus la raison s'efforce, et moins elle comprend;
Comme elle est toujours foible, elle est souvent déçue;
Mais la solide foi jamais ne se méprend.

Tous ces discernements que la nature inspire, 1630
Toute cette recherche où le sens peut guider,
Doivent suivre la foi qu'ils veulent précéder,
Doivent la soutenir, et non pas la détruire.
Plus l'esprit s'y travaille, et plus il s'y confond;
Plus il les sonde avant, moins il en voit le fond : 1635
Ils sont toujours obscurs et toujours adorables[1];
Et si par la raison ils étoient entendus,
Le nom de merveilleux et celui d'ineffables,
Quelques[2] hauts qu'on les vît, ne leur seroient pas dus.

1. Il faut ajouter ce vers aux variantes de l'*Imitation*, dans laquelle on lit : « admirables. »
2. Voyez tome I, p. 205, note 3.

PRIÈRES CHRÉTIENNES,

TIRÉES DU MÊME LIVRE

DE L'IMITATION DE JÉSUS-CHRIST.

I. Livre III, chapitre II[1].

POUR SE METTRE EN LA PRÉSENCE DE DIEU.

Parle, parle, Seigneur, ton serviteur écoute :
Je dis ton serviteur, car enfin je le suis ;
Je le suis, je veux l'être, et marcher dans ta route
    Et les jours et les nuits.

Remplis-moi d'un esprit qui me fasse comprendre
Ce qu'ordonnent de moi tes saintes volontés,
Et réduis mes desirs au seul desir d'entendre
    Tes hautes vérités.

Je ne veux ni Moïse à m'enseigner tes voies,
Ni quelque autre prophète à m'expliquer tes lois ;
C'est toi qui les instruis, c'est toi qui les envoies,
    Dont je cherche la voix.

Parle pour consoler mon âme inquiétée ;
Parle pour la conduire à quelque amendement ;
Parle, afin que ta gloire ainsi plus exaltée
    Croisse éternellement.

1. Vers 51-58, 79-82, et 131-134.

II. Livre III, chapitre v[1].

ACTION DE GRACES A DIEU.

Je te bénis, Père céleste,
Père de mon divin Sauveur,
Qui rends en tous lieux ta faveur
Pour tes enfants si manifeste.   20

J'en suis le plus pauvre et le moindre,
Et tu daignes t'en souvenir :
Combien donc te dois-je bénir,
Et combien de grâces y joindre !

Tu répands des douceurs soudaines   25
Sur l'amertume des ennuis,
Et tout indigne que j'en suis,
Tu consoles toutes mes peines.

J'en bénis ta main paternelle,
J'en bénis ton fils Jésus-Christ,   30
J'en rends grâces au Saint-Esprit :
A tous les trois gloire éternelle !

Redouble tes faveurs divines,
Visite mon cœur plus souvent,
Et pour le rendre plus fervent   35
Instruis-le dans tes disciplines.

Affranchis-le de tous ses vices,
Déracine ses passions,
Efface les impressions
Qu'y forment les molles délices.   40

---

1. Vers 419-426, 431-438, et 455-466.

Qu'ainsi purgé par ta présence,
A tes pieds je le puisse offrir,
Net pour t'aimer, fort pour souffrir,
Stable pour la persévérance.

III. Livre III, chapitre v[1].

ACTE D'AMOUR.

O mon Dieu, mon amour unique !   45
Regarde mon cœur et ma foi ;
Reçois-les, et sois tout à moi,
Comme tout à toi je m'applique.

Dilate mon cœur et mon âme,
Pour les remplir de plus d'amour,   50
Et fais-leur goûter nuit et jour
Ce que c'est qu'une sainte flamme.

Qu'ils trouvent partout des supplices,
Hormis aux douceurs de t'aimer ;
Qu'ils se baignent dans cette mer ;   55
Qu'ils s'abîment dans ces délices.

Que je t'aime plus que moi-même,
Que je m'aime en toi seulement,
Et qu'en toi seul pareillement
Je puisse aimer quiconque t'aime.   60

Que mon âme enfin toute entière[2],
Et toute à toi jusqu'aux abois,
Suive les amoureuses lois
Que lui montrera ta lumière.

1. Vers 545-556, et 569-576.
2. Ce vers devrait figurer aux variantes de l'*Imitation*, dans laquelle on lit :
   « Ainsi mon âme toute entière. »

IV.   Livre III, chapitre viii [1].

ACTE D'HUMILITÉ.

 Seigneur, t'oserai-je parler,   65
Moi qui ne suis que cendre et que poussière,
Qu'un vil extrait d'une impure matière,
Qu'au seul néant on a droit d'égaler?

 Ta clarté m'expose à mes yeux,
Je me vois tout entier, et j'en vois d'autant mieux   70
Quels défauts ont suivi ma honteuse naissance :
Je vois ce que je suis, je vois ce que je fus,
 Je vois d'où je viens, et confus
 De ne voir que de l'impuissance,
Je m'écrie : « O mon Dieu, que je m'étois déçu!   75
Je ne suis rien, et n'en avois rien su. »

 Cependant, monarque suprême,
 Ton immense bénignité
 Sur l'indigne et sur l'ingrat même
 Répand sa libéralité.   80

 De ses[2] sources inépuisables
 Fais sur nous déborder les flots;
 Rends-nous humbles, rends-nous dévots,
Rends-nous reconnoissants, rends-nous inébranlables;
Relève-nous le cœur sous nos maux abattu,   85
Attire-nous à toi par une sainte amorce,
 Toi qui seul es notre vertu,
 Notre salut et notre force.

1. Vers 965-968, 988-995, 1032-1035, et 1042-1049.
2. On lit *ces* dans les différentes éditions de l'*Imitation*. Cette petite variante a été oubliée au tome VIII.

V. Livre III, chapitre xiv[1].

ACTE DE CRAINTE HUMBLE ET RESPECTUEUSE.

Seigneur, tu fais sur moi tonner tes jugements;
Tous mes os ébranlés tremblent sous leur menace; 90
Ma langue en est muette; et mon cœur tout de glace
N'a plus pour s'expliquer que des frémissements.

Tes anges devant toi n'ont point été sans tache,
Et tu n'as rien permis à ta pitié pour eux :
Étant plus criminel, serois-je plus heureux, 95
Moi qu'à ton bras vengeur aucune ombre ne cache?

Seigneur, si nous n'avons ton aide et ton soutien,
Si tu ne nous défends, si tu ne nous regardes,
Tout l'effort qu'on se fait pour être sur ses gardes
N'est qu'un effort qui gêne et qui ne sert de rien. 100

Qu'un plein ravalement ainsi m'est nécessaire!
Que je me dois pour moi des sentiments abjets!
Et quand je fais du bien, si quelquefois j'en fais,
Le peu d'état, Seigneur, qu'il m'est permis d'en faire!

Que je dois m'abaisser, que je dois m'avilir 105
Sous tes saints jugements, sous leurs profonds abîmes,
Moi qui ne vois en moi qu'un néant plein de crimes,
Qui, tout néant qu'il est, tâche à s'enorgueillir!

O néant, ô vrai rien! mais pesanteur extrême,
Mais charge insupportable à qui veut s'élever! 110
Mer sans rive où partout chacun se peut trouver,
Mais sans trouver partout qu'un néant en soi-même!

1. Vers 1528-1531, 1540-1543, 1560-1563, 1572-1583, et 1608-1611.

Nos plus zélés flatteurs eux-mêmes ne sont rien :
Ce qu'ils donnent d'encens comme eux est périssable ;
Ta vérité, Seigneur, est seule invariable,   115
Et seule nous conduit jusqu'au souverain bien.

VI.   Livre III, chapitre xv[1].

RÉSIGNATION EN DIEU.

O mon Dieu ! si ton bon plaisir
  S'accorde à ce que je souhaite,
Donne-m'en le succès conforme à mon desir :
  Sinon, ta volonté soit faite.   120

  Si ta gloire peut s'exalter
  Par l'effet où j'ose prétendre,
Permets qu'en ton saint nom je puisse exécuter
  Ce que tu me vois entreprendre.

  S'il doit servir à mon salut,   125
  Si mon âme en tire avantage,
Ainsi que ton honneur en est l'unique but,
  Que te servir en soit l'usage.

  Mais s'il est nuisible à mon cœur,
  S'il est inutile à mon âme,   130
Daigne éteindre, ô mon Dieu, cette frivole ardeur,
  Et remplis-moi d'une autre flamme.

  Tu vois ce qui m'est le meilleur,
  De mes maux tu sais le remède :
Regarde mon desir, et règle-le, Seigneur,   135
  Ainsi que tu veux qu'il succède.

1. Vers 1614-1629, 1650-1665, et 1670-1674.

Donne-moi ce que tu voudras ;
Choisis le temps et la mesure ;
Et comme il te plaira daigne étendre le bras
    Sur ta chétive créature. 140

Vois-moi gémir et travailler,
Et pour tout fruit ne me destine
Que ce qui te plaît mieux, et qui fait mieux briller
    L'éclat de ta gloire divine.

Ordonne de tout mon emploi 145
    Par ta providence suprême ;
Agis partout en maître, et dispose de moi
    Sans considérer que toi-même.

Tel qu'un esclave prêt à tout,
    Pour toi, non pour moi, je veux vivre ; 150
C'est là mon seul desir : puissé-je jusqu'au bout,
    O mon Dieu, dignement le suivre !

VII.   Livre III, chapitre xv[1].

POUR FAIRE LA VOLONTÉ DE DIEU.

Doux arbitre de mon sort,
Daigne m'accorder ta grâce :
Qu'elle aide mon foible effort, 155
Et que sa pleine efficace
Dure en moi jusqu'à la mort.

Fais, Seigneur, que mon desir
N'ait pour but invariable
Que ce que ton bon plaisir 160
Aura le plus agréable,

1. Vers 1674-1693, et 1714-1718.

Que ce qu'il voudra choisir.

Que ton vouloir soit le mien,
Que le mien partout le suive,
Et s'y conforme si bien, 165
Qu'ici-bas, quoi qu'il m'arrive,
Sans toi je ne veuille rien.

Fais-le toujours prévaloir
Sur quoi que je me propose,
Et mets hors de mon pouvoir 170
De vouloir aucune chose
Que ce qu'il te plaît vouloir.

En cette union, Seigneur,
A ta volonté suprême,
En cet unique bonheur, 175
Ou pour mieux dire, en toi-même,
Fais le repos de mon cœur.

VIII. Livre III, chapitre XVI[1].

ACTE DE CONFIANCE.

Bénin sauveur de la nature[2],
Prends soin partout de m'assister,
Et daigne sans cesse prêter 180
Ton secours à ta créature.

Qu'au milieu de toutes mes peines
Ce me soit un soulagement
D'être abandonné pleinement
Des consolations humaines. 185

---

1. Vers 1789-1804.
2. Voyez ci-dessus, p. 167 et note 2.

Qu'au défaut même de la tienne,
J'en trouve dans ta volonté,
Dont l'aimable sévérité
Fait cette épreuve de la mienne.

Car enfin, Seigneur, ta colère 190
Fera place à des temps plus doux,
Et les fureurs d'un Dieu jaloux
Céderont aux bontés d'un père.

IX. Livre III, chapitre xvii[1].

ABANDON DE SOI-MÊME ENTRE LES MAINS DE DIEU.

Ta parole, Seigneur, n'est que trop véritable :
   Les soucis que tu prends de moi 195
Surpassent de bien loin tous ceux dont est capable
   L'amour-propre et son fol emploi.

Aussi faut-il sur toi pleinement s'en démettre,
   Sans se croire, sans se chercher ;
Et qui n'en use ainsi ne sauroit se promettre 200
   De faire un pas sans trébucher.

Tiens donc ma volonté sous ton ordre céleste,
   Droite en tout temps, ferme en tous lieux ;
Laisse-moi cette grâce, et dispose du reste
   Comme tu jugeras le mieux. 205

Sois béni, si tu veux que tes lumières saintes
   Éclairent mon entendement ;
Et ne le sois pas moins, si leurs clartés éteintes
   Me rendent mon aveuglement.

1. Vers 1815-1826, 1831-1838, et 1853-1860.

Sois béni, si tu veux que tes saintes tendresses 210
 Consolent mes plus durs travaux ;
Et ne le sois pas moins, si tes justes rudesses
 Se plaisent à croître mes maux.

Le succès le plus triste et le plus favorable,
 Le plus doux et le plus amer, 215
Me seront tous des choix de ta main adorable,
 Qu'également il faut aimer.

Je les recevrai tous, sans mettre différence
 Entre les bons et les mauvais ;
Je les aimerai tous, et ma persévérance 220
 T'en rendra grâces à jamais.

X.   Livre III, chapitre xviii[1].

ACCEPTATION DES SOUFFRANCES A L'EXEMPLE DE JÉSUS-CHRIST.

Seigneur, puisqu'en souffrant il vous plut satisfaire
Aux ordres que donna votre Père éternel,
Avec quelle raison voudrois-je m'y soustraire ?
L'innocent lui doit-il plus que le criminel ? 225

Il faut bien qu'à son tour le pécheur misérable
Accepte de ses maux toute la dureté,
Et soumette une vie infirme et périssable
Aux souverains décrets de votre volonté.

Il est juste, ô mon Dieu, que sans impatience 230
J'en porte le fardeau pour mon propre salut,
Et que de ses ennuis la triste expérience
Ne produise en mon cœur ni dégoût ni rebut.

1. Vers 1917-1928, 1933-1936, 1953-1956, 1965-1968, et 1973-1976.

Votre exemple nous aide à souffrir avec joie ;
Celui de tous vos saints nous rehausse le cœur :   235
L'un et l'autre du ciel nous aplanit la voie ;
L'un et l'autre y soutient notre peu de vigueur.

Que je vous dois d'encens, que je vous dois de grâces
De m'avoir enseigné cet âpre et doux chemin,
Et de m'avoir frayé ces douloureuses traces   240
Qui mènent sur vos pas à des plaisirs sans fin !

Si vous n'aviez vous-même enseigné cette voie,
Si vous n'y faisiez voir l'empreinte de vos pas,
Vous offririez[1] en vain votre couronne en proie :
Prendroit-on un chemin qu'on ne connoîtroit pas ?   245

Hélas ! si l'on s'égare avec tant de lumière
Qu'épandent votre vie et vos enseignements,
Qui pourroit arriver au bout de la carrière,
Si nous étions réduits à nos aveuglements ?

XI.   Livre III, chapitre XXI[2].

SAINTE IMPATIENCE.

Combien dois-je encore attendre ?   250
Jusques à quand tardes-tu,
O Dieu tout bon, à descendre
Dans mon courage abattu ?

Mon besoin t'en sollicite,
Toi qui, de tous biens auteur,   255
Peux d'une seule visite

---

1. Il y a *offrirez* dans l'édition originale des *Prières chrétiennes;* mais c'est évidemment une faute.
2. Vers 2339-2358.

Enrichir ton serviteur.

Viens donc, Seigneur, et déploie
Tous tes trésors en ces lieux;
Remplis-moi de cette joie 260
Que tu fais régner aux cieux.

De l'angoisse qui m'accable
Daigne être le médecin,
Et d'une main pitoyable
Dissipes-en le chagrin. 265

Viens, mon Dieu, viens sans demeure:
Tant que je ne te vois pas,
Il n'est point de jour ni d'heure
Où je goûte aucun appas.

XII. Livre III, chapitre xxiii[1].

POUR OBTENIR L'ILLUMINATION DE L'AME.

Éclaire-moi, mon cher Sauveur, 270
Mais de cette clarté qui cachant sa splendeur,
Chasse mieux du dedans tous les objets funèbres,
Et qui purge le fond du cœur
De toute sorte de ténèbres.

Étouffe ces distractions 275
Qui pour troubler l'effet de mes intentions
A ma plus digne ardeur mêlent leur insolence;
Et dompte les tentations
Qui me font tant de violence.

Répands tes plus vives clartés, 280

1. Vers 2650-2659, et 2675-2694.

Fais briller jusqu'ici tes saintes vérités[1],
Fais que toute la terre en soit illuminée,
   En dépit des obscurités
   Où ses crimes l'ont condamnée.

   Je suis cette terre sans fruit,   285
Dont la stérilité sous une épaisse nuit
N'enfante que chardons, que ronces et qu'épines :
   Vois, Seigneur, où j'en suis réduit
   Jusqu'à ce que tu m'illumines.

   Verse tes grâces dans mon cœur ;   290
Fais-en pleuvoir du ciel l'adorable liqueur ;
A mon aridité prête leurs eaux fécondes ;
   Prête à ma traînante langueur
   La vivacité de leurs ondes.

   Qu'ainsi par un doux changement,   295
Ce désert arrosé devienne en un moment
Un champ délicieux où règne l'affluence,
   Et paré de tout l'ornement
   Que des bons fruits a l'abondance.

      XIII.   Livre III, chapitre XXVI[2].

DÉTACHEMENT DU MONDE.

   Ineffable et pleine douceur,   300
Daigne, ô mon Dieu, pour moi tourner en amertume
   Tout ce que le monde présume
   Couler de plus doux dans mon cœur.

---

1. Il y a ici une variante qui n'a pas été notée au tome VIII : *saintes*, pour *hautes*.
2. Vers 2900-2907, et 2916-2935.

Bannis ces consolations
Qui peuvent amortir le goût des éternelles, 305
Et livrer mes sens infidèles
A leurs folles impressions.

Fais que cet éclat d'un moment
Dont le monde éblouit quiconque aime à le croire,
Cette brillante et fausse gloire, 310
Ne me déçoive aucunement.

Quoi que le diable ose inventer
Pour ouvrir sous mes pas un mortel précipice,
Fais que son plus noir artifice
N'ait point de quoi me supplanter. 315

Pour combattre et pour souffrir tout,
Donne-moi de la force et de la patience :
Donne à mon cœur une constance
Qui persévère jusqu'au bout.

Fais que j'en puisse voir proscrit 320
Le goût de ces douceurs où le monde préside :
Fais qu'il laisse la place vide
A l'onction de ton esprit.

Enfin, pour cet amour charnel
Dont l'impure chaleur souille ce qu'elle enflamme, 325
Seigneur, allume dans mon âme
Celui de ton nom éternel.

XIV. Livre III, chapitre xxix[1].

POUR OBTENIR LA PATIENCE DANS L'AFFLICTION.

Tu le veux, ô mon Dieu, que cette inquiétude,
Ce profond déplaisir, vienne troubler ma paix :
Après tant de douceurs ta main veut m'être rude,   330
Et moi j'en veux bénir ton saint nom à jamais.

Père doux et bénin, qui connois ma foiblesse,
Que faut-il que je die en cet accablement?
Tu vois de toutes parts quelle rigueur me presse :
Sauve-moi, mon Sauveur, d'un si cruel tourment[2].   335

Encor pour cette fois donne-moi patience :
Aide-moi par ta grâce à n'en point murmurer;
Et je ne craindrai point sur cette confiance,
Pour grands que soient les maux qu'il me faille endurer.

Cependant derechef que faut-il que je die?   340
Ton saint vouloir soit fait, ton ordre exécuté.
Perte de biens, disgrâce, opprobre, maladie,
Tout est juste, Seigneur, et j'ai tout mérité.

C'est à moi de souffrir, et plaise à ta clémence
Que ce soit sans chagrin, sans bruit, sans m'échapper,
Jusqu'à ce que l'orage ait moins de véhémence,
Jusqu'à ce que ta main daigne le dissiper !

Car enfin ta pitié, soutenant mon courage,
Peut le rendre vainqueur du plus puissant assaut;

---

1. Vers 3117-3120, 3133-3136, 3145-3156, et 3165-3168.
2. Aux éditions indiquées au tome VIII comme donnant cette variante (*tourment*, pour *moment*), il faut joindre 1670 O.

Et plus ce changement m'est un pénible ouvrage, 350
Plus je le vois facile à la main du Très-Haut.

XV. Livre III, chapitre xxxiv[1].

ASPIRATION A DIEU.

Voici mon Dieu, voici mon tout :
Que puis-je vouloir davantage?
Qu'a de plus l'univers de l'un à l'autre bout?
Et quel plus grand bonheur peut m'échoir en partage?

O mot délicieux sur tous !
O parole en douceurs féconde !
Qu'elle en a, mon Sauveur, pour qui n'aime que vous !
Qu'elle en a peu pour ceux qui n'aiment que le monde !

Voici mon tout, voici mon Dieu : 360
A qui l'entend, c'est assez dire,
Et la redite est douce en tout temps, en tout lieu,
A quiconque pour vous de tout son cœur soupire.

Oui, tout est doux, tout est charmant,
Tout ravit en votre présence ; 365
Mais quand votre bonté se retire un moment,
Tout fâche, tout ennuie en ce moment d'absence.

Vous faites la tranquillité
Et le calme de notre course,
Et ce que notre joie a de stabilité 370
N'est qu'un écoulement dont vous êtes la source.

Quel dégoût peut jamais trouver
Celui qui goûte vos délices?

1. Vers 3573-3592, 3601-3604, 3633-3640, 3645-3652, et 3673-3676.

Et qui les goûte mal, que peut-il éprouver
Où son juste dégoût ne trouve des supplices? 375

Éternelle et vive splendeur,
Qui surpassez toutes lumières,
Lancez du haut du ciel votre éclat dans mon cœur,
Percez-en jusqu'au fond les ténèbres grossières.

Daignez, Seigneur, purifier 380
Mon âme et toutes ses puissances,
La combler d'allégresse, et la vivifier,
Remplir de vos clartés toutes ses connoissances.

Quand viendra pour moi cet instant
Où tant de douceurs sont encloses, 385
Où de votre présence on est plein et content,
Où vous serez enfin mon tout en toutes choses?

Jusqu'à ce qu'il soit arrivé,
Quoi que votre faveur m'envoie,
Je ne jouirai point d'un bonheur achevé, 390
Je ne goûterai point une parfaite joie.

Vous êtes mon unique espoir;
Je mets en vous tout mon refuge;
Je dédaigne l'appui de tout autre pouvoir :
Soyez mon défenseur avant qu'être mon juge. 395

XVI. Livre III, chapitre XL[1].

ACTE D'ANÉANTISSEMENT DEVANT DIEU.

Seigneur, qu'est-ce que l'homme, et dans ton souvenir

[1]. Vers 4049-4054, 4063-4070, 4083-4086, 4107-4114, 4119-4128, et 4169-4174.

Qui lui donne le rang que tu l'y fais tenir?
Que sont les fils d'Adam, que sont tous leurs mérites,
Pour attirer chez eux l'effet de tes visites?
Que t'a fait l'homme enfin, que ta grâce pour lui 400
Aime à se prodiguer, et lui servir d'appui?
Ses défauts sont si grands, son impuissance est telle,
Qu'il a vers le néant une pente éternelle.
A moins que ton secours lui relève le cœur,
A moins que ta bonté ranime sa langueur, 405
Qu'elle daigne au dedans le former et l'instruire,
Ses plus ardents efforts ne peuvent rien produire,
Et son infirmité retrouve en un moment
La tiédeur, le désordre, et le relâchement.

Tous ses maux toutefois rencontrent leur remède 410
Aussitôt qu'il t'a plu d'accourir à son aide;
Et pour faire à son âme un bonheur souverain,
Tu n'as qu'à lui prêter, qu'à lui tendre la main.

C'est de toi, mon Sauveur, c'est de toi, source vive,
Que se répand sur moi tout le bien qui m'arrive. 415
Je ne suis qu'un néant rempli de vanité,
Je ne suis qu'inconstance et qu'imbécillité;
Et quand je me demande un titre légitime
D'où prendre quelque gloire et chercher quelque estime,
Je vois, pour tout appui de mes plus hauts efforts, 420
Le néant que je suis, et le rien d'où je sors.

O fausse et vaine gloire! ô dangereuse peste,
Qui n'es rien qu'un néant, mais un néant funeste!
Tes décevants attraits retirent tous nos pas
Du chemin où la vraie étale ses appas, 425
Et l'âme, par ton souffle indignement souillée,
Des grâces de son maître est par toi dépouillée.
Oui, notre âme, Seigneur, tout ton portrait qu'elle est,
Commence à te déplaire alors qu'elle se plaît,
Et son avidité pour de vaines louanges 430

La prive des vertus qui l'égaloient aux anges.

Puisse tout l'univers, puisse tout l'avenir,
Toute l'éternité te louer et bénir!
Ce sont là tous mes vœux, c'est là tout l'avantage
Que mes foibles travaux demandent en partage, 435
Trop heureux si l'éclat de mon plus digne emploi
Laisse mon nom obscur pour rejaillir[1] sur toi!

XVII. Livre III, chapitre xli[2].

MÉPRIS DE SOI-MÊME.

Je l'avoûrai, Seigneur, que cette chair fragile
De ses aveuglements aime l'épaisse nuit,
Et de la vanité l'amorce est si subtile, 440
    Qu'en un moment elle séduit.

A bien considérer la chose en sa nature,
Je ne mérite amour, ni pitié, ni support;
Et quoi qu'on m'ait pu faire, aucune créature
    Ne m'a jamais fait aucun tort. 445

Mes plaintes auroient donc une insolence extrême,
Si j'osois t'accuser de trop de dureté,
Et qu'ainsi j'imputasse à la justice même
    Une injuste sévérité.

Mon crime a dû forcer toutes les créatures 450
A me persécuter, à s'armer contre moi,
Et quiconque m'accable ou d'opprobre ou d'injures,
    N'en fait qu'un légitime emploi.

A moi la honte est due, à moi l'ignominie;

---

1. Voyez tome VIII; p. 463, note 2. — 2. Vers 4185-4212.

Leur plus durable excès ne peut trop me punir : 455
A toi seul la louange et la gloire infinie
Dans tous les siècles à venir.

Prépare-toi, mon âme, à souffrir sans tristesse
Les mépris des méchants et ceux des gens de bien,
A me voir ravalé jusqu'à cette bassesse, 460
Que même on ne me compte à rien.

Enfin de ton orgueil éteins les moindres restes,
Ou n'espère autrement la paix en aucun lieu,
Ni de stabilité, ni de clartés célestes,
Ni d'union avec ton Dieu. 465

XVIII. Livre III, chapitre xlv [1].

RECOURS A DIEU.

Envoie à mon secours tes bontés souveraines,
Seigneur, contre les maux qui m'ont choisi pour but,
Puisqu'en vain je mettrois aux amitiés humaines
L'espoir de mon salut.

O mon Dieu, qu'ici-bas j'ai trouvé d'infidèles 470
Dont je m'imaginois occuper tous les soins!
Et que j'ai rencontré de véritables zèles
Où j'en croyois le moins!

Il est rare après tout qu'un ami persévère
Dans nos afflictions jusqu'à l'extrémité, 475
Et nous aide à porter toute notre misère
Sans être rebuté.

Toi seul es cet ami, fidèle, infatigable,

1. Vers 4469-4476, 4505-4512, 4573-4580, et 4589-4600.

Que de nos intérêts rien ne peut détacher,
Et toute autre amitié n'a rien de si durable 480
Qu'il en puisse approcher.

Daigne mettre en ma bouche une parole vraie,
Qui soit pleine de force et de stabilité;
Et ne souffre jamais que ma bouche s'essaie
A la duplicité. 485

Accorde à ma foiblesse assez de prévoyance
Pour aller au-devant de ce qui peut s'offrir,
Et détourner les maux que sans impatience
Je ne pourrois souffrir.

Qu'heureux est, ô mon Dieu! qu'heureux est qui souhaite
Que ton seul bon plaisir soit partout accompli,
Qu'au dedans, qu'au dehors ta volonté soit faite,
Et ton ordre rempli!

Que ta grâce en un cœur se trouve en assurance
Alors qu'à fuir l'éclat il met tous ses efforts, 495
Et qu'il sait dédaigner cette vaine apparence
Qu'on admire au dehors!

Une âme en ton vouloir saintement affermie
Ménage tous les dons que lui fait ta faveur,
Et les applique tous à corriger sa vie, 500
Ou croître sa ferveur.

XIX. Livre III, chapitre XLVI [1].

AVEU DE LA PROPRE FOIBLESSE.

Seigneur, qui par de vifs rayons

1. Vers 4719-4748.

Pénètres chaque conscience,
Juste juge, en qui nous voyons
Et la force et la patience, 505
Tu sais quelle fragilité,
Quelle pente à l'impureté
Suit partout la foiblesse humaine :
Daigne me servir de soutien,
Et sois la confiance pleine 510
Qui me guide au souverain bien.

Pour ne voir point de tache en moi,
Mon innocence n'est pas sûre ;
Tu vois bien plus que je ne voi ;
Tu fais bien une autre censure : 515
Aussi devrois-je avec douceur
M'humilier sous la noirceur
De tous les crimes qu'on m'impute ;
Et souffrir d'un esprit remis,
Lors même qu'on me persécute 520
Pour ce que je n'ai point commis.

Pardon, mon cher Sauveur, pardon,
Quand j'en use d'une autre sorte ;
Ne me refuse pas le don
D'une patience plus forte. 525
Ta miséricorde vaut mieux,
Pour rencontrer grâce à tes yeux
Dans l'excès de ton indulgence,
Qu'une apparente probité
Ne peut servir à la défense 530
De la secrète infirmité.

XX. Livre III, chapitre XLVIII[1].

EMPRESSEMENT DE S'UNIR A DIEU.

Quand verrai-je, Seigneur, finir tant de supplices?
Quand cesserai-je d'être un esclave des vices?
Quand occuperas-tu, toi seul, mon souvenir?
Quand mettrai-je ma joie entière à te bénir? 535
Quand verrai-je en mon cœur une liberté sainte,
Sans aucun embarras, sans aucune contrainte?
Et quand ne sentirai-je en mes ardents transports
Rien qui pèse à l'esprit, rien qui gêne le corps?

Doux Sauveur de mon âme, hélas! quand te verrai-je?
Quand m'accorderas-tu ce dernier privilége?
Quand te pourront mes yeux contempler à loisir,
Te voir en tout, partout, être mon seul desir?
Tu sais que c'est pour toi que tout mon cœur soupire;
Tu sais que c'est à toi que tout mon cœur aspire; 545
Le monde m'est à charge, et ne fait que grossir
Ce fardeau de mes maux qu'il tâche d'adoucir:
Ni de lui ni de moi je ne dois rien attendre;
Je veux te posséder, et ne te puis comprendre;
Je forme à peine un vol pour m'attacher aux cieux, 550
Qu'un souci temporel me ravale en ces lieux;
Et de mes passions les forces mal domptées
Me rendent aux douceurs qu'elles m'avoient prêtées:
La chair rappelle en bas, quand l'esprit tire en haut,
Et la foible partie est celle qui prévaut. 555

Que je souffre, Seigneur, quand mon âme élevée
Jusqu'aux pieds de son Dieu qui l'a faite et sauvée,
Un damnable escadron de sentiments honteux

---

1. Vers 4889-4896, 4901-4904, 4917-4926, 4931-4936, 4957 et 4958, et 4999-5004.

Vient troubler sa prière et distraire ses vœux!

Viens, céleste douceur, viens occuper la place, 560
Et toute impureté fuira devant ta face.
Dissipes-en le trouble et rétablis ma paix;
Fais qu'à te voir sans cesse élevant mes souhaits,
Je t'offre une oraison, je t'offre des louanges
Dignes de se mêler à celles de tes anges; 565
Et qu'en moi ton amour par ses divins transports
Étouffe le terrestre et dedans et dehors.

XXI. Livre III, chapitre L[1].

POUR SE CONFORMER A LA VOLONTÉ DE DIEU.

Qu'à présent, qu'à jamais soit béni ton saint nom!
La chose arrive ainsi que tu l'as résolue :
Tu l'as faite, ô mon Dieu, puisque tu l'as voulue, 570
  Et tout ce que tu fais est bon.

Que vois-je en moi, Seigneur, qu'y puis-je voir paroître,
Que ce que tu dépars sans qu'on l'ait mérité?
Et ce que donne et fait ta libéralité,
  N'en es-tu pas toujours le maître? 575

De toute éternité tu prévis ce moment
Qui m'abat au dehors durant un temps qui passe,
Pour me faire au dedans revivre dans ta grâce,
  Et t'aimer éternellement.

Il faut qu'un peu de temps je traîne dans la honte 580
Cet objet de mépris et de confusion;
Que je semble tomber à chaque occasion

---

1. Vers 5195-5198, 5207-5210, 5243-5266, 5275-5290, 5299-5302, 5319-5322, 5331-5334, 5343-5346, et 5363-5370.

Sous la langueur qui me surmonte.

Père saint, tu le veux; mais ce n'est qu'à dessein
Que mon cœur avec toi de nouveau se relève, 585
Et que du haut du ciel un nouveau jour achève
    De s'épandre au fond de mon sein.

Ton ordre est accompli, ta volonté suivie :
Je souffre, je languis, je vis dans le rebut,
Et je prends tous ces maux dont tu me fais le but 590
    Pour arrhes d'une heureuse vie.

Ce sont traits de ta grâce, et c'est ton amitié
Qui donne à tes amis à souffrir pour ta gloire,
Et ce qu'ose contre eux la fureur la plus noire
    Marque un effet de ta pitié. 595

Toutes les fois qu'ainsi ta bonté se déploie,
Ils nomment ces malheurs un bienheureux hasard,
Et n'examinent point quelle main les départ,
    Lorsque la tienne les envoie.

Il m'est avantageux que mon front soit couvert 600
D'une confusion qui vers toi me rappelle,
Pour chercher mon refuge en ta main paternelle,
    Plutôt qu'en l'homme qui me perd.

J'en apprends à trembler sous l'abîme inscrutable
Que présente à mes yeux ton profond jugement, 605
Lorsque je vois ton bras frapper également
    Sur le juste et sur le coupable.

Bien que d'abord cet ordre ait de quoi m'étonner,
Il est l'équité même et la même justice,
Puisqu'il afflige l'un pour hâter son supplice, 610
    Et l'autre pour le couronner.

Quelles grâces, Seigneur, ne te dois-je point rendre

De ne m'épargner point les grâces des travaux,
Et de me prodiguer l'amertume des maux
    Dont le vrai bien se doit attendre !   615

Céleste médecin de ceux que tu chéris,
Ainsi jusqu'aux enfers tu mènes et ramènes ;
Tu nous ouvres le ciel par l'essai de leurs gênes ;
    Tu fais la plaie, et la guéris.

Frappe, Sauveur bénin, frappe, je t'en convie,   620
Je me remets entier sous ta correction :
Elle est ici l'effet de ta dilection,
    Et de ta haine en l'autre vie.

Tu sais, et mieux que moi, quelles impressions
Me peuvent avancer en ton divin service,   625
Et combien est puissante à dissiper[1] le vice
    L'aigreur des tribulations.

Fais-moi n'estimer rien en toute la nature
Que ce qui devant toi conserve quelque prix ;
Fais-moi ne rien blâmer que ce qu'à tes mépris   630
    Expose sa propre souillure.

Fais-moi fuir qui m'encense, ou ne le regarder
Que comme un abuseur qui séduit ce qu'il loue,
Un infirme insolent qui d'un foible se joue,
    Un aveugle qui veut guider.   635

La louange mal due aussi bien n'est qu'un conte
Que le peu de mérite en soi-même dédit,
Et qui donne au dehors beaucoup moins de crédit
    Qu'au dedans il ne fait de honte.

---

1. On lit dans l'*Imitation* : *dérouiller*, au lieu de *dissiper*. Ce vers aurait dû être indiqué dans les variantes.

XXII. Livre III, chapitre LII[1].

AVEU DE LA PROPRE INDIGNITÉ.

Seigneur, si je m'arrête au peu que je mérite, 640
Je ne puis espérer tes consolations,
Ni que du haut du ciel ta secrète visite
Daigne adoucir l'aigreur de mes afflictions.

Je n'en fus jamais digne, et lorsque tu me laisses
Dénué, pauvre, infirme, impuissant, éperdu, 645
Tu ne fais que justice à mes lâches foiblesses,
Et ce plein abandon n'est que ce qui m'est dû.

Je force ma mémoire à retracer ma vie,
Et n'y vois que désordre et que déréglement,
Qu'une pente au péché honteusement suivie, 650
Qu'une morne langueur pour mon amendement.

Tout confus que je suis de me voir si coupable,
Que dirai-je, sinon : « J'ai péché, mon Sauveur,
J'ai péché ; mais pardonne, et d'un œil pitoyable
Regarde un criminel qui demande faveur. » 655

Car enfin tu ne veux d'une âme ensevelie
Dans cette juste horreur que lui fait son péché,
Sinon qu'elle s'accuse, et qu'elle s'humilie
Sous le saint repentir dont le cœur est touché.

1. Vers 5435-5442, 5471-5474, 5491-5494, et 5499-5502.

XXIII.   Livre III, chapitre LIX[1].

ACTE DE CONFIANCE EN DIEU.

>Seigneur, c'est à toi que j'aspire ;   660
>En toi seul est ce que je veux :
>Souffre donc qu'après toi je pleure, je soupire,
>Et que jusqu'à ce que j'expire,
>J'envoie après toi tous mes vœux.
>
>C'est en toi seul que je me fie ;   665
>A toi seul j'élève mes yeux ;
>Dieu de miséricorde, éclaire, fortifie,
>Épure, bénis, sanctifie
>Mon âme du plus haut des cieux.
>
>Chacun cherche ses avantages ;   670
>Tu ne regardes que le mien :
>C'est pour mon salut seul qu'à m'aimer tu t'engages[2],
>Que tu calmes tous mes orages,
>Que tu me tournes tout en bien.
>
>La rigueur même des traverses   675
>A pour but mon utilité :
>C'est la part des élus ; par là tu les exerces,
>Et leurs tentations diverses
>Sont des marques de ta bonté.
>
>Ton nom n'est pas moins adorable   680
>Parmi les tribulations,
>Et dans leur dureté tu n'es pas moins aimable,
>Que quand ta douceur ineffable

1. Vers 6473-6477, 6548-6552, 6488-6507, 6528-6532, et 6558-6567.
2. On lit dans l'*Imitation* : « Et c'est pour mon salut qu'à, etc. » Ce vers a été oublié dans les variantes.

Répand ses consolations.

Aussi ne mets-je mon refuge 685
Qu'en toi, mon souverain auteur ;
Et de tous mes ennuis quel que soit le déluge,
Hors du sein de mon propre juge
Je ne veux point de protecteur.

Tout ce qui semble ici produire 690
La paix dont on pense jouir,
N'est sans toi qu'un éclair si prompt à se détruire,
Que le moment qui le fait luire
Le fait aussi s'évanouir.

Joins à ta clémence ineffable 695
De ta pitié l'immense effort,
Et ne rejette pas les vœux d'un misérable
Qui traîne un exil déplorable
Parmi les ombres de la mort.

Rassure mon âme alarmée ; 700
Et contre la corruption,
Contre tous les périls dont la vie est semée,
Toi qui pour le ciel l'as formée,
Prends-la sous ta protection.

XXIV.   Livre IV, chapitre 11[1].

PRÉPARATION A LA COMMUNION.

Je m'approche, Seigneur, plein de la confiance 705
Que tu veux que je prenne en ta haute bonté :
Je m'approche en malade, avec impatience
De recevoir de toi la parfaite santé.

1. Vers 283-290, 327-334, 343-350, 359-366, et 387-398.

Je cherche en altéré la fontaine de vie;
Je cherche en affamé le pain vivifiant; 710
Et c'est sur cet espoir que mon âme ravie
Au monarque du ciel présente un mendiant.

Mais que dois-je penser à cette table sainte?
M'approchant de mon Dieu, de quoi m'entretenir?
J'y porte du respect, du zèle, et de la crainte, 715
Et ne le puis assez respecter ni bénir.

Je n'ai rien de meilleur ni de plus salutaire,
Que de m'humilier devant ta majesté,
Et tenir les yeux bas sur toute ma misère,
Pour élever d'autant l'excès de ta bonté. 720

Tu viens jusques à moi pour loger en moi-même,
Tu m'invites toi-même à ces divins banquets,
Où la profusion de ton amour extrême
Sert un pain angélique et de célestes mets!

Ce pain, ce mets sacré que tu nous y fais prendre, 725
C'est toi, c'est ton vrai corps, arbitre de mon sort,
Pain vivant, qui du ciel as bien voulu descendre
Pour redonner la vie aux enfants de la mort.

Qu'en cet effort d'amour tes œuvres admirables
Montrent de ta vertu le pouvoir éclatant! 730
Et que ces vérités sont pour nous ineffables,
Que ta voix exécute aussitôt qu'on l'entend!

Ta parole jadis fit si tôt toutes choses,
Que rien n'en sépara le son d'avec l'effet;
Et ta vertu passant dans les secondes causes, 735
A peine l'homme parle, et ton vouloir est fait.

Par des transports de joie et de reconnoissance
Bénis ton Dieu, mon âme, en ce val de malheurs,

PRIÈRES CHRÉTIENNES.

Où tu reçois ainsi de sa toute-puissance
Un don si favorable à calmer tes douleurs. 740

Sais-tu qu'autant de fois que ton zèle s'élève
A prendre du Sauveur le véritable corps,
L'œuvre de ton salut autant de fois s'achève,
Et de tous ses tourments t'applique les trésors ?

Il n'a rien mérité qu'il ne t'y communique; 745
Et comme son amour ne peut rien refuser,
Sa bonté toujours pleine et toujours magnifique
Est un vaste océan qu'on ne peut épuiser.

XXV.   Livre IV, chapitre III[1].

PRIÈRE AVANT LA COMMUNION.

Je viens à toi, Seigneur, afin de m'enrichir
Des dons surnaturels qu'il te plaît de nous faire; 750
J'en viens chercher la joie, afin de m'affranchir
Des longs et noirs chagrins qui suivent ma misère.
Comble donc aujourd'hui de solides plaisirs
    Ce cœur, ces amoureux desirs,
Que pousse jusqu'à toi ton serviteur fidèle : 755
Vois les empressements de son humble devoir,
Et ne rejette pas les ardeurs de son zèle,
Qu'un vrai respect prépare à te bien recevoir.

Quiconque en ces bas lieux te reçoit dignement,
Pain vivant, doux repas de l'âme du fidèle, 760
S'établit un partage au haut du firmament,
Et s'assure un plein droit à la gloire éternelle.
Mais las ! que je suis loin d'un état si parfait,
    Moi que souvent le moindre attrait

1. Vers 411-414, 425-430, 461-470, et 521-530.

Jusque dans le péché traîne sans répugnance, 765
Et qu'une lenteur morne, un sommeil croupissant,
Tiennent enveloppé de tant de nonchalance,
Qu'à tous les bons desseins je demeure impuissant!

Heureuse mille fois l'âme qui te reçoit,
Toi, son espoir unique et son unique maître, 770
Avec tout le respect et l'amour qu'elle doit
A l'excès des bontés que tu lui fais paroître!
Est-il bouche éloquente, est-il esprit humain
   Qui ne se consumât en vain,
S'il vouloit exprimer toute son allégresse? 775
Et peut-on concevoir ces hauts ravissements,
Ces avant-goûts du ciel, que ta pleine tendresse
Aime à lui prodiguer en ces heureux moments?

XXVI.   Livre IV, chapitre IV [1].

AUTRE PRIÈRE AVANT LA COMMUNION.

Préviens ton serviteur par cette douce amorce
Que versent dans les cœurs tes bénédictions; 780
Joins à la pureté de leurs impressions
Tout ce que le respect a de zèle et de force [2];
Donne-moi les moyens d'approcher dignement
   De ton auguste sacrement;
Remplis mon sein pour toi d'une céleste flamme, 785
Et daigne m'arracher à la morne lenteur
   De l'assoupissement infâme
Sous qui m'ensevelit ma propre pesanteur.

Viens, avec tout l'effet de ce don salutaire,

---

1. Vers 551-570, 591-594, 585-590, 601-604, 615-620, et 681-690.
2. Ce vers auroit dû être indiqué dans les variantes de l'*Imitation*, dans laquelle on lit :
  « Tout ce que le respect et le zèle ont de force. »

D'une sainte visite aujourd'hui m'honorer ; 790
Que je puisse en esprit pleinement savourer
Les douceurs qu'enveloppe un si profond mystère ;
Détache en ma faveur un vif rayon des cieux
  Qui fasse pénétrer mes yeux
Au fond de cet abîme où tout mon bien s'enferme ; 795
Et si pour y descendre ils ont trop peu de jour,
  Fais qu'une foi solide et ferme
En croie aveuglément l'excès de ton amour.

Je vais te recevoir, tu le veux, tu commandes
Que mon cœur à ton cœur s'unisse en charité ; 800
Porte donc jusqu'à toi son imbécillité
Par un don spécial et des grâces plus grandes.
Je crois, et suis tout prêt de signer de mon sang
  Que sous ce rond, que sous ce blanc,
Véritable Homme-Dieu, tu caches ta présence, 805
Et que ce que les yeux jugent encor du pain
  N'en conserve que l'apparence,
Qui voile à tous nos sens ton être souverain.

Quels souhaits dans nos maux peut former la pensée,
Que ne puisse remplir un si grand sacrement? 810
D'où pouvons-nous attendre un tel soulagement,
Ou pour le corps malade, ou pour l'âme blessée?
C'est par lui que la grâce avance à gros torrents,
  Et que sur les vices mourants
S'affermit la vertu que lui-même il fait naître ; 815
C'est par lui que la foi plus fortement agit,
  Que l'espérance a de quoi croître,
Et que la charité s'enflamme et s'élargit.

Tu vois ce qui me manque, ô Sauveur adorable,
Doux Jésus, bonté seule en qui j'ose espérer : 820
Supplée à mes défauts, et daigne réparer
Ce que détruit en moi la langueur qui m'accable.
Tu t'en es fait toi-même une amoureuse loi,

Quand nous appelant tous à toi,
Ta bouche toute sainte a bien voulu nous dire[1] :
« Accourez tous à moi, vous dont sous les travaux
  Le cœur incessamment soupire,
Et je soulagerai la grandeur de vos maux. »

XXVII.   Livre IV, chapitre ix[2].

OBLATION DE SOI-MÊME A DIEU EN LA COMMUNION.

Et le ciel, et la terre, et tout ce qu'ils contiennent,
Leurs effets, leurs vertus à jamais t'appartiennent :   830
Tout est à toi, Seigneur, tout marche sous ta loi,
Et je m'y viens offrir en volontaire hostie,
Moi qui de ce grand tout suis[3] la moindre partie,
Pour être par cet offre[4] encor mieux tout à toi.

Dans la simplicité d'un cœur qui te réclame,   835
Je t'offre tous entiers et mon corps et mon âme;
J'en fais un saint hommage à tes commandements;
J'offre à tes volontés un serviteur fidèle
En sacrifice pur de louange immortelle,
Et réunis en toi tous mes attachements.   840

Après tant de péchés, que ferois-je autre chose?
Je vois que leur excès à ta rigueur m'expose,
Qu'il arme contre moi ta juste inimitié :
Que puis-je donc, mon Dieu, pour t'arracher les armes[5],
Que t'avouer ma faute, et fondant tout en larmes,   845

---

1. *Évangile de saint Matthieu*, chapitre xi, verset 28.
2. Vers 1022-1033, 1058-1063, 1082-1099, et 1136-1147.
3. On lit *fais*, au lieu de *suis*, dans l'*Imitation :* ce vers aurait dû figurer dans les variantes.
4. Voyez la note 1 de la page 629 du tome VIII.
5. Ce vers a été omis dans les variantes de l'*Imitation*, laquelle porte : *ô Dieu*, pour *mon Dieu*.

Implorer à genoux l'excès de ta pitié?

Je sais, Seigneur, je sais, pour grand que soit mon crime,
Que ta miséricorde est un profond abîme;
Je me résigne entier à son immensité :
N'agis que suivant elle, et lorsque ta justice 850
Pressera ton courroux de hâter mon supplice,
Laisse-lui fermer l'œil sur mon iniquité.

Souffre que je te fasse, en ce divin mystère,
L'offre de tout le bien que jamais j'ai pu faire,
Quoique tout imparfait et de peu de valeur, 855
Quoique ces actions soient en si petit nombre,
Qu'à peine du vrai bien elles font voir une ombre
Dont les informes traits n'ont aucune couleur.

Donne-leur ce qui manque à leur foible teinture;
Corrige, sanctifie, agrée, achève, épure; 860
Fais-les de jour en jour aller de mieux en mieux :
Comble-les d'une grâce en vertus si fertile,
Que cet homme chétif, paresseux, inutile,
Trouve une heureuse fin qui le conduise aux cieux.

Arrache de nos cœurs cette indigne semence 865
D'envie et de soupçon, de colère et d'offense,
Tout ce qui peut nourrir la contestation,
Tout ce qui peut blesser l'amitié fraternelle,
Et par une chaleur à tes ordres rebelle
Éteindre le beau feu de la dilection. 870

Prends, Seigneur, prends pitié de ceux qui la demandent;
Fais un don de ta grâce aux pécheurs qui l'attendent;
Dans nos pressants besoins laisse-nous l'obtenir;
Et rends-nous tels enfin que notre âme ravie
En puisse dignement jouir durant la vie, 875
Et dans le ciel un jour à jamais t'en bénir.

XXVIII.   Livre IV, chapitre XIII[1].

UNION A DIEU EN LA COMMUNION.

  Qui me la donnera, Seigneur,
  Cette joie où mon âme aspire,
De pouvoir seul à seul te montrer tout mon cœur,
Et de jouir de toi comme je le desire ?   880

  Je te dirai tout mon secret,
  Tu me diras le tien de même,
Tel qu'un ami s'explique avec l'ami discret,
Tel qu'un amant fidèle entretient ce qu'il aime.

  Quand viendra-t-il, cet heureux jour,   885
  Ce moment tout beau, tout céleste,
Qu'absorbé tout en toi par un parfait amour,
Je m'oublîrai moi-même et fuirai tout le reste ?

  Viens en moi, tiens-toi tout en moi;
  Souffre à tes bontés adorables   890
De nous faire à jamais cette amoureuse loi,
Qu'à jamais cet amour nous rende inséparables.

  . Seigneur, que ton esprit est doux !
  Que pour tes enfants il est tendre !
Et que c'est les aimer que de les nourrir tous   895
De ce pain que du ciel tu fais pour eux descendre !

  Un Dieu venir jusqu'en nos cœurs !
  De sa chair propre nous repaître !
O grâce inexplicable ! ô célestes faveurs !
Par quels dignes présents puis-je le reconnoître ?   900

1. Vers 1678-1681, 1686-1689, 1698-1705, 1718-1721, et 1734-1757.

> Que te rendrai-je, ô Dieu tout bon,
> Après ce trait d'amour immense?
> Que pourrai-je trouver de quoi te faire un don
> Qui puisse tenir lieu de quelque récompense?

Je l'ai, mon Dieu, j'ai ce de quoi 905
Te faire une agréable offrande ;
Je n'ai qu'à me donner de tout mon cœur à toi,
Et je te rendrai tout ce qu'il faut qu'on te rende.

Oui, c'est là tout ce que tu veux
Pour cette faveur infinie. 910
Seigneur, que d'allégresse animera mes vœux,
Quand je verrai mon âme avec toi bien unie !

D'un ton amoureux et divin
Tu me diras lors à toute heure :
« Si tu veux avec moi vivre jusqu'à la fin, 915
Avec toi jusqu'au bout je ferai ma demeure. »

Et je te répondrai soudain :
« Si tu m'en veux faire la grâce,
Seigneur, c'est de ma part mon unique dessein;
Fais que d'un nœud si beau jamais je ne me lasse[1]. » 920

XXIX.   Livre IV, chapitre xvi[2].

POUR REPRÉSENTER A DIEU TOUS NOS BESOINS
EN LA COMMUNION.

Source de tous les biens où nous devons prétendre,

---

1. Ce vers est ainsi construit dans l'*Imitation* :
   Fais que d'un si beau nœud jamais je ne me lasse.
On a omis d'indiquer cette variante au tome VIII.
2. Vers 1933-1940, 1969-1976, et 1981-1996.

Aimable et doux Sauveur,
Qu'en cet heureux moment je souhaite de prendre
Avec pleine ferveur,

De toutes mes langueurs, de toutes mes foiblesses 925
Tes yeux sont les témoins,
Et du plus haut du ciel, d'où tu fais tes largesses,
Tu vois tous mes besoins.

Dissipe mes glaçons par cette heureuse flamme
Qu'allume ton amour, 930
Et sur l'aveuglement qui règne dans mon âme
Répands un nouveau jour.

De la terre pour moi rends les douceurs amères,
Quoi qu'on m'y puisse offrir;
Mêle aux sujets d'ennuis, mêle aux succès contraires 935
Les plaisirs de souffrir.

Élève tout mon cœur au-dessus du tonnerre;
Fixe-le dans les cieux;
Et ne le laisse plus divaguer sur la terre
Vers ce qui brille aux yeux. 940

Sois l'unique douceur, sois l'unique avantage
Qui le puisse arrêter;
Sois seul toute la viande et seul tout le breuvage
Qu'il se plaise à goûter.

Deviens tout son amour, toute son allégresse, 945
Tout son bien, tout son but;
Deviens toute sa gloire et toute sa tendresse,
Comme tout son salut.

Daigne enfin, ô mon Dieu, par ta bonté suprême
A tel point l'enflammer, 950
Qu'il s'embrase, consume et transforme en toi-même
A force de t'aimer.

XXX. Livre IV, chapitre xvii[1].

SOUHAITS AMOUREUX AVANT LA COMMUNION.

Avec tous les transports dont est capable une âme,
Avec toute l'ardeur d'une céleste flamme,
Avec tous les élans d'un zèle affectueux,　　　　　955
Et les humbles devoirs d'un cœur respectueux,
Je souhaite approcher de ta divine table,
J'y souhaite porter cet amour véritable,
Cette ferveur sincère et ces fermes propos
Qu'y portèrent jadis tant d'illustres dévots,　　　960
Tant d'élus, tant de saints, dont la vie exemplaire
Sut le mieux pratiquer le grand art de te plaire.

Oui, mon Dieu, mon seul bien, mon amour éternel,
Tout chétif que je suis, tout lâche et criminel,
Je veux te recevoir avec autant de zèle　　　　　965
Que jamais de tes saints ait eu le plus fidèle,
Et je souhaiterois qu'il fût en mon pouvoir
D'en avoir encor plus qu'il n'en put[2] concevoir.

Je sais qu'à ces desirs en vain mon cœur s'excite :
Ils passent trop sa force et son peu de mérite ;　　970
Mais tu vois sa portée, il va jusques au bout :
Il t'offre ce qu'il a, comme s'il avoit tout,
Comme s'il avoit seul en sa pleine puissance
Ces grands efforts d'amour et de reconnoissance,
Comme s'il avoit seul tous les pieux desirs　　　975
Qui d'une âme épurée enflamment les soupirs,
Comme s'il avoit seul toute l'ardeur secrète,

---

1. Vers 2017-2046, 2091-2100, et 2105-2116.
2. Il y a *pût*, avec un accent circonflexe, dans l'édition originale des *Prières chrétiennes*, et dans la plupart des éditions de l'*Imitation ;* mais il nous semble ue le sens veut *put* à l'indicatif, et c'est la leçon que nous avons adoptée, aussi bien au tome VIII qu'ici.

Tous les profonds respects d'une vertu parfaite.

Si ce qu'il t'offre est peu, du moins c'est tout son bien :
C'est te donner beaucoup, que ne réserver rien. 980
Qui de tout ce qu'il a te fait un plein hommage,
T'offriroit beaucoup plus, s'il pouvoit davantage.

J'ajoute donc au peu qu'il m'est permis d'avoir
Tout ce que tes dévots en peuvent concevoir,
Ces entretiens secrets, ces ferveurs extatiques 985
Où seul à seul toi-même avec eux tu t'expliques,
Ces lumières d'en haut qui leur ouvrent les cieux,
Ces claires visions pour qui l'âme a des yeux,
Ces amas de vertus, ces concerts de louanges
Que les hommes sur terre et dans le ciel les anges, 990
Que toute créature enfin, pour tes bienfaits,
Et te rend chaque jour, et te rendra jamais.

Reçois de moi ces vœux d'allégresse infinie,
Ces desirs que partout ta bonté soit bénie,
Ces vœux justement dus à ton infinité, 995
Ces desirs que tout doit à ton immensité :
Je te les rends, Seigneur, et je te les veux rendre,
Tant que de mon exil le cours pourra s'étendre,
Chaque jour, chaque instant, devant tous, en tous lieux.
Puisse tout ce qu'il est d'esprits saints dans les cieux,
Puisse tout ce qu'il est en terre de fidèles,
Te rendre ainsi que moi des grâces éternelles,
Te bénir avec moi de l'excès de tes biens,
Et joindre avec ferveur tous leurs desirs aux miens !

LES HYMNES

DU

BREVIAIRE ROMAIN

PREMIÈRE PARTIE.

HYMNES
POUR CHAQUE JOUR DE LA SEMAINE.

POUR LES DIMANCHES.
(Depuis l'octave de l'Épiphanie jusques au Carême, et depuis le mois d'octobre jusques à l'Avent.)

A MATINES.

En ce jour, le premier qu'ait vu briller la terre,
Ce jour où du néant Dieu tira l'univers,
Ce grand jour que choisit ce maître du tonnerre
Pour terrasser la mort et briser tous nos fers,

PARS PRIMA.

HYMNI
PRO SINGULIS DIEBUS HEBDOMADÆ.

PRO DOMINICIS.
(Ab octava Epiphaniæ ad Quadragesimam, et a mense octobri ad Adventum.)

AD MATUTINUM.

Primo dierum omnium,
Quo mundus exstat conditus,
Vel quo resurgens Conditor
Nos morte victa liberat,

Aux langueurs du sommeil dérobons nos paupières, 5
Développons du lit nos membres engourdis,
Et cherchant dans la nuit la source des lumières,
Suivons ce qu'un prophète a pratiqué jadis.

Prions ce créateur de toute la nature
Qu'il écoute nos vœux, qu'il nous tende la main ; 10
Et qu'ayant épuré nos cœurs de toute ordure,
Cette main nous élève au bonheur souverain ;

Que quiconque amoureux de sa gloire divine
L'exalte en ces moments les plus sacrés du jour,
Quiconque y donne un temps qu'au repos on destine, 15
En ait pour digne prix les dons de son amour.

Nous t'en conjurons tous, vive clarté du Père,
Écarte de nos cœurs ce qui les peut blesser ;
Bannis de nos desirs ce qui peut te déplaire,
Et de nos actions ce qui peut t'offenser. 20

   Pulsis procul torporibus,
   Surgamus omnes ocius,
   Et nocte quæramus, pium
   Sicut prophetam novimus ;

   Nostras preces ut audiat,
   Suamque dextram porrigat,
   Et expiatos sordibus
   Reddat polorum sedibus ;

   Ut quique sacratissimo
   Hujus diei tempore
   Horis quietis psallimus,
   Donis beatis muneret.

   Jam nunc, paterna claritas,
   Te postulamus affatim,
   Absit libido sordidans,
   Et omnis actus noxius.

HYMNES POUR LES DIMANCHES. 451

Que jamais rien d'impur, que jamais rien de sale
Ne tache le dehors, ne souille le dedans;
Et que jamais l'ardeur d'une flamme brutale
N'ait de quoi nous livrer à des feux plus ardents.

Daigne, Sauveur bénin, effacer de nos âmes 25
Tout ce qui fait rougir le front des vrais chrétiens;
Et sur les traits biffés de ces marques infâmes
Grave tout ce qui mène au séjour des vrais biens.

Que dégagés ainsi des passions charnelles,
Reçus de ton empire au sacré célibat, 30
Comme osent l'espérer tes serviteurs fidèles,
De ta gloire à jamais nous bénissions l'éclat.

Accordez cette grâce à nos humbles prières[1],
Père incompréhensible, Homme-Dieu Jésus-Christ,

> Ne fœda sit vel lubrica
> Compago nostri corporis,
> Per quam Averni ignibus
> Ipsi crememur acrius.
>
> Ob hoc, Redemptor, quæsumus
> Ut probra nostra diluas,
> Vitæ perennis commoda
> Nobis benigne conferas;
>
> Quo carnis actu exules,
> Effecti ipsi cœlibes,
> Ut præstolamur cernui,
> Melos canamus gloriæ.
>
> Præsta, Pater piissime,
> Patrique compar unice,

1. Les mêmes strophes finales reviennent souvent dans le *Bréviaire romain*. Corneille, comme nous l'avons déjà vu faire dans la version des hymnes de l'office et des psaumes, se règle sur le mètre, pour modifier ou répéter sa traduction. Voyez ci-après, p. 634 et 635.

Qui régnez l'un et l'autre au séjour des lumières, 35
Où sans fin avec vous règne le Saint-Esprit.

A LAUDES.

De ce vaste univers créateur immuable,
Qui gouvernez la course et des jours et des nuits,
Et variez leurs temps par l'ordre invariable
Dont la diversité soulage nos ennuis,

Le messager du jour commence votre éloge : 5
Ce vigilant oiseau par ses chants nous instruit,
Sa voix aux voyageurs dans l'ombre sert d'horloge,
Et sépare à grands cris la nuit d'avec la nuit.

Il prend un soin exact d'éveiller le Phosphore[1] :
Il l'invite à chasser les ténèbres des cieux, 10

Cum Spiritu Paraclito
Regnans per omne sæculum.

AD LAUDES.

Æterne rerum conditor,
Noctem diemque qui regis,
Et temporum das tempora,
Ut alleves fastidium,

Præco diei jam sonat,
Noctis profundæ pervigil,
Nocturna lux viantibus,
A nocte noctem segregans.

Hoc excitatus Lucifer
Solvit polum caligine;

---

1. *Phosphorus*, en grec Φωσφόρος, a été employé par Martial (livre VIII, épigramme XXI, vers 1) dans le sens de *Lucifer*, « l'étoile du matin. »

Menace le voleur du retour de l'aurore,
Lui fait cacher sa proie et redouter nos yeux.

Du nocher à ses cris la vigueur se rappelle;
Les vagues de la mer roulent moins fièrement;
Pierre se reconnoît pour disciple infidèle,
Et par des pleurs amers lave son reniement.

Levons-nous sans tarder, entendons sans remise
Ce qu'il nous dit si haut dès son premier réveil;
Sa voix a convaincu le prince de l'Église,
Sa voix aux paresseux reproche le sommeil.

Nous sentons à ses chants renaître l'espérance;
Le malade en reçoit un rayon de santé,
Le glaive du brigand nous laisse en assurance,
La foi vive succède à l'infidélité.

Que par toi de nos cœurs la guérison s'achève :

>Hoc omnis erronum chorus
>Viam nocendi deserit.
>
>Hoc nauta vires colligit,
>Pontique mitescunt freta;
>Hoc ipsa petra Ecclesiæ
>Canente culpam diluit.
>
>Surgamus ergo strenue,
>Gallus jacentes excitat,
>Et somnolentos increpat;
>Gallus negantes arguit.
>
>Gallo canente, spes redit,
>Ægris salus refunditur,
>Mucro latronis conditur,
>Lapsis fides revertitur.
>
>Jesu, labantes respice,

De tes yeux, doux Sauveur, il n'y faut qu'un seul trait :
Regarde le pécheur, sa chute se relève ;
Fais-lui verser des pleurs, il n'a plus de forfait.

Éclaire tous nos sens de ta propre lumière,
Dissipe le sommeil dont ils sont accablés ; 30
Qu'en nos concerts ta gloire à jamais la première
Puisse acquitter des vœux tant de fois redoublés !

Gloire au Père éternel ! gloire au Fils ineffable !
Gloire toute pareille à l'Esprit tout divin !
Gloire à leur unité, dont l'essence adorable 35
Règne sans borne aucune, et régnera sans fin !

POUR LES DIMANCHES.
(Depuis l'octave du saint sacrement jusqu'au mois d'octobre.)

A MATINES.

Levons-nous dans la nuit, coupons-la par nos veilles,

   Et nos videndo corrige :
   Si respicis, lapsi stabunt,
   Fletuque culpa solvitur.

   Tu lux refulge sensibus,
   Mentisque somnum discute ;
   Te nostra vox primum sonet,
   Et vota solvamus tibi.

   Deo patri sit gloria,
   Ejusque soli Filio,
   Cum Spiritu Paraclito,
   Et nunc et in perpetuum.

PRO DOMINICIS.
(Ab octava corporis Christi ad kalendas octobris.)

AD MATUTINUM.

Nocte surgentes vigilemus omnes,

Faisons-la résonner de nos plus doux accords;
Et pour chanter d'un Dieu les plus hautes merveilles,
　　Unissons nos efforts.

Joignons aux voix des saints une sainte harmonie, 　5
Qui mérite une entrée en ces brillants palais
Où l'on goûte avec eux le bonheur d'une vie
　　Qui ne finit jamais.

Daigne nous l'accorder la sagesse profonde
De cette essence unique en trois divins suppôts, 　10
Dont la gloire remplit de l'un et l'autre monde
　　Les plus vastes enclos.

A LAUDES.

Des ombres de la nuit l'épaisseur affoiblie
Va céder de l'aurore à l'éclat renaissant :

> Semper in psalmis meditemur, atque
> Viribus totis Domino canamus
> 　　Dulciter hymnos,
>
> Ut pio regi pariter canentes,
> Cum suis sanctis mereamur aulam
> Ingredi cœli, simul et beatam
> 　　Ducere vitam.
>
> Præstet hoc nobis Deitas beata
> Patris, ac Nati, pariterque sancti
> Spiritus, cujus reboat in omni
> 　　Gloria mundo.

AD LAUDES.

Ecce jam noctis tenuatur umbra,
Lucis aurora rutilans coruscat :

Il est temps que des corps la vigueur rétablie
  Se voue au Tout-Puissant.

Supplions sa pitié d'accepter notre hommage, 5
D'écarter la langueur, d'affermir la santé;
Et qu'un Dieu, pour nous rendre au céleste héritage,
  D'un père ait la bonté.

Daigne nous l'accorder la sagesse profonde
De cette essence unique en trois divins suppôts, 10
Dont la gloire remplit de l'un et l'autre monde
  Les plus vastes enclos.

A PRIME.

Les astres et la nuit à l'aurore ont fait place :
  Supplions un Dieu tout-puissant
Que durant tout le cours du soleil qui les chasse,
Nous ne portions nos mains à rien que d'innocent,

Nisibus totis rogitemus omnes
  Cunctipotentem,

Ut Deus nostri miseratus, omnem
Pellat angorem [1], tribuat salutem,
Donet et nobis pietate Patris
  Regna polorum.

Præstet hoc nobis Deitas beata
Patris, ac Nati, pariterque sancti
Spiritus, cujus reboat in omni
  Gloria mundo.

AD PRIMAM.

Jam lucis orto sidere,
Deum precemur supplices,
Ut in diurnis actibus
Nos servet a nocentibus.

1. Il y a *languorem* dans le *Bréviaire romain*, et c'est ce mot que Corneille a rendu.

Qu'il tienne à notre langue une bride sévère, 5
    Qu'il lui fasse horreur des débats;
Qu'il daigne ouvrir nos yeux à sa sainte lumière,
Qu'il daigne les fermer à tous les vains appas.

Que le fond de nos cœurs, sans tache et sans ordure,
    Repousse tous les faux plaisirs; 10
Que la sobriété dompte de la nature
Le plus rebelle orgueil et les plus fiers desirs.

Qu'il nous mette en état qu'au bout de la journée,
    Quand la nuit reprendra son tour,
Dans cette pureté qu'il nous aura donnée, 15
Nous chantions à sa gloire un cantique d'amour.

Gloire au Père éternel! gloire au Fils ineffable!

    Linguam refrenans temperet,
    Ne litis horror insonet;
    Visum fovendo contegat,
    Ne vanitates hauriat.

    Sint pura cordis intima,
    Absistat et vecordia;
    Carnis terat superbiam
    Potus cibique parcitas:

    Ut cum dies abscesserit,
    Mundumque horror cinxerit[1],
    Mundi per abstinentiam
    Ipsi canamus gloriam.

    Deo patri sit gloria,

---

1. Au lieu de ce vers, que nous retrouverons aux laudes de l'Avent (ci-après, p. 493), on lit dans le *Bréviaire romain* :

    Noctemque sors reduxerit;

et c'est plutôt cette leçon que Corneille paraît avoir traduite.

Gloire à l'Esprit saint et divin !
Gloire à leur unité, dont l'essence immuable
Règne sans borne aucune, et régnera sans fin ! 20

A TIERCE.

Pur amour, Esprit saint, qui n'êtes qu'une essence
  Avecque le Père et le Fils,
Daignez par une prompte et bénigne influence
Verser du haut du ciel vos dons dans nos esprits.

Que nos bouches, nos cœurs, et nos sens, et nos forces,
  Rendent gloire à leur souverain ;
Que de la charité les brillantes amorces
Par un ardent exemple embrasent le prochain.

Que le Père et le Fils accordent cette grâce
  A l'humble ferveur de nos vœux, 10

   Ejusque soli Filio,
   Cum Spiritu Paraclito,
   Et nunc et in perpetuum.

AD TERTIAM.

Nunc sancte nobis Spiritus,
Unum Patri cum Filio,
Dignare promptus ingeri
Nostro refusus pectori.

Os, lingua, mens, sensus, vigor,
Confessionem personent ;
Flammescat igne charitas,
Accendat ardor proximos.

Præsta, Pater piissime
Patrique compar unice,

Eux qui règnent sans fin dans cet immense espace
Que remplit l'Esprit saint, qui n'est qu'un avec eux.

A SEXTE.

Gouverneur tout-puissant de cette masse entière,
  Dieu, par qui chaque heure a son tour,
Qui dépars au matin l'éclat de la lumière,
Et gardes la chaleur pour le plus haut du jour,

Éteins ces feux trop vifs d'où naissent les querelles ; 5
  Chasse toute nuisible ardeur;
Donne au corps la santé, l'effet aux vœux fidèles,
La sainte joie à l'âme, et le vrai calme au cœur.

Que le Père et le Fils accordent cette grâce
  A l'humble ferveur de nos vœux, 10
Eux qui règnent sans fin dans cet immense espace
Que remplit l'Esprit saint, qui n'est qu'un avec eux.

  Cum Spiritu Paraclito
  Regnans per omne sæculum.

AD SEXTAM.

Rector potens, verax Deus,
Qui temperas rerum vices,
Splendore mane instruis,
Et ignibus meridiem.

Extingue flammas litium;
Aufer calorem noxium;
Confer salutem corporum,
Veramque pacem cordium.

Præsta, Pater piissime,
Patrique compar unice,
Cum Spiritu Paraclito
Regnans per omne sæculum.

A NONE.

Immuable vigueur qui soutiens toutes choses,
  Qu'à toutes on voit présider,
Qui de tous les moments absolument disposes,
Les fais s'entre-produire et s'entre-succéder,

Donne un soir éclairé, qui fermant notre vie   5
  Nous ouvre un tranquille avenir,
Où pour prix d'une course heureusement finie
Nous trouvions une gloire à ne jamais finir.

Que le Père et le Fils accordent cette grâce
  A l'humble ferveur de nos vœux,   10
Eux qui règnent sans fin dans cet immense espace
Que remplit l'Esprit saint, qui n'est qu'un avec eux.

AD NONAM.

  Rerum Deus tenax vigor,
  Immotus in te permanens,
  Lucis diurnæ tempora
  Successibus determinans,

  Largire clarum vespere,
  Quo vita nusquam decidat,
  Sed præmium mortis sacræ,
  Perennis instet gloria.

  Præsta, Pater piissime,
  Patrique compar unice,
  Cum Spiritu Paraclito
  Regnans per omne sæculum.

HYMNES POUR LES DIMANCHES.

A VÊPRES.

Père et maître de la lumière, etc.[1].

A COMPLIES.

En ces derniers moments du jour qui nous éclaire, etc.[2].

(Ces hymnes à Prime, Tierce, Sexte, None et Complies, se disent tous les jours de l'année.)

POUR LE LUNDI.

A MATINES.

Seigneur, par le sommeil nos forces réparées
Du lit dédaignent les douceurs :

AD VESPERAS.

Lucis creator optime, etc.[3].

AD COMPLETORIUM.

Te lucis ante terminum, etc.[4].

(Hi hymni ad Primam, Tertiam, Sextam, Nonam, et Completorium dicuntur singulis diebus anni.)

FERIA 2.

AD MATUTINUM.

Somno refectis artubus,
Spreto cubili surgimus :

---

1. Voyez ci-dessus, p. 319. — 2. Voyez ci-dessus, p. 335.
3. Voyez ci-dessus, p. 318. — 4. Voyez ci-dessus, p. 334.

Entends, des voûtes azurées,
Et le concert des voix, et le zèle des cœurs.

Que ton nom le premier sorte de notre bouche, 5
    Que notre ardeur n'aille qu'à toi,
    Qu'aucun autre objet ne la touche :
Sois son premier souci, sois son dernier emploi.

Qu'aux naissantes clartés l'ombre s'évanouisse;
    Que la nuit se cache à son tour; 10
    Que les désordres qu'elle glisse
Se dissipent comme elle aux approches du jour.

Épure nos esprits, efface tous nos crimes;
    Que dégagés de tous forfaits
    Nous chantions tes bontés sublimes, 15
Ici durant la vie, au ciel à tout jamais.

Daignez, Père éternel, nous faire cette grâce;

    Nobis, Pater, canentibus
    Adesse te deposcimus.

    Te lingua primum concinat,
    Te mentis ardor ambiat,
    Ut actuum sequentium
    Tu, sancte, sis exordium.

    Cedant tenebræ lumini,
    Et nox diurno sideri,
    Ut culpa quam nox intulit
    Lucis labascat munere.

    Precamur idem supplices,
    Noxas ut omnes amputes,
    Et ore te canentium
    Lauderis in perpetuum.

    Præsta, Pater piissime,

Et vous, Homme-Dieu Jésus-Christ,
Qui régnez dans l'immense espace
Où comme vous et lui règne le Saint-Esprit. 20

A LAUDES.

Splendeur de la gloire du Père,
Dont tu tires l'éclat que tu rends à ton tour;
Clarté de la clarté, source de la lumière,
Jour de qui les rayons illuminent le jour;

Vrai soleil, répands dans nos âmes 5
De cet éclat divin les rayons tous-puissants;
Verse du Saint-Esprit les plus brillantes flammes
Sur les gouffres obscurs où s'abîment nos sens.

Nous réclamons aussi ton aide,
Père de qui la gloire est sans borne et sans fin, 10
Père de qui la grâce est le puissant remède

Patrique compar unice,
Cum Spiritu Paraclito
Regnans per omne sæculum.

AD LAUDES.

Splendor paternæ gloriæ,
De luce lucem proferens;
Lux lucis, et fons luminis,
Diem dies illuminans;

Verusque sol illabere,
Micans nitore perpeti;
Jubarque sancti Spiritus
Infunde nostris sensibus.

Votis vocemus et Patrem,
Patrem perennis gloriæ,
Patrem potentis gratiæ :

Qui seul de tous nos maux dissipe le venin.

  Père éternel, Père ineffable,
Affermis nos vertus, confonds nos envieux;
Change en prospérité tout ce qui nous accable,   15
Guide nos actions dans la route des cieux.

  Préside à toutes nos pensées,
Forme en nous un corps chaste et fidèle à son Dieu;
Fais que de notre foi les ardeurs empressées
A la fraude jamais ne laissent aucun lieu.   20

  Que la foi soit notre breuvage,
Que pour viande en tous lieux nous ayons Jésus-Christ :
Qu'une sincère joie y goûte l'avantage
De cette sobre ivresse où s'épure l'esprit.

  Que ce jour ne soit qu'allégresse: 25
Qu'il ait pour son matin une sainte pudeur,

    Culpam releget lubricam.

    Confirmet actus strenuos,
    Dentes retundat invidi,
    Casus secundet asperos,
    Donet gerendi gratiam.

    Mentem gubernet et regat,
    Casto, fideli corpore;
    Fides calore ferveat,
    Fraudis venena nesciat.

    Christusque nobis sit cibus,
    Potusque noster sit fides :
    Læti bibamus sobriam
    Ebrietatem spiritus.

    Lætus dies hic transeat:
    Pudor sit ut diluculum,

Pour midi cette foi qui t'adore sans cesse,
Et dont aucun couchant n'ensevelit l'ardeur.

  L'aurore déjà nous éclaire :
Puissent avec l'aurore éclairer nos esprits,   30
Et le Fils qui se voit tout entier en son père,
Et le Père qui vit tout entier en son fils!

  Gloire à ce Père inconcevable!
Gloire au Verbe incarné! gloire à l'Esprit divin!
Gloire à leur unité, dont l'essence immuable   35
Règne sans borne aucune, et régnera sans fin!

A VÊPRES.

Immense auteur du ciel, qui pour te mieux répondre
Des êtres où tu fis entrer chaque élément,
En divisant les eaux qui pouvoient les confondre,
Entre elles pour barrière as mis le firmament;

    Fides velut meridies,
    Crepusculum mens nesciat.

    Aurora cursus provehit :
    Aurora totus prodeat,
    In Patre totus Filius,
    Et totus in Verbo Pater.

    Deo Patri sit gloria,
    Ejusque soli Filio,
    Cum Spiritu Paraclito,
    Et nunc et in perpetuum.

AD VESPERAS.

    Immense cœli conditor,
    Qui mixta ne confunderent,
    Aquæ fluenta dividens,
    Cœlum dedisti limitem,

Qui là-haut affermis un fond aux mers célestes,
Et rangeas par ruisseaux les nôtres au-dessous,
De crainte que du feu les ravages funestes
Ne pussent dissiper un séjour fait pour nous :

Verse dans tous nos cœurs une grâce fidèle,
Dont le secours propice ait toujours à durer ; 10
Empêche que l'effet d'une fraude nouvelle
Sous une vieille erreur ne nous puisse atterrer.

Fais que la foi nous donne une lumière sainte,
Et nous imprime en l'âme à tel point sa clarté,
Que jamais vain appas n'y porte aucune atteinte, 15
Jamais ne l'embarrasse aucune fausseté.

Accordez cette grâce à nos humbles prières,
Père incompréhensible, Homme-Dieu Jésus-Christ,
Qui régnez l'un et l'autre au séjour des lumières,
Où sans fin avec vous règne le Saint-Esprit. 20

Firmans locum cœlestibus,
Simulque terræ rivulis,
Ut unda flammas temperet,
Terræ solum ne dissipent :

Infunde nunc, piissime,
Donum perennis gratiæ,
Fraudis novæ ne casibus
Nos error atterat vetus.

Lucem fides inveniat ;
Sic luminis jubar ferat,
Ut vana cuncta terreat,
Hanc falsa nulla comprimant.

Præsta, Pater piissime,
Patrique compar unice,
Cum Spiritu Paraclito
Regnans per omne sæculum.

POUR LE MARDI.

A MATINES.

Lumière qui n'es qu'une avec celle du Père,
　　Jour du jour, clarté des clartés,
Nos chants rompent la nuit par une humble prière :
　　Assiste-nous par tes bontés.

Écarte loin de nous les ténèbres coupables, 5
　　Chasse les troupes de l'enfer,
Et ce que le sommeil a de langueurs capables
　　D'abattre un cœur, d'en triompher.

Prends, Seigneur, prends pour nous une telle indulgence,
　　Rends-toi si propice aux croyants, 10
Qu'ils puissent obtenir de ta magnificence
　　Les dons que demandent leurs chants.

Que le Père et le Fils accordent cette grâce

FERIA 3.

AD MATUTINUM.

Consors paterni luminis,
Lux ipse lucis et dies,
Noctem canendo rumpimus :
Assiste postulantibus.

Aufer tenebras mentium,
Fuga catervas dæmonum,
Expelle somnolentiam,
Ne pigritantes obruat.

Sic, Christe, nobis omnibus
Indulgeas credentibus,
Ut prosit exorantibus
Quod præcinentes psallimus.

Præsta, Pater piissime,

A l'humble ferveur de nos vœux,
Eux qui règnent sans fin dans cet immense espace   15
Où l'Esprit saint règne avec eux.

A LAUDES.

Le messager du jour au réveil nous convie :
Sur notre âme Jésus fait un pareil effort,
Et l'arrachant lui-même au frère de la mort,
　　La rappelle à la vie.

« Quittez, quittez ces lits où règne la paresse   5
(C'est ce qu'au fond des cœurs il crie à haute voix);
Veillez, tenez ces cœurs chastes, sobres et droits :
　　J'approche, et le temps presse. »

Répondons à sa voix avec une foi vive,
Avec des pleurs, des vœux, de la sobriété;   10
Faisons que le sommeil cède à la pureté
　　D'une ardeur attentive.

　　　Patrique compar unice,
　　　Cum Spiritu Paraclito
　　　Regnans per omne sæculum.

AD LAUDES.

　　Ales diei nuntius
　　Lucem propinquam præcinit,
　　Nos excitator mentium,
　　Jam Christus ad vitam vocat.

　　Auferte, clamat, lectulos
　　Ægro sopore desides,
　　Castique, recti, ac sobrii
　　Vigilate, jam sum proximus.

　　Jesum ciamus vocibus,
　　Flentes, precantes, sobrii;
　　Intenta supplicatio
　　Dormire cor mundum vetat.

Dissipes-en, Seigneur, les vapeurs infidèles;
Romps ces honteux liens dont nous charge la nuit,
Et répands sur l'horreur du vieux péché détruit 15
    Des lumières nouvelles.

Gloire au Père éternel, tout bon, tout saint, tout sage!
Gloire au Verbe incarné! gloire à l'Esprit divin,
Qui procédant des deux règne avec eux sans fin,
    Et veut pareil hommage! 20

A VÊPRES.

Toi qui créas la terre, et qui l'as enrichie
    Par l'ordre fécond de ta voix,
Des eaux qui la couvroient toi qui l'as affranchie,
Pour la rendre immobile et ferme sur son poids;

Toi qui lui fis tirer du sein de la nature 5
    Le germe des fleurs et des fruits,
Et nous daignas ensuite offrir pour nourriture

    Tu, Christe, somnum discute,
    Tu rumpe noctis vincula,
    Tu solve peccatum vetus,
    Novumque lumen ingere.

    Deo Patri sit gloria,
    Ejusque soli Filio,
    Cum Spiritu Paraclito,
    Et nunc et in perpetuum.

AD VESPERAS.

    Telluris ingens conditor,
    Mundi solum qui eruens,
    Pulsis aquæ molestiis,
    Terram dedisti immobilem,

    Ut germen aptum proferens,
    Fulvis decora floribus,
    Fecunda fructu sisteret,

Les herbes et les grains de ce germe produits :

Daigne guérir, Seigneur, ce qu'une indigne flamme
    Forme d'ulcères en nos cœurs,   10
Fais renaître ta grâce au milieu de notre âme,
Pour noyer nos péchés dans un torrent de pleurs.

Que cette âme avec joie à tes lois obéisse,
    Sans s'échapper vers rien de mal;
Qu'elle-même par toi de tous biens se remplisse,   15
Et n'y mêle jamais aucun poison fatal.

Que le Père et le Fils accordent cette grâce
    A l'humble ferveur de nos vœux,
Eux qui règnent sans fin en[1] cet immense espace
Où règne l'Esprit saint, qui n'est qu'un avec eux.   20

        Pastumque gratum redderet,

        Mentis perustæ vulnera
        Munda virore gratiæ,
        Ut facta fletu diluat,
        Motusque pravos atterat.

        Jussis tuis obtemperet,
        Nullis malis approximet,
        Bonis repleri gaudeat,
        Et mortis actum nesciat.

        Præsta, Pater piissime,
        Patrique compar unice,
        Cum Spiritu Paraclito
        Regnans per omne sæculum.

---

1. Partout ailleurs dans ce vers, que nous avons vu plusieurs fois ci-des-

POUR LE MERCREDI.

A MATINES.

Dieu tout bon, Créateur sublime,
Sur ceux que tu régis jette un œil paternel;
Vois dans quelles langueurs le sommeil les abîme,
Et ne les abandonne à rien de criminel.

Nous t'en conjurons, roi des anges, 5
Bannis ce qui peut nuire, et lave ce qui nuit :
Nous nous levons exprès pour chanter tes louanges,
Et rompons en ton nom les chaînes de la nuit.

Nous élevons les mains et l'âme,
Suivant qu'un roi prophète a su nous l'ordonner : 10

FERIA 4.

AD MATUTINUM.

Rerum creator optime,
Rectorque noster, aspice;
Nos a quiete noxia
Mersos sopore libera.

Te, sancte Christe, poscimus,
Ignosce tu criminibus :
Ad confitendum surgimus,
Morasque noctis rumpimus.

Mentes manusque tollimus,
Propheta sicut noctibus

---

sus (p. 459, etc.), et que nous retrouverons plus loin (p. 486). Corneille a mis *dans*, au lieu de *en*. Il a en outre modifié ici le commencement du vers suivant.

C'est ce que chaque nuit doit une sainte flamme,
C'est l'exemple que Paul a pris soin de donner.

    Tu vois ce qui fait nos alarmes,
Nous t'ouvrons de nos cœurs les plus secrets replis ;
Ils poussent des sanglots, nos yeux fondent en larmes :
Grâce, grâce au péché dont tu nous vois remplis !

    Daignez exaucer nos prières,
Père incompréhensible, Homme-Dieu Jésus-Christ,
Qui régnez l'un et l'autre au séjour des lumières,
Où sans fin avec vous règne le Saint-Esprit.   20

A LAUDES.

Nuit, ténèbres, vapeurs, noir et trouble nuage,
    Faites place à des temps plus doux :

    Nobis gerendum præcipit,
    Paulusque gestis censuit.

    Vides malum quod gessimus,
    Occulta nostra pandimus ;
    Preces gementes fundimus :
    Dimitte quod peccavimus.

    Præsta, Pater piissime,
    Patrique compar unice,
    Cum Spiritu Paraclito
    Regnans per omne sæculum.

AD LAUDES.

    Nox et tenebræ et nubila,
    Confusa mundi, et turbida

HYMNES POUR LE MERCREDI.

L'aurore à l'univers fait changer de visage,
    Jésus-Christ vient, retirez-vous.

L'ombre dont l'épaisseur enveloppoit le monde
    Cède aux premiers traits du soleil,
Et la couleur revient sur cette masse ronde,
    Qu'il dore et peint à son réveil.

Qu'il commence et finisse à son gré sa carrière :
    Notre unique soleil, c'est toi,
Seigneur, toute notre âme adore ta lumière,
    Nos pleurs et nos chants en font foi.

Le monde sous le fard nous déguise cent choses,
    Dont tes clartés percent l'abus;
Astre toujours naissant, dévoiles-en les causes,
    Et détrompe nos sens confus.

Louange à tout jamais au Père inconcevable !

    (Lux intrat, albescit polus,
    Christus venit), discedite.

    Caligo terræ scinditur,
    Percussa solis spiculo,
    Rebusque jam color redit
    Vultu nitentis sideris.

    Te, Christe, solum novimus,
    Te mente pura et simplici,
    Flendo et canendo quæsumus,
    Intende nostris sensibus.

    Sunt multa fucis illita,
    Quæ luce purgentur tua;
    Tu, lux eoi sideris,
    Vultu sereno illumina.

    Deo Patri sit gloria,

Louange à son Verbe en tout lieu!
Louange au Saint-Esprit, ainsi qu'eux ineffable,
Qui n'est avec eux qu'un seul Dieu! 20

A VÊPRES.

Dieu tout bon, tout saint et tout sage,
Qui d'un feu blanchissant peignis le tour des cieux,
Et par un plus parfait ouvrage
Les ornas d'un éclat à briller encor mieux;

Qui dans leurs plaines azurées 5
Fis rouler le soleil au quatrième jour,
Et par des courses mesurées
Fis avancer la lune, et divaguer sa cour;

Qui par ces clartés différentes,
Du jour et de la nuit séparant les emplois, 10
Donnas à leurs splendeurs errantes

Ejusque soli Filio,
Cum Spiritu Paraclito,
Et nunc et in perpetuum.

AD VESPERAS.

Cœli Deus sanctissime,
Qui lucidum centrum poli
Candore pingis igneo,
Augens decoro lumine;

Quarto die qui flammeam
Solis rotam constituens
Lunæ ministras ordinem,
Vagosque cursus siderum,

Ut noctibus vel lumini
Diremptionis terminum,
Primordiis et mensium

Le droit de commencer et de finir les mois :

Illumine le cœur des hommes,
Bannis-en de la chair les criminels appas,
   Brise les liens où nous sommes,   15
Et détruis du péché le plus horrible amas.

   Daignez nous faire cette grâce,
Père incompréhensible, Homme-Dieu Jésus-Christ,
   Qui régnez dans l'immense espace
Où sans fin avec vous règne le Saint-Esprit.   20

POUR LE JEUDI.

A MATINES.

L'épaisseur de la nuit dessous un voile sombre
De toute la nature a caché les couleurs :

Signum dares notissimum :

Illumina cor hominum,
Absterge sordes mentium,
Resolve culpæ vinculum,
Everte moles criminum.

Præsta, Pater piissime,
Patrique compar unice,
Cum Spiritu Paraclito
Regnans per omne sæculum.

FERIA 5.

AD MATUTINUM.

Nox atra rerum contegit
Terræ colores omnium :

Pour exalter ton nom, nos voix en percent l'ombre,
  Juste juge des cœurs.

Bannis de nos desirs ce vain charme qui passe,
Laves-en la souillure, et nous dépars à tous
La force d'écarter par l'effet de ta grâce
  Le péché loin de nous.

Notre âme, qui languit dans la noirceur du crime,
Voudroit jusqu'à tes pieds en porter le remords,
Et pour monter à toi de cet obscur abîme,
  Réunit ses efforts.

Que peuvent-ils, Seigneur, si ta bonté n'efface
L'épaisse et triste nuit qui lui couvre les yeux?
Et comment sans ton aide espérer une place
  A te voir dans les cieux?

  Nos confitentes poscimus
  Te, juste judex cordium,

  Ut auferas piacula,
  Sordesque mentis abluas;
  Donesque, Christe, gratiam,
  Ut arceantur crimina.

  Mens ecce torpet impia,
  Quam culpa mordet noxia :
  Obscura gestit tollere,
  Et te, Redemptor, quærere [1].

  Repelle tu caliginem
  Intrinsecus quam maxime,
  Ut in beato gaudeat
  Se collocari limine.

---

1. Nous substituons la leçon du bréviaire : *quærere*, à *tollere*, répété par erreur dans l'édition de 1670.

Ne la refusez pas à nos humbles prières,
Père et Fils que jamais le monde ne comprit,
Et qui régnez sans fin au séjour des lumières
    Avec le Saint-Esprit. 20

A LAUDES.

Le soleil renaissant redore la nature :
Laissons évanouir l'indigne aveuglement
Qui nous précipita dans l'erreur et l'ordure
    D'un long et sale égarement.

D'un visage serein recevons sa lumière ; 5
Que son éclat nous rende un esprit net et pur :
Que la fraude aux discours n'offre plus de matière,
    Ni la malice rien d'obscur.

Que jamais de la bouche un mensonge ne sorte ;
Que la main fuie et l'air et l'ombre du péché ; 10

    Præsta, Pater piissime,
    Patrique compar unice,
    Cum Spiritu Paraclito
    Regnans per omne sæculum.

AD LAUDES.

    Lux ecce surgit aurea :
    Pallens fatiscat cæcitas
    Quæ nosmet in præceps diu
    Errore traxit devio.

    Hæc lux serenum conferat,
    Purosque nos præstet sibi :
    Nihil loquamur subdolum,
    Volvamus obscurum nihil.

    Sic tota decurrat dies,
    Ne lingua mendax, ne manus,

Qu'à rien de criminel le regard ne se porte;
  Qu'en rien le corps ne soit taché.

Songeons qu'il est là-haut un arbitre sévère,
Qui voit tout ce qu'on fait, entend tout ce qu'on dit;
Du matin jusqu'au soir que sa justice opère,   15
  Que jusque dans l'âme elle lit.

Gloire soit à jamais au Père inconcevable!
Gloire au Verbe incarné! gloire à l'Esprit divin!
Gloire à leur unité, dont l'essence immuable
  Règne sans bornes et sans fin!   20

A VÊPRES.

Seigneur, dont la puissance au vouloir assortie,
De ce qu'elle tira du vaste sein des mers,
A leurs gouffres profonds rendit une partie,

> Oculive peccent lubrici,
> Ne noxa corpus inquinet.
>
> Speculator astat desuper,
> Qui nos diebus omnibus
> Actusque nostros prospicit,
> A luce prima in vesperum.
>
> Deo Patri sit gloria,
> Ejusque soli Filio,
> Cum Spiritu Paraclito,
> Et nunc et in perpetuum.

AD VESPERAS.

> Magnæ Deus potentiæ,
> Qui ex aquis ortum genus
> Partim remittis gurgiti,

Et destina le reste à sillonner les airs :

Tu laissas aux poissons leurs ondes pour demeure ;
Les escadrons ailés s'élevèrent aux cieux ;
Et d'une même source engendrés à même heure,
Ils surent par ton ordre occuper divers lieux.

Donne à tes serviteurs que tes bontés sublimes
De ton sang adorable ont lavés dans les flots,
Que leurs âmes jamais ne tombent par leurs crimes
En l'éternel ennui d'une mort sans repos.

Qu'aucun pour ses péchés abattu de foiblesse,
Ou fier de ses vertus jusques à s'en vanter,
Ne demeure écrasé sous le joug qui le presse,
Ou tombe au précipice en voulant s'exalter.

Accordez cette grâce à nos humbles prières,

  Partim levas in aera,

  Demersa lymphis imprimens,
  Subvecta cœlis erigens,
  Ut stirpe una prodita
  Diversa rapiant loca :

  Largire cunctis servulis
  Quos mundat unda sanguinis,
  Nescire lapsus criminum,
  Nec ferre mortis tædium,

  Ut culpa nullum deprimat,
  Nullum levet jactantia,
  Elisa mens ne concidat,
  Elata mens ne corruat.

  Præsta, Pater piissime,

Père incompréhensible, Homme-Dieu Jésus-Christ,
Qui régnez l'un et l'autre au séjour des lumières,
Où sans fin avec vous règne le Saint-Esprit. 20

POUR LE VENDREDI.

A MATINES.

Sainte unité de trois, dont la toute-puissance
  Régit tout l'univers,
Des nuits pour te louer nous rompons le silence :
  Écoute nos concerts.

Aux heures du repos, pour réclamer ton aide, 5
  Nous sortons de nos lits :
Accorde à nos clameurs un souverain remède
  Dont nos maux soient guéris.

Patrique compar unice,
Cum Spiritu Paraclito
Regnans per omne sæculum.

FERIA 6.

AD MATUTINUM.

Tu Trinitatis unitas,
Orbem potenter qui regis,
Attende laudum cantica,
Quæ excubantes psallimus;

Nam lectulo consurgimus,
Noctis quieto tempore,
Ut flagitemus vulnerum
A te medelam omnium,

Tout ce que du démon a coulé l'artifice
    Dans nos cœurs de plus noir, 10
Qu'il demeure effacé par le secours propice
    De ton divin pouvoir.

Qu'aucune ordure aux corps, aucune glace en l'âme
    N'imprime sa froideur ;
Qu'aucun honteux commerce à notre sainte flamme 15
    N'attache de tiédeur.

Remplis, Sauveur bénin, remplis-nous, et sans cesse,
    De ton plus vif éclat ;
Et tout le long du jour sauve notre foiblesse
    De tout ce qui l'abat. 20

Faites-nous ces faveurs, Père incompréhensible,
    Et vous, ô Jésus-Christ,
Qui remplissez ensemble un trône indivisible
    Avec le Saint-Esprit.

    Quo fraude quidquid dæmonum,
    In noctibus deliquimus,
    Abstergat illud cœlitus
    Tuæ potestas gloriæ.

    Ne corpus adsit sordidum,
    Nec torpor instet cordium,
    Nec criminis contagio
    Tepescat ardor spiritus.

    Ob hoc, Redemptor, quæsumus,
    Reple tuo nos lumine,
    Per quod dierum circulis
    Nullis ruamus actibus.

    Præsta, Pater piissime,
    Patrique compar unice,
    Cum Spiritu Paraclito
    Regnans per omne sæculum.

HYMNES POUR LE VENDREDI.

A LAUDES.

Éternelle gloire des cieux,
Doux espoir des mortels qui soutiens leur misère,
Seul fils du Tout-Puissant, qui naquis en ces lieux
    Le seul fils d'une vierge mère,

    Donne-nous la main au réveil,   5
Jusqu'à toi de notre âme élève l'impuissance;
Que sa ferveur te rende au sortir du sommeil
    Une juste reconnoissance.

    Du jour la naissante splendeur
Répand sur la nature une admirable teinte;   10
La nuit tombe : répands sur notre vive ardeur
    Les rais de ta lumière sainte.

    Éclaires-en tous nos projets,
Chasse la nuit du siècle, à renaître obstinée,

AD LAUDES.

    Æterna cœli gloria,
    Beata spes mortalium,
    Celsi tonantis unice,
    Castæque proles virginis,

    Da dexteram surgentibus,
    Exsurgat ut mens sobria,
    Flagrans et in laudem Dei
    Grates rependat debitas.

    Ortus refulget Lucifer,
    Sparsamque lucem nuntiat;
    Cadit caligo noctium :
    Lux sancta nos illuminet;

    Manensque nostris sensibu
    Noctem repellat sæculi,

Et nous conserve à tous des esprits purs et nets, 15
    Jusqu'au bout de chaque journée.

    Fais en premier lieu que la foi
S'enracine en nos sens par un don de ta grâce;
Qu'ensuite l'espérance avec joie aille à toi,
    Et que la charité les passe. 20

    Gloire sans bornes et sans fin
A la bonté du Père, à son Verbe ineffable!
Gloire toute pareille à l'Esprit tout divin!
    Gloire à leur essence adorable!

A VÊPRES.

Seigneur, qui de ta main fis l'homme à ton image,
Et voulus que la terre, à ton dernier « Je veux, »
    Répondît par le prompt ouvrage
De la bête farouche et du reptile affreux;

    Omnique fine diei
    Purgata servet pectora.

    Quæsita jam primum fides
    Radicet altis sensibus;
    Secunda spes congaudeat,
    Qua major exstat charitas.

    Deo Patri sit gloria,
    Ejusque soli Filio,
    Cum Spiritu Paraclito,
    Et nunc et in perpetuum.

AD VESPERAS.

    Plasmator hominis, Deus,
    Qui cuncta solus ordinans,
    Humum jubes producere
    Reptantis et feræ genus;

Qui soumis d'un seul mot les masses les plus fières, 5
Les plus énormes corps qu'eût animés ta voix,
    Leurs fureurs les plus carnassières,
A vivre sous notre ordre et recevoir nos lois :

Délivre-nous, ô Dieu, par ta bonté céleste
De tout ce qu'ici-bas l'impureté des cœurs, 10
    Par un épanchement funeste,
Ou mêle aux actions, ou coule dans les mœurs.

Fais un don de ta joie aux âmes des fidèles,
Par celui de ta grâce affermis tes bienfaits,
    Romps l'attachement aux querelles, 15
Et redouble les nœuds d'une éternelle paix.

Accordez ces faveurs à nos humbles prières,
Père incompréhensible, Homme-Dieu Jésus-Christ,

    Qui magna rerum corpora,
    Dictu jubentis vivida,
    Ut serviant per ordinem,
    Subdens dedisti homini :

    Repelle a servis tuis
    Quidquid per immunditiam
    Aut moribus se suggerit,
    Aut actibus se interserit.

    Da gaudiorum præmia,
    Da gratiarum munera,
    Dissolve litis vincula,
    Astringe pacis fœdera.

    Præsta, Pater piissime,
    Patrique compar unice,

Qui dans le séjour des lumières
Régnez tous deux sans fin avec le Saint-Esprit. 20

POUR LE SAMEDI.

A MATINES.

Dieu de souveraine clémence,
Qui tiras du néant ce tout par ta bonté,
Unique en ton pouvoir, unique en ta substance,
Et trine[1] en personnalité,

Reçois nos pleurs avec tendresse, 5
Accepte de nos voix l'heureux et saint emploi,
Et nous purge si bien d'ordure et de foiblesse,
Que nous jouissions mieux de toi.

Cum Spiritu Paraclito
Regnans per omne sæculum.

SABBATO.

AD MATUTINUM.

Summæ Deus clementiæ,
Mundique factor machinæ,
Unus potentialiter,
Trinusque personaliter,

Nostros pius cum canticis
Fletus benigne suscipe,
Quo corde puro sordibus
Te perfruamur largius.

1. *Trine*, triple, ou plutôt au nombre de trois.

Brûle au dedans notre poitrine
Avec le feu du zèle et de la charité ;
Ceins au dehors nos reins de cette ardeur divine
 Qui repousse l'impureté.

Que tous ceux à qui tes louanges
Font rompre en ces bas lieux le repos de la nuit,
Là-haut dans la patrie unis aux chœurs des anges,
 A jamais en goûtent le fruit.

Daignent accorder cette grâce
Et le Père et le Fils à l'ardeur de nos vœux,
Eux qui règnent sans fin dans cet immense espace
 Où l'Esprit saint règne avec eux.

A LAUDES.

La splendeur de l'aurore éparse dans les cieux
 Laisse choir le jour sur la terre ;

Lumbos jecurque morbidum
Adure igni congruo,
Accincti ut sint perpetim,
Luxu remoto pessimo ;

Ut quique horas noctium
Nunc concinendo rumpimus,
Donis beatæ patriæ
Ditemur omnes affatim.

Præsta, Pater piissime,
Patrique compar unice,
Cum Spiritu Paraclito
Regnans per omne sæculum.

AD LAUDES.

Aurora jam spargit polum,
Terris dies illabitur,

Sa pointe avec éclat rejaillit[1] de ces lieux :
Loin, fantômes impurs qui nous faisiez la guerre !

Cédez à la clarté, noirs enfants de la nuit, 5
    Qui cherchez à souiller notre âme ;
Que tout ce que d'horreurs votre insulte a produit
Se dissipe aux rayons d'une céleste flamme.

Que ce dernier matin qu'en ce triste séjour.
    Aucun sans frémir n'envisage, 10
Serve à nous introduire à l'immuable jour
Où nous puissions sans cesse entonner cet hommage :

Gloire à l'inconcevable et sainte Trinité !
    Gloire au Père, au Verbe ineffable !
A l'Esprit tout divin, à leur immensité, 15
Qui ne fait de tous trois qu'une essence adorable !

    Lucis resultat spiculum,
    Discedat omne lubricum.

    Phantasma noctis decidat,
    Mentis reatus subruat ;
    Quidquid tenebris horridum
    Nox attulit culpæ, cadat ;

    Et mane illud ultimum
    Quod præstolamur cernui,
    In lucem nobis effluat,
    Dum hoc canore concrepat :

    Deo Patri sit gloria,
    Ejusque soli Filio,
    Cum Spiritu Paraclito,
    Et nunc et in perpetuum.

---

1. *Rejallit*, dans l'édition originale. Voyez tome VIII, p. 463, note 2.

HYMNES POUR LE SAMEDI.

A VÊPRES.

O Trinité, sainte lumière,
De trois divins suppôts adorable unité,
  Le soleil finit sa carrière :
Dans le fond de nos cœurs verse une autre clarté.

  Que la plus longue matinée,   5
Que le soir le plus lent s'emploie à te louer;
  Que la gloire de la journée
Soit à faire des vœux qu'il te plaise avouer.

  Gloire au Père, au Verbe ineffable!
Gloire toute pareille à l'Esprit tout divin!   10
  Gloire à leur essence adorable,
Qui règne et régnera sans bornes et sans fin!

AD VESPERAS.

O lux beata, Trinitas,
Et principalis unitas,
Jam sol recedit igneus,
Infunde lumen sensibus.

Te mane laudum carmine,
Te deprecamur vespere;
Te nostra supplex gloria
Per cuncta laudet sæcula.

Deo Patri sit gloria,
Ejusque soli Filio,
Cum Spiritu Paraclito,
Et nunc et in perpetuum.

SECONDE PARTIE.

HYMNES
PROPRES DU TEMPS.

POUR L'AVENT.
A VÊPRES.

De tous les feux du ciel seul auteur et seul maître,
Vive lumière des croyants,
Rédempteur, qui pour tous sur terre as voulu naître,
Daigne exaucer tes suppliants.

PARS SECUNDA.

HYMNI
PROPRII DE TEMPORE.

PER ADVENTUM.
AD VESPERAS.

Conditor alme siderum,
Æterna lux credentium,
Christe, redemptor omnium,
Exaudi preces supplicum :

Ta pitié, qui voyoit périr tes créatures 5
  Après d'inutiles travaux,
Ranime nos langueurs, et ferme nos blessures
  Par un remède à tous nos maux.

Sur le couchant du monde, et vers l'heure fatale
  Dont le menaçoit ton courroux, 10
Tu sors d'une clôture et sainte et virginale
  Avec tout l'amour d'un époux.

Tous les êtres du ciel, tout ce qu'en a la terre,
  Courbent le genou[1] devant toi,
Et sans avoir besoin d'éclairs ni de tonnerre, 15
  Un coup d'œil les tient sous ta loi.

Saint des saints, qu'on verra du trône de ton père
  Descendre encor pour nous juger,

    Qui condolens interitu
    Mortis perire sæculum,
    Salvasti mundum languidum,
    Donans reis remedium :

    Vergente mundi vespere,
    Uti sponsus de thalamo,
    Egressus honestissima
    Virginis matris clausula :

    Cujus forti potentiæ
    Genu curvantur omnia ;
    Cœlestia, terrestria,
    Nutu fatentur subdita.

    Te deprecamur, agie,
    Venture judex sæculi,

1. L'édition originale porte *genouil*.

Contre un fier ennemi, durant cette misère,
Prends le soin de nous protéger. 20

Louange à tout jamais au Père inconcevable!
Louange à son Verbe en tout lieu!
Louange à l'Esprit saint, ainsi qu'eux ineffable,
Qui n'est avec eux qu'un seul Dieu!

A MATINES.

Verbe du Tout-Puissant, qui du sein de ton père
Viens descendre au secours du monde infortuné,
Et naître d'une vierge mère,
Pour mourir dans le temps par toi-même ordonné :

Illumine nos cœurs pour chanter tes louanges; 5
Embrase-les si bien de tes saintes ardeurs,
Qu'instruits par le concert des anges,
Ces cœurs purs et sans tache exaltent tes grandeurs.

Conserva nos in tempore
Hostis a telo perfidi.

Laus, honor, virtus, gloria,
Deo Patri, et Filio,
Sancto simul Paraclito,
In sæculorum sæcula!

AD MATUTINUM.

Verbum supernum prodiens,
A Patre olim exiens,
Qui natus orbi subvenis
Cursu declivi temporis :

Illumina nunc pectora,
Tuoque amore concrema,
Audito ut præconio
Sint pulsa tandem lubrica;

Qu'alors que tu viendras en ton lit de justice
Dévoiler le secret de nos intentions, 10
    Séparer la vertu du vice,
Et donner la couronne aux bonnes actions,

Au lieu d'être livrés aux carreaux que foudroie
Suivant l'excès du crime un juge rigoureux,
    Nous goûtions l'éternelle joie 15
Du sacré célibat avec tes bienheureux.

Gloire soit à jamais au Père inconcevable!
Gloire au Verbe incarné! gloire à l'Esprit divin!
    Gloire à leur essence immuable,
Qui règne dans les cieux et sans borne et sans fin! 20

A LAUDES.

Un saint éclat de voix à nos oreilles tonne,
Il dissipe la nuit qui nous couvroit les yeux :

    Judexque cum post aderis
    Rimari facta pectoris,
    Reddens vicem pro abditis,
    Justisque regnum pro bonis,

    Non demum arctemur malis
    Pro qualitate criminis,
    Sed cum beatis compotes,
    Simus perennes cœlibes.

    Laus, honor, virtus, gloria,
    Deo Patri, et Filio,
    Sancto simul Paraclito,
    In sæculorum sæcula!

AD LAUDES.

Vox clara ecce intonat,
Obscura quæque increpat:

HYMNES POUR L'AVENT.

  Va, sommeil, et nous abandonne,
Jésus prêt à partir brille du haut des cieux.

Apprends, âme endormie, apprends à te soustraire
Aux fantômes impurs dont tu te sens blesser :
  Le nouvel astre qui t'éclaire
Ne lance aucun rayon que pour les terrasser.

L'incomparable agneau que du ciel on envoie
Vient payer de son sang ce que chacun lui doit :
  Que les pleurs et les cris de joie
S'efforcent de répondre aux biens qu'on en reçoit,

Afin que, quand son bras choisira ses victimes,
Qu'on verra l'univers environné d'horreur,
  Loin de nous punir de nos crimes,
Ce même bras nous cache à sa juste fureur.

Gloire soit à jamais au Père inconcevable!

    Pellantur eminus somnia,
    Ab æthre Christus promicat.

    Mens jam resurgat torpida,
    Quæ sorde exstat saucia :
    Sidus refulget jam novum,
    Ut tollat omne noxium.

    E sursum Agnus mittitur,
    Laxare gratis debitum :
    Omnes pro indulgentia
    Vocem demus cum lacrymis,

    Secundo ut cum fulserit,
    Mundumque horror cinxerit,
    Non pro reatu puniat,
    Sed nos pius tunc protegat.

    Laus, honor, virtus, gloria,

Gloire au Verbe incarné! gloire à l'Esprit divin!
   Gloire à leur essence ineffable,
Qui règne dans les cieux et sans borne et sans fin!   20

POUR LE JOUR DE NOËL.

A VÊPRES ET A MATINES.

Christ, rédempteur de tous, fils unique du Père,
   Seul qu'avant tout commencement,
Engendrant en soi-même et produisant sans mère,
   Il fit naître ineffablement :

Adorable splendeur des clartés paternelles,   5
   Espoir immuable de tous,
Daigne écouter, Seigneur, les vœux que tes fidèles
   En tous lieux t'offrent comme nous.

      Deo Patri, et Filio,
      Sancto simul Paraclito,
      In sæculorum sæcula!

IN NATIVITATE DOMINI.

AD VESPERAS ET MATUTINUM.

   Christe, redemptor omnium,
   Ex Patre Patris unice,
   Solus ante principium
   Natus ineffabiliter :

   Tu lumen, tu splendor Patris,
   Tu spes perennis omnium,
   Intende quas fundunt preces
   Tui per orbem famuli.

Souviens-toi qu'autrefois, pour réparer l'injure
    Que te fit l'homme criminel,
Tu pris chair dans les flancs d'une vierge très-pure,
    Et voulus naître homme et mortel.

Vois comme tous les ans ce grand jour fait entendre,
    Par l'hommage de nos concerts,
Que du sein paternel il te plut de descendre
    Pour le salut de l'univers.

C'est ce jour que le ciel, que la terre, que l'onde,
    Que tout ce qui respire en eux,
Bénit cent et cent fois d'avoir sauvé le monde
    Par ton avénement heureux.

Nous y joignons nos voix, nous que par ta clémence
    Ton sang retira du tombeau;
Et pour renouveler le jour de ta naissance,
    Nous chantons un hymne nouveau.

    Memento, salutis auctor,
    Quod nostri quondam corporis
    Ex illibata virgine
    Nascendo formam sumpseris.

    Sic præsens testatur dies,
    Currens per anni circulum,
    Quod solus à sede Patris
    Mundi salus adveneris.

    Hunc cœlum, terra, hunc mare,
    Hunc omne quod in eis est,
    Auctorem adventus tui
    Laudans exultat cantico.

    Nos quoque, qui sancto tuo
    Redempti sanguine sumus,
    Ob diem natalis tui
    Hymnum novum concinimus.

Gloire à toi, sacré Verbe, et merveille suprême, 25
    Dieu par une vierge enfanté!
Même gloire à ton père, au Saint-Esprit la même,
    Durant toute l'éternité!

A LAUDES.

Du point où le soleil prend le dessus des airs,
Jusqu'aux bouts de la terre où languit la nature,
Qu'on chante Jésus-Christ, ce roi de l'univers,
Ce Dieu, ce créateur né d'une créature.

Esclave dans un corps que la misère suit,   5
Lui qui du monde entier est l'arbitre suprême,
Pour ne détruire point ce qu'il avoit produit,
En faveur de la chair il se fait chair lui-même.

La grâce à gros torrents tombe du haut des cieux
Dans les flancs d'une vierge où s'enferme leur maître :

    Gloria tibi, Domine,
    Qui natus es de virgine,
    Cum Patre, et sancto Spiritu,
    In sempiterna sæcula!

AD LAUDES.

    A solis ortus cardine
    Ad usque terræ limitem,
    Christum canamus principem,
    Natum Maria virgine.

    Beatus auctor sæculi
    Servile corpus induit,
    Ut carne carnem liberans,
    Ne perderet quos condidit.

    Castæ parentis viscera
    Cœlestis intrat gratia :

Ces flancs purs et féconds enflent devant nos yeux,
Et portent des secrets qu'elle n'a pu connoître.

L'immaculé palais de son pudique sein
Devient du Dieu vivant l'inviolable temple,
Et conçoit sans exemple et sans commerce humain, 15
Par la force d'un mot, un enfant sans exemple.

Elle accouche d'un fils que prédit Gabriel
Quand il la salua par les ordres du Père,
Et qu'avoit reconnu pour le maître du ciel
Un prophète captif au ventre de sa mère. 20

Il ne dédaigne point la crèche pour berceau,
On l'y met sur la paille, avec joie il l'endure,
Et ce Dieu, dont le soin nourrit le moindre oiseau,
De deux gouttes de lait tire sa nourriture.

L'allégresse remplit tous les célestes chœurs, 25

   Secreta quæ non noverat
   Venter puellæ bajulat.

   Domus pudici pectoris
   Templum repente fit Dei :
   Intacta nesciens virum,
   Verbo concepit filium.

   Enixa est puerpera
   Quem Gabriel prædixerat,
   Quem matris alvo gestiens
   Clausus Joannes senserat.

   Fœno jacere pertulit,
   Præsepe non abhorruit,
   Parvoque lacte pastus est
   Per quem nec ales esurit.

   Gaudet chorus cœlestium,

Les anges à l'envi répandent leur musique,
Et leurs sacrés accords font connoître aux pasteurs
Le créateur de tous, et le pasteur unique.

Gloire au Verbe incarné, qui d'un sein virginal
Pour vivre parmi nous daigna prendre origine ! 30
Gloire au Père éternel, à l'Esprit leur égal !
Gloire à l'immensité de leur gloire divine !

POUR LES SAINTS INNOCENTS.

A VÊPRES ET A LAUDES.

Du troupeau des martyrs prémices innocentes,
Qui payez pour un Dieu qui vient payer pour tous,
A peine vous vivez, qu'un tyran fond sur vous,
Ainsi qu'un tourbillon sur des roses naissantes.

    Et angeli canunt Deo,
    Palamque fit pastoribus
    Pastor, creator omnium.

    Gloria tibi, Domine,
    Qui natus es de virgine,
    Cum Patre et sancto Spiritu,
    In sempiterna sæcula !

IN FESTO SANCTORUM INNOCENTIUM.

AD VESPERAS ET LAUDES.

    Salvete, flores martyrum,
    Quos lucis ipso in limine
    Christi insecutor sustulit,
    Ceu turbo nascentes rosas.

HYMNES POUR LES SAINTS INNOCENTS.

De ce Dieu nouveau-né victimes les plus prêtes, 5
Tendre escadron mourant aussitôt que mortel,
Vous vous jouez ensemble, aux marches de l'autel,
De ces mêmes lauriers qui couronnent vos têtes.

Chantez ainsi que nous : « Gloire à cette naissance
Que le Verbe incarné prit d'un sein virginal ! 10
Gloire au Père éternel, à l'Esprit leur égal !
Gloire à l'immensité de leur divine essence ! »

A MATINES.

Un tyran inquiet et fier
Apprend d'un bruit confus la naissance d'un prince
 Qui de David juste héritier,
Doit régir toute sa province.

 A ces nouvelles, forcené : 5
« On nous chasse, dit-il ; mais prévenons ce maître,

  Vos, prima Christi victima,
  Grex immolatorum tener,
  Aram ante ipsam simplices
  Palma et coronis luditis.

  Gloria tibi, Domine,
  Qui natus es de virgine,
  Cum Patre et sancto Spiritu,
  In sempiterna sæcula !

AD MATUTINUM.

Audit tyrannus anxius
Adesse regum principem,
Qui nomen Israël regat,
Teneatque David regiam.

Exclamat amens nuntio :
« Successor instat, pellimur ;

Et pour perdre ce nouveau-né,
Perdons tout ce qui vient de naître. »

Que te sert d'avoir tout proscrit?
Hérode, que te sert qu'on déchire, qu'on frappe?   10
Tu n'en veux qu'au seul Jésus-Christ,
Et Jésus-Christ lui seul t'échappe.

Gloire à toi, rédempteur bénin,
Qui du sein d'une vierge as tiré ta naissance!
Gloire au Père, à l'Esprit divin!   15
Gloire à leur immortelle essence!

Satelles i, ferrum rape,
Perfunde cunas sanguine. »

Quid proficit tantum nefas?
Quid crimen Herodem juvat?
Unus tot inter funera
Impune Christus tollitur.

Gloria tibi, Domine,
Qui natus es de virgine,
Cum Patre et sancto Spiritu,
In sempiterna sæcula!

POUR L'ÉPIPHANIE.

A VÊPRES ET A MATINES.

Lâche Hérode, à quoi bon l'effroi que tu te donnes?
Qui te fait de Jésus craindre l'avénement?
Lui qui donne là-haut d'éternelles couronnes,
Envieroit-il ici des règnes d'un moment?

D'un astre fait exprès la nouvelle carrière 5
Sert de guide à trois rois, et leur montre le lieu :
La lumière leur fait connoître la lumière,
Et par divers présents reconnoître leur Dieu.

L'agneau saint et céleste entre dans une eau pure,
Reçoit la pénitence en un corps sans péché : 10
Cette onde en le lavant emporte notre ordure,
Et blanchit des noirceurs dont il n'est point taché.

IN EPIPHANIA DOMINI.

AD VESPERAS ET MATUTINUM.

Hostis Herodes impie,
Christum venire quid times?
Non eripit mortalia
Qui regna dat cœlestia.

Ibant magi, quam viderant
Stellam sequentes præviam :
Lumen requirunt lumine,
Deum fatentur munere.

Lavacra puri gurgitis
Cœlestis agnus attigit :
Peccata quæ non detulit
Nos abluendo sustulit.

O surprenant effet de puissance divine !
Une autre eau dans la cruche à sa voix obéit,
Pour se tourner en vin dément son origine, 15
Et change de nature aussitôt qu'il l'a dit.

Gloire au divin auteur d'une telle merveille,
Qui choisit ce grand jour pour se montrer aux yeux !
Au Père, au Saint-Esprit, gloire toute pareille !
Gloire à tous trois ensemble, en tout temps, en tous lieux !

A LAUDES.

O Bethléem, illustre entre toutes les villes,
Vante-toi, tu le peux, d'avoir donné le jour
A ce roi qui du ciel rend les chemins faciles,
Et qui prend notre chair par un excès d'amour.

C'est lui que nous annonce une étoile inconnue, 5
Qui passe du soleil l'éclat et la beauté,

> Novum genus potentiæ,
> Aquæ rubescunt hydriæ,
> Vinumque jussa fundere
> Mutavit unda originem.
>
> Gloria tibi, Domine,
> Qui apparuisti hodie,
> Cum Patre, et sancto Spiritu,
> In sempiterna sæcula !

AD LAUDES.

> O sola magnarum urbium
> Major Bethlem, cui contigit
> Ducem salutis cœlitus
> Incorporatum gignere !
>
> Quem stella, quæ solis rotam
> Vincit decore et lumine,

Et fait voir en ces lieux un Dieu dont la venue
Unit notre foiblesse à sa divinité.

Cet astre jusqu'à lui guide à peine les mages,
Qu'aucun des trois pour lui n'épargne son trésor : 10
Chacun d'eux prosterné lui rend d'humbles hommages,
Chacun lui fait présent d'encens, de myrrhe, ou d'or.

Un haut mystère éclate en tout ce qu'on lui donne :
L'encens dit qu'il est Dieu, qu'il lui faut un autel ;
L'or montre qu'il est roi, qu'il veut une couronne ; 15
Et la myrrhe avertit qu'il est homme et mortel.

Gloire au divin auteur d'une telle merveille,
Qui choisit ce grand jour pour se montrer aux yeux !
Au Père, au Saint-Esprit, gloire toute pareille !
Gloire à tous trois ensemble, en tout temps, en tous lieux !

   Venisse terris nuntiat
   Cum carne terrestri Deum.

   Videre postquam illum magi,
   Eoa promunt munera,
   Stratique votis offerunt
   Thus, myrrham, et aurum regium.

   Regem Deumque annuntiant
   Thesaurus et fragrans odor
   Thuris Sabæi, ac myrrheus
   Pulvis sepulchrum prædocet.

   Gloria tibi, Domine,
   Qui apparuisti hodie,
   Cum Patre et sancto Spiritu,
   In sempiterna sæcula !

POUR LE CARÊME.

A VÊPRES.

Toi, dont le seul vouloir règle nos destinées,
Seigneur, reçois nos vœux, écoute nos soupirs :
Jusqu'à toi par le jeûne élève nos desirs,
    Durant ces quarante journées.

Tu lis au fond des cœurs, tu vois ce qui s'y passe ; 5
Tu connois notre foible, et nos manques de foi :
Pardonne à des pécheurs qui recourent à toi ;
    Ne leur refuse pas ta grâce.

A force de pécher notre âme est toute noire ;
Mais laisse à ta bonté désarmer tes rigueurs ; 10
Si nous te demandons remède à nos langueurs,
    Ce n'est que pour chanter ta gloire.

TEMPORE QUADRAGESIMÆ.

AD VESPERAS.

    Audi, benigne conditor,
    Nostras preces cum fletibus,
    In hoc sacro jejunio
    Fusas quadragenario.

    Scrutator alme cordium,
    Infirma tu scis virium,
    Ad te reversis exhibe
    Remissionis gratiam.

    Multum quidem peccavimus,
    Sed parce confitentibus ;
    Ad laudem tui nominis,
    Confer medelam languidis.

Si du jeûne au dehors la sévère abstinence
Abat notre vigueur, défigure nos traits,
Fais qu'au dedans de l'âme un jeûne de forfaits 15
    Ramène la convalescence.

Immense Trinité qu'aucun ne peut comprendre,
Glorieuse unité par qui tout est produit,
A tes adorateurs daigne accorder le fruit
    Que des jeûnes on doit attendre. 20

A MATINES.

Instruits par un usage aussi saint que mystique,
Si nous voulons du ciel attirer le secours,
Exerçons-nous au jeûne, et que chacun s'applique
A lui faire un tribut de quatre fois dix jours.

La loi mit en avant ce digne et saint usage, 5
Les prophètes depuis s'en sont fait une loi;

Sic corpus extra conteri
Dona per abstinentiam,
Jejunet ut mens sobria
A labe prorsus criminum.

Præsta, beata Trinitas,
Concede, simplex unitas,
Ut fructuosa sint tuis
Jejuniorum munera.

AD MATUTINUM.

Ex more docti mystico,
Servemus hoc jejunium,
Deno dierum circulo
Ducto quater notissimo.

Lex et prophetæ primitus
Hoc prætulerunt, postmodum

Jésus-Christ à la suivre après eux nous engage,
Lui qui de tous les temps est l'auteur et le roi.

Servons-nous donc en tout de plus de retenue :
Ne mangeons, ne buvons que pour le seul besoin ; 10
Que le jeu, le dormir, le parler diminue ;
Et que de se garder on prenne plus de soin.

Retranchons nos plaisirs, traitons d'ignominie
Ceux qui troublent l'esprit, qui le font s'égarer ;
Que du rusé démon la fière tyrannie 15
D'aucune entrée au cœur ne se puisse emparer.

Apaisons le courroux de ce juge sévère,
Pleurons devant les yeux de ce maître des rois ;
Montrons-lui tous à part quelle est notre misère,
Et crions tous ensemble, en élevant la voix : 20

Bien que notre injustice épuise ta clémence,

   Christus sacravit, omnium
   Rex atque factor temporum.

   Utamur ergo parcius
   Verbis, cibis et potibus,
   Somno, jocis, et arctius
   Perstemus in custodia.

   Vitemus autem pessima,
   Quæ subruunt mentes vagas,
   Nullumque demus callidi
   Hostis locum tyrannidi.

   Dicamus omnes cernui,
   Clamemus atque singuli,
   Ploremus ante judicem,
   Flectamus iram vindicem.

   Nostris malis offendimus

Bien que son noir excès malgré toi t'ait lassé,
Pour peu que tes bontés conservent d'indulgence,
D'un seul de tes regards tout peut être effacé.

Le plus parfait de nous n'est qu'un vaisseau fragile, 25
Mais de ta propre main tu daignas nous former :
Ne souffre pas qu'un autre ait droit sur cette argile
Que pour ta seule gloire il t'a plu d'animer.

Oublie et nos péchés et ta juste colère ;
Mets par de nouveaux dons un comble à tes bienfaits,
Et verse dans nos cœurs les secrets de te plaire,
Ici durant la vie, au ciel à tout jamais.

Immense Trinité, qu'aucun ne peut comprendre,
Glorieuse unité, par qui tout est produit,
Des jeûnes qu'en ton nom tu nous vois entreprendre 35
A tes adorateurs daigne accorder le fruit.

   Tuam, Deus, clementiam :
   Effunde nobis desuper,
   Remissor, indulgentiam.

   Memento quod sumus tui,
   Licet caduci, plasmatis :
   Ne des honorem nominis
   Tui, precamur, alteri.

   Laxa malum quod fecimus,
   Auge bonum quod poscimus,
   Placere quo tandem tibi
   Possimus hic et perpetim.

   Præsta, beata Trinitas,
   Concede, simplex unitas,
   Ut fructuosa sint tuis
   Jejuniorum munera.

A LAUDES.

Jésus, vrai soleil de justice,
De l'âme ténébreuse éclaire enfin les yeux,
Et fais que des vertus la lumière propice
Y rentre en même temps que le jour en ces lieux.

Nous donnant ces jours favorables, 5
Imprime au fond des cœurs un sacré repentir :
Ta pitié trop longtemps les a soufferts coupables ;
Par ta bénignité daigne les convertir.

Fais-nous par quelque pénitence
Obtenir le pardon des plus affreux péchés : 10
Plus elle sera rude, et plus de ta clémence
Nous bénirons la force et les trésors cachés.

Ce jour vient, ce jour salutaire

AD LAUDES.

Jam Christe, sol justitiæ,
Mentis diescant tenebræ,
Virtutum ut lux redeat,
Terris diem cum reparas.

Dans tempus acceptabile,
Et pœnitens cor tribue,
Convertat ut benignitas
Quos longa suffert pietas ;

Quiddamque pœnitentiæ
Da ferre, quamvis gravium,
Majore tuo munere,
Quo demptio fit criminum.

Dies venit, dies tua,

Où par tout l'univers tu fais tout refleurir :
Ramène en ce grand jour au chemin de te plaire 15
Ceux qu'à toi ce grand jour oblige à recourir.

Qu'en tous lieux t'adore un vrai zèle,
Grand Dieu, dont la bonté nous tire du tombeau ;
Tandis que renaissants par ta grâce nouvelle,
Nous chantons à ta gloire un cantique nouveau. 20

POUR LE TEMPS DE LA PASSION.

A VÊPRES.

L'étendard du grand roi des rois,
La croix, fait éclater son mystère suprême,
Où l'auteur de la chair, s'étant fait chair lui-même,
Daigne mourir pour nous sur un infâme bois.

In qua reflorent omnia :
Lætemur in hac ad tuam
Per hanc reducti gratiam.

Te rerum universitas,
Clemens adoret Trinitas ;
Et nos novi per veniam
Novum canamus canticum.

TEMPORE PASSIONIS.

AD VESPERAS.

Vexilla Regis prodeunt,
Fulget crucis mysterium,
Quo carne carnis conditor
Suspensus est patibulo,

Le fer d'une lance enfoncé 5
Dans le flanc amoureux de la sainte victime
En fait sortir une eau qui lave notre crime,
Et ruisseler un sang dont il est effacé.

David, ton oracle est rempli;
Et quand tu prédisois du maître du tonnerre 10
Que d'un trône de bois il régneroit sur terre,
Ta voix étoit fidèle, et l'ordre est accompli.

Arbre noble et resplendissant,
Que pare d'un tel roi la pourpre glorieuse,
Qu'on te prit d'une tige et digne et précieuse, 15
Pour toucher de si près à ce corps innocent !

Arbre heureux, dont les bras ouverts
Ont porté le rachat, le prix de tout le monde;
Balance, où s'est pesé plus que la terre et l'onde,
Que tu ravis de proie au tyran des enfers ! 20

Quo vulneratus insuper
Mucrone diro lanceæ,
Ut nos lavaret crimine,
Manavit unda et sanguine.

Impleta sunt quæ concinit
David fideli carmine,
Dicens : « In nationibus
Regnavit a ligno Deus. »

Arbor decora et fulgida,
Ornata Regis purpura,
Electa digno stipite
Tam sancta membra tangere.

Beata, cujus brachiis
Sæcli pependit pretium,
Statera facta corporis,
Prædamque tulit Tartari.

Unique espoir des nations,
En ce temps qui d'un Dieu retrace le supplice,
Croix sainte, aux gens de bien augmente leur justice,
Et pardonne aux méchants leurs noires actions.

    Inconcevable Trinité,
Que tout esprit te rende une gloire parfaite :
Sauve par tes bontés ceux que la croix rachète,
Et guide-les toi-même à ton éternité.

A MATINES.

Sers de pinceau, ma langue, et peins avec éclat
    Ce noble et glorieux combat
Par qui la croix s'élève un trophée adorable :
Peins comme le sauveur de ce vaste univers,
    Par un amour incomparable
Se laissant immoler, triompha des enfers.

    O crux, ave, spes unica,
    Hoc Passionis tempore,
    Auge piis justitiam,
    Reisque dona veniam.

    Te summa, Deus, Trinitas,
    Collaudet omnis spiritus :
    Quos per crucis mysterium
    Salvas, rege per sæcula.

AD MATUTINUM.

    Pange, lingua, gloriosi
    Prælium certaminis,
    Et super crucis trophæum
    Die triumphum nobilem :
    Qualiter redemptor orbis
    Immolatus vicerit.

Peins comme la bonté de son père éternel,
    Dès que l'homme devint mortel,
Eut pitié de le voir perdu par une pomme ;
Fais voir comme dès lors son amoureux décret   10
    Voulut que par un nouvel homme
Un arbre réparât ce qu'un arbre avoit fait.

Il cacha son dessein, et pour rusé que fût
    L'ennemi de notre salut,
Ce trompeur fut trompé par la ruse céleste ;   15
Et quelques yeux qu'ouvrît ce lion infernal,
    Sans que rien lui fût manifeste,
Le remède partit d'où procédoit le mal.

A peine est arrivé par le retour des ans
    L'heureux moment du sacré temps,   20
Qu'un créateur de tout lui-même est créature,
Et que Dieu fait sortir ce Fils, ce bien-aimé,

    De parentis protoplasti
    Fraude factor condolens,
    Quando pomi noxialis
    Morsu in mortem corruit,
    Ipse lignum tunc notavit,
    Damna ligni ut solveret.

    Hoc opus nostræ salutis
    Ordo deposcerat,
    Multiformis proditoris
    Ars ut artem falleret,
    Et medelam ferret inde
    Hostis unde læserat.

    Quando venit ergo sacri
    Plenitudo temporis,
    Missus est ab arce Patris
    Natus, orbis conditor,

De la virginale clôture
Où pour se faire chair il s'étoit enfermé.

Sur une vile crèche il pleure comme enfant,   25
    Et son corps déjà triomphant
Se laisse envelopper à cette vierge mère :
Sous des langes chétifs on lui serre les bras,
    Et pour finir notre misère,
De la misère même il se fait des appas.   30

Gloire, puissance, honneur et louange au Très-Haut,
    Au Fils, comme lui sans défaut,
A l'Esprit tout divin, ainsi qu'eux ineffable!
Gloire, honneur et louange à leur sainte unité,
    A leur essence incomparable,   35
Et durant tous les temps et dans l'éternité!

    Atque ventre virginali,
    Caro factus, prodiit.

    Vagit infans inter arcta
    Conditus præsepia;
    Membra pannis involuta
    Virgo mater alligat,
    Et manus, pedesque et crura
    Stricta cingit fascia.

    Gloria et honor Deo,
    Usquequaque altissimo,
    Una Patri, Filioque,
    Inclyto Paraclito,
    Cui laus est et potestas
    Per æterna sæcula!

A LAUDES.

De la terre et du ciel ce monarque absolu,
    Né, parce qu'il l'avoit voulu,
Pour mourir en souffrant et payer notre crime,
Après qu'il eut laissé six lustres s'écouler,
    Innocente et pure victime,   5
Permit qu'à sa justice on l'osât immoler.

Le vinaigre, le fiel, le roseau, les crachats
    Joignirent l'insulte au trépas;
Un fer fit dans son flanc une large ouverture,
Il en sortit du sang, il en sortit de l'eau,   10
    Et l'air, le ciel et la nature
Se trouvèrent lavés par ce fleuve nouveau.

Arbre noble entre tous, quelle forêt produit
    Pareilles feuilles, fleurs ou fruit?
Croix fidèle, à jamais digne de nos hommages,   15

AD LAUDES.

Lustris sex qui jam peractis
Tempus implens corporis,
Se volente natus ad hoc,
Passioni deditus,
Agnus in crucis levatur
Immolandus stipite.

Hic acetum, fel, arundo,
Sputa, clavi, lancea;
Mite corpus perforatur,
Sanguis, unda profluit,
Terra, pontus, astra, mundus
Quo lavantur flumine.

Crux fidelis, inter omnes
Arbor una nobilis,
Nulla sylva talem profert

HYMNES POUR LE TEMPS DE LA PASSION.

Qu'a de charmes ton bois, que bénis sont les clous,
    Que de douceurs ont les branchages
Qui pour notre salut portent un poids si doux !

Arbre heureux, arbre saint, abaisse tes rameaux,
    Relâche en dépit des bourreaux   20
L'inflexibilité qui t'est si naturelle,
Et souffre que les bras du roi du firmament,
    Qui souffre et meurt pour un rebelle,
Demeurent étendus un peu plus doucement.

Tu portes, par le choix des ordres éternels,   25
    Le rachat de tous les mortels,
Et prépares un port à leur commun naufrage :
Ils t'en firent seul digne, et le sang de l'Agneau
    Laisse à ton bois un sacré gage
D'un triomphe aussi grand que ton destin est beau.   30

Gloire, puissance, honneur et louange au Très-Haut,

    Fronde, flore, germine :
    Dulce lignum dulces clavos,
    Dulce pondus sustinet.

    Flecte ramos, arbor alta,
    Tensa laxa viscera,
    Et rigor lentescat ille
    Quem dedit nativitas,
    Ut superni membra regis
    Miti tendas stipite.

    Sola digna tu fuisti
    Ferre sæcli pretium,
    Atque portum præparare,
    Nauta, mundo naufrago,
    Quem sacer cruor perunxit
    Fusus Agni corpore.

    Gloria et honor Deo.

Au Fils, comme lui sans défaut,
A leur Esprit divin [1], ainsi qu'eux ineffable!
Gloire, louange, honneur à leur sainte unité,
   A leur essence inconcevable,   35
Et durant tous les temps et dans l'éternité!

POUR LE TEMPS DE PÂQUES.

A VÊPRES.

Au banquet de l'Agneau courons des bouts du monde,
   Et vêtus d'habits nuptiaux,
Comme de la mer Rouge ayant traversé l'onde,
Chantons à Jésus-Christ des cantiques nouveaux.

Le vin qu'on nous y sert est son sang adorable,   5

      Usquequaque altissimo,
      Una Patri, Filioque,
      Inclyto Paraclito,
      Cui laus est et potestas
      Per æterna sæcula!

TEMPORE PASCHALI.

AD VESPERAS.

      Ad cœnam Agni, providi,
      Et stolis albis candidi,
      Post transitum maris Rubri,
      Christo canamus principi,

   Cujus corpus sanctissimum

---

[1]. Dans la strophe, du reste toute semblable, qui est à la page 513, Corneille avait dit : « A l'Esprit tout divin. »

Son corps sacré le mets divin ;
Et pour nous faire seoir et revivre à sa table,
Son amour sur la croix fait l'apprêt du festin.

Par la Pâque en ce soir notre âme protégée
    Contre l'ange exterminateur,
Du joug de Pharaon se trouve dégagée,
Sort d'un si dur empire, et suit son[1] protecteur.

Lui-même est notre Pâque, et l'agneau sans souillure
    Pour tous nos crimes immolé ;
Et cette chair azyme est la victime pure
Qui satisfait pour tous à l'ordre violé.

Victime à jamais digne et d'amour et de gloire,
    Par toi tout l'enfer est dompté ;
Par toi les vieux captifs ont part à la victoire,
Et la vie est rendue à l'homme racheté.

    In ara crucis torridum :
    Cruore ejus roseo
    Gustando, vivimus Deo.

    Protecti Paschæ vespere
    A devastante angelo,
    Erepti de durissimo
    Pharaonis imperio.

    Jam Pascha nostrum Christus est,
    Qui immolatus agnus est ;
    Sinceritatis azyma,
    Caro ejus oblata est.

    O vere digna hostia,
    Per quam fracta sunt Tartara,
    Redempta plebs captivata,
    Reddita vitæ præmia !

---

1. Il y a *ton* dans l'édition originale.

Après l'enfer vaincu Jésus sort de la tombe,
    Il revient paroître à nos yeux ;
Et laissant dans les fers un tyran qui succombe,
Il nous ouvre l'entrée au royaume des cieux.

Sauveur de tout le monde, en cette pleine joie   25
    Dont la Pâque remplit nos cœurs,
Daigne si bien guider ton peuple dans ta voie,
Que d'une mort funeste il échappe aux rigueurs.

Gloire à toi, rédempteur et monarque suprême,
    Par toi-même ressuscité !   30
Même gloire à ton père, au Saint-Esprit la même,
Et durant tous les temps et dans l'éternité !

A MATINES.

Éternel, qui régis l'un et l'autre hémisphère,

    Consurgit Christus tumulo,
    Victor redit de barathro,
    Tyrannum trudens vinculo,
    Et paradisum reserans.

    Quæsumus, auctor omnium,
    In hoc paschali gaudio,
    Ab omni mortis impetu
    Tuum defende populum.

    Gloria tibi, Domine,
    Qui surrexisti a mortuis,
    Cum Patre et sancto Spiritu,
    In sempiterna sæcula !

AD MATUTINUM.

    Rex sempiterne, Domine,

HYMNES POUR LE TEMPS DE PÂQUES.

De tous deux l'auteur et l'appui,
Qui devant tous les temps règnes avec ton père,
Même roi, même essence et même Dieu que lui,

Sitôt que le néant eut enfanté le monde 5.
    Par le son fécond de ta voix,
Tu fis Adam son maître, et la machine ronde,
Le voyant ton image, en accepta les lois.

Le diable le déçut, et ce triste esclavage
    Eût perdu l'homme pour jamais, 10
Si toi, qui l'avois fait toi-même à ton image,
Tu n'eusses à ton tour pris sa forme et ses traits.

Par là tu retiras de cette infâme chaîne
    Ce digne ouvrage de ta main,
Et ta nature unie à la nature humaine 15
Rejoignit l'homme à Dieu, l'esclave au souverain.

    Rerum creator omnium,
    Qui eras ante sæcula
    Semper cum Patre Filius,

    Qui mundi in primordio
    Adam plasmasti hominem,
    Cui tuæ imagini
    Vultum dedisti similem :

    Quem diabolus deceperat,
    Hostis humani generis,
    Cujus tu formam corporis
    Assumere dignatus es,

    Ut hominem redimeres,
    Quem jam ante plasmavera,
    Et nos Deo conjungeres
    Per carnis contubernium :

Tu naquis d'une vierge, et c'est une naissance
    Qui nous étonne et nous ravit;
Et nous croyons qu'un jour par la même puissance
Tous nos corps revivront, comme le tien revit.   20

C'est ce même pouvoir qui nous donne au baptême
    Le pardon de tous nos péchés;
C'est par ce trait divin de ta bonté suprême
Que de leur triste joug nos cœurs sont détachés.

Ton amour sur la croix fait encor davantage,   25
    Il t'y laisse percer le flanc;
Par ta mort à la vie il nous fait un passage,
Et pour notre salut il prodigue ton sang.

Sauveur de tout le monde, en cette pleine joie, etc.[1].

    Quem editum ex virgine
    Pavescit omnis anima;
    Per quem et nos resurgere
    Devota mente credimus:

    Qui nobis in baptismate
    Donasti indulgentiam,
    Qui tenebamur vinculis
    Ligati conscientiæ:

    Qui crucem propter hominem
    Suscipere dignatus es;
    Dedisti tuum sanguinem
    Nostræ salutis pretium:

    Quæsumus, auctor omnium, etc.[2].

1. Voyez les deux dernières strophes ci-dessus, p. 518.
2. Voyez *ibidem*.

A LAUDES.

L'aurore a du vrai jour ramené la lumière,
    Le ciel fait des concerts charmants,
Le monde par les siens marque une joie entière,
Et l'enfer n'y répond que par des hurlements.

Aussi c'est en ce jour que l'auteur de leur être, 5
    Brisant les chaînes de la mort,
Foulant aux pieds l'Averne et son orgueilleux maître,
Change des malheureux le déplorable sort.

Ce corps d'un froid tombeau renfermé sous la pierre,
    Ce mort gardé par des soldats, 10
En pompe triomphante est revenu sur terre,
Réparateur du siècle, et vainqueur du trépas.

Qu'on cesse de gémir, il n'est plus de misères,

AD LAUDES.

Aurora lucis rutilat,
Cœlum laudibus intonat,
Mundus exultans jubilat,
Gemens infernus ululat,

Cum rex ille fortissimus,
Mortis confractis viribus,
Pede conculcans Tartara,
Solvit a pœna miseros.

Ille qui clausus lapide
Custoditur sub milite,
Triumphans pompa nobili,
Victor surgit de funere.

Solutis jam gemitibus,

Leur triste cours est arrêté :
De la prison du limbe un mort tire nos pères, 15
Et l'ange nous annonce un Dieu ressuscité.

Sauveur de tout le monde, en cette pleine joie, etc.[1].

POUR L'ASCENSION.

A VÊPRES ET A LAUDES.

Sauveur, qui nous as tous rachetés de ton sang,
 Seul desir d'une flamme pure,
Vrai Dieu, vrai créateur de toute la nature,
Qui dans la fin des temps d'un homme as pris le rang :

Quel excès de bonté, quel amoureux effort 5

  Et inferni doloribus,
  Quia surrexit Dominus
  Resplendens clamat angelus.

 Quæsumus, auctor omnium, etc.[2].

IN ASCENSIONE DOMINI.

AD VESPERAS ET LAUDES.

 Jesu, nostra redemptio,
 Amor et desiderium,
 Deus, creator omnium,
 Homo in fine temporum.

 Quæ te vicit clementia,

---

1. Voyez ci-dessus, p. 518. — 2. Voyez *ibidem*.

Te charge de tout notre crime,
D'un cruel attentat volontaire victime,
Qui meurs pour affranchir nos âmes de la mort?

Il t'a plu de descendre aux prisons de l'enfer,
    Pour en retirer des esclaves;
Et vainqueur du démon qu'en son trône tu braves,
A la dextre du Père on t'en voit triompher.

Que la même bonté par un heureux pardon
    Triomphe aussi de nos foiblesses:
Remplis les vœux ardents que forment nos tendresses,
Et fais-nous de ta vue un immuable don.

Sois notre joie ici, pour être au ciel un jour
    Le doux prix de notre victoire;
Fais que nos cœurs en toi réunissent leur gloire
Et dans ces sombres lieux et dans ce clair séjour.

    Ut ferres nóstra crimina,
    Crudelem mortem patiens,
    Ut nos a morte tolleres?

    Inferni claustra penetrans,
    Tuos captivos redimens,
    Victor triumpho nobili,
    Ad dextram Patris residens:

    Ipsa te cogat pietas,
    Ut mala nostra superes
    Parcendo, et voti compotes
    Nos tuo vultu saties.

    Tu esto nostrum gaudium,
    Qui es futurus præmium;
    Sit nostra in te gloria,
    Per cuncta semper sæcula.

HYMNES POUR L'ASCENSION.

A MATINES.

Éternel et Très-Haut, roi des célestes plaines,
  Des fidèles doux rédempteur,
Qui détruisant la mort, brisant toutes ses chaînes,
Fais triompher la grâce, et régner son auteur :

Tu montes dans ton trône à la dextre du Père,   5
  Et reçois là ce plein pouvoir
Que pour prix de ta mort sur tous il te défère,
Et que mortel ici tu n'en pus recevoir.

C'est par ce haut pouvoir que la triple machine,
  La terre et tous ses habitants,   10
Ceux qui règnent au ciel, ceux que l'enfer domine,
Tout fléchit devant toi le genouil[1] en tout temps.

L'ange admire en tremblant ce changement de face

AD MATUTINUM.

Æterne rex, Altissime,
Redemptor et fidelium,
Quo mors soluta deperit,
Datur triumphus gratiæ :

Scandens tribunal dexteræ
Patris, potestas omnium
Collata Jesu cœlitus,
Quæ non erat humanitus,

Ut trina rerum machina,
Cœlestium, terrestrium,
Et inferorum condita,
Flectat genu jam subdita.

Tremunt videntes angeli

---

1. Corneille n'emploie pas ici cette orthographe pour éviter un hiatus ; c'était celle qu'il suivait d'ordinaire au singulier. Voyez ci-dessus, p. 490, note 1.

Qui se fait au sort des mortels :
La chair fit le péché, la même chair l'efface, 15
Et la même chair monte aux trônes éternels.

Fais, grand moteur de tout, fais seul notre allégresse,
    Toi qui dans le ciel tiens ta cour,
Et dont le moindre attrait, la plus simple caresse,
Passe tous les plaisirs de ce mortel séjour. 20

C'est de ces tristes lieux que notre humble prière,
    Pour nombreux que soient nos péchés,
Demande que ta main par une grâce entière
Élève à toi nos cœurs à la terre attachés ;

Qu'en ce jour redoutable, où du haut de la nue 25
    L'arrêt dernier sera rendu,
Nous ayant dès ici remis la peine due,
Tu nous rendes le bien que nous avons perdu.

        Versa vice mortalium :
        Culpat caro, purgat caro,
        Regnat Deus, Dei caro.

        Tu esto nostrum gaudium,
        Manens Olympo præditum,
        Mundi regis qui fabricam,
        Mundana vincens gaudia.

        Hinc te precantes quæsumus,
        Ignosce culpis omnibus,
        Et corda sursum subleva
        Ad te, superna gratia,

        Ut cum rubente cœperis
        Clarere nube judicis,
        Pœnas repellas debitas,
        Reddas coronas perditas.

Gloire à ton sacré nom, ô monarque suprême,
    Qui montes au-dessus des cieux !   30
Même gloire à ton père, au Saint-Esprit la même !
Louange à tous les trois, en tout temps, en tous lieux !

POUR LE JOUR DE LA PENTECÔTE.

A VÊPRES.

Viens, Esprit créateur qui nous as donné l'être,
Descends du haut du ciel dans les esprits des tiens ;
    Et comme tu les as fait naître,
    Remplis-les du plus grand des biens.

Soit que de Paraclet le sacré nom te suive,   5
Soit qu'ici du Très-Haut nous t'appelions le don,
    Feu, charité, fontaine vive,

    Gloria tibi, Domine,
    Qui scandis super sidera,
    Cum Patre et sancto Spiritu,
    In sempiterna sæcula !

IN FESTO PENTECOSTES.

AD VESPERAS.

    Veni, creator Spiritus,
    Mentes tuorum visita,
    Imple superna gratia
    Quæ tu creasti pectora.

    Qui Paraclitus diceris,
    Donum Dei altissimi,
    Fons vivus, ignis, charitas,

Et spirituelle onction,

Ta grâce au fond des cœurs par sept présents opère,
Doigt de Dieu, qui suffis à les épurer tous,   10
    Effet des promesses du Père,
    Et langue qui parles en nous.

Illumine les sens par tes saintes largesses,
Verse un parfait amour dans le cœur abattu,
    Rends des forces à nos foiblesses   15
    Par une immuable vertu.

Mets de notre ennemi toute l'audace en fuite,
D'une sincère paix assure-nous le fruit;
    Fais enfin que sous ta conduite
    L'âme évite tout ce qui nuit.   20

Apprends-nous à connoître et le Fils et le Père,

    Et spiritalis unctio,

    Tu septiformis munere,
    Dextræ Dei tu digitus,
    Tu rite promissum Patris,
    Sermone ditans guttura :

    Accende lumen sensibus,
    Infunde amorem cordibus,
    Infirma nostri corporis
    Virtute firmans perpeti.

    Hostem repellas longius,
    Pacemque dones protinus;
    Ductore sic te prævio,
    Vitemus omne noxium.

    Per te sciamus da Patrem,

A te croire l'Esprit à tous les deux commun,
  Et cet ineffable mystère
  De trois suppôts qui ne sont qu'un.

Gloire soit à jamais au Père inconcevable ! 25
Gloire pareille au Fils qui s'est ressuscité !
  Gloire au Paraclet adorable,
  Durant toute l'éternité !

A MATINES.

Jésus-Christ remonté sur la voûte céleste,
Dont à descendre ici l'amour l'avoit contraint,
Des promesses du Père accomplissant le reste,
  Devoit envoyer l'Esprit saint.

De ce temps solennel l'heureuse plénitude 5
Se voyoit toute prête à terminer son cours,

   Noscamus atque Filium,
   Te utriusque Spiritum
   Credamus omni tempore.

   Gloria Patri Domino,
   Natoque qui a mortuis
   Surrexit, ac Paraclito,
   In sæculorum sæcula !

AD MATUTINUM.

   Jam Christus astra ascenderat
   Reversus unde venerat,
   Promissum Patris munere
   Sanctum daturus Spiritum.

   Solemnis urgebat dies,
   Quo mystico septemplici

Et du char du soleil l'aveugle exactitude
    Avoit roulé sept fois sept jours,

Lorsqu'à l'heure de tierce[1] un éclat de tonnerre,
Aux apôtres, qu'il trouve assemblés en son nom,
Apprend que cet Esprit est descendu sur terre,
    Et que Dieu leur en fait le don.

Ce feu pur et brillant des splendeurs éternelles
Sur le troupeau choisi se plaît à s'épancher,
Et Jésus-Christ par lui verse au cœur des fidèles
    La vive ardeur de le prêcher.

Ravis, et sans rien craindre avec ces avantages,
Pleins de ce divin souffle ils sortent de ce lieu,
Et leur impatience, en différents langages,
    Annonce les grandeurs de Dieu.

    Orbis volutus septies
    Signat beata tempora;

    Dum hora cunctis tertia
    Repente mundus intonat,
    Orantibus apostolis
    Deum venisse nuntiat.

    De Patris ergo lumine
    Decorus ignis almus est,
    Qui fida Christi pectora
    Calore verbi compleat.

    Impleta gaudent viscera,
    Fecunda sancto Spiritu,
    Voces diversas intonant,
    Fantur Dei magnalia.

1. C'est-à-dire à la troisième heure du jour, selon la manière de compter des anciens.

Ils parlent, et les Grecs, les Latins, les Barbares
Reçoivent à l'envi la parole à genoux,
Tous étonnés de voir des hommes si peu rares
    Parler le langage de tous.

Parmi tant de croyants les seuls Juifs incrédules,   25
Possédés d'un esprit envieux et malin,
Traitent ces hauts discours de contes ridicules
    Que forment des gens pleins de vin.

Mais Pierre a des vertus, Pierre fait des miracles
Qui gravent dans les cœurs les saintes vérités ;   30
Et de Joël sur l'heure expliquant les oracles[1],
    Confond toutes les faussetés.

Gloire soit à jamais au Père inconcevable !
Pareille gloire au Fils qui s'est ressuscité !

    Ex omni gente cogniti
    Græcis, Latinis, Barbaris,
    Cunctisque admirantibus,
    Linguis loquuntur omnium.

    Judæa tunc incredula,
    Vesana torvo spiritu,
    Ructare musti crapulam
    Alumnos Christi concrepat.

    Sed signis et virtutibus
    Occurrit, et docet Petrus,
    Falsa profari perfidos
    Joële teste comprobans.

    Gloria Patri Domino,
    Natoque qui a mortuis

---

1. Voyez la prophétie de *Joël*, chapitre II, verset 28 ; et les *Actes des Apôtres*, chapitre II, verset 17.

Pareille au Paraclet, ainsi qu'eux adorable, 35
   Durant toute l'éternité !

A LAUDES.

L'invariable tour qui règle chaque année
Nous retrace un mystère où chacun applaudit,
   En nous ramenant la journée
Où sur le saint troupeau l'Esprit saint descendit.

En feu vif et perçant sur leurs têtes il vole, 5
Sur leurs têtes à tous en langues il s'épart,
   Et la ferveur et la parole
Sont des dons où par lui chacun d'eux a sa part.

De toutes nations ils parlent le langage :
Le gentil s'en étonne, admire, tremble, croit, 10
   Tandis que le Juif plein de rage
Impute aux vins fumeux ce qu'il entend et voit.

   Surrexit, ac Paraclito,
   In sæculorum sæcula !

AD LAUDES.

Beata nobis gaudia
Anni reduxit orbita,
Cum Spiritus Paraclitus
Effulsit in discipulos.

Ignis vibrante lumine,
Linguæ figuram detulit,
Verbis ut essent proflui,
Et charitate fervidi.

Linguis loquuntur omnium :
Turbæ pavent Gentilium ;
Musto madere deputant
Quos Spiritus repleverat.

Pareil nombre de jours sépare ce mystère
De la Pâque où revit le sacré Rédempteur,
    Qu'il faut d'ans à la loi sévère   15
Pour remettre à jamais la dette au débiteur.

Dieu puissant et tout bon, qu'aucun ne peut comprendre,
Devant ta majesté nous abaissons les yeux :
    Sur nos âmes daigne répandre
Ces dons du Saint-Esprit que tu verses des cieux.   20

Toi qui fis inonder les torrents de ta grâce
Sur ce troupeau choisi qu'il te plut de bénir,
    Pardonne à notre impure masse,
Et nous assure à tous un tranquille avenir.

Gloire soit à jamais au Père inconcevable !   25
Pareille gloire au Fils qui s'est ressuscité !

    Patrata sunt hæc mystice,
    Paschæ peracto tempore,
    Pleno dierum numero
    Quo lege fit remissio.

    Te nunc, Deus piissime,
    Vultu precamur cernuo,
    Illapsa nobis cœlitus
    Largire dona Spiritus.

    Dudum sacrata pectora
    Tua replesti gratia,
    Dimitte nostra crimina,
    Et da quieta tempora.

    Gloria Patri, Domino,
    Natoque qui a mortuis

Pareille à l'Esprit ineffable,
Et durant tous les temps et dans l'éternité!

POUR LE JOUR DE LA TRES-SAINTE TRINITÉ.

A VÊPRES.

O Trinité, sainte lumière, etc.¹.

A MATINES.

Dieu, souverain amour et suprême clémence,
Qui tiras du néant ce tout par ta bonté,
Qui n'es qu'un en pouvoir, qui n'es qu'un en substance,
Et trine² en personnalité,

    Surrexit, ac Paraclito,
    In sæculorum sæcula!

IN FESTO SANCTISSIMÆ TRINITATIS.

AD VESPERAS.

O lux beata, Trinitas, etc.³.

AD MATUTINUM.

    Summæ Deus clementiæ⁴,
    Mundique factor machinæ,

---

1. Voyez ci-dessus, p. 488. — Au second vers, Corneille a légèrement modifié la construction, et mis : « trois suppôts divins, » pour « trois divins suppôts. »

2. Voyez plus haut, p. 485, note 1. — 3. Voyez ci-dessus, p. 488.

4. Cette strophe et la suivante se trouvent plus haut, p. 485 et p. 482 ; mais Corneille en a varié la traduction ; il n'a gardé que deux vers de la première strophe.

Prête à notre réveil ta main toute-puissante : 5
Que l'âme avec le cœur s'élève jusqu'à toi,
Et que de nos concerts l'ardeur reconnoissante
    Ait ta gloire pour seul emploi.

Gloire soit à jamais au Père inconcevable !
Gloire au Verbe incarné ! gloire à l'Esprit divin ! 10
Gloire à leur unité, dont l'essence immuable
    Règne sans bornes et sans fin !

A LAUDES.

Sainte unité de trois, dont la toute-puissance
    Régit tout l'univers,
Des nuits pour te louer nous rompons le silence :
    Écoute nos concerts [1].

    Unus potentialiter,
    Trinusque personaliter,

    Da dexteram surgentibus,
    Exsurgat ut mens sobria,
    Flagrans et in laudem Dei
    Grates rependat debitas.

    Gloria Patri Domino !
    Gloria Unigenito,
    Una cum sancto Spiritu,
    In sempiterna sæcula !

AD LAUDES.

    Tu Trinitatis unitas,
    Orbem potenter qui regis,
    Attende laudum cantica,
    Quæ excubantes psallimus [2].

---

1. Voyez ci-dessus, p. 480.
2. Voyez ci-dessus, p. 480. — La strophe snivante fait aussi partie d'une hymne antérieure (voyez p. 482), mais Corneille en a modifié la version.

L'astre que suit le jour répand sur la nature
    Sa naissante splendeur;
La nuit tombe : répands une lumière pure
    Sur notre vive ardeur.

Gloire au Père éternel! gloire au Verbe ineffable!
    Gloire à l'Esprit divin!
Gloire à leur unité, dont le règne adorable
    Est sans borne et sans fin!

POUR LA FÊTE DU SAINT SACREMENT.

A VÊPRES.

Chantons du corps sacré l'adorable mystère,
    Et celui du sang précieux
Qui fut du monde entier le rachat glorieux,

    Ortus refulget Lucifer,
    Sparsamque lucem nuntiat;
    Cadit caligo noctium:
    Lux sancta nos illuminet.

    Deo Patri sit gloria,
    Ejusque soli Filio,
    Cum Spiritu Paraclito,
    Et nunc et in perpetuum!

IN FESTO CORPORIS CHRISTI.

AD VESPERAS.

    Pange, lingua, gloriosi
    Corporis mysterium,
    Sanguinisque pretiosi

Qui d'un Dieu fléchit la colère,
Et que le fruit d'un ventre issu de tant de rois, 5
Le roi des nations, répandit sur la croix.

D'une vierge pour nous il prend son origine,
　　Son père nous le donne à tous;
Avec nous il converse, et semant parmi nous
　　Sa parole toute divine, 10
Il ferme son exil en ce triste séjour
Par un ordre étonnant de puissance et d'amour.

A table, dans la nuit de sa dernière cène,
　　Avec ses douze autour de soi,
En pain, herbes et viande, ayant fait de la loi 15
　　Une observance exacte et pleine,
Pour dernier mets lui-même à ce troupeau si cher
Il donne de sa main et son sang et sa chair.

Ce Verbe-chair, d'un mot, par sa toute-puissance,

　　Quem in mundi pretium,
　　Fructus ventris generosi,
　　Rex effudit gentium.

　　Nobis datus, nobis natus
　　Ex intacta virgine,
　　Et in mundo conversatus,
　　Sparso verbi semine,
　　Sui moras incolatus
　　Miro clausit ordine.

　　In supremæ nocte cœnæ
　　Recumbens cum fratribus,
　　Observata lege plene
　　Cibis in legalibus,
　　Cibum turbæ duodenæ
　　Se dat suis manibus.

　　Verbum caro panem verum

HYMNES POUR LE SAINT SACREMENT.

Change un pain en son corps divin ; 20
Du vin il fait son sang, et ce pain et ce vin
    Laissent détruire leur substance ;
Tout notre sens résiste à ce qu'il nous en dit,
Mais au cœur pur et droit la foi seule suffit.

Nous qui d'un tel amour recevons un tel gage, 25
    Adorons ce grand sacrement ;
Faisons céder la nuit du vieil enseignement
    Aux clartés du nouvel usage ;
Et si nous n'avons pas des yeux assez perçants,
Que notre foi supplée au défaut de nos sens. 30

Que de la Trinité l'auguste et saint mystère
    A jamais partout soit béni :
Rendons au Père immense un respect infini,
    Pareille gloire au Fils qu'au Père,
Pareille à cet Esprit qui procède des deux, 35

    Verbo carnem efficit,
    Fitque sanguis Christi merum ;
    Et si sensus deficit,
    Ad firmandum cor sincerum
    Sola fides sufficit.

    Tantum ergo sacramentum
    Veneremur cernui,
    Et antiquum documentum
    Novo cedat ritui :
    Præstet fides supplementum
    Sensuum defectui.

    Genitori, Genitoque
    Laus et jubilatio,
    Salus, honor, virtus quoque
    Sit, et benedictio ;
    Procedenti ab utroque

HYMNES POUR LE SAINT SACREMENT.

Éternel, ineffable et tout-puissant comme eux.

A MATINES.

L'allégresse aujourd'hui doit être solennelle :
Poussons jusques au ciel l'éloge du Seigneur.
Vieil usage, cessez ; que tout se renouvelle,
    Les œuvres, les chants et le cœur.

Nous célébrons la nuit de la cène dernière, 5
Où Jésus départit l'agneau pascal aux siens,
Donna le pain azyme en la même manière
    Que le donnoient nos anciens.

Ce Verbe du Très-Haut, devant qui le ciel tremble,
Ensuite les repaît de son corps précieux, 10
Le donne tout entier à tous les douze ensemble,
    Et tout entier à chacun d'eux.

Compar sit laudatio.

AD MATUTINUM.

Sacris solemniis juncta sint gaudia,
Et ex præcordiis sonent præconia ;
Recedant vetera, nova sint omnia,
    Corda, voces, et opera.

Noctis recolitur cœna novissima,
Qua Christus creditur agnum et azyma
Dedisse fratribus, juxta legitima
    Priscis indulta patribus.

Post agnum typicum, expletis epulis,
Corpus dominicum datum discipulis,
Sic totum omnibus, quod totum singulis,
    Ejus fatemur manibus.

Aux foibles il départ une chair soutenante,
Il rend aux affligés la joie avec son sang.
« Prenez tous, leur dit-il, ce que je vous présente ;   15
    Mangez, buvez à votre rang. »

C'est ainsi qu'il ordonne un si grand sacrifice ;
Il en commet le soin aux prêtres parmi nous,
Et dans leurs seules mains laisse en dépôt l'office
    De le prendre et donner à tous.   20

Ainsi le pain du ciel devient le pain des hommes,
Il termine et remplit la figure et la loi.
O banquet merveilleux ! esclaves que nous sommes,
    Nous y mangeons notre vrai Roi.

Sainte unité de trois, écoute nos prières :   25
Comme nous t'adorons, daigne nous visiter ;
Conduis-nous par ta voie au séjour des lumières,
    Que tu créas pour l'habiter.

    Dedit fragilibus corporis ferculum,
    Dedit et tristibus sanguinis poculum,
    Dicens : « Accipite quod trado vasculum ;
        Omnes ex eo bibite. »

    Sic sacrificium istud instituit,
    Cujus officium committi voluit
    Solis presbyteris, quibus sic congruit
        Ut sumant et dent cæteris.

    Panis angelicus fit panis hominum,
    Dat panis cœlicus figuris terminum :
    O res mirabilis ! manducat Dominum
        Pauper servus et humilis.

    Te trina Deitas unaque, poscimus,
    Sic tu nos visita, sicut te colimus :
    Per tuas semitas duc nos quo tendimus,
        Ad lucem quam inhabitas.

A LAUDES.

Le Verbe du Très-Haut, sorti du sein du Père
    Sans le quitter un seul moment,
Achève son ouvrage, et touche à l'heure amère
    Qui le doit mettre au monument.

Prêt à se voir livrer à la mortelle envie 5
    De ses plus cruels ennemis,
Lui-même auparavant il se fait pain de vie,
    Pour se livrer à ses amis.

De son sang, de sa chair il enferme l'essence
    Sous ce qui paroît vin et pain, 10
Afin que l'homme entier d'une double substance
    Apaise sa soif et sa faim.

Il se fait notre frère alors qu'il prend naissance,
    Notre viande dans son festin,

AD LAUDES.

Verbum supernum prodiens,
Nec Patris linquens dexteram,
Ad opus suum exiens,
Venit ad vitæ vesperam.

In mortem a discipulo
Suis tradendus æmulis,
Prius in vitæ ferculo
Se tradidit discipulis:

Quibus sub bina specie
Carnem dedit et sanguinem,
Ut duplicis substantiæ
Totum cibaret hominem.

Se nascens dedit socium,
Convescens in edulium,

HYMNES POUR LE SAINT SACREMENT.

Notre prix quand il meurt, et notre récompense 15
    Quand il règne là-haut sans fin.

O salutaire hostie, adorable victime,
    Qui nous ouvres le ciel à tous,
D'un puissant ennemi l'insulte nous opprime :
    Sois notre force, et défends-nous. 20

Gloire soit à jamais à l'être inconcevable
    De la sainte unité des trois,
Dont la bonté nous donne un règne interminable
    En la patrie où tous sont rois !

    Se moriens in pretium,
    Se regnans dat in præmium.

    O salutaris hostia,
    Quæ cœli pandis ostium,
    Bella premunt hostilia :
    Da robur, fer auxilium.

    Uni trinoque Domino
    Sit sempiterna gloria,
    Qui vitam sine termino
    Nobis donet in patria.

TROISIÈME PARTIE.

HYMNES
PROPRES DES SAINTS.

POUR TOUTES LES FÊTES DE LA SAINTE VIERGE.
A VÊPRES.
Etoile de la mer, mère du Tout-Puissant, etc.[1].

A MATINES.
Celui que la machine ronde, etc.[2].

PARS TERTIA.

HYMNI
PROPRII SANCTORUM.

IN OMNIBUS FESTIS BEATÆ VIRGINIS.
AD VESPERAS.
Ave, maris stella, etc.[3].

AD MATUTINUM.
Quem terra, pontus, æthera, etc.[4].

---

1. Voyez ci-dessus, p. 221. — Au vers 11, Corneille a mis : « nos maux, » pour « les maux. »
2. Voyez ci-dessus, p. 83.
3. Voyez ci-dessus, p. 220. — Au vers 8, il y a une variante assez remarquable : « la tumeur sainte, » pour « l'enflure sainte. »
4. Voyez ci-dessus, p. 82.

A LAUDES.
Reine glorieuse et sacrée, etc.[1].

POUR LE PETIT OFFICE DE LA VIERGE[2].
A PRIME, TIERCE, SEXTE, NONE ET COMPLIES.
Bénin sauveur de la nature, etc.[3].

POUR LA NATIVITÉ DE SAINT JEAN-BAPTISTE.
24. juin.
A VÊPRES.
Redonne l'innocence à nos lèvres coupables,

AD LAUDES.
O gloriosa domina, etc.[4].

PRO PARVO OFFICIO BEATÆ VIRGINIS.
AD PRIMAM, TERTIAM, SEXTAM, NONAM ET COMPLETORIUM.
Memento, salutis auctor, etc.[5].

IN NATIVITATE SANCTI JOANNIS BAPTISTÆ.
24. junii.
AD VESPERAS.
Ut queant laxis resonare fibris

---

1. Voyez ci-dessus, p. 157. — Au vers 5, par erreur sans doute, « ta race » a été substitué à « sa race. »

2. Le *Petit office de la Vierge* est, comme nous l'avons dit (p. 77, note 1), celui que Corneille a traduit tout entier.

3. Voyez ci-dessus, p. 167. — A la seconde strophe de cette hymne, plusieurs fois répétée dans le *Petit office de la Vierge*, Corneille a changé le deuxième et le quatrième vers, qui sont ici :

Notre invincible et doux support,...
Et reçois notre esprit au moment de la mort.

4. Voyez ci-dessus, p. 156. — 5. Voyez ci-dessus, p. 166.

Et nous inspire des ardeurs,
Digne et saint précurseur, qui nous rendent capables
De chanter tes grandeurs.

Un ange tout exprès envoyé vers ton père, 5
Du ciel en ta faveur ouvert,
Lui prescrivit ton nom, prédit ton ministère,
Et ta vie au désert.

Lui, qui n'osa donner une entière croyance
Aux promesses du roi des rois, 10
En demeura muet jusques à ta naissance,
Qui lui rendit la voix.

Prisonnier dans un flanc, tu reconnus ton maître
Enfermé dans un autre flanc,
Et le fis, tout caché, hautement reconnoître 15
Aux auteurs de ton sang.

Mira gestorum famuli tuorum,
Solve polluti labii reatum,
Sancte Joannes.

Nuntius celso veniens Olympo,
Te patri magnum fore nasciturum,
Nomen, et vitæ seriem gerendæ
Ordine promit.

Ille, promissi dubius superni,
Perdidit promptæ modulos loquelæ;
Sed reformasti genitus peremptæ
Organa vocis.

Ventris abstruso recubans cubili,
Senseras Regem thalamo manentem :
Hinc parens nati meritis uterque
Abdita pandit.

Gloire soit à jamais au Père inconcevable!
Gloire au Verbe-chair en tout lieu!
Gloire à leur Esprit saint, ainsi qu'eux ineffable,
Avec eux un seul Dieu ! 20

A MATINES.

Tu portes au désert tes plus tendres années,
Et tu fuis tout commerce humain,
Tant tu trembles de voir tes vertus profanées
Par le moindre mot dit en vain.

Ceint[1] d'un cuir de brebis, ton corps pour couverture 5
Prend un rude poil de chameau,
La langouste[2] et le miel pour toute nourriture,
Et pour tout breuvage un peu d'eau.

Gloria Patri, genitæque proli,
Et tibi compar utriusque semper
Spiritus alme, Deus unus, omni
Tempore sæcli!

AD MATUTINUM.

Antra deserti teneris sub annis,
Civium turmas fugiens, petisti,
Ne levi saltem maculare vitam
Famine posses.

Præbuit hirtum tegumen camelus
Artubus sacris, strophium bidentes,
Cui latex haustum, sociata pastum
Mella locustis.

1. On lit, mais à tort, dans l'édition de Lefèvre : *ceins;* et au vers suivant *prends.*
2. La sauterelle, *locusta.*

Vous n'avez que prévu, que prédit le Messie,
  Prophètes, en termes couverts : 10
Lui seul montre du doigt la figure éclaircie
  Dans le sauveur de l'univers.

Aussi d'aucune femme on n'a jamais vu naître
  De mérites plus achevés ;
Et le ciel le choisit pour baptiser son maître, 15
  Et laver qui nous a lavés.

Gloire soit à jamais au Père inconcevable !
  Gloire au Verbe-chair en tout lieu !
Gloire à leur Esprit saint, ainsi qu'eux ineffable,
  Qui n'est avec eux qu'un seul Dieu ! 20

A LAUDES.

O trop et trop heureux, toi qui vécus sans tache !

Cæteri tantum cecinere vatum
Corde præsago jubar affuturum :
Tu quidem mundi scelus auferentem
  Indice prodis.

Non fuit vasti spatium per orbis
Sanctior quisquam genitus Joanne,
Qui nefas sæcli meruit lavantem
  Tingere lymphis.

Gloria Patri, genitæque proli,
Et tibi compar utriusque semper
Spiritus alme, Deus unus, omni
  Tempore sæcli !

AD LAUDES.

O nimis felix, meritique celsi,

HYMNES POUR SAINT JEAN-BAPTISTE.

Que ton haut mérite surprend,
Martyr, qu'à ton désert ton innocence attache,
Toi, des prophètes le plus grand !

Les uns de trente fleurs parent une couronne
    Qui les empêche de vieillir ;
D'autres en ont le double, et la tienne te donne
    Jusqu'à cent fruits à recueillir.

Amollis donc, grand saint, de nos cœurs indociles
    La dureté par tes vertus ;
Aplanis les sentiers âpres et difficiles,
    Redresse les chemins tortus.

Purge si bien nos cœurs de toute indigne envie,
    Que l'auteur, le sauveur de tous,

    Nesciens labem nivei pudoris,
    Præpotens martyr, eremique cultor,
        Maxime vatum !

    Serta ter denis alios coronant
    Aucta crementis, duplicata quosdam :
    Trina centeno cumulata fructu
        Te, sacer, ornant.

    Nunc potens nostri meritis opimis
    Pectoris duros lapides repelle,
    Asperum planans iter, et reflexos
        Dirige calles,

    Ut pius mundi sator et redemptor
    Mentibus pulsa livione[1] puris

---

1. *Livione*, mot barbare et inexplicable, se lit, non pas seulement dans notre édition originale, mais dans tous les bréviaires que nous avons pu voir. D'après une conjecture ingénieuse que nous a communiquée M. L. Quicherat, nous pensons qu'il y faut substituer *luvione*, mot également inusité, mais qu'on a pu tirer du composé *colluvione*, pris dans le sens de « souillure » par les auteurs ecclésiastiques. Corneille, sans tenir compte de la quantité, a traduit comme si *livione* était synonyme de *livore*, « envie. »

Quand il voudra jeter les yeux sur notre vie, 15
    Aime à descendre et vivre en nous.

O grand Dieu, qui n'entends au ciel que des louanges
    A la gloire de ton saint nom,
Si nous joignons d'ici nos voix aux voix des anges,
    C'est pour te demander pardon. 20

POUR LA FÊTE DE SAINT PIERRE
ET DE SAINT PAUL.

29. de juin[1].

A VÊPRES ET A MATINES.

Que de clartés, ô Dieu, tu versas dans nos cœurs !
Quels ornements tu mis en ton céleste empire,
Quand de Pierre et de Paul le glorieux martyre
Par un trépas injuste obtint grâce aux pécheurs !

    Rite dignetur veniens sacratos
        Ponere gressus.

    Laudibus cives celebrant superni
    Te, Deus simplex pariterque trine :
    Supplices et nos veniam precamur ;
        Parce redemptis.

IN FESTO SANCTORUM PETRI ET PAULI.

29. junii.

AD VESPERAS ET MATUTINUM.

    Aurea luce et decore roseo,
    Lux lucis, omne perfudisti sæculum,
    Decorans cœlos inclyto martyrio,
    Hac sacra die, quæ dat reis veniam.

---

1. Nous nous conformons à l'édition originale, qui tantôt met et tantôt omet *de* devant le nom du mois.

HYMNES POUR SAINT PIERRE ET SAINT PAUL.

Juges de l'univers par tous deux éclairé,
L'un meurt la tête en bas, et l'autre l'a coupée ;
L'un sur la croix triomphe, et l'autre sous l'épée,
Et tous deux vont remplir un trône préparé.

Quel que soit ton bonheur, c'est de là qu'il te vient,
Rome, que d'un tel sang empourpre la teinture :
Leur mérite pour toi fait plus que ta structure,
Et dans ce haut pouvoir c'est lui qui te maintient.

Louange, gloire, honneur à votre immensité,
Père, Fils, Esprit saint, qui n'êtes qu'une essence,
Et qui gardez tous trois une égale puissance,
Et durant tous les temps et dans l'éternité !

A LAUDES.

Fidèle et bon pasteur, à qui Jésus-Christ même
Laissa sur nos péchés tout pouvoir en ces lieux,
Romps-en tous les liens par ce pouvoir suprême

Janitor cœli, doctor orbis pariter,
Judices sæcli, vera mundi lumina,
Per crucem alter, alter ense triumphans,
Vitæ senatum laureati possident.

O felix Roma, quæ tantorum principum
Es purpurata pretioso sanguine,
Non laude tua, sed ipsorum meritis
Excellis omnem mundi pulchritudinem.

Sit Trinitati sempiterna gloria,
Honor, potestas, atque jubilatio,
In unitate cui manet imperium,
Ex tunc, et modo per æterna sæcula.

AD LAUDES.

Jam bone pastor, Petre, clemens accipe
Vota precantum, et peccati vincula
Resolve, tibi potestate tradita

Qui d'un seul mot nous ouvre ou nous ferme les cieux.

Grand docteur des gentils, forme-nous à l'étude 5
De la route du ciel par la règle des mœurs,
Jusqu'à ce que du bien l'heureuse plénitude
De la foiblesse humaine ait épuré nos cœurs.

Père, Fils, Esprit saint, qui n'êtes qu'une essence,
Gloire, louange, honneur à votre immensité, 10
Qui soutient en tous trois une égale puissance,
Et durant tous les temps et dans l'éternité[1] !

POUR LA CHAIRE SAINT-PIERRE.
A Rome le 18[2]. de janvier, et à Antioche le 22. de février.

A VÊPRES ET A MATINES.

Le ciel, qui t'a commis à dispenser sa loi,

Qua cunctis cœlum verbo claudis, aperis.

Doctor egregie, Paule, mores instrue,
Et mente polum nos transferre satage,
Donec perfectum largiatur plenius,
Evacuato quod ex parte gerimus.

Sit Trinitati sempiterna gloria,
Honor, potestas, atque jubilatio,
In unitate cui manet imperium,
Ex tunc, et modo per æterna sæcula.

IN CATHEDRA SANCTI PETRI.
Romæ 18. januarii, et Antiochiæ 22. februarii.

AD VESPERAS ET MATUTINUM.

Quodcumque vinclis super terram strinxeris,

---

1. Dans le latin, la même strophe termine cette hymne et la précédente. Corneille, sans que le mètre l'y obligeât, en a varié la traduction.
2. L'édition originale a, par erreur : 13, pour 18, dans le latin comme dans le français.

T'autorise à lier et délier sur terre :
Tous les nœuds que tu romps, il les rompt comme toi;
   Ceux que tu serres, il les serre;
Et de juge au grand jour il te garde l'emploi.   5

Père, Fils, Esprit saint, qui n'êtes qu'une essence,
Gloire, louange, honneur à votre immensité!
Hommage indivisible à la sainte unité
   Qui vous tient égaux en puissance,
Et durant tous les temps et dans l'éternité!   10

POUR LE JOUR DE SAINT PIERRE AUX LIENS.

1. d'août.

A VÊPRES.

Par miracle aujourd'hui brisant tous ses liens,
Pierre d'un fier tyran évite la furie;

    Erit in astris religatum fortiter;
    Et quod resolvis in terris arbitrio,
    Erit solutum super cœli radium :
    In fine mundi judex eris sæculi.

    Gloria Patri per immensa sæcula!
    Sit tibi, Nate, decus et imperium,
    Honor, potestas, sanctoque Spiritui.
    Sit Trinitati salus individua,
    Per infinita sæculorum sæcula.

IN FESTO SANCTI PETRI AD VINCULA.

1. augusti.

AD VESPERAS.

Petrus beatus catenarum laqueos,
Christo jubente, rupit mirabiliter :

Et Dieu l'en tire exprès pour enseigner les siens,
    Pour conduire sa bergerie,
Et pour sauver des loups le troupeau des chrétiens.   5

Père, Fils, Esprit saint, qui n'êtes qu'une essence,
Gloire, louange, honneur à votre immensité!
Hommage indivisible à la sainte unité
    Qui vous tient égaux en puissance,
Et durant tous les temps et dans l'éternité!   10

POUR LE JOUR DE SAINTE MARIE-MADELAINE[1].

22. juillet.

A VÊPRES.

Père des célestes clartés,

Custos ovilis, et doctor ecclesiæ,
Pastorque gregis, conservator ovium,
Arcet luporum truculentam rabiem.

Gloria Patri per immensa sæcula!
Sit tibi, Nate, decus et imperium,
Honor, potestas, sanctoque Spiritui.
Sit Trinitati salus individua,
Per infinita sæculorum sæcula.

IN FESTO SANCTÆ MARIÆ MAGDALENÆ.

22. julii.

AD VESPERAS.

Pater superni luminis,

---

1. Dans l'édition originale, il y a ici : *Magdelaine;* mais dans les vers et dans le titre courant au haut des pages : *Madelaine.*

A peine tes regards tournent sur Madelaine,
Que les traits d'une flamme et divine et soudaine
Des glaces de son cœur fondent les duretés.

L'amour qui vient de l'embraser
Sur les pieds du Sauveur verse une sainte pluie,
Les parfume d'odeurs, et de sa tresse essuie
Ce que sa bouche en feu ne peut assez baiser.

Sans crainte elle l'embrasse mort,
Du tombeau sans frayeur elle assiége la pierre,
Elle y voit, sans trembler, et Juifs et gens de guerre :
La peur n'a point de place où l'amour est si fort.

O Jésus, véritable amour,
Fais que par tes bontés notre crime s'efface,
Remplis nos cœurs ici de ta céleste grâce,
Et sois leur récompense en l'éternel séjour.

   Cum Magdalenam respicis,
   Flammas amoris excitas,
   Geluque solvis pectoris.

   Amore currit saucia
   Pedes beatos ungere,
   Lavare fletu, tergere
   Comis, et ore lambere.

   Adstare non timet cruci,
   Sepulchro inhæret anxia,
   Truces nec horret milites :
   Pellit timorem charitas.

   O vera, Christe, charitas,
   Tu nostra purga crimina,
   Tu corda reple gratia,
   Tu redde cœli præmia.

HYMNES POUR SAINTE MARIE-MADELAINE.

  Gloire à l'immense Trinité !
Gloire au Père éternel ! gloire au Verbe ineffable !
Gloire à leur Esprit saint, ainsi qu'eux adorable,
 Et durant tous les temps et dans l'éternité !   20

A MATINES.

Madelaine embauma d'un onguent précieux
Les pieds du saint objet de toute sa tendresse,
Les baigna d'un ruisseau qui couloit de ses yeux,
 Et les essuya de sa tresse.

Gloire, louange, honneur et sans borne et sans fin   5
Au Père tout-puissant, à son Verbe ineffable !
Gloire toute pareille à l'Esprit tout divin !
 Gloire à leur essence adorable !

A LAUDES.

Du Père éternel fils unique,

   Deo Patri sit gloria,
   Ejusque soli Filio,
   Cum Spiritu Paraclito,
   Et nunc et in perpetuum.

    AD MATUTINUM.

   Nardo Maria pistico
   Unxit beatos Domini
   Pedes, rigando lacrymis,
   Et detergendo crinibus.

   Honor, decus, imperium
   Sit Trinitati unicæ,
   Patri, Nato, Paraclito,
   Per infinita sæcula.

    AD LAUDES.

   Æterni Patris unice,

Prends pitié des tourments qu'on souffre en ces bas lieux,
Aujourd'hui qu'un excès de bonté magnifique
Appelle Madelaine à régner dans les cieux.

  Aujourd'hui la drachme perdue 5
Dans ton sacré trésor rentre tout de nouveau ;
La perle précieuse au vrai jour est rendue,
Et du fond du bourbier tire un éclat plus beau.

  Doux refuge à notre tristesse,
Jésus, unique espoir des cœurs vraiment touchés, 10
Par le mérite heureux de cette pécheresse,
Remets la peine due à nos plus noirs péchés.

  Et vous, son humble et digne mère,
Qui ne voyez que trop notre fragilité,
Parmi les tristes flots de cette vie amère 15
Daignez servir de guide à notre infirmité.

  Nos pio vultu respice,
  Qui Magdalenam hodie
  Vocas ad thronum gloriæ.

  In thesauro reposita
  Regis est drachma perdita,
  Gemmaque luce inclyta
  De luto luci reddita.

  Jesu, dulce refugium,
  Spes una pœnitentium,
  Per peccatricis meritum
  Peccati solve debitum.

  Pia mater et humilis,
  Naturæ memor fragilis,
  In hujus vitæ fluctibus
  Nos rege tuis precibus.

Gloire à tes bontés souveraines,
Dieu, qui rends le courage aux esprits abattus,
Qui fais grâce aux péchés, qui nous remets leurs peines,
Et couronnes au ciel les solides vertus! 20

POUR LA TRANSFIGURATION DE JÉSUS-CHRIST.
6. d'août.
A VÊPRES ET A MATINES.

Vous qui cherchez Jésus jusque dans sa retraite,
Voyez sur le Thabor ce qu'il est dans les cieux :
Voyez-y, pour crayon d'une gloire parfaite,
La neige en ses habits, le soleil dans ses yeux.

Vous verrez un objet illustre, grand, sublime, 5
Incapable de terme, incapable de fin ;

      Uni Deo sit gloria,
      Pro multiformi gratia,
      Qui culpas et supplicia
      Remittit, et dat præmia.

IN DIE TRANSFIGURATIONIS JESUS CHRISTI.
6. augusti.
AD VESPERAS ET MATUTINUM.

    Quicumque Christum quæritis,
    Oculos in altum tollite :
    Illic licebit visere
    Signum perennis gloriæ.

    Illustre quiddam cernimus
    Quod nesciat finem pati,

Un être indépendant, et dont le saint abîme
Du ciel et du chaos devança le destin.

C'est ce que vous cherchez, c'est ce roi de la terre,
Ce prince si longtemps attendu d'Israël, 10
Qu'en faveur d'Abraham le maître du tonnerre
Promit à ses enfants pour monarque éternel.

Ce Père tout-puissant nous le donne avec joie,
Deux prophètes en sont les fidèles témoins ;
Mais il veut qu'on l'écoute, il entend qu'on le croie, 15
Il nous ordonne à tous de lui donner nos soins.

Gloire au céleste objet de la haute merveille
Qui se daigne aujourd'hui révéler à nos yeux !
Au Père, à l'Esprit saint, gloire toute pareille !
Gloire à tous trois ensemble, en tout temps, en tous lieux !

   Sublime[1], celsum, interminum,
   Antiquius cœlo et chao.

   Hic ille rex est gentium
   Populique rex Judaici,
   Promissus Abrahæ patri,
   Ejusque in ævum semini.

   Hunc, et prophetis testibus,
   Isdemque signatoribus,
   Testator et Pater jubet
   Audire nos, et credere.

   Gloria tibi, Domine,
   Qui apparuisti hodie,
   Cum Patre et sancto Spiritu,
   In sempiterna sæcula !

---

1. L'édition originale répète ici *illustre*. La leçon du bréviaire : *sublime*, est bien celle que Corneille traduit.

HYMNES POUR LA TRANSFIGURATION.

A LAUDES.

Jésus, très-pur amour, dès que tu nous visites,
 Dès que tu descends dans nos cœurs,
Les ombres de leur nuit, qu'en chassent tes mérites,
Cèdent à la clarté qu'y versent tes douceurs.

Adorable soleil de la sainte patrie,   5
 Lumière impénétrable aux sens,
Fils à ton père égal, vérité, voie et vie,
Que de bonheur alors ont ces cœurs innocents !

Ineffable splendeur de la gloire du Père,
 Incompréhensible bonté,   10
Donne par ta présence à notre foi sincère
L'inépuisable amour que veut ta charité.

Gloire au céleste objet de la haute merveille
 Qui se manifeste à nos yeux !

AD LAUDES.

Amor Jesu dulcissime,
Quando cor nostrum visitas,
Pellis mentis caliginem,
Et nos reples dulcedine.

Quam felix est quem satias,
Consors paternæ dexteræ,
Tu veræ lumen patriæ,
Quod omnem sensum superat !

Splendor paternæ gloriæ,
Incomprehensa bonitas,
Amoris tui copiam
Da nobis per præsentiam.

Gloria tibi, Domine,
Qui apparuisti hodie,

Au Père, au Saint-Esprit, gloire toute pareille ! 15
Gloire à tous trois ensemble, en tout temps, en tous lieux !

POUR L'APPARITION DE SAINT MICHEL.
8. de mai, et POUR SA DÉDICACE, 29. de septembre.
A VÊPRES ET A MATINES.

Prête, Sauveur bénin, l'oreille à tes louanges :
Vive splendeur du Père, âme et vertu des cœurs,
    Nous les chantons à doubles chœurs,
Nous t'offrons leurs concerts à la face des anges,
    Et pour seconder leurs emplois, 5
Nos vœux jusqu'à ton ciel font résonner nos voix.

Nous honorons, Seigneur, leur céleste milice,
Toujours prête là-haut à tes commandements ;
    Surtout de leurs saints régiments

    Cum Patre et sancto Spiritu,
    In sempiterna sæcula !

IN APPARITIONE SANCTI MICHAËLIS.
8. maii, et IN EJUS DEDICATIONE, 29. septembris.
AD VESPERAS ET MATUTINUM.

Tibi, Christe, splendor Patris,
Vita, virtus cordium,
In conspectu angelorum,
Votis, voce psallimus,
Alternantes concrepando
Melos damus vocibus.

Collaudamus venerantes
Omnes cœli milites,
Sed præcipue primatem

Nous conjurons le chef de nous être propice, 10
  Lui dont l'immortelle vertu
Tient écrasé sous lui le dragon abattu.

Souffre que jusqu'au bout nous soyons en sa garde :
Toi sans qui nos efforts ne sont que vains efforts,
  Épure nos cœurs et nos corps, 15
Repousse tous les traits que l'ennemi nous darde,
  Et malgré ses complots maudits,
Par ta seule bonté rends-nous ton paradis.

Gloire soit à jamais au Père inconcevable !
Gloire toute pareille à son fils Jésus-Christ ! 20
  Pareille gloire au Saint-Esprit,
Tout-puissant ainsi qu'eux, ainsi qu'eux ineffable !
  Gloire à l'immense Trinité,
Et durant tous les temps et dans l'éternité !

Cœlestis exercitus,
Michaëlem in virtute
Conterentem zabulum :

Quo custode procul pelle,
Rex Christe piissime,
Omne nefas inimici,
Mundo corde et corpore :
Paradiso redde tuo
Nos sola clementia.

Gloriam Patri melodis
Personemus vocibus,
Gloriam Christo canamus,
Gloriam Paraclito,
Qui trinus et unus Deus
Exstat ante sæcula.

A LAUDES.

Jésus, seule beauté, seule gloire des anges,
Auteur et directeur de ce mortel séjour,
Fais monter jusqu'aux cieux nos voix et nos louanges,
Fais-nous jusqu'à ton ciel monter à notre tour.

Que l'ange de la paix, ce guerrier intrépide 5
Qui dans le noir abîme enfonça le dragon,
Nous prête par ton ordre un appui si solide,
Que de prospérités il nous comble en ton nom.

Que de ton Gabriel la force inépuisable
De ce vieil ennemi repousse les assauts, 10
Et qu'à chaque moment sa dextre secourable
Du temple de nos cœurs répare les défauts.

Fais partir de là-haut le médecin céleste,

AD LAUDES.

Christe, sanctorum decus angelorum,
Rector humani generis et auctor,
Nobis æternum tribue benignus
  Scandere cœlum.

Angelum pacis Michaël ad istam
Cœlitus mitti rogitamus aulam,
Nobis ut crebro veniente crescant
  Prospera cuncta.

Angelus fortis Gabriel, ut hostem
Pellat antiquum, volitet ab alto,
Sæpius templum veniens ad istud
  Visere nostrum.

Angelum nobis, medicum salutis,

Raphaël, qui nous rende à tous pleine santé :
Qu'il écarte nos pas de la route funeste, 15
Et nous guide à l'heureuse et sainte éternité.

Que tous leurs escadrons, que la Vierge, leur reine,
Que tous les saints pour nous unissent leurs faveurs,
Et par une assistance et prompte et souveraine
Assurent la couronne à nos humbles ferveurs. 20

Accordez cette grâce à l'humaine impuissance,
Vous sans qui toute ardeur, tout zèle s'amortit,
Sainte unité de trois, inconcevable essence,
Dont par tout l'univers la gloire retentit.

> Mitte de cœlis Raphaël, ut omnes
> Sanet ægrotos, pariterque nostros
> Dirigat actus.
>
> Hinc Dei nostri genitrix Maria,
> Totus et nobis chorus angelorum
> Semper assistat, simul et beata
> Concio tota.
>
> Præstet hoc nobis Deitas beata
> Patris, ac Nati, pariterque sancti
> Spiritus, cujus reboat in omni
> Gloria mundo.

POUR LA FÊTE DES SAINTS ANGES GARDIENS,
qui se célèbre le 1. d'octobre, non occupé d'une autre fête.

A VÊPRES ET A MATINES.

Nous chantons ces esprits qu'à veiller sur les hommes,
Qu'à les guider partout Dieu même a préposés,
De peur que les démons, plus forts que nous ne sommes,
Ne remportent sur nous des triomphes aisés ;

Car enfin le dépit de ces anges rebelles, 5
Dont l'orgueil aux enfers fut soudain abattu,
Arme leur jalousie à perdre les fidèles,
Dont Dieu veut en leur place élever la vertu.

Viens donc, ange du ciel, et de toute l'enceinte
Que confie à tes soins ce grand maître des temps, 10
Détourne tous les maux dont l'âme sent l'atteinte,
Et qui ne laissent point en paix ses habitants.

IN FESTO SANCTORUM ANGELORUM CUSTODUM,
prima die octobris non impedita alio festo.

AD VESPERAS ET MATUTINUM.

Custodes hominum psallimus angelos,
Naturæ fragili quos Pater addidit
Cœlestis comites, insidiantibus
  Ne succumberet hostibus ;

Nam quod corruerit proditor angelus,
Concessis merito pulsus honoribus,
Ardens invidia pellere nititur
  Quos cœlo Deus advocat.

Huc custos igitur pervigil advola,
Avertens patria de tibi credita
Tam morbos animi, quam requiescere
  Quicquid non sinit incolas.

Exaltons la puissance et la bonté divine
Des trois qui ne sont qu'un dans leur immensité,
Et qui gouvernant seuls cette triple machine,   15
Règnent et régneront toute l'éternité.

A LAUDES.

Grand Dieu, qui déployas ta suprême puissance
A tirer du néant tout ce vaste univers,
Et qui ne te sers pas de moins de providence
    A régir tant d'êtres divers,

Vois d'un-œil de pitié nos âmes criminelles,   5
Qui d'une voix commune implorent tes bontés;
Et comme l'aube ici rend des clartés nouvelles,
    Rends-leur de nouvelles clartés.

Que ce garde choisi, que tout l'enfer redoute,
L'ange qui par ton ordre accompagne nos pas,   10

Sanctæ sit Triadi laus pia jugiter,
Cujus perpetuo numine machina
Triplex hæc regitur, cujus in omnia
    Regnat gloria sæcula.

AD LAUDES.

Orbis patrator optime,
Qui quicquid est potentia
Magna creasti, nec regis
Minore providentia,

Adesto supplicantium
Tibi reorum cœtui,
Lucisque sub crepusculum
Lucem novam da mentibus;

Tuusque nobis angelus
Signatus ad custodiam,

Empêche que le crime infecte notre route
  De ses contagieux appas.

De l'envieux dragon qu'il dompte la malice,
Qu'il en rompe l'effort, qu'il en brise les traits,
Et ne permette pas que son noir artifice   15
  Nous enveloppe en ses filets.

Qu'aux fureurs de la guerre il ferme nos contrées,
Qu'il écarte de nous ce qu'elle a de rigueurs;
Que la peste en nos murs ne trouve point d'entrées,
  Ni la discorde dans nos cœurs.   20

Gloire au Père éternel, qui garde par ses anges
Tout ce qu'a racheté le sang de Jésus-Christ,
Et qui par eux anime à chanter ses louanges
  Tout ce qu'a rempli son Esprit!

Hic adsit, a contagio
Qui criminum nos protegat.

Serpentis nobis æmuli
Calumnias exterminet,
Ne rete fraudulentiæ
Incauta nectat pectora.

Metum propellat hostium
Nostris procul de finibus,
Pacem procuret civium,
Fugetque pestilentiam.

Deo Patri sit gloria,
Qui quos redemit Filius,
Et sanctus unxit Spiritus,
Per angelos custodiat.

POUR LA FÊTE DE SAINTE TÉRÈSE.
15. octobre.
A VÊPRES.

Par un départ secret des tiens tu te sépares,
Pour annoncer un Dieu qui règne seul en toi,
Térèse, et pour répandre en des climats barbares,
    Ou ton propre sang, ou la foi.

Mais ce Dieu te réserve une mort plus charmante,   5
Un martyre plus beau clora ton dernier jour :
Tu ne devras le ciel qu'à cette pointe ardente
    Dont te va navrer son amour.

O d'un amour si saint noble et sainte victime,
Verse en nos cœurs ce feu qu'allume au tien son dard, 10
Et préserve de ceux où nous mène le crime

IN FESTO SANCTÆ TERESIÆ.
15. octobris.
AD VESPERAS.

Regis superni nuntia,
Domum paternam deseris,
Terris, Teresa, barbaris
Christum datura, aut sanguinem.

Sed te manet suavior
Mors, pœna poscit dulcior :
Divini amoris cuspide
In vulnus icta concides.

O charitatis victima,
Tu corda nostra concrema,
Tibique gentes creditas

Tout ce qui suit ton étendard.

Gloire au Père éternel, sous qui l'univers tremble !
Gloire au Verbe incarné, qu'on ne peut trop bénir !
Gloire à leur Esprit saint ! gloire à tous trois ensemble,
   Dans tous les siècles à venir !

A MATINES.

Telle qu'une blanche colombe
Qui vole à tire-d'aile, et se dérobe aux yeux,
De Térèse aujourd'hui l'âme remonte aux cieux,
   Quand le corps descend sous la tombe.

Son divin époux la rappelle :   5
« Viens, ma sœur, lui dit-il, viens du haut du Carmel,
Viens de l'Agneau mystique au festin éternel,
   Viens à la couronne éternelle. »

Averni ab igne libera.

Sit laus Patri cum Filio,
Et Spiritu Paraclito,
Tibique, sancta Trinitas,
Nunc et per omne sæculum.

AD MATUTINUM.

Hæc est dies qua, candidæ
Instar columbæ, cœlitum
Ad sacra templa spiritus
Se transtulit Teresiæ ;

Sponsique voces audiit :
« Veni, soror, de vertice
Carmeli, ad Agni nuptias;
Veni ad coronam gloriæ. »

Chaste Époux des vierges sans tache,
T'adorent à jamais les esprits bienheureux ! 10
Et qu'à bénir sans fin tes desseins amoureux
　Leur sainte éternité s'attache.

POUR LA FÊTE DE TOUS LES SAINTS.
1. novembre.
A VÊPRES ET A MATINES.

Secourez-nous dans nos misères,
　Unique rédempteur de tous,
Et souffrez que la Vierge, à force de prières,
Pour de pauvres pécheurs calme votre courroux.

　Saints escadrons d'esprits célestes, 5
　Qui nous montrez à le bénir,

　　Te, Christe, sponse virginum,
　　Beati adorent ordines,
　　Et nuptiali cantico
　　Laudent per omne sæculum.

IN FESTO OMNIUM SANCTORUM.
1. novembris.
AD VESPERAS ET MATUTINUM.

　Christe, redemptor omnium,
　Conserva tuos famulos,
　Beatæ semper Virginis
　Placatus sanctis precibus.

　Beata quoque agmina
　Cœlestium spirituum,

Guérissez, repoussez, chassez les maux funestes :
Purgez-en le passé, le présent, l'avenir.

    Prophètes du souverain juge,
      Apôtres chéris du Sauveur,   10
Notre fragilité met en vous son refuge :
Remplissez-en l'espoir, parlez en sa faveur.

    Martyrs, dont nous implorons l'aide,
      Et vous, confesseurs éclairés,
De tout ce qui nous tue obtenez le remède,   15
Et faites-nous revivre aux palais azurés.

    Heureux troupeau de vierges pures,
      Corps sacré de religieux,
Comme les autres saints guérissez nos blessures,
Et nous ouvrez l'entrée au royaume des cieux.   20

    Chassez la nation perfide

        Præterita, præsentia,
        Futura mala pellite.

        Vates æterni judicis,
        Apostolique Domini,
        Suppliciter exposcimus
        Salvari vestris precibus.

        Martyres Dei inclyti,
        Confessoresque lucidi,
        Vestris orationibus
        Nos ferte in cœlestibus.

        Chori sanctarum virginum,
        Monachorumque omnium,
        Simul cum sanctis omnibus,
        Consortes Christi facite.

        Gentem auferte perfidam

Loin des fidèles au vrai Dieu :
Que nous puissions lui rendre avec amour solide
Les grâces qu'en tout temps on lui doit en tout lieu.

    Gloire au Père, à son Fils unique !   25
    Même gloire à l'Esprit divin !
Gloire à tout ce qu'aux saints leur bonté communique !
Gloire à leur unité sans mesure et sans fin !

A LAUDES.

    Jésus, Sauveur de tout le monde,
Protége des pécheurs par ton sang rachetés ;
    Et toi, vierge et mère féconde,
Demande pour eux grâce à ses hautes bontés.

    Anges dont le respect l'admire,   5
Patriarches bénis à qui Dieu le promit,

    Credentium de finibus,
    Ut Christo laudes debitas
    Persolvamus alacriter.

    Gloria Patri ingenito,
    Ejusque unigenito,
    Una cum sancto Spiritu,
    In sempiterna sæcula !

AD LAUDES.

    Jesu, Salvator sæculi,
    Redemptis ope subveni,
    Et pia Dei genitrix,
    Salutem posce miseris.

    Cœtus omnes angelici,
    Patriarcharum cunei,

Et vous qui le sûtes prédire,
Prophètes, déployez pour nous votre crédit.

Précurseur qui mieux que tous autres
Connûtes ce Messie avant que d'être né,
Portier du ciel, dignes apôtres,
Brisez les fers honteux d'un peuple infortuné.

Que par une faveur égale,
Le pur sang des martyrs, la foi des confesseurs,
Et la chasteté virginale,
Des taches du péché daignent purger nos cœurs.

Que les rigides solitaires,
Que tous les habitants du céleste palais,
A nos vœux joignent leurs prières,
Pour nous faire avec eux y revivre à jamais.

Louange au Père inconcevable!

  Et prophetarum merita,
  Nobis precentur veniam.

  Baptista Christi prævius,
  Et claviger æthereus,
  Cum cæteris apostolis,
  Nos solvant nexu criminis.

  Chorus sacratus martyrum,
  Confessio sacerdotum,
  Et virginalis castitas,
  Nos a peccatis abluant.

  Monachorum suffragia,
  Omnesque cives cœlici,
  Annuant votis supplicum,
  Et vitæ poscant præmium.

  Laus, honor, virtus, gloria

Honneur au Verbe-chair! gloire à l'Esprit divin!
Hommage à leur être adorable,
A leur unité sainte, à leur règne sans fin!

>Deo Patri, et Filio,
>Sancto simul Paraclito,
>In sæculorum sæcula!

QUATRIÈME PARTIE.

HYMNES
DU COMMUN DES SAINTS.

POUR LES APÔTRES ET LES ÉVANGÉLISTES,
HORS DU TEMPS DE PÂQUES.//
A VÊPRES ET A LAUDES.

Aux célestes concerts mêlons d'ici les nôtres,
Que la terre avec joie en puisse retentir :
L'ange célèbre au ciel la gloire des apôtres,
C'est à nos voix d'y repartir.

PARS QUARTA.

HYMNI
DE COMMUNI SANCTORUM.

PRO APOSTOLIS ET EVANGELISTIS,
EXTRA TEMPUS PASCHALE.
AD VESPERAS ET LAUDES.

Exultet cœlum laudibus,
Resultet terra gaudiis :
Apostolorum gloriam
Sacra canunt solemnia.

Juges de l'univers, véritables lumières 5
Dont le monde éclairé bénit les sacrés feux,
C'est à vous que nos cœurs adressent leurs prières :
  Recevez-en les humbles vœux.

Les clefs du paradis sont en votre puissance,
Par vous sa porte s'ouvre, et se ferme par vous; 10
D'un seul mot aux pécheurs vous rendez l'innocence :
  Parlez, et nous sommes absous.

Sous quelque infirmité que les hommes languissent,
Votre ordre les guérit ou les laisse abattus :
Rendez aux bonnes mœurs, qui dans nous s'affoiblissent,
  La sainte vigueur des vertus,

Afin que quand Dieu même en son lit de justice
Décidera du monde, et finira les temps,
Il prononce pour nous un arrêt si propice,
  Qu'il nous laisse à jamais contents. 20

  Vos sæcli justi judices,
  Et vera mundi lumina,
  Votis precamur cordium,
  Audite preces supplicum.

  Qui cœlum verbo clauditis,
  Serasque ejus solvitis,
  Nos a peccatis omnibus
  Solvite jussu, quæsumus.

  Quorum præcepto subditur
  Salus et languor omnium,
  Sanate ægros moribus,
  Nos reddentes virtutibus,

  Ut cum judex advenerit
  Christus, in fine sæculi,
  Nos sempiterni gaudii
  Faciat esse compotes.

Gloire au Père éternel! gloire au Fils ineffable!
Gloire toute pareille à l'Esprit tout divin,
Qui procédant des deux, et comme eux immuable,
Avec tous deux règne sans fin!

A MATINES.

Que les dons éternels du monarque des anges,
  Saints apôtres, ses favoris,
Occupent notre bouche à de justes louanges
  Pour vous qu'il a le plus chéris.

Son grand choix vous a faits princes de nos églises, 5
  Chefs des plus triomphants combats,
De ce vaste univers les lumières exquises,
  Et du vrai Dieu les vrais soldats.

En vous on voit des saints la foi dévote et nette,
  Des croyants l'invincible espoir; 10

   Deo Patri sit gloria,
   Ejusque soli Filio,
   Cum Spiritu Paraclito,
   Et nunc et in perpetuum.

   ### AD MATUTINUM.

   Æterna Christi munera,
   Apostolorum gloriam,
   Laudes canentes debitas,
   Lætis canamus mentibus:

   Ecclesiarum principes,
   Belli triumphales duces,
   Cœlestis aulæ milites,
   Et vera mundi lumina.

   Devota sanctorum fides,
   Invicta spes credentium.

En vous de Jésus-Christ la charité parfaite
   Du monde brave le pouvoir.

En vous le Père voit la splendeur de sa gloire,
   Le Saint-Esprit, sa volonté;
Le Fils y voit briller l'éclat de sa victoire :   15
   Dieu tout entier est exalté.

Adorable Jésus, dont la gloire infinie
   Remplit tous les célestes chœurs,
Daigne nous à jamais joindre à leur compagnie,
   Quoique inutiles serviteurs.   20

       Perfecta Christi charitas
       Mundi triumphat principem.

       In his paterna gloria,
       In his voluntas Spiritus,
       Exultat in his Filius.
       Cœlum repletur gaudio.

       Te nunc, Redemptor, quæsumus,
       Ut ipsorum consortio
       Jungas precantes servulos,
       In sempiterna sæcula.

POUR LES APÔTRES ET LES ÉVANGÉLISTES,

AU TEMPS DE PÂQUES.

A VÊPRES ET A MATINES.

Les apôtres en pleurs, et comblés de tristesse,
 Regrettoient ce maître adoré,
Que l'impie attentat d'une race traîtresse
 Par un cruel trépas avoit défiguré.

Un ange en consola de vertueuses dames : 5
 « Quittez, leur dit-il, ce tombeau;
Allez en Galilée, et ce roi de vos âmes
 Y frappera vos yeux par un éclat nouveau. »

Aux apôtres soudain elles courent le dire
 Avec un saint empressement, 10
Et rencontrent ce Dieu pour qui leur cœur soupire,
 Comme il l'avoit promis, sorti du monument.

PRO APOSTOLIS ET EVANGELISTIS,

TEMPORE PASCHALI.

AD VESPERAS ET MATUTINUM.

Tristes erant apostoli
De nece sui Domini,
Quem morte crudelissima
Servi damnarant impii.

Sermone blando angelus
Prædixit mulieribus :
« In Galilæa Dominus
Videndus est quantocius. »

Illæ dum pergunt concitæ
Apostolis hoc dicere,
Videntes eum vivere,
Christi tenent vestigia :

Ses disciples à peine en ont la connoissance,
    Qu'ils vont en hâte au même lieu,
Voir ce dernier effet de la toute-puissance,   15
Qui ranime le corps de l'unique Homme-Dieu.

Sauveur de tout le monde, en cette pleine joie
    Dont la Pâque remplit nos cœurs,
Daigne si bien guider ton peuple dans ta voie,
Que d'une mort funeste il échappe aux rigueurs.   20

Gloire à toi, Rédempteur, et monarque suprême,
    Par toi-même ressuscité!
Même gloire à ton Père, au Saint-Esprit la même,
Et durant tous les temps et dans l'éternité!

A LAUDES.

Pâques semble au soleil en faveur des apôtres
    Prêter de nouvelles splendeurs :

> Quo agnito, discipuli
> In Galilæam propere
> Pergunt videre faciem
> Desideratam Domini.
>
> Quæsumus, auctor omnium,
> In hoc paschali gaudio,
> Ab omni mortis impetu
> Tuum defende populum.
>
> Gloria tibi, Domine,
> Qui surrexisti a mortuis,
> Cum Patre et sancto Spiritu,
> In sempiterna sæcula!

AD LAUDES.

> Claro paschali gaudio
> Sol mundo nitet radio,

Avec les yeux du corps, foibles comme les nôtres,
D'un maître revivant ils ont vu les grandeurs.

Ils ont vu dans sa chair l'ouverture des plaies,
 Ils l'ont sondée avec les doigts ;
Son trépas étoit vrai, ces merveilles sont vraies :
C'est ce que chacun d'eux publie à haute voix.

Saisis-toi de nos cœurs, roi qui n'es que clémence,
 Et qui pour nous te fis mortel,
Afin que notre zèle à ta haute puissance
Rende avec allégresse un hommage éternel.

Sauveur de tout le monde, en cette pleine joie
 Dont la Pâque remplit nos cœurs,
Daigne si bien guider ton peuple dans ta voie,
Que d'une mort funeste il échappe aux rigueurs.

Gloire à toi, Rédempteur, et monarque suprême,

 Cum Christum jam apostoli
 Visu cernunt corporeo.

 Ostensa sibi vulnera
 In Christi carne fulgida,
 Resurrexisse Dominum
 Voce fatentur publica.

 Rex, Christe, clementissime,
 Tu corda nostra posside,
 Ut tibi laudes debitas
 Reddamus omni tempore.

 Quæsumus, auctor omnium,
 In hoc paschali gaudio,
 Ab omni mortis impetu
 Tuum defende populum.

 Gloria tibi, Domine,

Par toi-même ressuscité!
Même gloire à ton Père, au Saint-Esprit la même,
Et durant tous les temps et dans l'éternité! 20

POUR UN MARTYR.

A VÊPRES ET A MATINES.

Dieu, qui de tes soldats couronnes la victoire
    Et sers de prix à leurs hauts faits,
En faveur du martyr dont nous chantons la gloire,
    Dégage-nous de nos forfaits.

Il renonça du siècle aux honneurs périssables, 5
    Les regarda comme pollus,
Et goûte dans le ciel ces biens inépuisables
    Que tu dépars à tes élus.

    Qui surrexisti a mortuis,
    Cum Patre et sancto Spiritu,
    In sempiterna sæcula!

IN FESTO UNIUS MARTYRIS.

AD VESPERAS ET MATUTINUM.

Deus tuorum militum
Corona, sors, et præmium,
Laudes canentes martyris
Absolve nexu criminis.

Hic nempe mundi gaudia,
Et blandimenta noxia,
Caduca rite deputans,
Ovans tenet cœlestia.

Il brava des tourments l'horreur la plus cruelle,
  Les souffrit avec un grand cœur ; 10
Et son sang répandu pour ta gloire immortelle
  Lui gagne un immortel honneur.

Écoute, ô Dieu bénin, notre cœur qui soupire !
  Et, favorable à nos clameurs,
Aujourd'hui qu'un martyr triomphe en ton empire, 15
  Pardonne à de pauvres pécheurs.

Gloire au Père éternel ! gloire au Fils ineffable
  Gloire à l'Esprit saint et divin !
Gloire à leur unité, dont l'essence immuable
  Règne sans bornes et sans fin ! 20

A LAUDES.

Martyr, qui du grand Dieu suivant le Fils unique,
  Et son vrai disciple en ces lieux,

>   Pœnas cucurrit fortiter,
>   Et sustulit viriliter ;
>   Pro te effundens sanguinem,
>   Æterna dona possidet.
>
>   Ob hoc precatu supplici
>   Te poscimus, piissime,
>   In hoc triumpho martyris
>   Dimitte noxam criminis.
>
>   Laus et perennis gloria
>   Deo Patri, et Filio,
>   Sancto simul Paraclito,
>   In sæculorum sæcula ! -

AD LAUDES.

>   Martyr Dei, qui unicum
>   Patris sequendo Filium

Domptas tout ce qu'osa la fureur tyrannique
  Dont tu triomphes dans les cieux,

Contre tous nos péchés daigne de tes prières
  Nous prêter le céleste appui ;
De tout ce qui nous souille affranchis nos misères,
  Et soulage tout notre ennui.

Détaché des liens de la terrestre masse,
  Tu vis dans l'éternel séjour :
Détache-nous du siècle, et nous obtiens la grâce
  De mettre en Dieu tout notre amour.

Gloire au Père éternel ! gloire au Fils ineffable !
  Gloire à l'Esprit saint et divin !
Gloire à leur unité, dont l'essence immuable
  Règne sans bornes et sans fin !

>   Victis triumphas hostibus,
>   Victor fruens cœlestibus,
>
>   Tui precatus munere
>   Nostrum reatum dilue,
>   Arcens mali contagium,
>   Vitæ removens tædium.
>
>   Soluta sunt jam vincula
>   Tui sacrati corporis :
>   Nos solve vinclis sæculi
>   Amore Filii Dei.
>
>   Deo Patri sit gloria,
>   Ejusque soli Filio,
>   Cum Spiritu Paraclito,
>   Et nunc et in perpetuum.

POUR PLUSIEURS MARTYRS.

A VÊPRES.

Chantons des saints martyrs les mérites sur terre,
La valeur aux combats, les triomphes aux cieux :
C'est de tous les vainqueurs qu'ennoblisse la guerre
    Le genre le plus glorieux.

Le monde avec horreur a regardé leur vie, 5
Comme ils ont regardé le monde avec mépris ;
Et ta route, ô grand Dieu, jusqu'à ton ciel suivie,
    De ton royaume a fait leur prix.

Leur courage a bravé les gênes préparées ;
Leur force a mis à bout la rage des tyrans ; 10
L'ongle de fer leur cède, et leurs chairs déchirées
    Raniment le cœur des mourants.

IN FESTO PLURIMORUM MARTYRUM.

AD VESPERAS.

Sanctorum meritis inclyta gaudia
Pangamus, socii, gestaque fortia ;
Nam gliscit animus promere cantibus
    Victorum genus optimum.

Hi sunt quos retinens mundus inhorruit ;
Ipsum nam sterili flore peraridum
Sprevere penitus, teque secuti sunt,
    Rex Christe bone, cœlitus.

Hi pro te furias, atque ferocia
Calcarunt hominum sævaque verbera :
Cessit his lacerans fortiter ungula,
    Nec carpsit penetralia.

Comme innocents agneaux, ils souffrent tout sans plainte :
On les brise, on les hache, ils n'en murmurent point ;
Leur cœur s'en applaudit, et porte à chaque atteinte 15
    La patience au dernier point.

Quelle plume, Seigneur, quelle voix peut décrire
Ce que ta main apprête à ces dignes guerriers?
La pourpre de leur sang leur assure un empire,
    Et leur mort, d'immortels lauriers. 20

Unique déité, daigne effacer nos crimes,
Laver leur moindre tache, et nous donner ta paix,
Afin qu'associés à ces pures victimes
    Nous t'en rendions gloire à jamais.

A MATINES.

Que les dons éternels du monarque des anges,
    Les victoires de ses martyrs,

    Cæduntur gladiis more bidentium,
    Non murmur resonat, non querimonia;
    Sed corde tacito mens bene conscia
        Conservat patientiam.

    Quæ vox, quæ poterit lingua retexere
    Quæ tu martyribus munera præparas?
    Rubri nam fluido sanguine, laureis
        Ditantur bene fulgidis.

    Te, summa Deitas unaque, poscimus,
    Ut culpas abluas, noxia subtrahas,
    Des pacem famulis, nos quoque gloriam
        Per cuncta tibi sæcula.

AD MATUTINUM.

    Æterna Christi munera,
    Et martyrum victorias,

Occupant notre bouche à de justes louanges,
  Épanouissent nos desirs.

Le mépris des terreurs qu'épand la tyrannie, 5
  Et celui des gênes du corps,
Les ont fait arriver à l'immortelle vie
  Par la plus heureuse des morts.

Ils sont livrés aux dents des bêtes carnassières,
  On les abîme dans les feux ; 10
Des plus cruels bourreaux les rages les plus fières
  Fondent et se lassent sur eux.

On déchire leurs flancs, on sème leurs entrailles ;
  Et quand leur sang est répandu,
Leur esprit en repos attend de ces batailles 15
  Le prix qu'il sait leur être dû.

Adorable Jésus, dont la gloire infinie

      Laudes canentes debitas,
      Lætis canamus mentibus.

      Terrore victo sæculi,
      Pœnisque spretis corporis,
      Mortis sacræ compendio
      Vitam beatam possident.

      Traduntur igni martyres,
      Et bestiarum dentibus ;
      Armata sævit ungulis
      Tortoris insani manus.

      Nudata pendent viscera,
      Sanguis sacratus funditur ;
      Sed permanent immobiles,
      Vitæ perennis gratia.

      Te nunc, Redemptor, quæsumus,

Remplit tous les célestes chœurs,
Daigne nous à jamais joindre à leur compagnie,
Quoique inutiles serviteurs. 20

A LAUDES.

Toi qui mets tes martyrs au-dessus du tonnerre,
    Et couronnes tes confesseurs,
Toi qui pour le mépris des faux biens de la terre
    Rends d'inépuisables douceurs,

Prête à nos voix, Seigneur, des oreilles propices, 5
    Donne à nos vœux de prompts effets :
Nous chantons des martyrs les triomphants supplices,
    Pardonne à nos plus noirs forfaits.

Tu vaincs en ces martyrs, et ta bonté fait grâce
    A ceux qui confessent ton nom : 10
Tu vois de nos péchés quelle est l'impure masse,

    Ut ipsorum consortio
    Jungas precantes servulos,
    In sempiterna sæcula.

AD LAUDES.

    Rex gloriose martyrum,
    Corona confitentium,
    Qui respuentes terrea
    Perducis ad cœlestia,

    Aurem benignam protinus
    Appone nostris vocibus :
    Trophæa sacra pangimus,
    Ignosce quod deliquimus.

    Tu vincis in martyribus,
    Parcendo confessoribus :
    Tu vince nostra crimina,

Triomphes-en par le pardon.

Gloire au Père éternel! gloire au Fils ineffable!
Gloire à l'Esprit saint et divin!
Gloire à leur unité, dont l'essence immuable   15
Règne sans bornes et sans fin!

POUR UN CONFESSEUR.

A VÊPRES ET A MATINES.

Ce digne confesseur, dont le peuple en ces lieux
Honore la mémoire et célèbre la fête,
D'un empire aujourd'hui fit la sainte conquête,
Et prit sa place dans les cieux.

Tant qu'il vécut sur terre, on vit sa piété   5
Par un divin accord s'unir à la prudence,

Donando indulgentiam.

Deo Patri sit gloria,
Ejusque soli Filio,
Cum Spiritu Paraclito,
Et nunc et in perpetuum.

IN FESTO UNIUS CONFESSORIS.

AD VESPERAS ET MATUTINUM.

Iste confessor Domini sacratus,
Festa plebs cujus celebrat per orbem,
Hodie lætus meruit secreta
Scandere cœli :

Qui pius, prudens, humilis, pudicus,
Sobrius, castus fuit, et quietus,

Sa pudeur conspirer avec la tempérance,
　　Son calme avec l'humilité.

Autour de son tombeau les malades rangés
Reçoivent chaque jour des guérisons soudaines, 10
Et les maux les plus grands qui ravagent leurs veines
　　Sont d'autant plus tôt soulagés.

C'est donc avec raison que nos chœurs aujourd'hui
Font résonner un hymne et des vœux à sa gloire,
Afin que son mérite aide à notre victoire 15
　　A monter au ciel après lui.

Gloire à l'unique auteur de ce vaste univers!
Gloire, honneur et louange à sa bonté divine,
Dont l'absolu vouloir gouverne la machine
　　Du ciel, de la terre et des mers! 20

　　　Vita dum præsens vegetavit ejus
　　　　　Corporis artus:

　　　Ad sacrum cujus tumulum frequenter
　　　Membra languentum modo sanitati,
　　　Quolibet morbo fuerint gravata,
　　　　　Restituuntur:

　　　Unde nunc noster chorus, in honorem
　　　Ipsius, hymnum canit hunc libenter,
　　　Ut piis ejus meritis juvemur
　　　　　Omne per ævum.

　　　Sit salus illi, decus, atque virtus,
　　　Qui supra cœli residens cacumen,
　　　Totius mundi machinam gubernat,
　　　　　Trinus et unus.

POUR UN CONFESSEUR PONTIFE.

A LAUDES.

Doux rédempteur de tout le monde,
Sainte couronne des prélats,
Daigne, par ta clémence en miracles féconde,
Favoriser des vœux qu'on t'offre d'ici-bas.

C'est en cette heureuse journée, 5
Dont nous célébrons le retour,
Qu'un prélat tout à toi vit sa course bornée
Par le prix éternel qu'en reçut son amour.

Pour avoir des biens périssables
Rejeté les flatteurs attraits, 10
Il en goûte aujourd'hui qui sont inexprimables,
Et dont l'épanchement ne tarira jamais.

Fais-nous, Seigneur, suivre ses traces,

PRO CONFESSORE PONTIFICE.

AD LAUDES.

Jesu, redemptor omnium,
Perpes corona præsulum,
In hac die clementius
Nostris faveto precibus,

Tui sacri qua nominis
Confessor almus claruit;
Hujus celebrat annua
Devota plebs solemnia:

Qui rite mundi gaudia
Hujus caduca respuens,
Cum angelis cœlestibus
Lætus potitur præmiis.

Hujus benignus annue

Imprimer nos pas sur les siens,
Afin qu'à sa prière obtenant mêmes grâces, 15
Nous puissions dans le ciel jouir des mêmes biens.

Puissions-nous, ô roi débonnaire,
Te rendre une gloire sans fin,
Pareille et même gloire à ton céleste Père,
Pareille et même gloire à l'Esprit tout divin ! 20

POUR UN CONFESSEUR NON PONTIFE.

A LAUDES.

Jésus, de notre foi la plus riche couronne
  Et la plus haute vérité,
Qui pour prix des travaux qu'en t'aimant on se donne,
  Rends une heureuse éternité,

  Nobis sequi vestigia;
  Hujus precatu servulis
  Dimitte noxam criminis.

  Sit, Christe, rex piissime,
  Tibi, Patrique gloria,
  Cum Spiritu Paraclito,
  Et nunc et in perpetuum.

PRO CONFESSORE NON PONTIFICE.

AD LAUDES.

  Jesu, corona celsior,
  Et veritas sublimior,
  Qui confitenti servulo
  Reddis perenne præmium,

HYMNE POUR UN CONFESSEUR NON PONTIFE.

Accorde en rédempteur aux vœux de l'assemblée, 5
    Par les mérites de ce saint;
La grâce des péchés dont elle est accablée,
    Et brise les fers qu'elle craint.

Ce jour que tous les ans sa fête renouvelle,
    Ce grand, ce digne jour nous luit, 10
Où quittant de son corps la dépouille mortelle,
    Il monta dans un jour sans nuit.

Pour avoir dédaigné tout ce que la nature
    Étale d'attrayant aux yeux,
Et traité ses trésors et de fange et d'ordure, 15
    Il règne à jamais dans les cieux.

A force d'adorer ta main qui nous gouverne,
    A force d'exalter ton nom,
Il dompta hautement tout l'orgueil de l'Averne,
    Et les ministres du démon. 20

    Da supplicanti cœtui,
    Obtentu hujus optimi,
    Remissionem criminum,
    Rumpendo nexum vinculi.

    Anni recurso tempore,
    Dies illuxit lumine,
    Quo sanctus hic de corpore
    Polum migravit præpotens.

    Hic vana terræ gaudia,
    Et luculenta prædia
    Polluta sorde deputans,
    Ovans tenet cœlestia.

    Te Christe, rex piissime,
    Hic confitendo jugiter,
    Calcavit hostem fortiter,
    Superbum ac satellitem.

HYMNE POUR UN CONFESSEUR NON PONTIFE.

Ce qu'il eut de vertu, ce qu'il eut de foi vive,
    Dans le rang de tes confesseurs,
Pour fruit d'une abstinence heureusement craintive,
    Goûte d'éternelles douceurs.

Daigne donc, ô grand Dieu, dont les bontés sublimes
    L'ont mis au nombre des élus,
Remettre en sa faveur à l'excès de nos crimes
    Les châtiments qui leur sont dus.

Louange à tout jamais au Père inconceivable !
    Louange à son Verbe en tout lieu !   30
Louange à l'Esprit saint, ainsi qu'eux ineffable,
    Qui n'est avec eux qu'un seul Dieu !

    Virtute clarus et fide,
    Confessionis ordine,
    Jejuna membra deferens,
    Dapes supernas obtinet.

    Proinde te, piissime,
    Precamur omnes supplices,
    Ut hujus almi gratia
    Nobis remittas debita.

    Gloria Patri Domino !
    Gloria unigenito,
    Una cum sancto Spiritu,
    In sempiterna sæcula !

POUR LES VIERGES.

A VÊPRES ET A LAUDES.

Jésus, des vierges la couronne,
Que dans ses flancs sacrés une mère porta
Qui vierge te conçut, et vierge t'enfanta,
Reçois les humbles vœux dont notre cœur résonne.

    Parmi les lis que tu fais naître, 5
Les vierges à l'envi te vont faire leur cour ;
En époux glorieux tu les remplis d'amour,
Et ton céleste amour les récompense en maître.

    Partout elles suivent tes traces,
Et la sainte candeur de leurs feux innocents 10
Offre à ta gloire immense un éternel encens,
A ton immense amour d'inépuisables grâces.

    Fais-nous par des faveurs nouvelles

PRO VIRGINIBUS.

AD VESPERAS ET LAUDES.

Jesu, corona virginum,
Quem mater illa concipit
Quæ sola virgo parturit,
Hæc vota clemens accipe.

Qui pascis inter lilia,
Septus choreis virginum,
Sponsus decorus gloria,
Sponsisque reddens præmia :

Quocumque pergis, virgines
Sequuntur, atque laudibus
Post te canentes cursitant,
Hymnosque dulces personant.

Te deprecamur, largius

Épurer à tel point notre fragilité,
Qu'élevés au-dessus de notre infirmité, 15
Nous soyons à tes yeux chastes et saints comme elles.

 Honneur, vertu, gloire et louange
Au Père, au Fils unique, à l'Esprit tout divin,
Qui ne sont qu'une essence, et qui tous trois, sans fin,
Règnent dans un séjour où jamais rien ne change! 20

A MATINES.

Fils d'une vierge pure, auteur de cette mère
Qui vierge te conçut, vierge te mit au jour,
Nous chantons d'une vierge et la mort et l'amour :
 Donne à nos chants de quoi te plaire.

Elle fut, cette vierge, en deux façons heureuse : 5
Son sexe étoit fragile, elle sut résister;
Son siècle étoit cruel, elle sut le dompter,

  Nostris adauge sensibus
  Nescire prorsus omnia
  Corruptionis vulnera.

  Laus, honor, virtus, gloria,
  Deo Patri, et Filio,
  Sancto simul Paraclito,
  In sæculorum sæcula!

AD MATUTINUM.

 Virginis proles, opifexque matris,
 Virgo quem gessit, peperitque virgo,
 Virginis festum canimus trophæum :
  Accipe votum.

 Hæc tua virgo, duplici beata
 Sorte, dum gestit fragilem domare
 Corporis sexum, domuit cruentum

Toujours forte et victorieuse.

Elle voyoit aussi le trépas sans le craindre,
Les tyrans sans frémir, les bourreaux sans horreur ; 10
Et les flots de son sang que versa leur fureur
  Jusqu'au ciel la firent atteindre.

Au nom de cette vierge exauce nos prières,
Pardonne à nos péchés, purge ce qui vient d'eux,
Afin qu'à tes autels notre zèle et nos vœux 15
  Te portent des âmes entières.

Gloire au Père éternel, tout bon, tout saint, tout sage !
Gloire au Verbe incréé ! gloire à l'Esprit divin,
Qui procédant des deux, règne avec eux sans fin,
  Et veut de nous pareil hommage ! 20

  Corpore sæclum :

Unde nec mortem, nec amica mortis
Sæva pœnarum genera pavescens,
Sanguine fuso meruit sacratum
  Scandere cœlum.

Hujus obtentu, Deus alme, nostris
Parce jam culpis, vitia remittens,
Quo tibi puri resonemus almum
  Pectoris hymnum.

Gloria Patri, genitæque proli,
Et tibi compar utriusque semper
Spiritus alme, Deus unus, omni
  Tempore sæcli !

POUR UNE SAINTE QUI N'EST NI VIERGE NI MARTYRE.

A VÊPRES ET A LAUDES.

Exaltons d'une femme forte
Le courage viril, l'heureuse fermeté,
　　Les victoires qu'elle remporte,
Et qui font en tous lieux briller sa sainteté.

　　De l'amour de son Dieu navrée,
Elle prit en horreur le monde et ses plaisirs,
　　Et par une route sacrée
Elle parvint au ciel, où tendoient ses desirs.

　　Les veilles furent ses délices,
La fervente oraison fit ses plus doux festins,
　　La charité ses exercices,
Et ses jeûnes là-haut goûtent des mets divins.

PRO NEC VIRGINE NEC MARTYRE.

AD VESPERAS ET LAUDES.

Fortem virili pectore
Laudemus omnes feminam,
Quæ sanctitatis gloria
Ubique fulget inclyta.

Hæc Christi amore saucia,
Dum mundi amorem noxium
Horrescit, ad cœlestia
Iter peregit arduum.

Carnem domans jejuniis,
Dulcique mentem pabulo
Orationis nutriens,
Cœli potitur gaudiis.

  Grand Dieu, vertu des fortes âmes,
Qui seul en celle-ci fis de si grands effets,
  Inspire-nous les mêmes flammes,   15
Écoute nos soupirs, et lave nos forfaits.

  Gloire au Père, au Verbe ineffable,
A l'Esprit tout divin, à leur sainte unité,
  A leur essence inconcevable,
Et durant tous les temps et dans l'éternité!   20

A MATINES.

Au nom de cette sainte exauce nos prières,
Pardonne à nos péchés, purge ce qui vient d'eux,
Afin qu'à tes autels notre zèle et nos vœux
  Te portent des âmes entières.

Gloire au Père éternel, tout bon, tout saint, tout sage!
Gloire au Verbe incréé! gloire à l'Esprit divin,

Rex Christe, virtus fortium,
Qui magna solus efficis,
Hujus precatu, quæsumus,
Audi benignus supplices.

Deo Patri sit gloria,
Ejusque soli Filio,
Cum Spiritu Paraclito,
Et nunc et in perpetuum.

AD MATUTINUM.

Hujus obtentu, Deus alme, nostris
Parce jam culpis, vitia remittens,
Quo tibi puri resonemus almum
  Pectoris hymnum.

Gloria Patri, genitæque proli,
Et tibi compar utriusque semper

Qui procédant des deux, règne avec eux sans fin,
Et veut de nous pareil hommage !

POUR LA DÉDICACE D'UNE ÉGLISE.

A VÊPRES ET A MATINES.

Sainte Jérusalem, ville heureuse à jamais,
  Charmante vision de paix,
Qui n'es bâtie au ciel que de pierres vivantes,
Les anges, l'un de l'autre en ta faveur jaloux,
  Te font des couronnes brillantes,   5
Et telles que l'épouse en attend de l'époux.

Aussi le digne éclat que tu reçois des cieux
  T'offre si pompeuse à ses yeux,
Qu'il te voit en épouse à son lit destinée :
Tes places et tes murs sont d'un or épuré,   10

  Spiritus alme, Deus unus, omni
    Tempore sæcli!

IN ANNIVERSARIO DEDICATIONIS ECCLESIÆ.

AD VESPERAS ET MATUTINUM.

  Urbs Jerusalem beata,
  Dicta pacis visio,
  Quæ construitur in cœlis
  Vivis ex lapidibus,
  Et angelis coronata,
  Ut sponsata comite;

  Nova veniens e cœlo
  Nuptiali thalamo
  Præparata, ut sponsata
  Copuletur Domino:

HYMNES POUR LA DÉDICACE D'UNE ÉGLISE.

Et toute leur structure ornée
Des plus riches splendeurs dont son chef soit paré.

Tes gonds et tes verrous de perles sont couverts ;
  Tes portes à battants ouverts
Au vrai mérite seul en permettent l'entrée :   15
C'est là qu'il introduit quiconque en ces bas lieux,
  En cette infidèle contrée,
Endure pour le nom d'un Dieu, le Dieu des Dieux.

Ces pierres qu'ici-bas polissent les tourments,
  Les gênes, les accablements,   20
Prennent là des clartés à jamais perdurables :
Le céleste ouvrier met chacune en son lieu,
  Et par des chaînes adorables
Attache l'une à l'autre, et les unit en Dieu.

Gloire, puissance, honneur et louange au Très-Haut,

    Plateæ et muri ejus
    Ex auro purissimo.

    Portæ nitent margaritis,
    Adytis patentibus ;
    Et virtute meritorum
    Illuc introducitur
    Omnis qui ob Christi nomen
    Hic in mundo premitur.

    Tunsionibus, pressuris
    Expoliti lapides
    Suis coaptantur locis
    Per manus artificis :
    Disponuntur permansuri
    Sacris ædificiis.

    Gloria et honor Deo,

Au Fils, comme lui sans défaut,
A l'Esprit tout divin, ainsi qu'eux ineffable !
Gloire, honneur et louange à leur sainte unité,
    A leur essence inconcevable,
Et durant tous les temps et dans l'éternité !   30

A LAUDES.

Bienheureuse cité, le monarque éternel,
    Qui sauva l'homme criminel,
Te sert de fondement et de pierre angulaire :
De tes murs rayonnants il est la liaison,
    Et se fait le digne salaire   5
De la foi qui sur terre enchaîne ta raison.

Cette ville chérie, et toujours en faveur,
    Infatigable en sa ferveur,
Résonne incessamment d'une musique sainte;
Et l'amoureux concert que font toutes ses voix   10

    Usquequaque altissimo !
    Una Patri, Filioque,
    Inclyto Paraclito,
    Cui laus est et potestas
    Per æterna sæcula !

AD LAUDES.

    Angularis fundamentum
    Lapis Christus missus est,
    Qui parietum compage
    In utroque nectitur,
    Quem Sion sancta suscepit,
    In quo credens permanet.

    Omnis illa Deo sacra
    Et dilecta civitas,
    Plena modulis, in laude
    Et canore jubilo,

Exalte en toute son enceinte
Ces trois qui ne sont qu'un, et cet unique en trois.

Ce temple la figure en portrait raccourci :
    Seigneur, daigne y loger aussi,
Accorde cette grâce à nos humbles prières,   15
Verse à grands flots sur nous ta bénédiction,
    Et par des faveurs singulières
Rends-nous dignes un jour de ta sainte Sion.

Qu'en ce temple chacun obtienne de ses vœux
    L'effet cent et cent fois heureux   20
Qu'ont ici de tes saints mérité les souffrances :
Admets-nous avec eux en ton divin séjour,
    Et fais-nous part des récompenses
Qu'à leurs travaux finis prodigue ton amour.

Gloire, puissance, honneur et louange au Très-Haut,
    Au Fils, comme lui sans défaut,

    Trinum Deum unicumque
    Cum fervore prædicat.

    Hoc in templo, summe Deus,
    Exoratus adveni,
    Et clementi bonitate
    Precum vota suscipe :
    Largam benedictionem
    Hic infunde jugiter.

    Hic promereantur omnes
    Petita acquirere,
    Et adepta possidere
    Cum sanctis perenniter,
    Paradisum introire,
    Translati in requiem.

    Gloria et honor Deo,
    Usquequaque altissimo !

A l'Esprit tout divin, ainsi qu'eux ineffable !
Gloire, honneur et louange à leur sainte unité,
 A leur essence inconcevable,
Et durant tous les temps et dans l'éternité !   30

   Una Patri, Filioque,
   Inclyto Paraclito,
   Cui laus est et potestas
   Per æterna sæcula !

VERSION

DES HYMNES

DE SAINT VICTOR

NOTICE.

Cette traduction des hymnes composées en l'honneur de saint Victor par Santeul, chanoine de Saint-Victor, que, comme nous l'apprend Fontenelle, Corneille « estimoit extrêmement[1] » et dont il a traduit un assez grand nombre d'autres pièces de vers, ainsi qu'on le verra dans le volume suivant, a été publiée pour la première fois, du vivant de notre poëte, en une brochure de quatre pages in-4°, sans nom d'auteur, imprimée en caractères italiques, et portant le titre que nous venons de reproduire sur le feuillet précédent, mais n'ayant ni adresse ni date[2]. Cette édition ne renferme pas le latin de ces hymnes. Un recueil imprimé de diverses poésies de Santeul[3], qui paraît appartenir aux premières années du dix-huitième siècle, contient, à la page 28, un texte des vers latins, que l'abbé Granet

1. *Œuvres* (édition de 1742), tome III, p. 123.
2. Un exemplaire de ce rare opuscule, qui figurait sous le numéro 325 dans le *Catalogue de livres curieux.... provenant de la bibliothèque de M. H. H.******, dont la vente a eu lieu en décembre 1862, par les soins de M. Potier, a été acquis à cette époque par la bibliothèque de l'Institut, où il figure aujourd'hui sous la marque Q 400^{2*}. Bien que réellement in-4°, il est rangé, à cause de son peu de grandeur, parmi les volumes in-8°.
3. Ce recueil, dont la Bibliothèque impériale possède un exemplaire, et dont un autre exemplaire incomplet se trouve contenu dans un volume de mélanges du cabinet des manuscrits de la bibliothèque de l'Arsenal (belles-lettres latines, 70, in-8°), n'a point de frontispice. Il commence par une pièce intitulée : *Claudio Lalanno, sodali suo, I. B. Santolius*, paginée j-iiij, et continue par *Sorbona incensa*, et divers autres opuscules formant 84 pages.

a reproduit dans les *OEuvres diverses* de Corneille[1], mais qui diffère assez notablement de celui que Santeul avait publié à part, en trois pages in-4°[2], et aussi, quoique beaucoup moins, de celui qui a été imprimé dans les éditions complètes de ses Hymnes[3]. Corneille n'a suivi complétement aucun de ces trois textes; il en avait probablement paru un autre encore, que nous n'avons pu retrouver. Nous avons choisi, autant que nous avons pu les reconnaître, et adopté dans notre latin, les leçons rendues dans les vers français.

A la page 32 du recueil de poésies de Santeul dont nous venons de parler, on trouve la *Traduction de l'Hymne de S. Victor*, en douze strophes, signée Charpentier de l'Ac. Fr.[4]; et, à la page 38, une *Autre traduction des Hymnes de S. Victor*, signée P. Corneille, qui est, sauf une seule variante, la reproduction textuelle de l'édition originale in-4°.

1. Pages 296 et suivantes.
2. Cet in-4°, sans nom d'auteur, ni date, ni lieu, fait partie d'un recueil factice d'opuscules appartenant à la bibliothèque Sainte-Geneviève, et marqué Y 421.
3. *Hymni sacri et novi*, autore *Santolio Victorino*. Parisiis, M.DC.LXXX. — *Editio novissima*. Parisiis, M.DC.XCVIII.
4. Nous reproduisons ici la première strophe de cette traduction, pour montrer à quel point elle diffère de celle de Corneille :

> Chrétiens, célébrons la victoire
> De Victor, ce fameux soldat,
> Qui dans un douloureux combat
> Acquit une éternelle gloire;
> Chantons ce noble déserteur
> Qui de l'infernal séducteur
> Quitta l'injuste obéissance,
> Pour suivre les saints étendards
> D'un Dieu que sa seule souffrance
> Fit triompher de toutes parts.

On trouve dans la *Traduction en vers françois des hymnes de Monsieur de Santeul*, par Saurin, publiée en 1691, in-12, la traduction des hymnes de saint Victor. Dans la troisième édition, Saurin y a joint un second essai de traduction, entièrement différent du premier. Ils n'ont ni l'un ni l'autre aucun rapport avec la version de Corneille.

VERSION DES HYMNES
DE SAINT VICTOR.

A MATINES.

Chantons, peuple, chantons ce guerrier dont Marseille
Vit le sang insulter au démon étonné,
Produire, en s'épanchant, merveille sur merveille,
Et teindre les lauriers dont il fut couronné.

Victor quitte les rangs, et dédaigne la paye,   5
Pour suivre, pauvre et nu, l'étendard de la croix;
Et du camp des Césars, où sa valeur s'essaye,
Il passe, heureux transfuge, au camp du roi des rois[1].

PRO SANCTO VICTORE MARTYRE

HYMNI TRES.

HORIS NOCTURNIS.

Vos, o Christiadum fortia pectora,
Clarum Massiliæ dicite militem,
Tinxit qui proprio sanguine quam sacro
    Gestat vertice lauream.

Victor militiæ præmia respuens,
Christi castra ducis nudus amat sequi;
Ritus sacrilegos signaque Cæsaris
    Felix transfuga deserit.

---

1. Saint Victor, de Marseille, était soldat dans l'armée de Maximien. Il souffrit le martyre l'an 303, le 21 juillet, jour où l'on célèbre sa fête.

On le charge de fers, on lui choisit des peines,
Au fond d'un noir cachot on le tient garrotté : 10
Il est libre au milieu des prisons et des chaînes,
Et remplit le cachot de sa propre clarté.

Ses gardes, effrayés par ce double miracle,
Conçoivent des faux dieux une invincible horreur,
Prennent le saint pour guide, et sa voix pour oracle, 15
Et dans un bain sacré lavent leur vieille erreur.

Gloire au Père éternel! gloire au Fils ineffable[1] !
Gloire toute pareille à l'Esprit tout divin !
Gloire à leur unité, dont l'essence adorable
Règne sans borne aucune, et régnera sans fin ! 20

    Vinctum compedibus turba satellitum
    Nequicquam piceo carcere detinet :
    Carcer perpetuis noctibus obsitus
        Tanto lucet ab hospite[2].

    Miles pontificis munere fungitur :
    Custodes pavidos crimina dedocet,
    Sacris lustrat aquis, et nova pectora
        Vero numine roborat.

    Sit laus summa Patri, summaque Filio,
    Sit par sancte tibi gloria Spiritus,
    Cujus præsidio prælia sustinent
        Fuso sanguine martyres.

1. Au lieu de traduire les strophes finales de Santeul, Corneille termine les trois hymnes par une même version du *Gloria Patri*, que nous avons vue plus haut, à la seconde hymne des dimanches, p. 454.

2. Les éditions complètes des hymnes de Santeul donnent ici une strophe de plus, qui manque et dans le texte adopté par Granet, et dans l'édition détachée (in-4°) dont nous avons parlé ci-dessus, p. 606 et note 2; Corneille ne l'a pas traduite.

A LAUDES.

Entre, heureux champion, la carrière est ouverte :
Dieu te voit, et t'appelle au trône préparé ;
Entre, et vois les tyrans animés à ta perte,
De l'œil dont tu verrois un trophée assuré.

Quand d'un cheval farouche à la queue on te lie, 5
S'il déchire ta chair, elle en éclate mieux ;
Et s'il brise ton corps, ton âme recueillie
Par un vol avancé va s'emparer des cieux.

Ton sang, en quelques lieux que sa fougue t'emporte[1],
Laisse empreinte à longs traits la gloire de ton nom, 10
Et c'est une semence illustre, vive et forte,
Qui de nouveaux martyrs germe une ample moisson.

HORIS MATUTINIS.

I nunc, sancte pugil, quo pia prælia,
Quo te magna vocant præmia militem :
Præsens Christus adest, hoc duce ferreas
    Vinces carnificum manus.

Urbem per mediam victima nobilis
Raptaris, lacero corpore pulchrior :
Dum discerpta trahit membra ferox equus,
    Cœlum mente præoccupas.

Quo te cumque furor barbarus abripit[2],
Fusus vulneribus signat iter cruor,
Quo sparso veluti semine, lætior
    Surgit Christiadum seges.

---

1. Au lieu de *t'emporte*, le recueil mentionné ci-dessus (p. 605 et note 3) donne : *l'emporte.*

2. Cette strophe, que Corneille a rendue, manque dans l'édition détachée in-4°.

Les verges sur la croix te font un long supplice,
Tu jouis en secret de toute sa lenteur ;
Et ton zèle applaudit à la fureur propice 15
Qui fait l'image en toi de ton saint rédempteur.

Tu braves Jupiter, tu ris de sa statue,
Tu la jettes par terre au lieu de l'encenser,
Et ne redoutes point ce foudre qui ne tue,
Qui n'agit qu'en peinture, et ne se peut lancer. 20

On venge sur ton pied ce noble sacrilége :
Tu n'en cours pas moins vite où t'appelle ton Dieu,
Ton Dieu, dont il reçoit ce digne privilége
Qui sans corruption le garde en ce saint lieu.

Gloire au Père éternel! gloire au Fils ineffable! 25
Gloire toute pareille à l'Esprit tout divin !
Gloire à leur unité, dont l'essence adorable
Règne sans borne aucune, et régnera sans fin !

Dum te lenta secant verbera pendulum,
Longa perfrueris supplicii mora;
Affixusque cruci, nobilis æmulus,
 Christum, qua licet, exprimis.

Aras ante Jovis, non timidus mori,
Victor thura negat : sacrilegam pede
Deturbat statuam, nec metuit gravem
 Vano fulmine dexteram.

Plebs irata pedem militis amputat;
Sed non ille gravi vulnere tardior
Ad mortem properat certaque præmia,
 Vitam fundere prodigus.

Sit laus summa Patri, summaque Filio,
Sit par sancte tibi gloria Spiritus,
Cujus præsidio prælia sustinent
 Fuso sanguine martyres.

A VÊPRES.

Que d'un chant solennel tout le temple résonne :
Ce grand jour du Martyr paye enfin les travaux,
Le ciel en est le prix, et Dieu, qui le couronne,
Change en biens éternels ce qu'il souffrit de maux.

Ses membres écrasés sous la meule palpitent, 5
Il offre à Dieu le sang qu'elle[1] en fait ruisseler;
Et plein d'un feu nouveau que ces gênes excitent,
Sur cet autel sanglant il aime à s'immoler.

La machine brisée à grands coups de tonnerre
Sur le peuple tremblant roule, et brise à son tour : 10
Victor, seul intrépide, et las de vaincre en terre,
Tend le col aux bourreaux pour changer de séjour.

La tête cède au fer qui du corps la détache,

HORIS VESPERTINIS.

Templa solemnem resonent triumphum :
Hæc dies, longi pretium laboris,
Strenuum Christi pugilem supremas
  Vexit ad arces.

Dum terit sacros mola grandis artus,
Rumpitur venis cruor e profundis :
Tum cruentatæ caput immolandum
  Devovet aræ.

Vindices æther jaculatus ignes
Machinam solvit : tremuere turbæ,
Nil tremens unus pia colla Victor
  Subjicit ensi.

Mox triumphali petit astra curru,

---

1. On lit *il*, pour *elle*, dans les *OEuvres diverses* publiées par Granet, et, par suite, dans toutes les éditions postérieures.

L'âme vole en triomphe au-dessus du soleil ;
Et l'on voit chaînes, fouets, et meule, et croix, et hache,
En former à l'envi le pompeux appareil.

Rends-nous plus courageux, grand saint, par ton exemple ;
Obtiens-nous des lauriers qui s'unissent aux tiens,
Et fais de tous les vœux qu'on t'offre dans ce temple
Des armes pour dompter l'ennemi des chrétiens. 20

Gloire au Père éternel ! gloire au Fils ineffable !
Gloire toute pareille à l'Esprit tout divin !
Gloire à leur unité, dont l'essence adorable
Règne sans borne aucune, et régnera sans fin !

    Splendido frontem redimitus auro :
    Compedes, virgæ, mola, crux, securis,
        Pompa triumphi [1].

    VICTOR, exemplis animosiores
    Fac tuis nostras sociare palmas,
    Et quibus Christi superemus hostes
        Arma ministra.

    Laus tibi, summi moderator orbis,
    Præmiis duros recreans labores,
    Quem fides, veri studiosa, trinum
        Credit et unum [2] !

---

1. Dans les éditions complètes des Hymnes de Santeul, on lit deux autres strophes, à la suite de celle-ci, que Corneille n'a pas traduites, et qui manquent dans l'impression à part (in-4°) du texte latin. Elles manquent aussi dans le recueil décrit p. 605, note 3, qui à la place donne ici la seconde strophe de la première des trois hymnes dont il est parlé dans la note suivante.

2. Santeul a fait trois autres hymnes en l'honneur de saint Victor, intitulées : *Pro susceptione pedis sancti Victoris martyris.*

HYMNES

DE

SAINTE GENEVIÈVE

NOTICE.

Ces vers, trouvés il y a vingt ans par M. Faugère, ont été publiés par lui quelques années plus tard dans la *Nouvelle revue encyclopédique*[1], où il a ainsi raconté la manière dont ils sont tombés entre ses mains : « Dans le cours des recherches auxquelles je me suis livré, il y a trois ans, à l'occasion de mon édition des *Pensées* de Pascal, je visitai la bibliothèque Sainte-Geneviève. N'ayant rien découvert parmi les manuscrits inscrits au catalogue, je me mis à feuilleter une assez grande masse de papiers enfouis dans de vieux cartons; mon investigation touchait à la fin et n'avait rien produit, quand je rencontrai quelques pages inédites, non de Pascal, mais de celui qui par sa poésie, comme Pascal par sa prose, marche en tête des grands écrivains du dix-septième siècle. »

Ces vers sont écrits sur un cahier in-folio de quatre feuillets dont le dernier est resté blanc. Avant le titre, que nous avons reproduit exactement, un contemporain de notre poëte a écrit: « L'auteur de ces vers est Monsieur Corneille, de la main mesme duquel ils sont écrits; » puis en marge : « C'est une version des hymnes du propre de cette abbaye. » Enfin on lit de nouveau, au bas de la dernière hymne : « L'auteur est P. Corneille. » On ne saurait du reste hésiter un instant à reconnaître la main de l'illustre auteur du *Cid* : cet autographe est un des plus beaux spécimens qui nous restent de son écriture. En tête de chaque hymne est écrit en marge, d'une autre main que celle de Corneille, le commencement de l'hymne latine correspondante.

---

[1]. Tome III, p. 466-478, mars 1847. Cet article, qui a paru sous la rubrique *Mélanges*, est intitulé : *Vers inédits de P. Corneille.* Il en a été fait un tirage à part.

M. Faugère a pensé que ce ne pouvait être qu'à la prière de quelque génovéfain de ses amis que Corneille s'était décidé à traduire les hymnes de sainte Geneviève. Cette conjecture semble des plus justes, et nous sommes en mesure de la corroborer par le rapprochement de quelques indices assez concluants. Nous trouvons le texte latin des hymnes traduites par Corneille dans le *Proprium sanctorum ad usum insignis et regalis ecclesiæ sanctæ Genovefæ parisiensis. Parisiis, apud Ægidium Blaizot.* M.DC.LXV; et ensuite dans les *Offices propres de sainte Geneviefve*.... chez le même libraire (*Gilles Blaizot*).... M.DC.LXVII. De ces deux volumes, le premier est précédé d'une préface latine, en forme de lettre, du P. François Blanchart, abbé de Sainte-Geneviève, datée du 16 août 1665; le second, accompagné d'un « privilege du Roy, » et d'une « Permission des Supérieurs, » est dédié « au réverendissime pere François Boulart, » qui fut élu abbé triennal et supérieur général, en remplacement du P. Blanchart, le 22 septembre 1665. C'est du P. Boulart qu'émane l'autorisation, datée du « huitieme Decembre 1666, » qui permet à Gilles Blaizot d'imprimer les *Offices propres de sainte Geneviève*..., conformément au *Propre* qu'il a fait imprimer en l'année 1665. Dans l'édition de 1660 de l'*Office propre de sainte Geneviève*, et dans les éditions antérieures, le texte des hymnes est entièrement différent de celui des impressions de 1665 et de 1667 [1]. C'est donc entre 1660 et 1665 qu'on en a fait de nouvelles [2]; et par suite il est tout naturel de supposer que c'est un des religieux génovéfains, et très-probablement le P. Boulart lui-même, lié, comme nous l'avons déjà vu, d'une étroite amitié avec Corneille [3], qui le

---

1. L'allusion à la réforme du monastère, qui se trouve dans la dernière hymne *pour la Translation de sainte Geneviève* (voyez ci-après, p. 630 et note 2), suffirait à montrer que le texte traduit par Corneille était d'une date assez récente.

2. Dans l'*Office propre* imprimé en 1660, il n'y a que trois hymnes se rapportant directement à la sainte. Ce sont celles du jour de la fête; ces trois hymnes se répétaient, avec un ou deux changements de peu d'importance, le jour de la Translation et le jour du Miracle des ardents.

3. Voyez au tome VIII, p. x-xii, et dans le tome X les lettres des

décida à mettre en vers les hymnes récemment composées pour les trois fêtes de la patronne de l'abbaye.

C'est dans le tome XII (p. 238-247) des *OEuvres de Corneille* publié par Lefèvre en 1855 que ces hymnes furent pour la première fois réunies aux autres ouvrages de notre poëte; mais l'éditeur ne jugea pas convenable d'y ajouter le texte latin, que M. Faugère en avait fort à propos rapproché, et que nous y joignons ici au bas des pages, suivant notre habitude.

années 1652 et 1656, dans les notes desquelles on trouvera les renseignements nécessaires sur le P. Boulart.

HYMNES
DE SAINTE GENEVIÈVE,

POUR LE JOUR DE SA FÊTE,

le 3 janvier.

A VÊPRES.

Que de toutes nos voix un plein concert s'élève
    A la gloire de Geneviève !
Terre, applaudis au ciel; lui-même il t'applaudit,
Il t'en daigne lui-même apprendre la naissance.
    Écoute un ange qui te dit   5
Qu'il vient de naître en elle un appui pour la France.

Un saint prélat[1], qui voit dans une si jeune âme
    Briller tant de céleste flamme,
« Vierge heureuse, dit-il, qu'heureux sont tes parents ! »

PRO SANCTA GENOVEFA.

AD VESPERAS.

    Laude plena, Genovefæ
    Personent præconia.
    Plaude tellus; plaudit aer,
    Et sacris concentibus
    Galliæ natam patronam
    Angeli renuntiant.

    Præsul, ut videt puellam,
    Mox beatam prædicat;
    Audit ut sanctum puella,

---

1. Saint Germain, évêque d'Auxerre.

Soudain qu'elle l'entend, la vierge à Dieu se voue,   10
    Et quitte enfin et prés et champs
Pour montrer à la cour comme il faut qu'on le loue.

Les miracles partout suivent son grand courage,
    Ils passent et le sexe et l'âge ;
Dans la chair qui l'enferme elle est hors de la chair,   15
Et dans sa pauvreté riche plus que tous autres.
    Quiconque la peut approcher
Croit sa vertu pareille à celle des apôtres.

Honneur de ta patrie et de la terre entière,
    Vierge, des vierges la lumière,   20
Notre patronne à tous, entends nos humbles vœux ;
Et du ciel, où tu vois ta couronne assurée,
    Fais qu'en terre de chastes feux
Puissent toujours régner dans notre âme épurée.

A la Trinité sainte éternelle puissance,   25

    Mox Deo se devovet;
    Rure cedens mox in urbem,
    Regis aulam consecrat.

    Præter annos atque sexum
    Præpotens miraculis,
    Carne cincta, carnis expers,
    Dives in penuria,
    Par ubique prædicatur
    Angelis, apostolis.

    Genovefa, splendor orbis,
    Lux decusque virginum,
    Dum manet te jam beatam
    Certa cœlo laurea,
    Fac, precamur, mente terris
    Ut moremur integri.

    Una trino, summa summo

Éternelle reconnoissance !
Qu'on la serve en tout temps, qu'on l'honore en tous lieux.
Exaltons-en la gloire en sa vierge fidèle,
  Si nous voulons un jour aux cieux
Être assis dans un trône et couronnés comme elle. 30

A MATINES.

Voici l'heureuse nuit qui précède la fête :
Par des feux redoublés elle imite le jour,
Et le temple éclairé veut que chacun s'apprête
A tromper le sommeil par des chants tous d'amour.

La sainte qui préside et qu'on sert dans ce temple, 5
Ainsi des saints martyrs veilloit sur les tombeaux,
Joignoit la nuit au jour, et par un haut exemple
Portoit les cœurs sans cesse à des efforts nouveaux

Vierges, vous le savez, elle alloit la première :

  Numini sit gloria,
  Cujus exstat sempiterna
  In sua laus virgine.
  Faxit et nos Genovefæ
  Consequamur præmia.

AD MATUTINUM.

Nox festiva sacrum præveniens diem
Majori tenebras lumine discutit,
Et gaudente jubet pervigiles choro
  Somnum fallere canticis.

Hujus, quam colimus, diva potens loci
Consuevit precibus continuis vigil
Ad sacros tumulos templaque martyrum
  Noctem jungere cum die.

Quin per sacra Dei limina virgines

La lumière à la main, elle y guidoit vos pas ;
Et quoi qu'osât l'enfer contre cette lumière,
Sa clarté triomphante en prenoit plus d'appas.

Ainsi la vive foi, par des sacrés prodiges,
Ainsi le zèle ardent luit dans l'obscurité ;
Ainsi du diable même il confond les prestiges,
Et fléchissant le ciel, rend à tous la santé.

Toi, dont l'éclat plus vif que celui des étoiles
Brille parmi les saints au céleste lambris,
Vierge, en faveur des tiens romps ces funestes voiles
Dont l'indigne épaisseur offusque tant d'esprits.

Fais que les faux honneurs ni les soins de la terre
De leurs ombres jamais n'embarrassent nos sens,
Que jamais les plaisirs par leur flatteuse guerre
N'affoiblissent la foi dans les cœurs innocents.

<blockquote>
Ducebat comites, lumine prævio,
Quod noctem superans clarius emicat
    Tetro dæmonis halitu.

Sic devota fides, sic pia charitas
Sacris per tenebras prodigiis micat,
Dum flectit superos, imperat inferis,
    Ægris subvenit omnibus.

O quæ sidereo lumine pulchrior
Alto cœlituum concilio sedes,
Esto, diva, tuis æqua clientibus,
    Et mentis tenebras fuga.

Tu fac ne miseros tristibus implicent
Umbris falsus honos curaque sæculi ;
Et ne blanda suis illecebris caro
    Tollat pectoribus fidem.
</blockquote>

Nous espérons de vous ce don par sa prière,   25
Père incompréhensible, homme, Dieu, comme nous [1],
Qui règnes [2] au séjour de gloire et de lumière
Avec cet Esprit saint qui n'est qu'un avec vous.

A LAUDES.

Chante, ville, reine des villes,
Chante un hymne de gloire à ton divin Sauveur,
A son épouse vierge; et sur tes murs fragiles
Attires-en la grâce, et fixe la faveur.

Quoi qu'osent la fièvre et la peste,   5
Elle en brise le trait le plus envenimé,

> Hoc tu, summe Pater, Patris et unice,
> Amborumque simul Spiritus, annue,
> Unus qui pariter trinus es et Deus,
> Regnans sæcla per omnia.
>
> ### AD LAUDES.
>
> Christo salutis vindici,
> Christique sponsæ virgini,
> Regina regni civitas,
> Honoris hymnum concine.
>
> Compescit illa noxias
> Ubique pestes corporum,

---

1. C'est par méprise évidemment que Corneille a écrit ainsi ce vers, qui ne serait intelligible que si l'on pouvait entendre (et cela est bien difficile, même avec notre ponctuation) : « Toi, Dieu, qui es homme comme nous. » Il faut substituer au second hémistiche les mots : « Homme-Dieu mort pour tous, » que nous lisons dans la strophe, entièrement identique avec celle-ci, qui termine la première hymne du Miracle des Ardents: voyez ci-après, p. 632.
2. Aussi bien ici qu'à la fin de l'hymne dont il est parlé dans la note précédente, il y a bien *règnes* dans l'autographe, et non *régnez*, que donnent les éditions antérieures à la nôtre. La deuxième personne du pluriel se trouve trois fois dans les hymnes de sainte Geneviève (voyez ci-dessus, p. 621, vers 9; et ci-après, p. 627, vers 17 et 20), et partout Corneille l'écrit avec un *z*, et non avec une *s*.

Et des soudaines morts le ravage funeste
Par ses regards bénins est soudain réprimé.

 Dans les langueurs elle encourage,
Elle rend aux mourants la force et la santé ;   10
De la langue captive elle rompt l'esclavage,
Elle obtient pour l'aveugle une pleine clarté.

 Les miracles que fit sa vie
Ne sont point épuisés par son retour aux cieux ;
Et plus par un vrai zèle en terre elle est servie,   15
Plus sa haute vertu s'épand sur ces bas lieux.

 Vierge, que notre chœur réclame,
Qui dissipes ainsi les plus dangereux maux,
Quand tu prends soin du corps, prends-en aussi de l'âme,
Et donne pour tous deux des remèdes égaux.   20

 Fais que purgés de tous nos crimes,

    Et sæva passim funera
    Nutu potenti comprimit.

    Obfirmat artus languidos,
    Ægris refundit spiritum,
    Linguas ligatas expedit,
    Cæcisque lumen impetrat.

    Quæ signa vivens præstitit,
    Isdem micat post transitum :
    Cœloque mittit arduo
    Plenam salutis copiam.

    Flos Genovefa virginum,
    Quæ sic pericla discutis,
    Morbosque sistis corporum,
    Aufer venena mentibus :

    Ut labe tersa criminis,

Jésus-Christ de sa grâce honore notre foi,
Et que nous dégageant de ces mortels abîmes,
A la[1] sainte patrie il nous rende avec toi.

  Gloire à toi, Verbe inconcevable,   25
Sauveur, par une vierge ici-bas enfanté !
Gloire au Père éternel, à l'Esprit ineffable,
Et durant tous les temps et dans l'éternité !

POUR SA TRANSLATION.
28 octobre.

A VÊPRES.

Quand des lions du nord[2] la barbare furie

   Christus sua nos gratia
   Amore solvat sæculi,
   Tecumque reddat patriæ.

   Gloria tibi, Domine,
   Qui natus es de virgine,
   Cum Patre et sancto Spiritu,
   In sempiterna sæcula !

PRO TRANSLATIONE SANCTÆ GENOVEFÆ.

AD VESPERAS.

Dum sævus miseræ regna Lutetiæ

---

1. Comme dans l'écriture de Corneille les *l* initiales ne diffèrent pour ainsi dire pas des *s*, on pourrait lire aussi bien *sa* que *la*, et plus haut, au contraire (p. 620, vers 16), aussi bien « *la* pauvreté » que « *sa* pauvreté. »
2. Ici et plus loin (p. 629, vers 6), Corneille a écrit *nort* par un *t*.

Saccage la province et fait trembler Paris,
Tout son peuple ne craint ni pour ses[1] toits chéris,
Ni pour ses doux amas, ni pour sa propre vie ;

Mais pour le saint dépôt d'une vierge sacrée, 5
De ses murs alarmés le plus digne trésor,
Qu'enfermé qu'il étoit dans une châsse d'or,
Il porte en sûreté dans une autre contrée[2].

Ce peuple ne fait rien qu'elle n'aime à lui rendre ;
Et du plus haut des cieux déployant son secours, 10
De tant de barbarie elle arrête le cours,
Et conserve à son tour ceux qui sauvent sa cendre.

   Hostis diriperet, non opibus suis,
   Non tectis pario marmore splendidis,
    Civis non timuit sibi ;

   Sed sacros cineres, divitias suas,
   Inclusos feretro transtulit aureo,
   Et per læta sui littora Sequanæ
    Tutis condidit arcibus.

   At tu, virgo, piis æqua clientibus,
   Urbis præsidio cœlitus excubas,
   Et nutu placido dira minacium
    Sistis crimina militum.

1. Il y a *ces* dans le manuscrit autographe.
2. Vers le milieu du neuvième siècle, pour mettre les reliques de sainte Geneviève à l'abri des incursions des Normands, on les avait transportées successivement, de l'église où elles étaient, et qu'on trouve, dès le commencement de ce siècle, appelée du nom de la sainte, dans diverses terres de l'abbaye, d'où elles furent rapportées, quelques années après, à Paris. Sous le règne de saint Louis, on les tira du coffre de bois, couvert de quelques feuilles d'argent, où elles étaient demeurées enfermées jusque-là, pour les mettre dans une châsse magnifique toute d'argent et d'or. Cette translation eut lieu en 1242, le 28 octobre, « jour de l'ancienne, dont l'année est inconnue, » dit l'abbé Lebeuf dans son *Histoire de Paris*, IIe partie, chapitre 1.

Veille à notre défense, ô sainte protectrice !
Un plus fier ennemi nous livre un dur assaut :
Il est fort, il est fourbe; et sans l'appui d'en haut 15
Rien n'en dompte la rage, ou détruit l'artifice.

Daignez en nos besoins écouter sa prière,
Père et Fils éternels, Esprit saint et divin,
Qui n'êtes qu'une essence, et qui tous trois sans fin
Régnez dans le séjour de gloire et de lumière. 20

A MATINES.

Toi qu'on croit présider à cet illustre empire,
Aux peuples affligés toi qui prêtes la main,
Qui conserves nos lis et tout ce qui respire
  Sous leur grand souverain,

Tu vois en cet exil notre peu de mérite, 5
Tu le vois chanceler en tout temps, en tous lieux,

  Mentes nunc etiam perfidus obsidet
  Hostis Christiadum, fallere pertinax,
  Et pugnare ferox, tu nisi noxios,
    Virgo, fregeris impetus.

  Hæc tu, summe Pater, Patris et unice,
  Amborumque simul Spiritus, annue,
  Unus qui pariter trinus es et Deus,
    Regnans sæclà per omnia.

AD MATUTINUM.

  Nobilis regni Genovefa præses,
  Quæ laborantes populos amico
  Sublevas nutu, placidisque servas
    Lilia Gallis,

  Cernis æternæ dubios salutis
  Inter humanos fluitare casus,

Que notre perte est sûre, et qu'aucun ne l'évite
    Sans le secours des cieux.

Daigne en prendre pitié : tu t'en vois conjurée
Par le nouveau cercueil où reposent tes os,   10
Par les soins dont jadis ta châsse transférée
    Sauva tes saints dépôts.

La fureur semoit lors nos champs de funérailles,
Les flammes et le fer désoloient nos cités :
Seule tu garantis nos tremblantes murailles   15
    De tant de cruautés.

Dans une sainte paix affermis une ville
Qu'un zèle singulier voue à ton sacré corps ;
Que ta main à l'État ne soit pas moins utile
    Qu'elle l'étoit alors.   20

Immense Trinité, souffre-le pour ta gloire,

    Nec, nisi cœlum faveat, cavere
        Posse ruinam.

    En tuum proni petimus favorem,
    Per novo clausum cinerem feretro,
    Perque translatam timide sacrati
        Corporis arcam.

    Ense dum stricto fureret superbus
    Hostis, et nostras agitaret urbes,
    Dira tu mœstis procul amovebas
        Agmina muris.

    Nunc tibi cultu proprio dicatam
    Pace fac urbem placida potiri ;
    Et tuam posthac, velut ante, norit
        Gallia dextram.

    Perpes hinc trinæ decus unitati,

Toi de qui cette vierge a reçu tous ces dons,
Qui font régner[1] son culte et chérir sa mémoire
   En tous nos environs.

A LAUDES.

Pour te rendre un tribut d'une louange due,
Vierge, tu vois nos cœurs devant toi prosternés :
Puisse en être par toi la prière entendue,
   Et les vœux couronnés !

Tu ne dédaignas point d'en exaucer le zèle   5
Quand les fureurs du nord menaçoient nos remparts,
Et que l'affreuse horreur d'une guerre cruelle[2]
   Rouloit de toutes parts.

Tant qu'ont duré tes jours, jamais ni la famine,

> Cujus æternis opulenta donis,
> Tanta per cunctas Genovefa terras
>   Dona profundit !
>
> ### AD LAUDES.
>
> Debitas, virgo Genovefa, laudes
> Ad tuas proni celebramus aras ;
> Sedulis at tu facilis rogari
>   Annue votis.
>
> Jamdiu voces tibi supplicantum
> Excipis, quando furias tremendi
> Hostis arcebas, et iniqua sævi
>   Crimina belli.
>
> Non famis late dominatus horror,

---

1. Au lieu de *régner*, Corneille avait d'abord écrit le mot *chérir*, qu'il a ensuite effacé et qui vient après dans le même vers.
2. Par suite d'une singulière distraction de Corneille, on lit *cruelle guerre* dans le manuscrit autographe.

Ni d'un air empesté les tourbillons impurs,　　　10
Ni surprenants éclats de vengeance divine,
　　N'ont désolé nos murs.

Tu vois sous tes faveurs ta maison ennoblie
Reprendre l'heureux joug de ses[1] premières lois,
Et leur sainte vigueur dans l'ordre rétabli　　　15
　　Rentrer en ses vieux droits[2].

Fais que sa pureté de plus en plus s'attache
Aux célestes sentiers que tu lui fais tenir,
Que sa ferveur redouble, et passe enfin sans tache
　　Aux siècles à venir.　　　20

　　　　Vindicis nusquam gravis aura cœli,
　　　　Quamdiu vivens aderas, paventi
　　　　　　Obfuit urbi.

　　　　Stat tuo florens iterum favore
　　　　Rite purgati nova forma cleri,
　　　　Sicque primævo canonum vigori
　　　　　　Redditus ordo.

　　　　Purior semper vigeat, piosque
　　　　Proferat longa pietate mores,
　　　　Inque venturos sine labe semper
　　　　　　Transeat annos!

1. Il y a *ces* dans l'autographe.
2. Les chanoines de Sainte-Geneviève étaient, vers le milieu du douzième siècle, devenus réguliers, de séculiers qu'ils étaient auparavant, par l'introduction de la règle des chanoines de Saint-Victor, qui était alors dans sa ferveur. Mais le relâchement s'étant introduit peu à peu dans le monastère, le cardinal de la Rochefoucauld, évêque de Senlis, qui en fut nommé abbé par Louis XIII, entreprit de le réformer. Il fit venir pour cela, en 1624, le P. Faure, de Saint-Vincent de Senlis. Cette réforme reçut sa dernière perfection en 1634, lorsque le P. Faure eut été élu abbé-coadjuteur de Sainte-Geneviève, et supérieur général de sa congrégation.

Immense Trinité, *comme à Matines*[2].

POUR LE MIRACLE DES ARDENTS[1].
26 novembre.
A VÊPRES.

La main d'un Dieu vengeur, par d'invisibles flammes,
D'un peuple ardent au vice éteint l'impie ardeur :
Ce feu s'attache au corps pour en chasser les âmes,
Et le sang qu'il tarit lui fait passage au cœur.

En vain des médecins cette fameuse ville   5

Perpes hinc trinæ decus unitati, etc.[3].

PRO MIRACULO ARDENTIUM.
AD VESPERAS.

Ardent immodicis æstibus impia,
Ulciscente Deo, pectora civium ;
Et sævis animas conficit ignibus
    Tabes arida corporum.

Nequicquam medicam regia civitas

---

1. C'est Corneille lui-même qui indique ainsi la dernière strophe.
2. « En l'an 1129, une maladie étrange, qui rappelle assez le choléra par ses terribles effets, se répandit parmi la population de Paris. Ceux qui en étaient atteints se sentaient consumés par une sorte de feu intérieur, qui les brûlait jusqu'aux os. Cette maladie résistait à tous les remèdes, et grossissait de plus en plus le nombre de ses victimes, quand Étienne, évêque de Paris, imagina de faire porter en procession par la ville la châsse de sainte Geneviève. La chronique dit que dès que les reliques de la sainte parurent à la vue du peuple, tous les malades qui étaient accourus ou s'étaient fait porter en foule sur le passage de la procession recouvrèrent tout à coup la santé, à l'exception de trois, qui étaient incrédules. C'est en mémoire de ce miracle que la fête des Ardents fut instituée par le pape Innocent II. » (*Note de M. Faugère.*) Innocent II était venu en France l'année qui suivit ce miracle.
3. Voyez la fin de l'hymne précédente, p. 628 et 629.

Implore le secours, applique les secrets :
Le ravage en augmente, et tout l'art inutile
Enfonce d'autant plus de si funestes traits.

Elle a recours, ô vierge, à tes reliques saintes :
A peine tu parois, que cette peste fuit ; 10
Et ses tristes ardeurs dans les os même empreintes
Y laissent triompher la santé qui te suit.

Bannis de nos esprits ces flammes criminelles
Qui n'y peuvent souffrir aucuns célestes feux,
Et sème de ta main au cœur de tes fidèles 15
La précieuse ardeur qui les peut rendre heureux.

Nous espérons de vous ce don par sa prière,
Père incompréhensible, Homme-Dieu mort pour tous,
Qui règnes[1] au séjour de gloire et de lumière,
Avec cet Esprit saint qui n'est qu'un avec vous. 20

  Experitur opem; cedere nescius
  Ardor letiferos altius intimis
    Ignes ossibus implicat.

  Sed qua reliquiæ virginis emicant,
  Imis usque tenax visceribus lues,
  Internæque faces, et mala febrium
    Ardentum refugit cohors.

  Mentes, diva potens, comprime noxias
  Quæ non æthereis ignibus æstuant;
  Et castis animis sparge fidelium
    Flammarum pia semina.

  Hæc tu, summe Pater, Patris et unice,
  Amborumque simul Spiritus, annue,
  Unus qui pariter trinus es et Deus,
    Regnans sæcla per omnia.

1. Voyez plus haut, p. 623, note 2.

A MATINES.

Infatigable appui de la ville affligée,
Vierge, toujours présente à tes sacrés autels,
Écoute les frayeurs d'une troupe plongée
    En des ennuis mortels.

Un feu contagieux, digne loyer du vice, 5
Fait voir l'ire du ciel sur les membres pourris,
Et jusque dans les os imprime la justice
    Qu'il se fait de Paris.

Plus il coule de pleurs des paupières troublées,
Plus cette vive ardeur fait creuser de tombeaux ; 10
Tout brûle, et l'on ne boit que flammes redoublées
    Par la fraîcheur des eaux.

Enfin, vierge, ce peuple a recours à ta cendre,

AD MATUTINUM.

Urbis afflictæ Genovefa præses,
Templa quæ sacris cumulata votis
Occupas præsens, timidos clientum
    Accipe cantus.

Ardet in membris sceleratus ignis,
Criminum vindex, pretium pudoris
Non semel læsi, putribusque tabes
    Ossibus hæret.

Profluunt mœstis oculis inanes
Plebis oppressæ lacrymæ, nec illos
Sublevant æstus, gelidisque crescit
    Haustibus ardor.

Conditos auro teretique gemma

Ce trésor qu'ont nos rois enfermé de trésors ;
Et des sacrés piliers un prélat fait descendre 15
  Les restes de ton corps.

On soupire, on gémit devant ta sainte châsse,
On t'invoque ; et ces feux se laissent étouffer,
Ces feux qui ne faisoient que préparer la place
  Aux flammes de l'enfer. 20

Souverain médecin et des corps et des âmes,
Dieu, que nous bénissons des maux qu'elle finit,
Éteins les feux impurs, et sauve-nous des flammes
  Dont l'enfer les punit.

A LAUDES.

Ces flammes qui servoient la colère divine
Par un ravage affreux semoient partout la mort,
Et contre leur venin toute la médecine

> Virginis tandem cineres reclamat
> Civis, et sacram veneratur almi
>   Corporis urnam.
>
> Sternitur supplex tumulo : salutem
> Virgo largitur miseris, et ipsos
> Auspices pœnæ nimium perennis
>   Temperat ignes.
>
> Te Deum trinum populosa laudet
> Civitas, cujus Genovefa custos,
> Corporis turpes, Erebique longas
>   Comprime flammas.

AD LAUDES.

Jam diu totam cruciabat urbem
Vindicis tabes inimica flammæ,
Nec suis ægros medicina quidquam

POUR LE MIRACLE DES ARDENTS.

N'étoit qu'un impuissant effort.

Cette ardeur pestilente au dedans répandue
Fermoit soudain la porte à toute guérison,
Pulvérisoit les os, et leur moelle fondue
    Devenoit un nouveau poison.

Ta châsse, vierge sainte, est le remède unique
Par qui sont tant de maux heureusement bornés [1];
Et ta vertu céleste, aussitôt qu'on l'applique,
    Bannit ces feux empoisonnés.

Ce tombeau portatif épouvante la peste,
Ranime la langueur, met en fuite le mal;
Et d'un si chaste corps l'ombre même est funeste
    A ce qui nous étoit fatal.

Merveille! ces horreurs de la nature humaine

    Juverat herbis.

Intimis sævit sine lege languor
Artubus totis, malefidus ignis
Intus ardescit, rigidasque torquet
    Flamma medullas,

Donec admota Genovefa theca
Longius crudam vetat ire pestem,
Et venenatos tumidi repellit
    Pectoris ignes.

Abdito virus fugitat recessu,
Qua sacrum divæ radiat feretrum;
Nec lues casti valet,ulla ferre
    Corporis umbram.

Quisquis humanum genus angit horror

---

1. Corneille avait d'abord écrit *bannis*, puis il a remplacé ce mot par *bornés*.

D'une simple bergère ont la châsse en horreur,
Et de l'or qui l'enferme un rayon brille à peine,
 Qu'il éteint toute leur fureur.   20

Souverain médecin et des corps et des âmes,
Dieu, que nous bénissons des maux qu'elle finit,
Éteins les feux impurs, et sauve-nous des flammes
 Dont l'enfer vengeur les punit[1].

> Horret extinctæ loculum puellæ,
> Et timet castos sceleratus ignis
>   Virginis ignes.
>
> Te Deum trinum populosa laudet
> Civitas, cujus Genovefa custos,
> Corporis turpes, Erebique longas
>   Comprime flammas.

Il est curieux de comparer entre elles, dans les traductions faites par Corneille, tant des psaumes que des hymnes, les versions diverses du *Gloria Patri*, et de voir comme il se joue avec ces strophes finales, et les varie symétriquement, avec une minutieuse et infatigable souplesse, tantôt selon le mètre, tantôt aussi, pour les hymnes, où le texte latin varie également, selon le sujet du morceau que la strophe termine. Ainsi la première formule est celle dont le cadre, les rimes reviennent le plus souvent, mais avec de nombreuses variantes. Elle est employée quatre fois sans aucun changement, aux pages 69, 161, 251, 325; puis elle reparaît neuf et même dix fois (parce qu'un des psaumes est répété), avec le dernier vers abrégé de deux mots, aux pages 95, 103, 109, 121, 141, 175 (fin du psaume LXXXIV), 213, 259, 319. Le dernier vers est abrégé de même aux pages 93, 113, 133, 155, 175 (fin du psaume CXVI), 247, 333; mais à la page 155 il y a en outre un changement au premier vers; aux pages 93, 113, 133, 175, 333, un changement au second; à la page 247, un chan-

---

1. Cette strophe ne diffère de la finale de l'hymne précédente que par un mot ajouté au dernier vers.

gement au troisième. Aux pages 273 et 307, c'est le premier vers seul qui est modifié, de la même façon qu'à la page 155; à la page 235 (et le même psaume est répété plus loin), c'est seulement le second vers qui est abrégé, par la même variante qu'aux pages 93, etc.; il l'est par une autre variante à la page 169, qui a de plus celle du vers final des pages 95, etc. A la page 327, les vers 1 et 2 sont abrégés, l'un comme au vers 155, l'autre comme aux vers 93, etc. A la page 193, les vers modifiés sont le second et le troisième : l'un l'est comme aux pages 93, etc.; l'autre comme à la page 247. A la page 237, ce sont les deux derniers vers qui sont changés et transposés. Il y a la même transposition et le même changement des vers 3 et 4 à la page 81, où de plus le second vers est celui des pages 93, 113, etc. Enfin on trouvera encore, soit des vers de la formule primitive, soit telle ou telle des variantes que nous venons de signaler, à la page 77 (c'est-à-dire au *Gloria* du *Deus, in adjutorium*, qui revient dix fois dans le volume), et aux pages 107, 183, 221, 225 et 227, 239, 265, 293. Aux pages 187, 215 et 217, dans deux psaumes qui reviennent chacun deux fois, le tour de la phrase est changé en apostrophe, et le quatrième vers, à la page 217, a une variante qui est également à la page 181. Un des vers de la formule reparaît deux fois (aux pages 469 et 478) dans la traduction qui termine le volume, celle des *Hymnes du Bréviaire romain*. Les autres versions du *Gloria*, entièrement différentes par la rime de celle dont nous venons de parler, sont au nombre de huit, dans la partie de l'ouvrage qui précède ces hymnes du bréviaire romain, et ne reviennent, à les prendre toutes ensemble, que dix-neuf fois.

Dans la dernière partie, la traduction des *Hymnes*, la diversité est beaucoup plus grande, excepté au commencement, où les répétitions des mêmes strophes finales dans le texte latin en amènent de semblables, autant que le mètre le permet, dans le français.

TABLE

DES PSAUMES ET DES CANTIQUES

TRADUITS EN VERS PAR CORNEILLE.

TABLE DES PSAUMES SUIVANT LEUR ORDRE NUMÉRIQUE.

Psaumes.	Pages.
IV	323
VI	245
VIII	83
XVIII	87
XIX	67
XXIII	93
XXX (les six premiers versets)	327
XXXI	247
XXXVII	253
XLIV	97
XLV	103
L	259
LIII	167
LXII	135
LXVI	139
LXIX	291
LXXXIV	171
LXXXVI	107

TABLE DES MATIÈRES

CONTENUES DANS LE NEUVIÈME VOLUME.

LOUANGES DE LA SAINTE VIERGE.
 Notice.. 3
 Au lecteur... 5
 Louanges de la sainte Vierge 7

L'OFFICE DE LA SAINTE VIERGE.
 Notice.. 57
 A la Reine... 63
 Prière pour le Roi.................................. 67
 L'Office de la sainte Vierge..................... 73
  A matines...................................... 77
  A laudes.. 131
  A prime... 167
  A tierce... 179
  A sexte.. 191
  A none... 201
  A vêpres.. 211
  A complies..................................... 231

LES SEPT PSAUMES PÉNITENTIAUX............... 243

VÊPRES DES DIMANCHES ET COMPLIES........... 301

TABLE DES MATIÈRES.

INSTRUCTIONS ET PRIÈRES CHRÉTIENNES.

Instructions chrétiennes.......................... 345
Prières chrétiennes.............................. 407

LES HYMNES DU *BRÉVIAIRE ROMAIN*.

Hymnes pour chaque jour de la semaine............ 449
Hymnes propres du temps.......................... 489
Hymnes propres des saints........................ 542
Hymnes du commun des saints...................... 573

VERSION DES HYMNES DE SAINT VICTOR.

Notice... 605
Version des hymnes............................... 607

HYMNES DE SAINTE GENEVIÈVE.

Notice... 615
Hymnes... 619
Table des psaumes et des cantiques............... 639

FIN DE LA TABLE DES MATIÈRES.

TABLE DES PSAUMES TRADUITS PAR CORNEILLE.

Psaumes.		Pages.
XC	Qui habitat in adjutorio	329
XCII	Dominus regnavit	131
XCIV	Venite exultemus	79
XCV	Cantate Domino	109
XCVI	Dominus regnavit : exultet terra	115
XCVII	Cantate Domino	119
XCIX	Jubilate Deo	133
CI	Domine exaudi	265
CIX	Dixit dominus Domino meo	211 et 303
CX	Confitebor tibi, Domine	303
CXI	Beatus vir qui timet	307
CXII	Lauda pueri	213
CXIII	In exitu Israel	311
CXVI	Laudate Dominum	175
CXIX	Ad Dominum cum tribularer, clamavi	179
CXX	Levavi oculos meos	181
CXXI	Lætatus sum in his	183
CXXII	Ad te levavi oculos	191
CXXIII	Nisi quia Dominus	193
CXXIV	Qui confidunt in Domino	195
CXXV	In convertendo	201
CXXVI	Nisi D. aedificavit	203 et 217
CXXVII	Beati omnes	205
CXXVIII	Sæpe expugnaverunt	231
CXXIX	De profundis clamavi	233
CXXX	Di: non est exaltatum	237
CXXXIII	Ecce nunc benedicite	333
CXLII	Domine exaudi	275
CXLVII	Lauda Jerusalem	217
CXLVIII	Laudate D. de cælis	147
CXLIX	Cantate Domino	151
CL	Laudate D. in sanctis ejus	153

TABLE DES CANTIQUES TRADUITS PAR CORNEILLE.

TABLE DES CANTIQUES.

                                                      Pages.

Cantique des trois enfants (*Daniel*, chapitre III, versets 57-88 et 56).. 141

Cantique de Zacharie (*Saint Luc*, chapitre I, versets 68-79)... 157

Cantique de la sainte Vierge (*Saint Luc*, chapitre I, versets 46-55).. 223 et 321

Cantique de Siméon (*Saint Luc*, chapitre II, versets 29-32).... 239

PARIS. — IMPRIMERIE GÉNÉRALE DE CH. LAHURE
Rue de Fleurus, 9

www.ingramcontent.com/pod-product-compliance
Lightning Source LLC
Chambersburg PA
CBHW071152230426
43668CB00009B/924